Udo Maas

Soziale Arbeit als Verwaltungshandeln

Maas kritisiert, neue Steuerung ...

W0320345

Soziale Dienste und Verwaltung

Herausgegeben von Udo Maas

Udo Maas

Soziale Arbeit als Verwaltungshandeln

Systematische Grundlegung für Studium und Praxis

2. neu bearbeitete und erweiterte Auflage 1996

Juventa Verlag Weinheim und München

Der Autor

Udo Maas, Jg. 1938, Dr. jur., ist Professor an der Fachhochschule Mannheim, Hochschule für Sozialwesen. Seine Hauptarbeitsgebiete sind Jugendhilferecht, Sozialhilferecht, Sozialverwaltungsrecht, Theorie der sozialen Arbeit.

Die Deutsche Bibliothek - CIP-Einheitsaufnahme

Maas, Udo:
Soziale Arbeit und Verwaltungshandeln : systematische Grundlegung für Studium und Praxis / Udo Maas. - Stand: März 1996. - 2. neu bearbeitete und erweiterte Aufl. - Weinheim ; München : Juventa Verlag, 1996
(Soziale Dienste und Verwaltung)
ISBN 3-7799-1105-1

Stand: März 1996

Das Werk einschließlich aller seiner Teile ist urheberrechtlich geschützt. Jede Verwertung außerhalb der engen Grenzen des Urheberrechtsgesetzes ist ohne Zustimmung des Verlags unzulässig und strafbar. Das gilt insbesondere für Vervielfältigungen, Übersetzungen, Mikroverfilmungen und die Einspeicherung und Verarbeitung in elektronischen Systemen.

© 1996 Juventa Verlag Weinheim und München
Umschlaggestaltung: Atelier Warminski, 63654 Büdingen
Printed in Germany

ISBN 3-7799-1105-1

Vorwort

Gegenstand dieses Buches sind die Eigentümlichkeiten sozialer Arbeit, die sich aus ihrer Stellung im System der öffentlichen Daseinsvorsorge ergeben. Es geht nicht um eine Standortbestimmung irgendwo zwischen „Professionalisierung" und „Abschied vom Expertentum", sondern um die öffentlich-rechtliche Prägung der Fachlichkeit sozialer Arbeit. Sie ist durch diese historisch zu erklärende Prägung zwar zum Verwaltungshandeln geworden, aber sie ist Verwaltungshandeln, das sich auf sozialwissenschaftliche, insbesondere auf verhaltenswissenschaftliche Theorien und Modelle stützt. Diese dichte Mischung aus rechtlichen und sozialwissenschaftlichen Handlungsgrundlagen macht ihre Besonderheit und ihre besondere Schwierigkeit aus und kennzeichnet ihr fachliches Profil. Rechtliche Vorgaben für die soziale Arbeit sind daher nicht einfach nur Rahmenbedingungen, sondern Wesensmerkmale ihrer Fachlichkeit. Dies soll im einzelnen dargelegt werden.

Auf den in diesem Buch dargestellten Ansatz beziehen sich die - im übrigen eigenständigen - weiteren Bände der Reihe „Soziale Dienste und Verwaltung".

Soweit Handlungsfelder sozialer Arbeit außerhalb des Systems öffentlicher Daseinsvorsorge liegen, wie beispielsweise die betriebliche Sozialarbeit, sind sie nicht Gegenstand dieses Buches.

Die seit der 1. Auflage von 1992 eingetretenen Gesetzesänderungen, die Weiterentwicklung der Rechtsprechung mit ersten höchstrichterlichen Entscheidungen zum Kinder- und Jugendhilfegesetz und die insbesondere zu diesem Gesetz erschienene große Zahl teils äußerst kontroverser Veröffentlichungen haben eine wesentliche Erweiterung des Buchumfanges erforderlich gemacht. Wegen der Neuregelung des Sozialdatenschutzes im 1. und 10. Buch des Sozialgesetzbuchs und der infolge dessen veränderten Bestimmungen des jugendhilferechtlichen Datenschutzes sind die datenschutzrechtlichen Ausführungen neu gefaßt und als eigenständiges Kapitel gestaltet worden. Die Gesetzgebungsverfahren zur Reform des Sozialhilferechts (Regierungsentwurf 1995) und des Kindschaftsrechts (Regierungsentwurf 1996) waren bei Abschluß des Manuskripts noch nicht beendet. Soweit die geplanten Änderungen für die in diesem Buch behandelten Fragen wesentlich sind, wurden sie berücksichtigt.

Auch für die 2. Auflage ist mir wichtige Unterstützung aus der Praxis zuteil geworden. Meine Mitarbeit in der Kommission für Rechtsfragen der Bundeskonferenz für Erziehungsberatung e.V. von 1990 bis 1993 hat mir wertvolle Einblicke in rechtliche und rechtspolitische Probleme der Erziehungsberatungsstellen ermöglicht. Vielfältige fachliche Anregungen habe ich als Mitglied des Fachausschusses II - Jugendhilfe, Jugendförderung, Jugendpolitik - des Deutschen Vereins für öffentliche und private Fürsorge in den Jahren 1993 und

1994 erhalten. Hierfür bedanke ich mich bei beiden Institutionen. Mein besonderer Dank gilt dem Jugendamt des Rhein-Neckar-Kreises, in dessen Arbeitsgruppe für Grundsatzfragen ich seit ihrer Gründung im Jahre 1992 mitarbeite, wodurch ich unmittelbaren Zugang zu den Problemen der praktischen Umsetzung des Kinder- und Jugendhilfegesetzes bekommen habe.

Aus der Zusammenarbeit mit Herrn Landesrat a. D. Dr. Günter Happe und Herrn Landesrat a. D. Helmut Saurbier am Kommentar zum Kinder- und Jugendhilferecht habe ich auch für dieses Buch großen Gewinn gezogen. Hierfür bedanke ich mich.

Meiner Kollegin Prof. Dr. Viola Harnach-Beck bin ich dankbar für ihre andauernde Bereitschaft, meine Arbeit mit fachlichem Rat und konstruktiver Kritik zu begleiten und zu unterstützen. Auch meiner Kollegin Prof. Andrea Rokohl und meinem Kollegen Prof. Dr. Wilhelm Bödecker danke ich für ihre Anregungen.

Mannheim, im Sommer 1996
Udo Maas

Inhalt

1. Einführung: Soziale Arbeit als gesellschaftlich organisierte Hilfe

Definitionen sozialer Arbeit gehen in der Regel von dem Begriff der „Hilfe“ aus. In seiner alltagssprachlichen Bedeutung ist dieser Begriff aber so vielfältig und schillernd, daß er eher zu Mißverständnissen als zur Klärung führt. Er ist sogar mitverantwortlich für tiefsitzende Irrtümer im Aufgabenverständnis von Angehörigen der sogenannten helfenden Berufe. „Hilfe“ wird in Verbindung gebracht mit Nächstenliebe, erhält von daher eine moralische Weihe und weckt infolgedessen leicht die Erwartung der Kostenlosigkeit. Gleichzeitig wird der Blick auf die Zwischenmenschlichkeit des Hilfegeschehens gelenkt, auf das Individuelle bzw. Inter-individuelle.

Die Charakterisierung des „Elberfelder Systems“ als „Hilfe von Mensch zu Mensch“[1] ist dafür beispielhaft. Jede Hilfe spielt sich „von Mensch zu Mensch“ ab. Bei diesem Grad an Abstraktion werden alle gesellschaftlichen Besonderheiten der Hilfe eingeebnet, sowohl, was die Beziehung zwischen Helfendem und Hilfeempfänger angeht, als auch, was die historische Dimension betrifft, die erst den jeweiligen gesellschaftlichen Stellenwert der Hilfe erkennbar werden läßt.[2]

1.1 Definition des Hilfebegriffs

Alltagssprachlich wird der Hilfebegriff gleichermaßen auf symmetrische und auf asymmetrische Beziehungen zwischen Helfendem und Hilfeempfänger angewendet.[3] Hilfe als symmetrische Beziehung ist *gegenseitige Hilfe*. Sie setzt eine gleiche oder vergleichbare soziale, wirtschaftliche und rechtliche Stellung von Helfer und Hilfeempfänger voraus. Derjenige, dem geholfen wird, behält seine volle Autonomie. Typische Beispiele dieser Hilfe sind im persönlichen Bereich die Partnerschaft, im wirtschaftlichen Bereich die Genossenschaft und im politischen Bereich das Bündnis. Ebenfalls auf dem Prinzip gegenseitiger Hilfe beruhen die in den letzten Jahren auch im sozialen Bereich entstandenen „Selbsthilfeorganisationen“.

Im Unterschied dazu ist Hilfe als asymmetrische Beziehung *einseitige Hilfe*. Die Hilfe wird zur Fürsorge, für die eine Gegenleistung des Hilfeempfängers

1 Vgl. Orthbandt, Der Deutsche Verein, S. 70.

2 Scherpner, S. 122: „Hilfe ist eine gesellschaftliche Kategorie“. Vgl. auch Kreft und Mielenz, Stichwort „Hilfe“.

3 Mit den Begriffen „symmetrisch“ und „asymmetrisch“ wird in der Politikwissenschaft unterschieden zwischen einer „gleichgewichtigen“ und einer „ungleichgewichtigen“ Stellung von Kontrahenten zueinander. Vgl. Galtung, S. 60.

grundsätzlich nicht Bedingung ist. Dafür gibt der Hilfeempfänger seine Autonomie ganz oder teilweise auf. Er wird abhängig: von der Hilfe und damit von den Bedingungen, unter denen die Hilfe nur gewährt wird.

Solange einseitige Hilfe bloß zwischenmenschliches Geschehen ist, muß man sie als sehr prekär einstufen. Ihre Verwirklichung hängt von dem Zufall ab, Menschen zu begegnen, die sich, aus welchen Motiven auch immer, zur Hilfe „herablassen". Nur wenn solche Zufälle sich in berechenbarer Weise häufen - und damit ihre Zufälligkeit verlieren - gewinnt diese Hilfe für den auf Hilfe Angewiesenen eine gewisse Stabilität.

Während bei der gegenseitigen Hilfe das Eigeninteresse, nämlich die Erwartung der Gegenleistung, die Hilfe auf recht einfache Weise absichert, erfordert die Stabilisierung einseitiger Hilfe ein komplexes gesellschaftliches System, in dem so wechselhafte menschliche Regungen wie Mitleid, Unbehagen, Furcht oder was sonst denkbar ist an Motiven, anderen zu helfen, durch verläßlichere Stützen ersetzt werden, durch abstrakte Werte wie die öffentliche Ordnung, die Sozialstaatlichkeit oder gar durch persönliche Rechtsansprüche.

Damit ist die *gesellschaftliche Funktion einseitiger Hilfe* und zugleich ihre historische Dimension, ihr Funktionswandel, angesprochen.

Das *mittelalterliche Almosenwesen* konnte die Hilfeerwartung durch ein religiös fundiertes Wertesystem absichern. Die fehlende Symmetrie zwischen Almosengeber und Almosenempfänger wurde durch eine dritte Instanz wiederhergestellt, so daß letztlich der Gebende, wie bei der symmetrischen Hilfebeziehung, mit einer Gegenleistung rechnen durfte. Diese war zwar im Gegensatz zum gewährten Almosen von immaterieller Natur, wurde aber auf der Grundlage der allgemeingültigen christlichen Überzeugung nicht nur als gleichwertig, sondern gar als höherwertig angesehen: da das Almosen „gottgefällig" war, sicherte es den Zugang zum Himmelreich. Auf diese zu erwartende Gegenleistung war Verlaß, weil sie von Gott garantiert wurde, vorausgesetzt, das Almosen war wirklich gottgefällig. Diese Unwägbarkeit war Anlaß, die Spende regelmäßig zu wiederholen, wozu vor allem die Reichen genötigt wurden durch die im Nadelöhrgleichnis angedrohten verschärften Zugangsbedingungen zum göttlichen Reich.

Träger des Almosenwesens war die Kirche. Sie erhielt die Mittel für Hilfeleistungen durch Spenden, Stiftungen und Vermächtnisse wohlhabender Bürger. Von der Kirche wurden aus diesen Ressourcen Almosen verteilt, allerdings nicht nach Maßgabe spezifischer Armutskriterien. Diese gab es nicht. Für das Almosenwesen war Armut ein nicht weiter hinterfragter Zustand, eine als solche hingenommene Befindlichkeit. Weder ihre Ursachen noch ihr Ausmaß waren für das Almosen entscheidend. Das Almosen verfolgte auch keinen spezifischen, auf die Überwindung der Armut gerichteten Zweck.[4]

---

[4] Sachße und Tennstedt, S. 28ff.

Es ist offenkundig, daß ein solches System der Hilfe scheitern muß, sobald es mit einer geballten Masse Unterstützungsbedürftiger auf Dauer konfrontiert ist. Im ausgehenden Mittelalter reichte das Almosenwesen offenbar nicht mehr aus, um in den menschenüberladenen Städten mit den durch Armut verursachten sozialen Problemen fertig zu werden.

Im 15. Jahrhundert und in den ersten Jahrzehnten des 16. Jahrhunderts war der städtische Lebensraum bereits stark entwickelt. Es gab, wenn auch nicht im gleichen Ausmaß wie in Oberitalien, eine Reihe regelrechter Metropolen, in denen nicht nur der Fernhandel agierte, sondern in denen auch die Umwandlung des traditionellen Handwerks in große warenproduzierende Gewerbebetriebe mit einer Vielzahl von Lohnarbeitern vollzogen war. Beispiele sind: Köln, Lübeck, Nürnberg, Ulm, Hamburg und Magdeburg.[5]

Hier hatte sich ein ökonomisch auf den Verkauf seiner Arbeitskraft angewiesenes städtisches Proletariat herausgebildet, das in Krisen und bei sonstigen Störungen und Hindernissen der Arbeitskraftverwertung (Krankheit, Invalidität, Alter) kein Einkommen erzielen konnte. Neben diesen aus der Lohnarbeiterschaft rekrutierten Armen hatte sich in den Städten ein offenbar beachtliches Potential subproletarischer Existenzen (Bettler, Zuhälter, Dirnen, Tagelöhner, fahrendes Volk etc.) angesammelt.[6] Sie alle waren zeitweise oder ständig auf fremde Hilfe angewiesen. Da es ihnen überlassen blieb, sich zu erbetteln, was sie für erforderlich hielten, entschied der Erfolg des Bettelns über den Umfang der Hilfe.[7] Deshalb entwickelten sich äußerst differenzierte Bettelpraktiken[8], die schließlich in den Städten zu einer Bedrohung der öffentlichen Ordnung führten. Die Städte erließen deshalb zunächst sog. *Bettelordnungen*, Nürnberg als erste Stadt schon 1370, in denen das Betteln reglementiert, später ganz verboten wurde. Das hatte Folgen. Nun mußten die Städte selbst für die Unterstützung der Armen aufkommen. Die Kommunalisierung der Armenfürsorge war begründet.

Nürnberg schuf 1522 die erste Armenordnung und führte die *kommunale Unterstützungspflicht für Arme* ein. Zwangsläufig war damit die Festlegung be-

---

5 Henning, S. 172f.; Otten, S. 117ff.

6 Jütte, S. 30ff.; Sachße und Tennstedt, S. 27ff.

7 „Damit Betteln vor dem Hunger bewahrt (...), bedarf es spezieller Künste und Fertigkeiten. Wer sich nur auf die Freigiebigkeit seiner Mitmenschen verläßt, geht oft genug leer aus. Bettler müssen sich darauf verstehen, Mitleid zu erregen ... Das Einkommen des Bettlers steigt in dem Maße, wie es gelingt, Beschädigungen seiner Arbeitskraft augenfällig zu demonstrieren.“ Preußer, S. 150.

8 Diese wurden bereits in zeitgenössischen Darstellungen dokumentiert. So unterschied das *Liber vagatorum* (Nürnberg, 1510) 42 verschiedene Arten des Bettelns. Das Interesse galt insbesondere den sogenannten „betrügerischen Bettlern“ wie „grantner“ (täuschen Epilepsie vor), „loßner“ (geben sich als ehemalige Gefangene aus) oder „kandierer“ (geben sich als ausgeraubte Kaufleute aus). Vgl. hierzu die ausführliche Untersuchung von Jütte, S. 61f.!

stimmter Kriterien verbunden, nach denen Unterstützungsempfänger ausgewählt wurden[9]:

- Die kommunale Zuständigkeit war auf das Gemeindegebiet beschränkt. Infolgedessen wurden Einheimische von Stadtfremden gesondert. Es entstand das Heimatprinzip mit der Folge, daß Arme kein Zuzugsrecht und nur ein in der Regel auf drei Tage begrenztes Aufenthaltsrecht in der Stadt hatten.
- Wer arbeiten konnte, sollte keine Unterstützung erhalten. Die Ursache der Armut, nämlich fehlende Möglichkeit, eigenes Einkommen zu erzielen, wurde also geprüft. Es entstand die Bedürftigkeitsprüfung nach ökonomisch rationalen Kriterien: Arbeitsfähigkeit, Arbeitseinkommmen, Familiensituation.

Mit der Rationalisierung der Armenfürsorge durch die Einführung der *Bedürftigkeitsprüfung* war der Individualisierungsgrundsatz geboren. Während im Almosenwesen die „Arbeit“ des Bettelns über den Umfang der Hilfe entschied, wer mehr erbettelte, hatte mehr, wurde nun dem Unterstützungsempfänger die subjektive Bestimmung über den Umfang der Hilfe entzogen. Die Hilfe wurde ihm zugewiesen nach Maßgabe objektiver Kriterien, nicht nach „Bedürfnis“ sondern nach „Bedarf“ wobei als Bedarf die entsprechend den Kriterien anerkannten Bedürfnisse anzusehen sind.

Es ist fast überflüssig zu erwähnen, daß diese Rationalisierung der Fürsorge ihre Bürokratisierung mit sich brachte, denn wie sonst könnte ein solches System gehandhabt werden als durch einen geregelten Verwaltungsapparat.

Die Entstehung der städtischen Armenfürsorge ging einher mit der Ausdifferenzierung einer Reihe anderer gesellschaftlicher Funktionen und ihrer Institutionalisierung im Rahmen neuzeitlicher Staatsentwicklung. Es ist nahezu selbstverständlich, daß Hilfe als eine der elementarsten gesellschaftlichen Funktionen historisch eng mit der Organisationsentwicklung des modernen Staates verbunden war, wobei die kommunale Ebene von Anfang an die größte Bedeutung hatte.

In der städtischen Armenfürsorge verlor die Hilfe auch das letzte Element einer symmetrischen Beziehung. An die Stelle der Gegenleistung als Hilfegarant trat ein neues Stabilisierungsprinzip: die öffentliche Ordnung, deren Aufrechterhaltung Aufgabe des Staates bzw. der Kommune war. Fürsorge wurde somit zur hoheitlichen Angelegenheit und seit dem 18. Jahrhundert zum Gegenstand der *staatlichen Gesetzgebung*. Beispiele sind das *Allgemeine Landrecht für die Preußischen Staaten* von 1794 (ALR)[10] sowie das *Freizügigkeitsgesetz* von

[9] Sachße und Tennstedt, S. 30ff. Die Kommunalisierung beschreibt bereits Scherpner, S. 170.

[10] Im Zweyten Theil, 19. Titel, Von Armenanstalten, und andern milden Stiftungen, bestimmt § 1: „Dem Staat kommt es zu, für die Ernährung und Verpflegung derjenigen Bürger zu sorgen, die sich ihren Unterhalt nicht selbst verschaffen, und denselben auch von andern Privatpersonen, welche nach besondern Gesetzen dazu verpflichtet

1867 und das *Unterstützungswohnsitzgesetz* von 1870 für den Norddeutschen Bund[11].

In dem Maße, wie sich das „öffentliche Recht“ als Grundlage staatlichen Handelns entwickelte, wurde auch die Fürsorge durch öffentliches Recht reguliert. Schließlich trat an die Stelle des obrigkeitsstaatlich verankerten Regulativs der „öffentlichen Ordnung“ der rechtsstaatlich abgesicherte Anspruch des einzelnen auf Hilfe im Sinne eines subjektiv-öffentlichen Rechts.

In der Bundesrepublik Deutschland ist das inzwischen einhellig mit dem Begriff „soziale Arbeit“ belegte Hilfesystem Bestandteil staatlicher Daseinsvorsorge selbst da, wo statt öffentlicher Stellen freie Träger tätig werden. In diesem Sinn hat das BUNDESVERFASSUNGSGERICHT entschieden, daß die dem Staat aufgetragene Verwirklichung des *Sozialstaatsprinzips* nicht auf behördliche Maßnahmen beschränkt ist. Vielmehr hat es in der Einbeziehung der freien Verbände ein zulässiges Mittel gesehen, um das sozialstaatliche Ziel zu erreichen.[12]

Demnach sollte die wissenschaftliche Begriffs- und Konzeptbildung davon ausgehen, daß soziale Arbeit als Bestandteil staatlicher Daseinsvorsorge durch die - im weitesten Sinne - staatliche (Sozial-) Verwaltung geprägt wird. An deren Merkmalen ist anzusetzen, um von dort die Eigenheiten sozialer Arbeit im System staatlicher Sozialverwaltung auszudifferenzieren. Außerhalb dieses Systems liegende Tätigkeitsfelder von Sozialarbeitern, Sozialpädagogen und sonstigen Fachkräften sozialer Arbeit werden somit hier nicht berücksichtigt.

1.2 Soziale Arbeit als staatliche Daseinsvorsorge

Der Begriff der „Daseinsvorsorge“ ist von FORSTHOFF [13] in Anlehnung an das im französischen Verwaltungsrecht entwickelte Konzept der „services publics“ eingeführt worden, um die „Funktionen der leistenden Verwaltung zusammenzufassen“.[14]

FORSTHOFF definiert Daseinsvorsorge so: „Der Daseinsvorsorge sollen alle Leistungen der Verwaltung an die Staatsgenossen zugerechnet werden...... Alles, was von seiten der Verwaltung geschieht, um die Allgemeinheit oder nach objektiven Merkmalen bestimmte Personenkreise in den Genuß nützlicher Leistungen zu versetzen, ist Daseinsvorsorge.“[15]

Mit seinem Konzept der Daseinsvorsorge gelang es FORSTHOFF, die „Verwaltung als Leistungsträger“[16] in das System der „hoheitlichen Verwaltung“ ein-

---

sind, nicht erhalten können.“ (Zitiert nach der Textausgabe von 1970 mit einer Einführung von Hans Hattenhauer, S. 663ff.)

11 Auszugsweise in: Orthband, Der Deutsche Verein, S. 12ff.

12 Urteil vom 18. 07. 1967 (zum „Subsidiaritätsprinzip“), BVerfGE 22, 180 - 220.

13 S. 368ff., S. 410, S. 567ff.

14 S. 370.

15 A.a.O.

16 S. 368.

zugliedern, indem er den Begriff der „hoheitlichen Verwaltung“ aus seiner traditionell auf Eingriffsverwaltung beschränkten Bedeutung löste. Hoheitliche Verwaltung ist Daseinsvorsorge, „soweit sie bestimmungsgemäß dem einzelnen unmittelbar Leistungen und Vorteile zuwendet“.[17] Jedenfalls besteht kein Zweifel, daß Leistungsverwaltung dann zum Bereich hoheitlicher Verwaltung gehört, wenn sie in den Formen des öffentlichen Rechts handelt.[18]

Dabei sieht FORSTHOFF die Verwaltung nicht darauf beschränkt, eigene Einrichtungen zu schaffen und eigene Instrumente einzusetzen. Vielmehr kann sie sich zur Daseinsvorsorge auch fremder Mittel bedienen. „Die Besonderheit dieses Vorgangs der Indienstnahme besteht darin, daß sie nicht das verwaltungsfremde, sächliche Substrat, sondern den funktionellen Zusammenhang ergreift, der sich an dieses Substrat anschließt, also nicht die Betriebsmittel eines verwaltungsfremden Unternehmens, sondern das Unternehmen als solches, seine Betriebsführung und wirtschaftliche Gebarung.“[19]

FORSTHOFF argumentiert hier zwar mit dem Blick auf wirtschaftliche Betätigungen der Verwaltung zu Zwecken der Daseinsvorsorge, weil es ihm zunächst um die schwierige Abgrenzung zum fiskalischen Handeln geht, dem traditionell die wirtschaftlichen Betätigungen des Staates zugeordnet wurden. Aber die Aussage ist durchaus nicht auf den wirtschaftlichen Sektor begrenzt. Die funktionale Verschränkung verwaltungsinterner und verwaltungsexterner Mittel ist geradezu typisch für die Sozialverwaltung, in der sozialen Arbeit aber ist sie zu einem Hilfesystem von höchster Perfektion geworden, in dem Leistungen vom öffentlichen Leistungsträger durch hoheitliche Entscheidung bewilligt, alsdann aber durchaus in großem Umfang auch von Trägern der freien Jugendhilfe bzw. von Verbänden der freien Wohlfahrtspflege unter Wahrung ihrer Eigenständigkeit erbracht werden. Beispielhaft hierfür sind die Regelungen in §§ 3 und 4 KJHG zur Zusammenarbeit von Trägern der öffentlichen und freien Jugendhilfe sowie in § 10 BSHG zur Zusammenarbeit von Trägern der Sozialhilfe mit Verbänden der freien Wohlfahrtspflege.[20]

Selbstverständlich erbringen die freien Träger sozialer Arbeit nicht nur Leistungen, die als Durchführung öffentlich-rechtlicher Hilfeentscheidungen zu verstehen sind, sondern auch solche, die dem eigenständigen Aufgabenverständnis des jeweiligen Trägers entspringen. Da sie hierbei staatlich subventioniert werden, gehört ihre ansonsten eigenständige Tätigkeit aber durchaus zur sozialstaatlichen Daseinsvorsorge in dem vom BUNDESVERFASSUNGSGERICHT[21] dargelegten Sinn (vgl. § 17 Abs. 3 SGB I!). Diese Tätigkeit ist dann zwar nicht „Verwaltungshandeln“ im strikten Sinn eines unmittelbaren Handelns öffentlicher Verwaltungsträger, aber durch die sozialstaatliche Einbindung der freien

[17] S. 372.
[18] Vgl. Ehlers in Erichsen, § 1 Rn. 31, 35, 43; § 2 Rn. 45.
[19] A.a.O.
[20] Für die systematische Darstellung der öffentlichen Jugendhilfe hat Heinz Schneider bereits 1964 den Forsthoffschen Ansatz genutzt. (Ausdrücklich im Vorwort!)
[21] BVerfGE 22, 180 - 220. (Bereits zitiert. Siehe oben!)

Träger werden selbst ihre eigenständigen Hilfeaktivitäten in vieler Hinsicht den gleichen Normen unterworfen wie das unmittelbare Handeln öffentlicher Träger sozialer Arbeit.[22]

Allerdings besteht auf solche von freien Trägern gewährte Hilfen kein gesetzlicher Leistungsanspruch. Insofern erreichen diese Hilfen nicht den Grad an Berechenbarkeit wie öffentlich-rechtlich garantierte Hilfen. Die Stabilisierung des Hilfesystems in dem Sinne, daß sich der einzelne grundsätzlich auf die Hilfe verlassen kann, ist im wesentlichen durch Verrechtlichung der Hilfe erreicht worden.

1.3 Stabilisierung der Hilfe durch Verrechtlichung

Soziale Arbeit als Bestandteil staatlicher Daseinsvorsorge ist in ihren Voraussetzungen und Grenzen rechtlich geregelt, wobei gesetzliche Regelungen im Vordergrund stehen. Gesetzlich vorgesehene „Hilfen" sind nicht nur als Leistungen gestaltet, sie können auch Eingriffe in die Rechte der Betroffenen sein oder „Hilfe"-arten, die nicht ohne weiteres als Leistungen bzw. als Eingriffe zu qualifizieren sind.

Finanzielle Hilfen nach dem BSHG sind gesetzliche Leistungen. Maßnahmen der Jugendhilfe sind Hilfen auch dann, wenn sie gegen den Willen der Betroffenen durchgesetzt werden, also Eingriffe in dessen Rechte darstellen. Als Beispiel für eine Hilfeart, die weder als Eingriff noch als Leistung im strengen Sinne anzusehen ist, sei die Jugendgerichtshilfe genannt. Keine dieser Hilfearten ist durch ihre gesetzliche Regelung inhaltlich voll definiert, auch untereinander sind diese Hilfearten sehr verschieden. Ihnen ist aber gemeinsam, daß sie rechtlich gestaltete Erscheinungsformen staatlichen Handelns sind.

Es ist geradezu typisch für rechtliche Regelungen im Bereich sozialer Arbeit, daß sie die inhaltliche Gestaltung der Hilfen und ihre Durchführung nicht näher festlegen, sondern der Sozialverwaltung überlassen.[23]

Dies geschieht, damit die jeweiligen Besonderheiten des Einzelfalls ausreichend berücksichtigt werden können (Individualisierungsgrundsatz). Der Gefahr, daß dabei Zufall, Willkür, subjektives Belieben, Fehlwahrnehmungen, Vorurteile usw., kurz: sachfremde und unangemessene Maßstäbe einen entscheidenden Einfluß bekommen, soll u.a. durch entsprechende „Fachlichkeit" begegnet werden.

Die hohe Bedeutung, die der Gesetzgeber einer durch professionelle Standards gesicherten Fachlichkeit beimißt, wird durch nichts besser belegt als durch die Einrichtung des Jugendamtes als einer Fachbehörde, deren wesentliche Strukturen durch Bundesgesetz festgelegt worden sind, obwohl es sich um eine kom-

[22] Vgl. Bauer, S. 39ff.; Oliva u.a., S. 165ff. und 170. - Siehe im einzelnen unten Kap. 6.2 und 6.3.

[23] Ausführlich hierzu: Wolff und Bonß, S. 98ff.

munale Behörde handelt. Diesem auch verfassungsrechtlich ungewöhnlichen Umstand kann gar nicht genügend Aufmerksamkeit gezollt werden.[24]

Die Differenzierung und auch die zunehmende wissenschaftliche Klärung des fachlichen Profils sozialer Arbeit seit den 60er Jahren hat zu noch weitergehenden organisatorischen Konsequenzen auf der kommunalen Ebene geführt, nämlich zur sog. Neuorganisation sozialer Dienste. Deren wichtigstes Ergebnis ist die Einrichtung des Allgemeinen Sozialdienstes als eines ämterübergreifenden Fachdienstes und die damit einhergehende Schaffung von Spezialdiensten. Der sozialen Arbeit werden hierdurch nicht nur höhere fachliche Kompetenzen abverlangt. Ihr werden damit auch rechtliche Entscheidungskompetenzen unmittelbar übertragen.

Zur Verfeinerung des fachlichen Profils sozialer Arbeit in den letzten Jahrzehnten gehört auch die Ausfächerung und Substantiierung ihrer Leistungspalette, beispielsweise die Heimdifferenzierung, die Einrichtung von Erziehungsberatungstellen und die Entwicklung der Sozialpädagogischen Familienhilfe. Diese fachliche Bereicherung ist durch das KJHG auf rechtliche Grundlagen gestellt worden. Dadurch ist die soziale Arbeit auch in rechtlicher Hinsicht wesentlich komplizierter geworden. Exemplarisch seien hierfür die verfahrensrechtlichen Regelungen der §§ 36 und 37 KJHG und die datenschutzrechtlichen Aspekte genannt.

Das Zusammenfügen pädagogischer und rechtlicher Elemente in einem Konzept staatlich garantierter und definierter Hilfen schafft Probleme und ist daher auch auf Widerstände gestoßen. So wird die durch § 28 KJHG bewirkte Eingliederung der Erziehungsberatung in die Systematik der Hilfe zur Erziehung als mißlungene „Verrechtlichung“ begriffen, die der Pädagogik unerträglichen Zwang antue.[25]

Auf der anderen Seite wird gegenüber einer „Pädagogisierung des Rechts„ befürchtet, sie könne von den Fachkräften sozialer Arbeit als Befreiung von den ohnehin meist heftig abgelehnten bürokratischen Zwängen gedeutet werden mit der Folge, daß sich Fachkräfte zum ungehinderten „pädagogischen Zugriff“, beispielsweise zur „unbeschränkten Ausforschung auch der geheimsten Regungen der Innenwelt des Klienten“, legitimiert fühlen.[26]

„Verrechtlichung der Pädagogik“ oder „Pädagogisierung des Rechts“ sind Formeln, unter denen die Diskussion über das problematische Verhältnis von Recht und Pädagogik schon seit längerer Zeit kontrovers geführt worden ist. Die Auswirkungen des KJHG auf die rechtlichen und pädagogischen Merkmale der Jugendhilfe sind noch nicht absehbar. Aber es war nur konsequent, den mit dem Sozialgesetzbuch begonnenen Weg der Kodifizierung des Sozialrechts auch durch das schwierige Gelände pädagogischer Dienstleistungen zu verlegen. Je-

---

[24] Hierzu: 3. Jugendbericht, S. 35.
[25] Ausführlich hierzu unten Kap. 4.3.3.1.
[26] Blanke und Sachße, a.a.O., S. 273.

denfalls „kann man den leistungsfähigen Sozialstaat nicht haben wollen, zumindest nicht unter dem Rechtsstaatsgebot des Grundgesetzes, ohne erhebliche Folgewirkungen der Verrechtlichung im Bereich des Sozialrechts in Kauf zu nehmen“.[27]

Die Pädagogik hat sich mit der veränderten gesellschaftlichen Realität auseinanderzusetzen, daß Erziehung nicht mehr nur im familiären und schulischen Bereich auf rechtliche Regeln trifft, sondern daß sie auch als Bestandteil sozialstaatlicher Dienstleistungen rechtsstaatlichen Regeln unterworfen ist. Dadurch wird übrigens die Sozialpädagogik weitaus stärker zu einem besonderen Bereich der Pädagogik ausgestaltet als durch eine bloß pädagogisch begründete soziale Zwecksetzung. In diesem Sinne formuliert MÜNCHMEIER zutreffend: „Der gesellschaftliche Ort der Jugendhilfe hat sich verändert; sie wird nicht mehr nur als Erziehungsbereich, sondern als sozialpolitischer Leistungsbereich in die Pflicht genommen.“ [28]

Rechtliche Kriterien wirken somit weit in den Hilfebegriff heutiger sozialer Arbeit hinein. Hilfe als Rechtsverhältnis heißt nicht Verdrängung der pädagogischen und sonstigen außerrechtlichen Aspekte sozialer Arbeit. Umgekehrt kann aber auch die Berufung auf die Fachlichkeit sozialer Arbeit keine Legitimation für deren Loslösung aus den rechtlich-administrativen Strukturen des Hilfesystems bieten.

Weitere Klärung des Begriffs sozialer Arbeit als Bestandteil staatlicher Daseinsvorsorge setzt daher voraus, daß die Bedeutung rechtlicher Vorgaben für das Hilfesystem sozialer Arbeit konkretisiert wird.

Wenn soziale Arbeit als Hilfe im Rahmen eines Rechtsverhältnisses begriffen werden soll, so reicht es nicht aus, lediglich die gesetzlichen Regelungen zu betrachten, denn diese begründen noch kein Rechtsverhältnis und sagen zu wenig aus über das konkrete Handeln im Rahmen dieses Rechtsverhältnisses. Gesetze sind lediglich ein, allerdings unverzichtbares, Funktionsteil in einem komplexen System zwischen der Formulierung allgemeiner Gesellschafts- und Staatsziele und der unmittelbaren Hilfe im Einzelfall.

Aus der Vielfalt möglicher Gesellschaftsziele werden auf einer obersten Ebene die innerhalb der bestehenden staatlichen Ordnung zulässigen Ziele durch die Verfassung ausgewählt. So bestimmt Artikel 2O Abs. 1 GG, daß die Bundesrepublik Deutschland ein demokratischer und sozialer Bundesstaat sein muß und Artikel 28 Abs. 1, daß die verfassungsmäßige Ordnung in den Ländern den Grundsätzen des republikanischen, demokratischen und sozialen Rechtstaates im Sinne des Grundgesetzes entsprechen muß. Einer dieser Grundsätze, der so-

---

[27] Gerhard W. Wittkämper, Stichwort „Verrechtlichung“, in: Bauer, Lexikon. - Vgl. zu der Anfang der 80er Jahre lebhaft geführten Diskussion über Probleme der „Verrechtlichung“ auch: Blanke und Sachße, Dorenburg, Funk, Münder, Slupik, Zacher.

[28] Münchmeier, S. 81.

nnte Sozialstaatsgrundsatz, ist unmittelbar als jene Zielbestimmung er-bar, die das Hilfesystem sozialer Arbeit einschließt. Da das Grundgesetz den Begriff des Sozialstaates nicht konkretisiert hat, obliegt dessen nähere Bestimmung zunächst dem Gesetzgeber. Aber auch das Demokratie- und das Rechtsstaatsprinzip wirken auf das Hilfesystem sozialer Arbeit ein und auch hierbei ist der Gesetzgeber zur Realisierung aufgerufen. Er hat „in grundlegenden normativen Bereichen, zumal im Bereich der Grundrechtsausübung, alle wesentlichen Entscheidungen selbst zu treffen", darf sie also nicht einfach der vollziehenden Gewalt überlassen.[29]

Der aus Art. 2O Abs. 3 GG abgeleitete Grundsatz der Gesetzmäßigkeit der Verwaltung ist für den Anwendungsbereich des Sozialgesetzbuches durch § 31 SGB I so formuliert worden: „Rechte und Pflichten in den Sozialleistungsbereichen dieses Gesetzbuches dürfen nur begründet, festgestellt, geändert oder aufgehoben werden, soweit ein Gesetz es vorschreibt oder zuläßt". Dieser sogenannte Gesetzesvorbehalt bedeutet, daß die Sozialverwaltung für ihr Handeln einer gesetzlichen Grundlage bedarf, sobald es die Rechtssphäre des Bürgers berührt, gleichgültig, ob es sich um Eingriffe oder um Leistungen handelt.

Zumindest für die im Sozialgesetzbuch geregelten Bereiche der Sozialverwaltung ist Verwaltungstätigkeit, die die Rechtssphäre des Bürgers berührt, somit Gesetzesvollzug, d.h.: Konkretisierung des gesetzlichen Programms mit Wirkung für den Einzelfall. Was im Einzelfall für den jeweils betroffenen Bürger gemäß der gesetzlichen Grundlage gelten soll, setzt die Verwaltung durch eine Entscheidung (in der Regel durch Verwaltungsakt) fest. Im Hilfesystem sozialer Arbeit sind der Verwaltung allerdings einige Entscheidungen vorenthalten und der Justiz übertragen worden, z.B. Eingriffe ins Personensorgerecht. In weiteren Fällen werden der sozialen Arbeit Funktionen zugewiesen, durch die sie die Entscheidungsfindung der Justiz unterstützt, z.B. bei Sorgerechtsregelungen. Funktionen der Verwaltung und Funktionen der Justiz vermischen sich hier. Im Mittelpunkt des gesamten Handelns steht aber jeweils eine Entscheidung, durch die ein Rechtsverhältnis im Einzelfall verbindlich geregelt wird. Soziale Arbeit als administratives Handeln zur Konkretisierung gesetzlicher Hilfen steht also in einem bestimmten Zusammenhang mit einer Entscheidung, die entweder von der Sozialverwaltung selbst oder von der Justiz getroffen wird.

Zur näheren Bestimmung der Funktionen sozialer Arbeit im Hilfeprozeß ist es daher erforderlich, den Zusammenhang sozialer Arbeit mit rechtsverbindlichen Entscheidungen im Rahmen des Hilfesystems herauszuarbeiten.

1.4 Gesetzesvollzug und Fachlichkeit

Bei grober Betrachtung des Gesetzesvollzugs lassen sich drei Funktionsbereiche sozialer Arbeit unterscheiden:

---

[29] BVerfGE 49, S. 126; 34, S. 165, 192f.

- Eigenständige rechtsverbindliche Entscheidungen durch Sozialarbeiter/Sozialpädagogen selbst,
- Funktionen bei der Vorbereitung rechtsverbindlicher Entscheidungen,
- Funktionen bei der Ausführung (Umsetzung, Verwirklichung) rechtsverbindlicher Entscheidungen.

Abgesehen von der Eigenverantwortung der Fachkraft für eigenständige rechtsverbindliche Entscheidungen besteht im Verhältnis zur Vorbereitung rechtsverbindlicher Entscheidungen kein bemerkenswerter Unterschied. Auch in den Fällen, in denen Sozialarbeiter/Sozialpädagogen lediglich vorbereitende Funktionen im Hinblick auf eine woanders zu treffende Entscheidung wahrnehmen, müssen sie ihr Handeln bewußt in den Rechtsanwendungsprozeß einordnen, an dessen Ende die Entscheidung steht. Sie müssen die Entscheidungsalternativen überblicken und beurteilen, so als wären sie selbst zur Entscheidung aufgerufen. Das läßt sich am Beispiel des § 50 Abs. 3 KJHG aufzeigen, der eine Mitteilungspflicht des Jugendamtes gegenüber dem Vormundschaftsgericht begründet, wenn ein Fall zur Kenntnis des Jugendamtes gelangt, in dem das Vormundschaftsgericht zum Einschreiten berufen ist. Die Fachkraft muß hier eigenverantwortlich vorausschauen, ob das Vormundschaftsgericht, hätte es selbst von dem Fall Kenntnis erlangt, einschreiten müßte. Die hierbei von der Fachkraft zu erfüllenden rechtlichen und sonstigen fachlichen Funktionen sind daher nicht wesentlich anders, als würde sie selbst die rechtsverbindliche Entscheidung treffen. Demzufolge ist es gerechtfertigt, Funktionen sozialer Arbeit bei eigenständiger Entscheidungsbefugnis und bei der Vorbereitung von anderswo zu treffenden Entscheidungen gemeinsam zu betrachten.

Es geht in beiden Fällen um die Funktionen sozialer Arbeit im Rahmen des rechtsgebundenen Entscheidungsverfahrens. Die Entscheidung als solche (z.B. Eingliederungshilfe wird gewährt, Hilfe zur Erziehung wird abgelehnt) ist das Produkt eines mehrstufigen und oft verzweigten Entscheidungsprozesses („decision-making").

Entscheidungsvorbereitende Funktionen sozialer Arbeit sind daher für den Inhalt der Entscheidung nicht neutral, sonst wäre der Einsatz speziell ausgebildeter Fachkräfte für diese Funktionen sinnlos. Soziale Arbeit ist vielmehr auch bei entscheidungsvorbereitenden Funktionen entscheidungsrelevant. Bis zu welchem Grad sie die einzelne Entscheidung tatsächlich beeinflußt, hängt u.a. von ihrer Qualität ab.

Im beruflichen Selbstverständnis von Sozialarbeitern/Sozialpädagogen haben die entscheidungsvorbereitenden Funktionen sozialer Arbeit offenbar einen geringeren Stellenwert als ihre Funktionen bei der Ausführung rechtsverbindlicher Entscheidungen, vor allem bei der Leistung persönlicher Hilfen (Beratung, Therapie), die oft nicht einmal begriffen werden als Vollzug der vorausgehenden Entscheidung, derzufolge „persönliche Hilfe" zu gewähren ist.[30]

---

[30] Vgl. Beneke, insbesondere S. 221ff.!

Sicher ist „persönliche Hilfe" nicht in allen Arbeitsfeldern sozialer Arbeit Umsetzung einer vorangegangenen Einzelfall-Entscheidung (z.B. sozialpädagogische Arbeit im Jugendhaus, Tätigkeit in der Erziehungsberatungsstelle). Solche nicht an Rechtsanwendungsentscheidungen gebundene Tätigkeiten dürfen aber nicht zum Modell sozialer Arbeit schlechthin gemacht werden, um die Merkmale der „persönlichen Hilfe" als solcher zu gewinnen, in der Absicht, sie dann auch auf rechtsgebundene Bereiche der persönlichen Hilfe zu übertragen. Die beratenden Tätigkeiten des Mitarbeiters einer Erziehungsberatungsstelle und eines Allgemeinen Sozialdienstes mögen als solche völlig identisch erscheinen. Unter Mitbetrachtung rechtlicher Funktionen haben beide Beratungstätigkeiten aber durchaus verschiedene Qualität.

Die Erziehungsberatungsstelle erbringt ihre Leistung als offenes Angebot, sofern sie nicht im Rahmen der §§ 27ff. KJHG (Hilfe zur Erziehung) tätig wird. Der Kontakt kann jederzeit beendet werden. Der ASD erbringt seine Leistung im Rahmen gesetzlich definierter Aufgaben, die ihn zum Handeln u. U. auch dann verpflichten, wenn der Klient dies nicht wünscht. Häufig sind Ergebnisse der Beratung, also der Leistungserbringung durch den ASD, zugleich Anlaß, eine vorangegangene Entscheidung zu ändern, so daß die Beratung unversehens zur Entscheidungsvorbereitung wird.

Die entscheidungsunabhängige, offene Beratungstätigkeit (bzw. Unterstützung, Erziehung, Therapie etc.) ist daher als Aufgabenbereich sozialer Arbeit einfacher strukturiert. Für sie lassen sich rechtliche und administrative Gegebenheiten durchaus lediglich als Rahmen begreifen, der die eigentlichen Inhalte der Tätigkeit nicht wesentlich bestimmt, was nicht heißen soll, daß dieser Rahmen unbeachtlich wäre. Als Beispiel sei nur auf die Bedeutung des Sozialdatenschutzes auch für diese Tätigkeitsbereiche verwiesen. Bei den weiteren Ausführungen stehen aber die wesentlich komplexeren Strukturen entscheidungsbezogener sozialer Arbeit im Vordergrund.

Zusammenfassend kann über entscheidungsbezogene Funktionen sozialer Arbeit gesagt werden, daß sie sowohl im Bereich der Entscheidungsvorbereitung als auch der Entscheidungsausführung liegen, wobei unter dem Gesichtspunkt der Entscheidungsmodifikation die Ausführung einer Entscheidung bereits Elemente der Vorbereitung einer neuen Entscheidung enthalten kann.[31]

Entscheidungsbezogene soziale Arbeit läßt sich also durch die Merkmale

Entscheidungs-vorbereitung	Entscheidung	Entscheidungs-ausführung	Entscheidungs-modifikation

zwar strukturieren, nicht aber als eindimensionalen Funktionsablauf festschreiben.

---

[31] Vgl. zu diesem Spannungsverhältnis zwischen „ergebnisorientierten Verwaltungsentscheidungen und prozeßorientierten sozialpädagogischen Ansätzen": Blumenberg und Post, S. 73/74!

Im Funktionsablauf kommt es zur Überlagerung einzelner Strukturmerkmale, wenn während der Ausführung neue Informationen zur Modifikation der Entscheidung Anlaß geben.

Der Begriff der *Information* wird somit für die weitere Untersuchung des bisher erarbeiteten Strukturmodells bedeutsam. Die Entscheidungsvorbereitung besteht wesentlich aus der Gewinnung von Informationen als Entscheidungsgrundlage (Sachverhaltsermittlung) und aus deren Bewertung. Insoweit enthält sie auch die Funktionen der Nacherhebung und Neubewertung von Informationen. Hiermit stellt sich der Umgang mit Informationen als eine zentrale Aufgabe sozialer Arbeit heraus.

Die Informationsgewinnung als Ermittlung des entscheidungsrelevanten Sachverhalts wirft zwei Fragen auf, nämlich:

- nach dem Verfahren der Sachverhaltsermittlung und
- nach dem Inhalt der Sachverhaltsermittlung.

Die Informationsbewertung umfaßt ebenfalls zwei Aspekte, nämlich:

- die Bewertung in sachwissenschaftlicher, z.B. sozial- und verhaltenswissenschaftlicher Hinsicht (Diagnose) und
- die Bewertung in rechtlicher Hinsicht (Subsumtion, insbesondere die Ausfüllung unbestimmter Rechtsbegriffe).

Im Verfahren der Sachverhaltsermittlung stehen rechtliche Funktionen im Vordergrund. Die Fachkraft ermittelt den Sachverhalt nach Maßgabe der Regeln des SGB X (Untersuchungsgrundsatz, Beweismittel) und SGB I (Mitwirkungspflichten) sowie ergänzender Rechtsnormen, z.B. der Grundrechte, des Datenschutzrechts, aber auch der Regeln über die Beweiswürdigung.

Hinsichtlich des Inhalts der Sachverhaltsermittlung sind rechtliche und außerrechtliche (sachwissenschaftliche), vor allem pädagogische, psychologische und sonstige verhaltenswissenschaftliche Funktionen eng aneinander gekoppelt. Es geht um die Erhebung der entscheidungsrelevanten Daten (Datenbedarf). Rechtlicher Maßstab hierfür ist die jeweilige gesetzliche Grundlage. Aber deren rechtsbegriffliche Vorgaben sind häufig zu unbestimmt, um ausreichende Klarheit über den Datenbedarf zu schaffen. Außerrechtliche Maßstäbe müssen hinzutreten.[32]

Die Auswahl bestimmter sachwissenschaftlich relevanter Daten erfolgt im Hinblick auf eine bestimmte diagnostische Bewertung. Die diagnostische Bewertung ist ein abschließendes sachwissenschaftliches Gesamturteil, das sich erkennbar aus dem ermittelten Sachverhalt ergibt und von nachvollziehbar ausgewiesenen wissenschaftlichen Grundlagen getragen wird.

---

[32] Exemplarisch zur Datenerhebung im Rahmen der Freiwilligen Erziehungshilfe nach dem JWG: Gärtner-Harnach und Maas; ausführlich zu den jugendhilferechlichen Aufgaben nach dem KJHG: Harnach-Beck, Psychosoziale Diagnostik.

Auf der diagnostischen Bewertung baut die rechtliche Bewertung des Sachverhalts auf. Durch sie wird der Sachverhalt der für die Entscheidung maßgeblichen Rechtsgrundlage endgültig zugeordnet oder die Zuordnung als nicht vertretbar abgelehnt, z.B. ein erzieherischer Bedarf liegt vor bzw. nicht vor.

Als Ergebnis bleibt festzuhalten, daß bei der Informationsgewinnung und Informationsbewertung rechtliche und sachwissenschaftliche Maßstäbe untrennbar aneinander gekoppelt sind.

Die bisher erarbeiteten Strukturmerkmale entscheidungsbezogener sozialer Arbeit können wie folgt als Schaubild dargestellt werden:

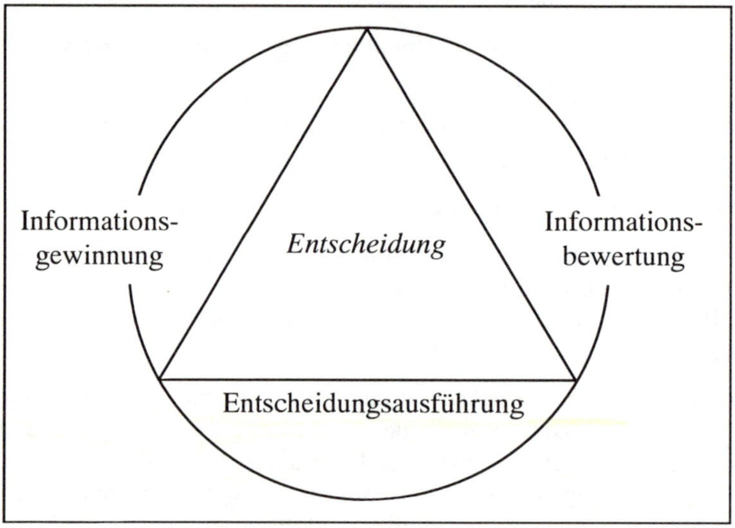

Die bisherigen Ausführungen haben sich mit dem Hilfesystem und den Hilfefunktionen sozialer Arbeit befaßt. Zum Verständnis sozialer Arbeit genügt dies jedoch nicht, weil dabei die Stellung des Klienten im Hilfesystem nicht ausreichend berücksichtigt wird. Eine aktive Rolle wird ihm hier lediglich als Antragsteller und Mitwirkungspflichtigem zugestanden. Ansonsten wird er in passiven Rollen gesehen als Adressat der Entscheidung, als Objekt der Informationsgewinnung und -bewertung sowie als Leistungsempfänger bzw. Betroffener von Eingriffen. Er ist jedoch am gesamten Hilfeprozeß in differenzierter Weise durchaus aktiv beteiligt. Diese Beteiligung erfordert genauere Klärung.

1.5 Die Stellung des Klienten im Hilfeprozeß

Im Verwaltungsverfahren ist die Rolle des Bürgers als Verfahrensbeteiligter umfassend geregelt. Das SGB X definiert, wer Beteiligter ist (§ 12), gewährt Beteiligten ein Anhörungsrecht (§ 24) und ein Recht auf Akteneinsicht (§ 25), das SGB I bestimmt, wer sozialrechtlich handlungsfähig ist (§ 36) und in welchem Umfang der Leistungsberechtigte mitwirkungspflichtig ist (§§ 60 - 67).

Diese Regelungen sind für die Qualität der Leistung bzw. die Intensität notwendiger Eingriffe nicht unbedeutend, denn sie sollen garantieren, daß die Behörde „ihre" Entscheidung im Rahmen eines geordneten, rechtsstaatlich einwandfreien Vorgehens produziert. Abgesehen von der darüber hinaus gegebenen Möglichkeit, die Entscheidung auf dem Rechtsweg überprüfen zu lassen, sieht das Verfahrensrecht einen unmittelbaren Einfluß des Bürgers auf den Inhalt der Entscheidung nicht vor.

Es gibt aber einzelne Gesetze, in denen dem Klienten sozialer Arbeit ausdrücklich das Recht zugestanden wird, auch den Inhalt der Entscheidung mitzubestimmen. So gibt § 5 KJHG den Leistungsberechtigten das Recht, Wünsche hinsichtlich der Gestaltung der Hilfe zu äußern. Nach § 8 KJHG sind Kinder und Jugendliche entsprechend ihrem Entwicklungsstand an allen sie betreffenden Entscheidungen der öffentlichen Jugendhilfe zu beteiligen. Gemäß § 9 KJHG ist die von den Personensorgeberechtigten bestimmte Grundrichtung der Erziehung zu beachten, ferner das Recht, die religiöse Erziehung zu bestimmen. § 36 KJHG sieht vor, daß ein Hilfeplan zusammen mit den Personensorgeberechtigten und dem Kind oder Jugendlichen aufgestellt wird. In § 3 BSHG wird bestimmt, daß angemessenen Wünschen des Hilfeempfängers, die sich auf die Gestaltung der Hilfe richten, entsprochen werden soll.[33]

Das Recht des Klienten, auf die Definition der Leistung Einfluß zu nehmen, ist am deutlichsten bei der *Sicherung der individuellen Sozialisation und Integration* entwickelt: Das Recht der Eltern auf die Erziehung ihrer Kinder ist als Grundrecht gegen staatliche Bevormundung abgesichert. Nur wenn die Eltern die zugleich ihnen obliegende Erziehungspflicht nicht oder nicht ausreichend wahrnehmen oder wenn sie ihr Erziehungsrecht mißbrauchen, gibt es ein auch gegen den Elternwillen durchsetzbares Interventionsrecht des Staates, das aber, nach der Logik der Rechtsstaatlichkeit, einer besonderen gesetzlichen Grundlage bedarf. Private Erziehung und öffentliche Kontrolle über die Erziehung sind infolgedessen durch ein komplexes System rechtlicher Regeln ausbalanciert. Es kann aber kein Zweifel daran bestehen, daß das Recht der Eltern (Klienten), Einfluß auf die Definition der Erziehungsleistung zu nehmen, garantiert ist. Jugendhilfe ist ohne Beteiligung der Eltern (und in zunehmendem Maße auch des Kindes) an der Definition der Hilfe nicht denkbar.

Soziale Arbeit hat demgegenüber zurückzustehen. Sie hat selbstbestimmte Entscheidungen der Klienten auch dort zu respektieren, wo sie meint, es eigentlich besser zu wissen. Ihre Funktion setzt erst ein, wenn und soweit sie von den Personensorgeberechtigten angefordert wird oder wenn es zwischen den Personensorgeberechtigten zu Konflikten um das Sorgerecht kommt, sowie dann, wenn Konflikte zwischen den Personensorgeberechtigten und ihrem Kind bzw. den objektiven, gesetzlich geschützten Interessen des Kindes (Kindeswohl!) entstehen, d.h. wenn die Wächterfunktion der öffentlichen Jugendhilfe aufgerufen

---

[33] Simons beobachtet eine sozialrechtstypische Tendenz zur Mitbestimmung des Leistungsadressaten über die Leistungserbringung: S. 94ff., 102ff., 107ff.

wird. Fachliche Funktionen sind hier also in ein subtil abgestuftes System gesetzlich geregelter Interventionsberechtigungen eingebettet.

Rechtlich äußerst eingeschränkt ist der Einfluß des Klienten auf die Definition der Leistungen zur *wirtschaftlichen Existenzsicherung*. Nicht das subjektive (selbstbestimmte) Bedürfnis, sondern die „objektive" (fremdbestimmte) Bedarfszumessung entscheidet über Umfang und Qualität der Sozialhilfeleistung.

Der das Sozialhilferecht beherrschende Individualisierungsgrundsatz verlangt nun eine Anpassung der Leistung an die je besondere individuelle Situation des Klienten, legitimiert also das Abweichen von Regelsätzen, Standardisierungen und Pauschalierungen nach Maßgabe objektiv begründbarer Besonderheiten des Einzelfalles (§ 3 Abs. 1 BSHG). Diese zu ermitteln ist eine Aufgabe, die nach der besonderen fachlichen Kompetenz sozialer Arbeit verlangt. Darüber besteht zumindest in den Fällen weitgehende Einigkeit, in denen schwierigere Notlagen zu beurteilen sind.[34]

Die einzelfallgenaue Ermittlung einer „schwierigen Notlage" überschreitet aber zugleich die Grenzen des Expertenwissens als Wissen über andere. Die fachliche Funktion des Sozialarbeiters/Sozialpädagogen besteht hier wesentlich auch darin, die jeweiligen Klienten in die Definition ihrer Notlage mit einzubeziehen, ihnen also Einfluß auf diese Definition zu ermöglichen. Mag dies aus der Interessenlage der Behörde auch nur zu dem Zweck geschehen, die Hilfe möglichst wirkungsvoll und damit langfristig kostensparend einzusetzen, so bleibt doch zu bemerken, daß völlige Fremdbestimmung sich mit dem Hilfekonzept sozialer Arbeit nicht vereinbaren läßt. Die auf mangelnder Beteiligung des Klienten beruhenden Fehleinschätzungen seiner Situation führen zu Fehlern im Hilfeprozeß.[35]

Die Achtung vor der Selbstbestimmung des Klienten als Element professioneller sozialer Arbeit wird in neueren Beiträgen zur Professionalisierung als postmoderne Entdeckung ausgegeben und den bisherigen, angeblich „auf Expertisierung und Entmündigung von sozialen Beziehungen hinauslaufenden im Kern technokratischen Professionalisierungskonzepten" entgegengehalten.[36] Im Mittelpunkt dieser sich auch als „öko-sozial" ausweisenden Ansätze steht das Konzept der „Lebenslage", die nicht nur als objektiv definiert begriffen wird, sondern zugleich „aus dem individuellen Erleben in ihr zu erfassen ist".[37]

Dies sind allerdings Erkenntnisse, die bereits KLUMKER in Ansätzen formuliert und SCHERPNER differenziert dargelegt hatten. So bezeichnet KLUMKER mit seinem Begriff der „Unwirtschaftlichkeit" weder allein ein subjektives Verhalten noch allein eine objektive gesellschaftliche Klassen-, Schicht- oder Grup-

---

[34] Vgl. Deutscher Verein, Empfehlungen zur Organisation; KGSt, Bericht Nr. 6/1975; zahlreiche Dienstanweisungen, z.B. Landratsamt Emmendingen, Kap. 5.6.

[35] Hierzu auch: Maas, Grundlinien, S. 122ff.: „Innere Rahmenbedingungen sozialer Arbeit"; Heiner, S. 126; Wendt, Konzept, S. 81.

[36] So bei Dewe und Ferchhoff, Abschied, S. 173.

[37] Wendt, Konzept, S. 79.

penzugehörigkeit, sondern er nennt „unwirtschaftlich" einen Menschen, „wenn seine wirtschaftlichen Fähigkeiten in ihrer Mischung den tatsächlichen Wirtschaftsverhältnissen gegenüber nicht ausreichen".[38] Noch deutlicher beschreibt SCHERPNER die Hilfsbedürftigkeit eines Menschen als „mitbedingt (.....) durch seine persönliche Eigenart" und die Erforschung der Hilfsbedürftigkeit als eine „keineswegs (.....) rein physiologische oder psychologische Aufgabe", sondern zugleich als „die Erfassung der gesellschaftlichen Situation in seinem ganzen Lebensumkreis, auch wieder in ihrer individuellen Ausprägung, und die Feststellung, wie er in diesem Lebenskreis steht, warum er sich in diesem Lebenskreis offenbar nicht mehr halten kann oder jedenfalls in der Gefahr steht, aus ihm herauszufallen".[39] Dies benennt er kurz und treffend als „Erforschung des Hilfebedürftigen in seiner individuellen Art und *Lage*"; und daß er dies nicht als kontrollierende Ausforschung meint, sondern als deutendes Verstehen, als „Einsicht in die individuelle Lage" hebt er ausdrücklich hervor.[40]

Die Stellung des Hilfeempfängers als Subjekt im Hilfeprozeß und nicht als Objekt des Helfers ist somit Bestand wohldurchdachter Hilfetradition und gehört zu den fachlichen Standards sozialer Arbeit. Überdies ist diese Subjektstellung des Klienten aber auch durch die Verrechtlichung der Hilfe abgesichert, zuletzt deutlich durch das Grundrecht auf informationelle Selbstbestimmung.

Diese positiven Seiten der Verrechtlichung werden zwar auch von BLANKE und SACHßE gesehen, aber in ihrer Bedeutung viel geringer eingestuft als die Gefahren der Verrechtlichung, die von der sozialstaatlichen Tendenz ausgehen, mit ihrer allumfassenden bevormundenden Daseinsvorsorge die persönliche Freiheit des Klienten zu enteignen.[41]

Da diese Gefahr in der Tat besteht, soziale Arbeit als öffentliche Aufgabe aber unverzichtbar bleibt[42], muß um so mehr gelten und vielleicht auch verstärkt ins Bewußtsein gehoben werden, daß die Achtung der Selbstbestimmungsrechte des Klienten zur fachlichen Substanz sozialer Arbeit gehört. Sie hat nicht nur den Auftrag, die materiellen und psycho-sozialen Nöte ihrer Klienten aufzufangen. Gerade weil Menschen in Notlagen zur Verteidigung ihrer Autonomie besonders schlecht ausgestattet sind, ja den Sinn und die Möglichkeiten von Selbstbestimmung oft schon aus den Augen verloren haben, ist es die vordringlichste Aufgabe sozialer Arbeit, die Wiederherstellung der Autonomie ihrer Klienten mit allen professionellen Mitteln zu fördern. Dadurch erst werden sie wieder befähigt, Eigenverantwortung zu übernehmen und sich vom öffentlichen Hilfesystem unabhängig zu machen.

---

38 Zitiert nach Neises, S. 60.

39 Scherpner, S. 190.

40 S. 191. (Im Original nicht hervorgehoben.) Die gleiche Sache heißt heute bei Dewe und Ferchhoff, S. 174: „Die hermeneutische Kompetenz des Verstehens eines 'Falles'".

41 Blanke und Sachße, S. 276ff., 279.

42 Dies betont Staub-Bernasconi, S. 127ff., zu Recht.

Während das Modell des bürgerlich-liberalen Rechtsstaats es dem wirtschaftlich abgesicherten Rechtssubjekt überlassen konnte, seine Stellung als Rechtssubjekt auch gegenüber dem Staat selbst zu behaupten, verlangt der *soziale* Rechtsstaat gerade unter sozialstaatlichen Gesichtspunkten, daß der sozial Schwache seine Rechte gegenüber dem Staat nicht erst erkämpfen muß. Je weniger er in der Lage ist, seine Rechte aus eigener Kraft durchzusetzen, desto mehr ist es staatliche Aufgabe und damit Aufgabe sozialer Arbeit als Bestandteil staatlicher Daseinsvorsorge, peinlich darauf zu achten, daß seine Rechte gewahrt bleiben, und zwar nicht nur seine Rechte auf soziale Leistungen, sondern auch seine Freiheitsrechte. Zwischen Auftrag und Wirklichkeit klafft hier allerdings noch eine weite Lücke.

Im Bereich der *Daseinsvorsorge durch infrastrukturelle Angebote*, beispielsweise Kindergärten, Jugendhäuser, Beratungsstellen, ist der Einfluß der Klienten weder rechtlich vorprogrammiert, wie im Erziehungsbereich, noch rechtlich stark eingeschränkt, wie bei der Sozialhilfe, sondern eher von der Fähigkeit und Möglichkeit der interessierten Klienten abhängig, ihre Interessen gemeinsam im politischen Raum zu artikulieren. Akzeptanz und Qualität der Arbeit einer Institution werden aber gerade in diesem Bereich stark von der Einbeziehung der Klienten in die Leistungsdefinition abhängen.[43] Hier können bei der Definition von „Ob“ und „Wie“ der Angebote starke Unterschiede auftreten, je nachdem, welche Einflüsse auf die hier im Vordergrund stehenden lokal- bzw. regionalpolitischen Entscheidungsinstanzen einwirken.

Mangels eindeutiger rechtlicher Vorgaben verleitet dieser Bereich zu extremen Varianten der Selbstdefinition sozialer Arbeit und damit nicht selten zu Realitätsverlust.

Als Beispiel hierfür mag die nicht enden wollende Diskussion um die „richtige“ Jugendarbeit angeführt werden, die den Anschein erweckt, soziale Arbeit hätte den Auftrag, ihre Inhalte autonom zu bestimmen. Es gibt unbestreitbar die verschiedensten Arten von Jugendarbeit, angefangen bei der Jugendarbeit diverser Vereine bis hin zur Jugendarbeit freier Jugendverbände. Sofern es aber um Jugendarbeit als Teil der öffentlichen Jugendhilfe geht, steht hier immer noch ihre sozialpolitische Funktion im Mittelpunkt und damit ihre sozialadministrative Einbindung, zumal das Jugendhilferecht Bestandteil des Sozialgesetzbuches ist.[44]

Soziale Arbeit hat auch hier keine Freiheit zur Selbstdefinition, sondern die Aufgabe, zur sozialen Integration derjenigen Teile der Jugend beizutragen, die durch ihre Lebensbedingungen besonders belastet sind. Diese Wirkung kann sie nur erzielen, wenn sie die subjektiven Bedürfnisse der in Betracht kommenden Jugendlichen einbezieht und den Jugendlichen ermöglicht, die Angebotsstruktur der Jugendarbeit, speziell der Jugendhäuser, mitzugestalten.

---

[43] Vgl. auch: Bronke u.a., insbesondere S. 26ff.

[44] Ausführlich: Arbeitskreis Jugendarbeit, insbesondere S. 46.

Diese Ausführungen zur Jugendarbeit gelten in ähnlicher Weise für andere infrastrukturelle Angebote sozialer Arbeit. Fachliche Kompetenz sozialer Arbeit fordert hier in besonderer Weise die Bereitschaft und Fähigkeit, die Selbstartikulation der Klienten zu fördern und sie an der inhaltlichen Gestaltung der Konzepte aktiv zu beteiligen. Versäumt sie dies, so geht die Akzeptanz der jeweiligen Angebote verloren und damit deren sozialpolitische Funktion.

1.6 Soziale Arbeit unter ökonomischen Zwängen

Nahezu gleichzeitig mit der durch das KJHG wiederbelebten Diskussion über eine aktivere Beteiligung der Klienten am Prozeß der Hilfegewährung begann eine infolge zunehmender Finanzknappheit der Kommunen ausgelöste Debatte über Möglichkeiten der Steuerung sozialer Arbeit nach Maßgabe ökonomischer Kriterien. Sie wurde in Gang gebracht durch ein 1991 von der KOMMUNALEN GEMEINSCHAFTSSTELLE FÜR VERWALTUNGSVEREINFACHUNG (KGSt) vorgelegtes Rationalisierungsmodell für die Kommunalverwaltungen.[45] Ein von der KGSt besonders herausgehobener Bereich ist die Jugendhilfe.[46]

Durch „outputorientierte Steuerung" sollen *Effektivität und Effizienz* der Jugendhilfe sichergestellt werden,[47] das heißt, Qualität und Quantität der Hilfe sollen dem jeweiligen Bedarf so genau wie möglich entsprechen (Effektivität), wobei ihre Kosten in einem optimalen Verhältnis zu ihrer Wirkung stehen sollen (Effizienz).[48] Zur Erreichung dieses Ziels fordert die KGSt die Aufstellung eines „Produktplans der Jugendhilfe", wofür zunächst die *„Produkte"* zu definieren sind.[49] Als Beispiele für solche „Produkte" werden u.a. aufgezählt:

Innerhalb der „Produktgruppe" Kinder- und Jugendarbeit

- Offene Kinder- und Jugendarbeit durch Einrichtungen
- Offene Kinder- und Jugendarbeit außerhalb von Einrichtungen
- Verbandliche Kinder- und Jugendarbeit

oder innerhalb der „Produktgruppe" Betreuung

- Erziehungsbeistandschaft
- Sozialpädagogische Familienhilfe
- usw.

---

[45] KGSt-Bericht 12/1991.

[46] KGSt-Bericht 3/1993.

[47] KGSt-Bericht 9/1994, S. 8ff., 14, 16.

[48] Ähnlich Burkhard K. Müller, in Social management 1995 (9/10), S. 20, = Sozialmagazin 1995(7/8), S. 21: „Effektivität ist die Anwort auf die Frage: Machen wir die richtigen Dinge? (Und lassen die falschen und überflüssigen weg). Effizienz ist die Antwort auf die Frage: Machen wir die richtigen Dinge richtig, auf möglichst sparsame, unaufwendige Weise?"

[49] Hierzu insbesondere KGSt-Bericht 9/1994, S. 15ff.

Im Kern geht es bei dem „Neuen Steuerungsmodell„ der KGSt um die Orientierung fachlicher Entscheidungen an vorgegebenen finanziellen Mitteln (Budgetierung): „Jedem Produkt sollten seine Kosten möglichst eindeutig und verursachungsgerecht zugeordnet werden können. Dies ist Voraussetzung für eine umfassende Kostentransparenz und für *produktbezogene Budgetierung.*"[50] Damit werden die Wertmaßstäbe im Leistungssystem der Jugendhilfe und der sozialen Arbeit insgesamt verändert. Neben den Maßstab der bedarfsgerechten Leistung soll die Orientierung an den zur Verfügung gestellten finanziellen Ressourcen treten, selbst in den Fällen, in denen ein Leistungsstandard gesetzlich festgeschrieben ist: „Unabhängig von der Leistungsart und dem Verpflichtungsgrad muß örtlich über die Standards der Leistungserbringung, d.h. über Art und Umfang der konkreten Leistungen entschieden werden. *Die gesetzlichen Vorschriften sind hierfür keine hinreichende Grundlage*, sondern müssen durch örtliche Feststellungen zu einzelnen Zielen, zu Prioritäten, zu den *Kosten und zu den zur Verfügung stehenden Mitteln* ergänzt werden."[51]

In seiner Terminologie scheint dieses Modell die Eigenständigkeit des Klienten noch über die rechtlichen Garantien des KJHG hinaus zu erweitern, indem es ihn zum *Kunden* befördert, der beim Jugendamt ein „Produkt" einkauft, so als handele es sich bei dieser Behörde um ein Warenhaus, das seine Legitimation aus seinem Erfolg am Markt, also aus seiner Resonanz bei den Kunden, bezieht. Diese Sichtweise scheint zu dem durch das KJHG geförderten, wenn auch nicht ganz wirklichkeitsgetreuen Bild vom „Neuen Jugendamt" als einer reinen Leistungsbehörde zu passen, und daraus ist vielleicht auch die erstaunliche Popularität zu erklären, die das KGSt-Modell in der sozialen Arbeit schnell erlangt hat, obwohl es doch deren vorrangig pädagogisch orientiertem Denken zusätzliche Beschränkungen auferlegt.[52]

Die Abhängigkeit der Qualität und Quantität sozialer Leistungen von den ökonomischen Rahmenbedingungen ist keine Neuheit, sondern ein Wesensmerkmal sozialstaatlicher Daseinsvorsorge, das von der sozialen Arbeit bisher vielleicht zu wenig beachtet worden ist. Qualität und Quantität sozialer Leistungen sind das Ergebnis politischer Entscheidungen. Aber diese dürfen unter den geltenden rechtsstaatlichen Verfassungsgarantien (Art. 20 Abs. 3 GG) nicht so ausfallen, daß Ansprüche auf Sozialleistungen von den für sie geltenden gesetzlichen Voraussetzungen abgekoppelt und nach anderen Maßstäben bemessen werden. Insofern ist die durch das Sozialgesetzbuch „verrechtlichte" Hilfe in ihren wesentlichen Merkmalen gegen außergesetzliche Rationalisierungsschnitte gesichert. Sozialleistungen, auf die ein individueller Anspruch besteht, sind nach

[50] KGSt-Bericht 9/1994, S. 16, ohne die Hervorhebungen.
[51] KGSt-Bericht 3/1993, S. 22, ohne die Hervorhebungen.
[52] Merchel, Sozialverwaltung, S. 327ff., kritisiert zwar die unzureichende Nähe des Kundenbegriffs zur Wirklichkeit sozialer Arbeit, hält aber dessen hohen „Aufmerksamkeits- und Irritationswert" für „strategisch brauchbar" (S. 330), weil er die Subjektstellung der Adressaten sozialer Arbeit betone. Ausführlich zur Problematik des Kundenbegriffs: Bogumil und Kißler.

dem gesetzlich garantierten Maßstab zu erbringen, das heißt für den Bereich der Jugendhilfe und der Sozialhilfe: bedarfsgerecht und rechtzeitig.

Der jeweilige Bedarf im Einzelfall bleibt also auch unter der Herrschaft ökonomisch geprägter Rationalisierungsbestrebungen der entscheidende Maßstab für individuelle Leistungen der Jugendhilfe und der Sozialhilfe. Wird dieser Maßstab ernst genommen, so garantiert er allerdings über die bedarfsgerechte Leistungsgewährung hinaus auch rationelles Handeln im Sinne der Ressourcenorientierung, sofern die Annahme berechtigt ist, daß der Zweck dieser Ressourcen nicht darin besteht, eingespart zu werden, sondern darin, zweckorientiert ausgegeben zu werden.

Einen wesentlich größeren Spielraum für die von der KGSt propagierte Entwicklung marktorientierter Produkte sozialer Dienstleistung scheinen die offenen Angebote zu gewähren, zum Beispiel die Angebote der Jugendarbeit, weil sie nicht an eine individuelle Bedarfsfeststellung gekoppelt sind, sondern „frei" in Anspruch genommen werden können. Bei genauer Betrachtung eignen sich aber auch für diesen Bereich die von der KGSt herangezogenen Maßstäbe nicht, denn auch solche offenen Angebote sind Gegenstand sozialstaatlicher Daseinsvorsorge und daher - zumindest von ihrer objektiven Zweckbestimmung her - an gesellschaftlich anerkannten Bedarfslagen orientiert.

Die aus der betriebswirtschaftlichen Sprache stammenden Begriffe des KGSt-Modells lenken von den Wertorientierungen der Jugendhilfe und der sozialstaatlichen Daseinsvorsorge insgesamt ab. Während betriebswirtschaftliches Denken sich an der Produktion von Waren ausrichtet, mit denen über den freien Markt Gewinn erzielt werden soll, dient sozialstaatliche Daseinsvorsorge dem Ausgleich von Belastungen, die durch eine auf Gewinnerzielung gegründete freie Marktwirtschaft erst hervorgebracht werden. Deshalb stehen Betriebswirtschaft und Sozialwesen nicht unter den gleichen Vorzeichen.

Marktwirtschaft setzt freien Warenverkehr voraus, also ein über Preise vermitteltes Verhältnis von Angebot und Nachfrage. Sozialstaatliche Daseinsvorsorge gehört zu dem Instrumentarium, mit dem der Staat (im weitesten Sinne) auf marktwirtschaftliche Gegebenheiten reagiert. Sozialstaatliche Daseinsvorsorge ist daher nicht selbst marktwirtschaftliche Betätigung, sondern Verwaltungshandeln mit dem Ziel der „Produktion und Verteilung von Gütern, welche die Marktwirtschaft nicht leistet".[53] Solche Güter sozialstaatlicher Daseinsvorsorge sind daher nach Maßstäben des sozialstaatlichen Verwaltungshandelns zu beurteilen und nicht nach Maßstäben betriebswirtschaftlicher Gewinnmaximierung. Das Regulativ ist nicht der Preis, sondern der gesellschaftlich anerkannte Bedarf. Ob ein solcher Bedarf anerkannt und wieviel Geld zu seiner Deckung bereitgestellt wird, ist das Ergebnis sozialpolitischer und sozialadministrativer Entscheidungsprozesse.[54]

---

[53] Zacher, Sozialrecht, S. 168. Ähnlich: Bogumil und Kißler, S. 16.
[54] Vgl. Pitschas, S. 981: „Das Rathaus ist eben kein Kaufhaus!"

Gänzlich unangebracht ist das betriebswirtschaftliche Modell in dem unter das staatliche Wächteramt fallenden Bereich der Jugendhilfe, also bei Interventionen des Jugendamtes wegen Gefährdung des Wohls von Kindern und Jugendlichen, denn in diesen Fällen werden keine Leistungen angeboten, sondern ordnungsrechtliche Aufgaben erfüllt. Hier läßt sich also noch nicht einmal der äußere Anschein einer Vergleichbarkeit von sozialstaatlicher Daseinsvorsorge und marktwirtschaftlicher Betätigung erkennen.

Ergebnis:
Auch unter Rationalisierungsgesichtspunkten gibt es weder eine Notwendigkeit noch eine überzeugende Begründung für einen Perspektivenwechsel in Richtung Betriebswirtschaft. Sparsamkeit ist ein Grundgebot ordnungsgemäßer öffentlicher Verwaltung. An diese ihr eigene Urtugend sollte sie sich auch ohne eine betriebswirtschaftliche Sprachregelung erinnern können.

Es kann für das Sozialwesen unabsehbare Folgen haben, wenn es sich der seiner Zielsetzung angemessenen Wertorientierung und Terminologie berauben läßt und sich eine Denkweise zulegt, deren Grundlagen nicht die ihren sind.[55]

1.7 Folgerungen für die Darstellung

Die dargelegten Merkmale sozialer Arbeit als Verwaltungshandeln sollen Gemeinsamkeiten relativ umfassender Tätigkeitskomplexe sozialer Arbeit zusammenfassen, ohne sie so weit zu abstrahieren, daß sie sich in inhaltsleeren Begriffen auflösen.

Der gesamte Tätigkeitskomplex sozialer Arbeit wurde zunächst nach drei Gesichtspunkten betrachtet:

- das Hilfesystem insgesamt,
- die Funktionen sozialer Arbeit im Hilfesystem und
- der Einfluß der Klienten auf die Hilfe.

Sodann wurden zwei verschiedene Funktionen sozialer Arbeit einander gegenübergestellt:

- entscheidungsbezogenes Handeln und
- nicht entscheidungsbezogenes Handeln (offene Hilfen).

Wegen seiner besonderen Komplexität wurde das entscheidungsbezogene Handeln weiter untergliedert in:

- Informationsgewinnung,
- Informationsbewertung,
- Entscheidung als solche und

---

[55] Zur Begrifflickeit des KGSt-Modells vgl. die Aufsätze von Boeßenecker und von Tegethoff, zur Kritik dieses Modells im Hinblick auf die soziale Arbeit insbesondere die Beiträge von Hinte, Merchel, Burkhard K. Müller, Pitschas.

- Entscheidungsausführung,

wobei hier als besonders charakteristisch herausgearbeitet wurde, daß diese vier Strukturmerkmale im Hilfeprozeß nicht linear aufeinander folgen, sondern sich überlagern.

Um diese Handlungsstruktur durchsichtig zu machen, wurden weitere Diffferenzierungen eingeführt.

Bei der Informationsgewinnung wurde unterschieden zwischen

- dem Verfahren der Sachverhaltsermittlung und
- dem Inhalt der Sachverhaltsermittlung (Datenbedarf).

Bei der Informationsbewertung wurde unterschieden zwischen

- außerrechtlicher Bewertung (sozial- bzw. verhaltenswissenschaftlicher Diagnose) und
- rechtlicher Bewertung (Subsumtion).

Die nähere Betrachtung des Einflusses der Klienten auf den Hilfeprozeß hat dazu veranlaßt, drei Einflußsphären zu unterscheiden:

- die Sicherung der individuellen Sozialisation und Integration,
- die wirtschaftliche Existenzsicherung und
- offene infrastrukturelle Angebote der Daseinsvorsorge.

Die so gewonnenen Strukturmerkmale schlagen sich in der weiteren Darstellung nieder, ohne deren Gliederung allerdings vollständig zu bestimmen. Der grobe Aufbau folgt der Unterscheidung zwischen

- Funktionen sozialer Arbeit bei der Entscheidungsvorbereitung und
- rechtlichen Vorgaben für die soziale Arbeit bei der Entscheidungsausführung und bei nicht entscheidungsbezogenen Hilfeangeboten.

Der Einfluß der Klienten auf die Hilfe wird auf allen Ebenen im jeweiligen Sachzusammenhang berücksichtigt.

2. Die Hilfegewährung als Verwaltungsentscheidung

Das Sozialgesetzbuch als umfassende bundesrechtliche Kodifikation sozialer Rechte regelt die Voraussetzungen für den Anspruch des Bürgers auf Sozialleistungen einschließlich sozialer und erzieherischer Hilfen. Sozialleistungen sind Dienst-, Sach- und Geldleistungen. Persönliche und erzieherische Hilfen gehören zu den Dienstleistungen (§ 11 SGB I). Zuständig für die Entscheidung über diese Leistungen (Gewährung, Bewilligung) sind die „Leistungsträger". Dies sind die in den §§ 18 bis 29 SGB I genannten Körperschaften, Anstalten und Behörden (§ 12 SGB I). Danach sind Leistungsträger der Jugendhilfe die Kreise und kreisfreien Städte, nach Maßgabe des Landesrechts auch kreisangehörige Gemeinden. (§ 27 Abs. 2 SGB I) Leistungsträger der Sozialhilfe sind die Kreise und kreisfreien Städte, die überörtlichen Träger der Sozialhilfe und für besondere Aufgaben die Gesundheitsämter. (§ 28 Abs. 2 SGB I)

Der Leistungträger prüft, ob im Einzelfall die gesetzlichen Voraussetzungen für eine bestimmte Sozialleistung erfüllt sind bzw. ob eine Sozialleistung im Rahmen einer Ermessensbefugnis gewährt wird. (§§ 38, 39, 40 SGB I) Er setzt die einzelne Leistung entweder durch Verwaltungsakt fest oder schließt einen öffentlich-rechtlichen Vertrag mit dem Leistungsempfänger ab, was allerdings nur bei Ermessensleistungen zulässig ist. (§ 53 SGB X) Die Tätigkeit, die auf die Prüfung der Voraussetzungen, die Vorbereitung und den Erlaß des Verwaltungsaktes bzw. auf den Abschluß des öffentlich-rechtllichen Vertrages gerichtet ist, heißt „Verwaltungsverfahren". (§ 8 SGB X)

Das Verwaltungsverfahren ist somit ein behördliches Verfahren, das eine rechtsverbindliche Entscheidung zum Ziel hat. Diese Entscheidung ist rechtsgebunden, das heißt, sie bedarf einer gesetzlichen Grundlage. § 31 SGB I bestimmt, daß Rechte und Pflichten in den Sozialleistungsbereichen des Sozialgesetzbuches nur begründet, festgestellt, geändert oder aufgehoben werden dürfen, soweit ein Gesetz es vorschreibt oder zuläßt („Vorbehalt des Gesetzes"). Zu den Pflichten im Zusammenhang mit Sozialleistungen, die hier neben den Rechten auf Sozialleistungen genannt werden, gehören beispielsweise Mitwirkungspflichten nach §§ 60ff. SGB I, die Pflicht zur Arbeit und die Pflicht zu wirtschaftlichem Verhalten nach § 25 BSHG.

Da die bundesgesetzlichen Grundlagen der Jugendhilfe und der Sozialhilfe im Sozialgesetzbuch geregelt sind, das KJHG als 8. Buch (SGB VIII) und das BSHG gemäß § 1 Nr. 15 der Übergangsvorschriften zum SGB I, sind Entscheidungen über Rechte und Pflichten eines Leistungsberechtigten in der Jugendhilfe und in der Sozialhilfe somit rechtsgebundene Entscheidungen, die in einem Verwaltungsverfahren zustandekommen.

2.1 Strukturmerkmale rechtsgebundener Verwaltungsentscheidungen

Rechtsgebundene Verwaltungsentscheidungen werden geprägt durch Rechtsnormen, die das Verfahren betreffen, durch das sie hervorgebracht werden (Verwaltungsverfahrensrecht, im Sozialgesetzbuch SGB I und SGB X) und durch Rechtsnormen, die sich auf den Inhalt der Entscheidung beziehen (materielles Recht, z.B. KJHG, BSHG). Verfahren und Inhalt sind aber keine voneinander unabhängigen Teile der Entscheidungsfindung. Die Entscheidung kommt vielmehr stufen- oder schrittweise zustande und auf jeder Stufe sind sowohl materiellrechtliche als auch verfahrensrechtliche Fragen zu beantworten.

Verfahrensrecht und materielles Recht legen weder den Entscheidungsvorgang noch den Inhalt der Entscheidung restlos fest. Sie sind zwar wesentliche Strukturmerkmale der Entscheidungsfindung, aber es gibt daneben noch andere Faktoren, die auf die Entstehung der Entscheidung einwirken. Mit der Gesamtheit dieser Faktoren beschäftigt sich die Entscheidungstheorie. Sie ist ein Teilgebiet der allgemeinen Verwaltungslehre.

Eine anschauliche Darstellung verschiedener verwaltungswissenschaftlicher Entscheidungstheorien gibt BECKER[1]. Trotz gewisser Unterschiede im einzelnen wird die Entscheidung durchweg als Ergebnis eines Vorgehens, (eines „Prozesses“ bzw. „Vorganges“, in der US-amerikanischen Literatur: „decision-making“), bezeichnet, das in verschiedene Phasen gegliedert ist und das als rationales Verfahren eine systematische Auswahl zwischen verschiedenen Handlungsalternativen ermöglicht, woraus die gefundene Entscheidung ihre Legitimation bezieht. In Wirklichkeit handelt es sich um einen äußerst komplexen Vorgang, der durch die Hervorhebung bestimmter Strukturmerkmale „künstlich“ vereinfacht wird, um ihn begrifflich darstellen zu können.

2.1.1 Stufen der Verwaltungsentscheidung

Die „Logik des Handlungsvorgangs“, der in dem Begriff der „Entscheidung“ zusammengefaßt wird, beschreibt BECKER[2] als eine Abfolge von Teilentscheidungen in neun Phasen. Dieses Phasenmodell bildet die Grundlage der folgenden Untersuchung entscheidungsbezogener Funktionen sozialer Arbeit. Es wird hier mit Blick auf diese Zwecksetzung erläutert.

1. Phase: Zweck- und Zielsetzung des Handelns.
Die Verwaltung findet Zweck- und Zielsetzung ihres Handelns in der Regel bereits als gesetzliches Handlungsprogramm vor, das sie zu konkretisieren hat.

---

[1] S. 421ff.
[2] S. 423ff., 435.

2. Phase: Festlegung von Prioritäten.
Sind mehrere Zwecke und Ziele zu beachten, so ist zu entscheiden, in welcher Rangfolge der Wichtigkeit sie zueinander stehen und in welcher zeitlichen Abfolge sie erreicht werden sollen (Dringlichkeit).

3. Phase: Definition der Situation.
Darunter ist „die Analyse der tatsächlichen Zustände der Arbeitsumwelt des Handlungssystems" (hier also der Sozialverwaltung) zu verstehen. Dies beinhaltet die sinnliche Wahrnehmung der Verhältnisse, auf die sich das Verwaltungshandeln bezieht, die Auswahl zweck- und zielrelevanter Tatsachen und deren Beschreibung („Abbildung"), um sie der verwaltungsinternen Verarbeitung zugänglich zu machen. Die Realitität wird also in *Informationen über die Realität* verwandelt. Das auf diese Weise „institutionalisierte Bild" der tatsächlichen Verhältnisse ist deren „reduzierte Abbildung". Diese Abbildung der Realität wird mit den festgelegten Zwecken und Zielen verglichen. Wird dabei eine Abweichung erkannt, bleibt also die Realität hinter den festgelegten Zwecken und Zielen zurück, so ist damit das „Problem" definiert, das einer Lösung zuzuführen ist. Die Feststellung des „Problems" ist somit „der Auslöser für weitere Stufen des Handlungsvorgangs", die nun auf die Problemlösung ausgerichtet sind.[3]

4. Phase: Suche nach Handlungsalternativen.
Die Verwaltung ermittelt Handlungsalternativen, die geeignet erscheinen, das definierte Problem zu lösen und legt die entscheidungsrelevanten Alternativen fest.

5. Phase: Bewertung der entscheidungsrelevanten Handlungsalternativen.
Die als entscheidungsrelevant ausgewählten Handlungsalternativen werden nun einzeln danach befragt, welche Folgen sie jeweils mit sich bringen. Das erfordert eine Prognose, weil die Maßnahme zu einer Zeit wirksam wird, die später liegt als der Zeitpunkt, in dem die Problembeschreibung erfolgt ist. Andererseits kann die Maßnahme aber nur diejenigen Verhältnisse berücksichtigen, die der Problemdefinition zugrunde gelegt wurden. Die Bewertung der jeweiligen Alternative unterliegt unausweichlich diesem Dilemma. Zu der hier beschriebenen Folgenermittlung kommt die Abschätzung der durch die jeweilige Handlungsalternative entstehenden Kosten hinzu.

6. Phase: Die Auswahl der 'besten' Handlungsalternative.
Unter den entscheidungsrelevanten Alternativen wird die 'beste' ausgewählt. Die Entscheidung ist somit „das Produkt der Auswahl der besten Alternative".[4] Problematisch sind allerdings die Maßstäbe, nach denen diese Auswahl erfolgen soll. Das Kriterium der Wirtschaftlichkeit (höchster Nutzen bei geringsten Kosten) ist nicht in jedem Fall anwendbar. Grundsätzlich ist diejenige Hand-

---

[3] S. 425ff.
[4] S. 430.

lungsalternative die 'beste', die die Bestandssicherheit der Problemlösung am ehesten gewährleistet.[5]

7. Phase: Bestimmung der Rechtsform der ausgewählten Maßnahme.
Der eigentliche Entscheidungsinhalt liegt nun fest. In der öffentlichen Verwaltung erhält die Entscheidung allerdings eine bestimmte Rechtsform, z.B. als Verwaltungsakt oder als öffentlich-rechtlicher Vertrag.

8. Phase: Implementation (Realisierung, Durchführung) der Entscheidung.
Die Durchführung der Entscheidung kann ein schlichter Vollzugsvorgang sein (z.B. die Auszahlung im Rahmen der Sozialhilfe), sie kann aber auch ein komplexer Vorgang sein, der schrittweise in Interaktionsprozessen zwischen Verwaltungssystem und Außenwelt auf die beabsichtigte Veränderung hinwirkt (z.B. persönliche und erzieherische Hilfen).

9. Phase: Rückkopplung und Erfolgskontrolle (Feedback).
Die Beurteilung, ob der Implementationsvorgang erfolgreich abgeschlossen ist, setzt Rückmeldungen über den tatsächlichen Verlauf dieses Vorganges voraus. Die andauernde Kommunikation über den Implementationsverlauf macht es erst möglich, künftige Handlungen zu modifizieren, um so die Zweckerreichung sicherzustellen. Gegebenenfalls führt dieser Feedbackprozeß sogar dazu, daß das ursprüngliche Zweckprogramm (die Entscheidung als solche) geändert werden muß. Der Handlungsvorgang erweist sich damit in seiner Gesamtheit nicht als ein lineares Geschehen, sondern als ein Kreislauf.

Diese Analyse zeigt im Ergebnis, daß die *Informationsverarbeitung* als zentrale Kategorie des Entscheidungsprozesses anzusehen ist.[6] Schon jetzt läßt sich demnach folgern, daß die Informationsverarbeitung ein wesentliches Merkmal entscheidungsbezogener Funktionen sozialer Arbeit darstellt. Soweit soziale Arbeit Hilfe als Gegenstand sozialer Rechte leistet, sind auch die hierzu erforderlichen Entscheidungsprozesse verrechtlicht, wobei Ausmaß und Intensität der Verrechtlichung in den verschiedenen Phasen des jeweiligen Entscheidungsprozesses durchaus variieren.

Am wenigsten durch Rechtsnormen geprägt erscheint noch die Implementationsphase, die Leistungs- oder Hilfeerbringung, obwohl auch sie nicht im „rechtsfreien Raum" stattfindet. Diese Handlungsphase wird häufig als der Bereich „eigentlicher Sozialarbeit und Sozialpädagogik" angesehen, in dem sich soziale Arbeit „rein fachlich" nach den Regeln bestimmter Methoden und außerhalb „bürokratischer Zwänge" soll entfalten können. Indessen bleibt dieser Bereich durchaus eng verbunden mit dem gesamten Entscheidungsgeschehen,

---

[5] Vgl. Luhmann, Theorie, S. 92: „Ein System (ist) rational in dem Maße, als es seine Probleme bestandssicher formulieren und lösen kann."

[6] Luhmann (Theorie, S. 69) bezeichnet die Entscheidung als „Mitteilung des Ergebnisses einer Informationsverarbeitung". Becker (S. 435) nennt Entscheidungen „Auswahlen von alternativen Handlungsmöglichkeiten im gesamten Handlungsvorgang und in der Tat Produkte entsprechender Informationsverarbeitungen".

schon weil von hier aus die Rückmeldungen erfolgen müssen, die dann gegebenenfalls zur Korrektur der Ausgangsentscheidung führen.

Richtig ist allerdings, daß die Phasen 1 bis 7 stärker durch Rechtsnormen geprägt sind. In diesen Phasen wird ermittelt, ob Hilfe geleistet werden soll. Zugleich werden Art und Umfang der Hilfe festgelegt. Diese Phasen betreffen also die Entscheidung über die Hilfegewährung. Allerdings ist nicht die Gesamtheit des sich hierbei vollziehenden Geschehens, wie es im oben dargestellten Phasenmodell beschrieben wird, Gegenstand rechtlicher Regelungen. Das Recht regelt lediglich Teilaspekte dieses Geschehens. Wie bereits erwähnt, kann man hierbei unterscheiden zwischen Rechtsnormen, die eine *Verfahrensstruktur* festlegen (Verwaltungsverfahrensrecht) und solchen, die die *Leistungsstruktur* regeln, also den Inhalt der sozialen Rechte oder, bezogen auf die soziale Arbeit, den Gegenstand der Hilfe (materielles Recht).

2.1.2 Rechtlich geregelte Strukturmerkmale administrativer Entscheidungsprozesse in der sozialen Arbeit

Das Verfahrensrecht regelt, grob betrachtet, folgende Strukturmerkmale administrativer Entscheidungsprozesse:

1. Das den Entscheidungsprozeß auslösende Moment: Beginn des Verfahrens.
2. Den rechtlich definierten Verlauf des Verfahrens.
3. Die Rechtsform der Entscheidung: Verwaltungsakt, öffentlich-rechtlicher Vertrag.

Folgende Strukturmerkmale gehören dem materiellen Recht an:

4. Die gesetzliche Grundlage der Entscheidung.
5. Der Sachverhalt als die tatsächliche Grundlage der Entscheidung.

2.1.2.1 Das den Entscheidungsprozeß auslösende Moment: Beginn des Verfahrens

Das Verwaltungsverfahren wird ausgelöst durch die Feststellung eines von der Verwaltung zu lösenden „Problems" (3. Phase in BECKERS Modell[7]) Für die Leistungsbereiche des Sozialgesetzbuches, also auch für die Jugendhilfe und die Sozialhilfe, regelt § 18 SGB X den Beginn des Verfahrens.

Die Behörde hat zwei Möglichkeiten, ein Verwaltungsverfahren in Gang zu setzen. Sie kann tätig werden

- entweder von Amts wegen
- oder auf Antrag.

Ob sie tätig wird, sei es von Amts wegen oder auf Antrag, hängt von der materiellen Rechtslage ab. Es gibt folgende Möglichkeiten:

---

[7] Siehe Kap. 2.1.1.

a) § 18 Satz 2 Nr. 1: Das Gesetz verpflichtet die Behörde, tätig zu werden

– sei es von Amts wegen:

z.B. § 5 BSHG („Die Sozialhilfe setzt ein, sobald dem Träger der Sozialhilfe bekannt wird, daß die Voraussetzungen für die Gewährung vorliegen.")

– sei es auf Antrag:

z.B: § 42 Abs. 2 KJHG. („Das Jugendamt ist verpflichtet, ein Kind oder einen Jugendlichen in seine Obhut zu nehmen, wenn das Kind oder der Jugendliche um Obhut bittet.") In diesem Fall darf die Behörde nur tätig werden, wenn ein Antrag vorliegt. Wenn aber ein Antrag vorliegt, muß sie auch tätig werden.

b) § 18 Satz 1: Wenn die Behörde nicht verpflichtet ist, von Amts wegen tätig zu werden bzw. wenn sie nicht von einem Antrag abhängig ist, entscheidet sie nach pflichtgemäßem Ermessen, ob und wann sie ein Verwaltungsverfahren durchführt. Beispiel: Gemäß § 20 BSHG entscheidet das Sozialamt nach eigenem Ermessen, ob und zu welchem Zeitpunkt die Bereitschaft eines Hilfesuchenden zur Arbeit überprüft wird und welche Tätigkeit ihm zu diesem Zweck angeboten wird.

Ein wirksamer Antrag setzt die *Antragsberechtigung* des Antragstellers voraus. Nach § 36 Abs. 1 SGB I ist das Recht, Anträge auf Sozialleistungen zu stellen, auf Personen ausgedehnt worden, die das 15. Lebensjahr vollendet haben (sogenannte „sozialrechtliche Handlungsfähigkeit"), während nach allgemeinem Verfahrensrecht grundsätzlich die Geschäftsfähigkeit nach dem BGB erforderlich wäre, also die Vollendung des 18. Lebensjahres.

Für die Jugendhilfe sieht § 8 KJHG eine Sonderregelung vor. Gemäß Abs. 2 haben Kinder und Jugendliche unabhängig von ihrem Alter das Recht, sich in allen Angelegenheiten der Erziehung und Entwicklung an das Jugendamt zu wenden. Sie können gemäß Abs. 3 ohne Kenntnis der Personensorgeberechtigten beraten werden, wenn die Beratung aufgrund einer Not- und Konfliktlage erforderlich ist und durch die Mitteilung an den Personensorgeberechtigten der Beratungszweck vereitelt würde. Für Hilfen zur Erziehung hat diese Regelung keine Bedeutung, weil der Anspruch auf Hilfen zur Erziehung nur den Personensorgeberechtigten zusteht. Auch die meisten Leistungen der allgemeinen Förderung (§§ 11 - 26 KJHG) können von jungen Menschen nicht geltend gemacht werden, weil die einzelnen Anspruchsgrundlagen sie nicht als Anspruchsinhaber vorsehen (vgl. §§ 17 - 21!).[8]

Eine besondere *Form* ist für Anträge nicht vorgeschrieben, sie sind also auch mündlich wirksam gestellt. Dem Antragsteller muß aber bewußt sein, was sein Antrag bewirkt, also, daß er ein Verwaltungsverfahren in Gang setzt, welche Rechte für ihn in der gegebenen Situation in Betracht kommen und welche Pflichten neben den von ihm angestrebten Rechten auf ihn zukommen.

---

[8] Im einzelnen wird verwiesen auf die Ausführungen unter 4.2.

Wirksamer Antragstellung muß also in der Regel Beratung im Sinne des § 14 SGB I vorausgehen.

Der Begriff der *Beratung* hat hier eine klar definierte Bedeutung. Gemeint ist Rechtsberatung, aber nicht in einem allgemeinen Sinn, sondern bezogen auf die Rechte und Pflichten nach dem Sozialgesetzbuch. Da für die Beratung jeweils diejenigen Leistungsträger zuständig sind, denen gegenüber die Rechte geltend zu machen oder die Pflichten zu erfüllen sind, erfolgt die Rechtsberatung in Fragen der Jugendhilfe und der Sozialhilfe durch die hierfür zuständigen Leistungsträger, das heißt in der Praxis durch die Jugendämter, die Sozialämter und den diesen Ämtern zugeordneten Allgemeinen Sozialdienst. Diese Beratungsfunktionen obliegen somit auch der sozialen Arbeit.

Beratung wird in der sozialen Arbeit häufig in einem sehr umfassenden Sinn verstanden, von der allgemeinen Orientierung bis hin zur therapeutischen Hilfe. Dadurch besteht die Gefahr, daß die Beratung sich in einem unscharfen, unspezifischen und damit auch zuweilen unverbindlichen Einerlei auflöst. Da für Beratung ein zentraler Platz im Fachlichkeitskonzept der sozialen Arbeit beansprucht wird, muß dieser Begriff je nach seinem Sachzusammenhang spezifisch definiert werden. Erst dann ist seine jeweilige Funktion klar und seine Verwendung fachlich legitimiert.

Beratung im Sinne des § 14 SGB I bedeutet für die soziale Arbeit, daß sie ihren Klienten die jeweils für eine anstehende Entscheidung in Betracht kommenden Rechte und Pflichten nach dem Sozialgesetzbuch, insbesondere also nach dem BSHG, KJHG, SGB I und SGB X, individuell, konkret und detailliert zu erläutern hat. Darauf haben die im Einzelfall beteiligten Klienten einen Rechtsanspruch.[9] Beratung ist also hier eine klar umrissene Funktion sozialer Arbeit, bei der auch die Stellung des Klienten gesetzlich abgesichert ist. Die Beratung darf sich nicht darauf beschränken, Fragen des Betroffenen zu beantworten, sondern sie ist im Sinne eines umfassenden Beratungsgespräches zu verstehen, das den Beratenen befähigen soll, seine sozialen Rechte im gegebenen Fall abschließend zu beurteilen.

Gerade im Hinblick auf sozial benachteiligte Bürger hat der Bundesgerichtshof bereits 1957 festgestellt und in ständiger Rechtsprechung bestätigt, daß es im sozialen Rechtsstaat zu den Amtspflichten der mit der Betreuung sozial schwacher Volkskreise betrauten Beamten gehört, diesen zur Erlangung und Wahrung der ihnen vom Gesetz zugedachten Rechte und Vorteile nach Kräften beizustehen, sie über die nach den bestehenden Bestimmungen gegebenen Möglichkeiten zu belehren, ihre Rechtsstellung zu verbessern oder zu sichern und sie zu entsprechenden Anträgen anzuregen.[10] Damit ist im Hinblick auf „sozial

---

9 Vgl. Burdenski u.a., § 14, insbesondere Rn. 11 - 23, 47 - 51, 53 - 54 und 62 - 65. Giese und Krahmer, § 14 Rn. 2.1, 2.2 und 3. Haines, in Hauck, SGB I, § 14, Rn. 3 - 12. - Zu Umfang und Qualität der Beratung im einzelnen vgl. auch Giese, Rechtsfragen, S. 62ff.

10 BGH, Urteil vom 26. 9. 1957, III ZR 65/56, in: NJW 1957, 1873. Ausführlich hier-

Schwache“ sogar eine über die bloße Beratung hinausgehende Betreuungspflicht formuliert worden.[11] Für die soziale Arbeit beinhaltet dies eine Rechtspflicht, ihre Klienten im Einzelfall zu aktivieren und zu befähigen, ihre sozialen Rechte wahrzunehmen, unter Umständen auch durch Formulierungshilfe.

Diese gesetzliche Pflicht der sozialen Arbeit zu umfassender, sorgfältiger individueller Beratung über soziale Rechte erfordert entsprechende zuverlässige Rechtskenntnisse in den einschlägigen Rechtsgebieten. Somit wird bereits über die Beratungspflicht des § 14 SGB I das Recht zum Gegenstand der Fachlichkeit sozialer Arbeit gemacht.[12]

2.1.2.2 Der rechtlich definierte Verlauf des Verfahrens bis zur Entscheidung

Der 2. Abschnitt des SGB X („Allgemeine Vorschriften über das Verwaltungsverfahren“) enthält im 1. Titel („Verfahrensgrundsätze“) zwei Grundaussagen über das Verwaltungsverfahren: Gemäß § 8 ist es entscheidungsorientiert; gemäß § 9 ist es grundssätzlich formlos, einfach und zweckmäßig durchzuführen.

Das bedeutet: Zum Verwaltungsverfahren gehören gemäß § 8 nur diejenigen Tätigkeiten der Verwaltung, die auf Außenwirkung gerichtet sind und deren Zweck darin besteht, die Voraussetzungen der angestrebten Verwaltungsentscheidung (Verwaltungsakt oder öffentlich-rechtlicher Vertrag) zu prüfen, diese Entscheidung vorzubereiten und ihr die entsprechende Rechtsform zu verleihen. Sobald feststeht, daß eine bestimmte Entscheidung angestrebt wird, hat die Verwaltung ihr Handeln zielstrebig auf diese Entscheidung hin zu orientieren. Sie soll keine Umwege machen, sondern sich über zweckmäßiges Vorgehens klar werden und dieses möglichst einfach gestalten.

Eine Verwaltungstätigkeit ist also nur dann Bestandteil eines Verwaltungsverfahrens, wenn sie sich auf das Zustandekommen der beabsichtigten Verwaltungsentscheidung richtet. Solange eine Entscheidung nicht oder noch nicht in Betracht kommt, kann von einem Verwaltungsverfahren keine Rede sein. Das gilt zum Beispiel für eine allgemeine Beratung des Klienten in einer sozialen Frage und selbst für eine Beratung über seine sozialhilfe- bzw. jugendhilferechtlichen Ansprüche, solange dabei nicht eine konkrete Entscheidung angestrebt wird.

Ist aber einmal klargestellt, daß eine solche konkrete Entscheidung bezweckt wird, dann gelten die Regeln des Verwaltungsverfahrensrechts. Diese Regeln sind Ausnahmen von dem in § 9 aufgestellten Grundsatz der Nichtförmlichkeit des Verfahrens. Sofern soziale Arbeit für die Entscheidungsvorbereitung verantwortlich oder mitverantwortlich ist, hat sie diese Regeln zu beachten. Besonders wichtig sind dabei die im Zusammenhang mit der Sachverhaltsaufklärung stehenden Bestimmungen der §§ 20 bis 25 SGB X. Sie regeln die Interaktion

---

zu: Giese, Rechtsfragen, S. 15ff.

11 Burdenski u.a., Rn. 63.

12 Vgl. auch Giese, Rechtsfragen, S. 21ff. und S. 37ff.

zwischen der Verwaltungsbehörde und dem vom Verwaltungsverfahren betroffenen Bürger.

Die §§ 20 bis 23 legen die Verantwortung der Behörde für die Sachverhaltsermittlung fest: Untersuchungsgrundsatz und Beweismittel. Die §§ 24 und 25 garantieren das Recht des beteiligten Bürgers auf Anhörung und Akteneinsicht, womit unter anderem sichergestellt werden soll, daß die Behörde verläßliche tatsächliche Entscheidungsgrundlagen erhält. Es handelt sich also um Verfahrensregeln, die bei der Ermittlung der für die Entscheidung erheblichen Tatsachen zu beachten sind, nicht aber um die Frage, welche Tatsachen als erforderlich anzusehen sind.

Im Phasenmodell BECKERS gehören beide Aspekte zur 3. Phase: Definition der Situation.[13] In der Tat hängen Gegenstand und Verfahren der Sachverhaltsermittlung eng zusammen, was sich schon daran erkennen läßt, daß die Behörde ihre Entscheidung nur auf diejenigen Tatsachen stützen darf, die sie rechtmäßig ermittelt hat.

In dieser Phase der Entscheidungsvorbereitung liegt ein Schwerpunkt sozialer Arbeit, beispielsweise bei der Ermittlung eines erzieherischen oder eines sozialhilferechtlichen Bedarfs. Deshalb werden die hierfür geltenden rechtlichen Vorgaben in den Kapiteln „Der Sachverhalt" und „Das Verfahren der Sachverhaltsermittlung nach dem Sozialgesetzbuch" eingehend untersucht.[14]

2.1.2.3 Die Rechtsform der Entscheidung: Verwaltungsakt, öffentlich-rechtlicher Vertrag

BECKER behandelt die Rechtsform der Entscheidung in der 7. Phase seines Modells.[15]

Gemäß § 8 SGB X kommen im Rahmen eines Verwaltungsverfahrens entweder

- der Verwaltungsakt oder
- der öffentlich-rechtliche (verwaltungsrechtliche) Vertrag

als Rechtsformen für die zu treffende Entscheidung in Betracht. Beide gehören, zusammen mit der im SGB X nicht geregelten Rechtsverordnung, zu den drei verwaltungsrechtlichen Formen rechtsverbindlichen hoheitlichen Handelns gegenüber dem Staatsbürger. Während aber die Rechtsverordnung, ähnlich dem Gesetz, allgemeine Regelungen für einen individuell nicht bestimmten Adressatenkreis aufstellt (z.B. der Regelsatzerlaß zu § 22 BSHG) und daher nicht Gegenstand eines zwischen einer Behörde und einem Staatsbürger abzuwickelnden Verwaltungsverfahrens ist, haben Verwaltungsakt und öffentlich-rechtlicher Vertrag ein individuelles Rechtsverhältnis zwischen Bürger und Behörde zum Gegenstand.

---

13 Siehe Kap. 2.1.1.
14 Siehe Kap. 2.2 und 2.3.
15 Siehe Kap. 2.1.1.

Im Bereich der sozialen Arbeit sind Beispiele öffentlich-rechtlicher Verträge: die Übertragung der Erledigung von Aufgaben der Jugendhilfe auf freie Träger der Jugendhilfe nach § 76 KJHG (Begründung eines öffentlich-rechtlichen Auftragsverhältnisses), die Gewährung von Geldleistungen als Darlehen nach § 5 b BSHG und die Begründung eines öffentlich-rechtlichen Arbeitsverhältnisses im Rahmen der gemeinnützigen und zusätzlichen Arbeit nach § 19 Abs. 2, Satz 1, 2. Alternative BSHG.

Beispiele für Verwaltungsakte im Bereich der Sozialarbeit sind:

- die Erteilung der Pflegeerlaubnis sowie der Widerruf derselben nach § 44 KJHG,
- die Gewährung von Hilfe zur Erziehung nach §§ 27ff. KJHG,
- die Bewilligung oder die Ablehung der Hilfe zum Lebensunterhalt nach §§ 11ff. BSHG,
- die Entscheidung, daß ein Hilfeempfänger zu gemeinnütziger und zusätzlicher Arbeit gemäß § 19 Abs. 2 BSHG herangezogen wird.

Maßnahmen der Verwaltung, die lediglich den Erlaß eines Verwaltungsaktes vorbereiten sollen, z.B. die Aufforderung, bestimmte Unterlagen wie Geburtsurkunde, Lohnstreifen etc. vorzulegen, entfalten noch keine „unmittelbare Rechtswirkung“, begründen also weder eine Verpflichtung noch ein Recht des Betroffenen, sind also noch keine Verwaltungskate. Ebenso sind „innerdienstliche Maßnahmen“, z.B. Weisungen innerhalb der Behördenhierarchie, keine Verwaltungskte, weil sie keine „Rechtswirkung nach außen“ erzeugen (vgl. § 31 SGB X!).

Der Unterschied zwischen Verwaltungsakt und verwaltungsrechtlichem Vertrag liegt in ihrem unterschiedlichen Geltungsgrund:

Während beim Verwaltungsakt die Behörde eine Entscheidung „trifft“ und damit unmittelbar die Rechtsverbindlichkeit des Verwaltungsaktes erzeugt (§ 31 SGB X), entsteht die Rechtswirksamkeit des verwaltungsrechtlichen Vertrages nicht durch einseitige Entscheidung, sondern durch die übereinstimmende Willenserklärung beider Vertragsseiten: Behörde und Bürger. § 53 SGB X sagt, daß der Vertrag ein Rechtsverhältnis begründet, ändert oder aufhebt. Für die Unterscheidung zwischen verwaltungsrechtlichem Vertrag und Verwaltungsakt kommt es also nicht auf den Inhalt an, den sie regeln. Denn gemäß § 53 Abs. 1 SGB X kann die Behörde, anstatt einen Verwaltungsakt zu erlassen, einen öffentlich-rechtlichen Vertrag mit demjenigen schließen, an den sie sonst den Verwaltungsakt richten würde. Bei Sozialleistungen kann sie das allerdings nur, soweit die Erbringung der Leistung in ihrem Ermessen liegt. (§ 53 Abs. 2 SGB X.)

Während beim verwaltungsrechtichen Vertrag - wie bei jedem, auch dem privatrechtlichen Vertrag - die Rechtsverbindlichkeit letztlich auf der von der Rechtsordnung anerkannten Freiheit geschäftsfähiger Rechtssubjekte beruht, sich durch Willenserklärung zu binden (Vertragsfreiheit), liegt der Geltungsgrund des Verwaltungsaktes in der von der Rechtsordnung anerkannten Fähigkeit der Staatsgewalt, einseitig Recht zu setzen. In einem auf Gewaltenteilung im Sinne bürgerlicher Demokratie aufgebauten Staat - so in der Bundesrepublik Deutschland - ist diese Befugnis des Staates zu einseitiger Rechtsetzung allerdings in komplizierter Weise aufgeteilt.

2.1.2.4 Die gesetzliche Grundlage der Entscheidung

Nach dem Grundgesetz hat die Verwaltung keine eigenständige Befugnis, Recht zu setzen. Art. 20 Abs. 3 GG bindet die vollziehende Gewalt an Gesetz und Recht. Als „vollziehende Gewalt" vollzieht die Verwaltung das Gesetz, sie konkretisiert es. Verwaltung ist Gesetzesvollzug.

Diese für Eingriffe der Verwaltung in Freiheit und Eigentum (Eingriffsverwaltung) unstreitige Auslegung des Prinzips der Gesetzmäßigkeit der Verwaltung gilt nach herrschender Lehre und Rechtsprechung nicht in gleicher Weise für die Leistungsverwaltung, also für Leistungen der Verwaltung an die Bürger. Die h.M. unterscheidet zwischen dem Vorbehalt des Gesetzes und dem Vorrang des Gesetzes. Ersterer soll nur für die Eingriffsverwaltung bestehen (Eingriffe vorbehaltlich einer gesetzlichen Ermächtigung), während Leistungen der Verwaltung auch ohne besondere Ermächtigung zulässig sein sollen, vorausgesetzt, daß der Haushaltsplan entsprechende Mittel bereitstellt. Besteht allerdings eine besondere gesetzliche Regelung, dann sind Leistungen nur nach Maßgabe dieser Regelung zulässig (Vorrang des Gesetzes). Für den Geltungsbereich des Sozialgesetzbuches stellt § 31 SGB I klar, daß Leistungen an den Bürger genau wie Eingriffe in Freiheitsrechte und Eigentumsrechte unter dem Vorbehalt des Gesetzes stehen. Wegen dieser gesetzlichen Klarstellung erübrigt es sich, auf den bezeichneten Streit hier weiter einzugehen.

Erzieherische Hilfen und sonstige individuelle Leistungen der Jugendhilfe sowie Leistungen der Sozialhilfe bedürfen also immer einer gesetzlichen Grundlage. (Vgl. §§ 27 und 28 SGB I!)

Die gesetzliche Grundlage wirkt sich unmittelbar oder mittelbar auf alle Phasen des von BECKER dargestellten Modells administrativer Entscheidungsprozesse aus, weil die Verwaltungsentscheidung in allen ihren Phasen Gesetzeskonkretisierung ist. Allerdings darf man sich diese Gesetzeskonkretisierung nicht als eine rein logische Operation oder als einen einfachen, linearen, „mechanischen" Vollzug vorstellen. Es handelt sich vielmehr um einen komplizierten Vorgang, bei dem zwar die logische Schlußfolgerung eine Rolle spielt, ebenso aber die wertende Beurteilung und damit die Abwägung von Interessen.

Wegen seiner grundlegenden Bedeutung für den administrativen Entscheidungsprozeß ist dieser Vorgang der Gesetzeskonkretisierung im einzelnen zu untersuchen.[16]

---

[16] Siehe Kap. 2.1.3.

2.1.2.5 Der Sachverhalt als die tatsächliche Grundlage der Entscheidung

Der Sachverhalt ist die systematische Zusammenstellung der für die zu treffende Entscheidung erforderlichen Tatsachen. Welche Tatsachen erforderlich sind, richtet sich nach der für die Entscheidung maßgeblichen Rechtsgrundlage.

Eine genaue theoretische Bestimmung des Sachverhalts als Strukturmerkmal der Verwaltungsentscheidung ist daher erst möglich, wenn die Merkmale der Gesetzeskonkretisierung näher untersucht sind.

2.1.3 Merkmale der Gesetzeskonkretisierung

Unter „Gesetzeskonkretisierung“ wird hier die Umsetzung einer abstrakt allgemeinen Regelung in eine konkrete Einzelentscheidung verstanden.

Auch der Erlaß von Rechtsverordnungen durch die Verwaltung ist zwar Gesetzeskonkretisierung, denn der Verwaltung fehlt es an einer autonomen Rechtssetzungskompetenz. Rechtsverordnungen erfordern eine gesetzliche Grundlage (Art. 80 Abs. 1 GG). Die Verwaltung darf Rechtsverordnungen also nur erlassen, soweit der Gesetzgeber sie dazu ermächtigt hat. Durch die gesetzliche Ermächtigung wird der Verwaltung die Aufgabe übertragen, die gesetzlichen Regelungen zu ergänzen. Es bleibt aber auch auf der Ebene der Rechtsverordnung bei abstrakt allgemeinen Regelungen, die qualitativ ebenso gut im Gesetz stehen könnten. Die Rechtsverordnung enthält also keine Einzelentscheidung, sondern sie kann, wie das Gesetz, Rechtsgrundlage für Einzelentscheidungen sein.

Wenn die Umsetzung einer abstrakt allgemeinen rechtlichen Regelung in eine Einzelentscheidung untersucht werden soll, so kommt es also nicht darauf an, ob diese abstrakt allgemeine Regelung ein Gesetz oder eine Rechtsverordnung ist. „Gesetzeskonkretisierung“ bezeichnet hier den Vorgang der Konkretisierung einer für eine Einzelentscheidung der Verwaltung maßgeblichen Rechtsgrundlage, unabhängig davon, ob diese Rechtsgrundlage ein Gesetz oder eine Rechtsverordnung ist. In diesem Sinne kann dann ersatzweise auch der Begriff der „Rechtskonkretisierung“ gebraucht werden. Er bringt zum Ausdruck, daß es sich um die Konkretisierung einer „Rechtsnorm“, eines „Rechtssatzes“, nach den Regeln der allgemeinen Rechtslehre handelt, hier allerdings unter den Bedingungen des allgemeinen Verwaltungsrechts.

Die allgemeine Rechtslehre behandelt die Regeln und Probleme der Rechtskonkretisierung unter Begriffen wie „juristische Methodenlehre“[17], „juristische Logik„[18], Theorie der „Gesetzesanwendung“ bzw. der „Rechtsgewinnung“[19] oder „juristische Begründungslehre“[20], und es besteht soweit Übereinstimmung, daß Rechtskonkretisierung etwas zu tun hat mit der Anwendung bestimmter

---

17 Z.B.: Larenz; Pawlowski.
18 Z.B.: Engisch; Klug.
19 Z.B.: Engisch; Kriele.
20 Z.B.: Koch und Rüßmann; ihnen folgend Buchwald.

logischer Regeln, aber daß damit die Rechtskonkretisierung noch nicht ausreichend beschrieben ist.

Das klassische Modell zur Erklärung juristischer Entscheidungsfindung ist die Lehre von der Rechtsanwendung als „Subsumtion.

2.1.3.1 Die Subsumtionslehre

Nach diesem Erklärungsmodell ist Rechtsanwendung ein logisches Verfahren. Somit wird die Struktur der Rechtsanwendung bestimmt durch die logische Struktur der Schlußweise. Die im konkreten Einzelfall verbindliche rechtliche Regelung wird aus der abstrakten Regelung des Rechtssatzes im Wege eines logischen Schlusses (Syllogismus) gefolgert. Demnach wird vorausgesetzt, daß der Einzelfall bereits in der allgemeinen Regelung „enthalten" ist. Die konkrete rechtliche Entscheidung ist richtig, wenn die Schlußfolgerung nach den logischen Regeln richtig ist.

Die für den juristischen Syllogismus geltenden logischen Regeln sind bereits in der Antike beschrieben worden.[21] Es handelt sich darum, aus zwei „Prämissen" (Obersatz und Untersatz) eine Schlußfolgerung zu ziehen.

Obersatz: „Politisch Verfolgte genießen Asylrecht". (Art. 16 Abs. 2 S. 2 GG)
Untersatz: „Der Kurde K. ist ein politisch Verfolgter."
Schlußfolgerung: „Der Kurde K. genießt Asylrecht."

Die Schlußweise entspricht der logischen Regel, wonach zwei Begriffe, die mit einem dritten Begriff identisch sind, notwendig auch untereinander identisch sind. Der Syllogismus ist also dadurch definiert, daß Obersatz und Untersatz einen gemeinsamen (identischen) Begriff enthalten, über den ihre jeweils nicht identischen Begriffe zur Schlußfolgerung vermittelt werden. Dieser im Obersatz und im Untersatz enthaltene gemeinsame Begriff heißt deshalb „Mittelbegriff".[22]

In allgemeinerer Form lautet der Syllogismus demnach:

Obersatz: Alle M sind in P enthalten.
Untersatz: Alle (einige) S sind in M enthalten.
Schlußsatz: Alle (einige) S sind in P enthalten.

Der Schlußsatz folgt aus den Prämissen, weil der Untersatz logisch im Obersatz enthalten ist.

Rechtssätze sagen nun nicht, daß etwas so oder so „ist", sondern, daß etwas so oder so „sein soll": „(Immer) wenn jemand politisch verfolgt ist, dann soll ihm das Asylrecht gewährt werden." Der Obersatz formuliert keine Gegebenheit,

---

21 Vgl. insbesondere die sogenannte „Erste Analytik" des Aristoteles. Zur heutigen Bedeutung der von Aristoteles entwickelten Logik: Herberger und Simon, S. 22, 33, 303, 340.

22 Aristoteles, 44 b = S. 64ff. Von Freytag-Löringhoff, S. 95ff.; Herberger und Simon, S. 23ff.

sondern eine Annahme, eine Hypothese. Die Hypothese „politisch verfolgt“ impliziert die Folge „Asylrecht“. Diese für Rechtssätze typische Aussageweise wird deshalb als „hypothetisches Urteil“[23] oder „Implikation“ bezeichnet. Die im Rechtssatz genannte Bedingung („Rechtstatbestand„) reicht aus, um die genannte Folge („Rechtsfolge“) eintreten zu lassen. Der Rechtstatbestand ist die für das Eintreten der Rechtsfolge „hinreichende Bedingung“.[24]

Der Rechtssatz besteht somit aus dem *Rechtstatbestand* und der *Rechtsfolge*, die logisch in einer „wenn - dann“ - Beziehung stehen. Der Obersatz ist der anzuwendende Rechtssatz. Der Untersatz ist die Feststellung, daß ein konkreter Lebenssachverhalt unter den Rechtstatbestand (= Mittelbegriff) des Obersatzes paßt (Subsumtion). Die Schlußfolgerung sagt aus, daß die im Obersatz vorgesehene Rechtsfolge im konkreten Fall gelten soll.

Bei der Gesetzeslektüre fällt auf, daß die Struktur „wenn - dann“ nicht immer evident ist:

„Politisch Verfolgte genießen Asylrecht“. (Art. 16 Abs. 2 Satz 2 GG)

„Ehe und Familie stehen unter dem besonderen Schutze der staatlichen Ordnung.“ (Art. 6 Abs. 1 GG)

„Sozialdaten sind beim Betroffenen zu erheben.“ (§ 62 Abs. 2 Satz 1 KJHG)

„Wer sich weigert, zumutbare Arbeit zu leisten, hat keinen Anspruch auf Hilfe zum Lebensunterhalt.“ (§ 25 Abs. 1 Satz 1 BSHG)

Diese Sätze müssen umformuliert werden, damit Rechtstatbestand und Rechtsfolge deutlicher heraustreten.

„Wenn jemand politisch verfolgt ist, dann soll ihm das Asylrecht gewährt werden.“

„Wenn eine Ehe geschlossen wurde und wenn eine Familie besteht, dann stehen sie unter dem besonderen Schutze der staatlichen Ordnung.“

„Wenn Sozialdaten zu erheben sind, dann sollen sie beim Betroffenen erhoben werden.“

„Wenn sich ein Sozialhilfeempfänger weigert, zumutbare Arbeit zu leisten, dann hat er keinen Anspruch auf Hilfe zum Lebensunterhalt.“

Die Umformulierung macht bereits deutlich, daß der ursprüngliche Rechtssatz auch begriffliche Veränderungen erfahren muß, um sinnvoll zu werden. In § 25 Abs. 1 Satz 1 BSHG ist „wer“ nur ein sinnvoller Begriff, wenn man den Zusammenhang berücksichtigt, in dem dieser Rechtssatz steht. Der einzelne Rechtssatz ist also nicht immer aus sich heraus verständlich, sondern er muß interpretiert werden. Damit deuten sich Grenzen einer bloß auf die Logik abstel-

---

23 So bereits Aristoteles, 45 b = S. 68.

24 Herberger und Simon, S. 45ff.; Pawlowski, S. 54ff.

lenden Erklärung der Rechtskonkretisierung an. Offenbar ist dieser Prozeß der Rechtskonkretisierung mit der beschriebenen logischen Struktur des Syllogismus nicht hinreichend zu begreifen.

Noch deutlicher wird dies bei der Betrachtung der in § 25 Abs. 1 Satz 1 BSHG vorgesehenen Rechtsfolge. Was heißt: „hat keinen Anspruch auf Hilfe zum Lebensunterhalt."? Bekommt er keine Hilfe? Das BUNDESVERWALTUNGSGERICHT hat dazu gesagt, daß der Hilfesuchende auch dann, wenn er eine zumutbare Arbeit nicht aufnimmt, nicht aus der Obhut des Trägers der Sozialhilfe entlassen wird.[25] Er bekommt also weiter Hilfe, hat aber keinen „Anspruch" mehr darauf. Die Leistung wird daher in Form und Maß nach Ermessen festgesetzt: § 4 Abs. 2 BSHG.

Dieses Ergebnis ist nicht bloß im Wege logischer Deduktion ermittelt worden, sondern durch Fragen nach dem Gesamtzusammenhang der Regelung und nach der Funktion der Hilfe zum Lebensunterhalt. Der einzelne Rechtssatz bekommt seine Bedeutung erst aus seinem Gesamtzusammenhang und seiner Funktion in der Rechtsordnung. Er kann nur richtig angewandt werden, wenn seine Bedeutung erkannt wird. Dieses Erschließen der Bedeutung wird „Hermeneutik" genannt und ist zu verstehen als „wertende Tätigkeit".[26]

2.1.3.2 Rechtskonkretisierung als wertende Tätigkeit

Die Auffassung, Rechtskonkretisierung sei eine wertende Tätigkeit, wurde bereits im 19. Jahrhundert als Gegenposition zur Subsumtionslehre entwickelt, zunächst von der „Freirechtsschule" und später von der „Interessenjurisprudenz". Sie lehnten die Subsumtionslehre als Ausdruck eines starren „Gesetzespositivismus" und als „Begriffsjurisprudenz" ab, weil man aus abstrakten Begriffen nicht mehr herausholen könne, als man vorher hineingesteckt habe. Die logische Deduktion liefere daher nur Scheinbegründungen.[27]

An die Stelle der logischen Deduktion der rechtlichen Entscheidung aus dem Rechtssatz tritt die vom Gesetz geleitete Abwägung zwischen „Interessen", die miteinander im Konflikt stehen. Das Gesetz sagt aus, welches Interesse im Konfliktfall den Vorrang haben soll. Die konkrete rechtliche Entscheidung wird dadurch gewonnen, daß die vom Gesetzgeber getroffene Bewertung erkannt wird.[28] Ist diese gesetzliche Wertentscheidung nicht evident, so muß sie durch Ermittlung der Ziele und Zwecke der gesetzlichen Regelung ermittelt werden. Dieses Vorgehen wir heute als *„teleologische Methode"* (von „telos" = Ziel, Zweck) bezeichnet.

Wenn das Bundesverwaltungsgericht in der oben zitierten Entscheidung sagt, daß der Hilfesuchende trotz seiner Weigerung, eine zumutbare Arbeit zu leisten, nicht aus der Obhut des Sozialhilfeträgers entlassen wird, so interpretiert

---

25 Urteil vom 31. 01. 1968, V C 108/66, in: Rösgen, S. 78/79.
26 Esser, S. 8; 133ff.
27 Hierzu ausführlicher: Pawlowski, S. 80ff.
28 Larenz, S. 9ff. Pawlowski, S. 84.

es § 25 Abs. 1 nach Maßgabe der vom BSHG mit der Hilfe zum Lebensunterhalt verfolgten Zwecke: Einerseits soll das Existenzminimum des Hilfebedürftigen durch den Sozialhilfeträger garantiert werden, andererseits soll der Hilfeempfänger durch den Einsatz seiner Arbeitskraft wieder von Sozialhilfe unabhängig werden. Deshalb argumentiert das Gericht wie folgt: Erweist sich das Mittel des Anspruchsverlustes als untauglich, den Betroffenen zur Selbsthilfe zu bewegen, so scheidet es aus. Der Anspruchsverlust ist also kein Selbstzweck, sondern ein Instrument, das der Gesetzgeber zur Lösung des dargelegten Interessenkonfliktes bereitgestellt hat.

In ihrer extremen Ausprägung leugnet die wertende Jurisprudenz überhaupt die Möglichkeit einer methodisch-systematischen Rechtsfindung. In die neuere Rechtstheorie ist diese Position von VIEHWEG unter der Bezeichnung *„topische Jurisprudenz"* eingeführt worden. Die Topik (von „topos" = Ort) orientiert sich am Problem. Sie führt zur Problemlösung, indem sie entweder „mehr oder weniger zufällige Gesichtspunkte in beliebiger Auswahl versuchsweise aufgreift", um daraus Antworten für das konkrete Problem zu folgern (Topik erster Stufe), oder sie stützt sich auf ein bereits vorhandenes „Repertoire von Gesichtspunkten": Topoikataloge (Topik zweiter Stufe).[29] Die konkrete rechtliche Entscheidung wird nicht aus dem jeweils passenden Topos (Gesichtspunkt, Argument) logisch deduziert; vielmehr sind die Topoi nur Orientierungshilfen, „Leitfäden des Gedankens".[30] Die Richtigkeit der gefundenen Lösung wird in der Diskussion kontrolliert. Maßgeblich ist, ob die Lösung mit der für sie gegebenen Begründung in der Diskussion angenommen wird oder nicht, wobei verschiedene Grade der Übereinstimmung möglich sind: z.B. evident, unbestritten, annehmbar, vertretbar, noch vertretbar. Das Urteil, eine Lösung sei logisch richtig, wird von dieser Methode weder erwartet noch überhaupt ermöglicht.[31]

Die Schärfe, mit der sich VIEHWEG gegen systematische Modelle der Rechtsfindung wendet, ist darauf zurückzuführen, daß er den Begriff der Systematik sehr stark verengt auf die rein formale Ableitung der konkreten Entscheidung aus abstrakt-allgemeinen Begriffen. Die den topischen Ansatz fortführenden Autoren entschärfen diesen starren Gegensatz zur systematischen Methode der Rechtsfindung. So schreibt KRIELE: „Das Verhältnis solcher Topoikataloge zum System ist kein antithetisches, vorausgesetzt, daß das System 'offen', d.h. als korrektur- und ergänzungsfähiger Versuch verstanden wird." ... Topik meint „Offenheit für neue, im System nicht vorgesehene Argumente".[32]

ESSER beschreibt das Verhältnis von Logik und Wertung wie folgt: „Die Logik ... ist eine Bedingung, aber kein Grund der Erkenntnis. Sie kann die Entscheidung über die Normauswahl und ihre maßgebende Rolle für die Konfliktslösung nicht gewährleisten. Diese Beurteilung, verbunden mit der Auslese des

---

29 Viehweg, S. 15ff., 18.
30 A.a.O., S. 21.
31 A.a.O., S. 24 - 26.
32 Kriele, S. 145.

zutreffenden Normverständnissses und der entsprechenden Würdigung des Sachverhaltes, impliziert eine Wertung, die nicht aus 'Logik' entsteht, sondern aus dem Ergebnis provisorischer Vorbewertungen oder Vorurteile. Der ganze Apparat an deduktiven und induktiven Schlußmöglichkeiten innerhalb eines auf Anwendung abgestellten Systems von Normen wird beherrscht von der Wertungsperspektive, mit welcher der Richter an das Verständnis dieser Normen und der mit ihrer Hilfe zu ordnenden Konfliktsituationen herantritt. Das logische Erfassen und Verbinden der Urteilselemente kann nur bewirken, daß jenes Vorverständnis und die Wertungsakte über die einzelnen Erkenntnisstufen hinüber wirksam werden, indem ihr Ergebnis durch ein 'begrifflich-logisches' Verfahren in sprachliche Formen gegossen wird, aus denen es explikativ wieder entnommen werden kann."[33]

Dieser Ansatz wird folgerichtig weiterentwickelt zu einer „juristischen Begründungslehre"[34] im Sinne einer Theorie der „rationalen juristischen Begründung"[35]. Sie sieht in der logischen Deduktion die notwendige Bedingung für Gleichbehandlung, Rechtssicherheit und Gesetzesbindung, in der topischen Argumentation aber die erforderliche Ergänzung des deduktiven Verfahrens dort, wo der Gesetzgeber Entscheidungsspielräume offen gelassen hat.[36]

Der wesentliche Fortschritt dieses Modells liegt darin, deutlich zu trennen zwischen dem durch Wertungsakte zustande gekommenen Inhalt der Entscheidung und der Funktion des logischen Verfahrens, die darin besteht, die Wertentscheidung transparent zu machen.

Damit sind die zunächst als gegensätzlich erscheinenden Modelle einer logisch-deduktiven Gesetzesanwendung einerseits und einer Rechtsfindung als wertender Tätigkeit andererseits in einem flexibleren Modell aufgehoben, das die verfassungsrechtlich angeordnete Bindung der vollziehenden und rechtsprechenden Gewalten an Gesetz *und* Recht (Art. 20 Abs. 3 GG) gleichermaßen berücksichtigt. Die rechtliche Einzelfallentscheidung ist die Konkretisierung der gesetzlichen Wertentscheidung unter Beachtung der Regeln logischen Schließens.

Den praktischen Stellenwert des Methodenstreits hat PAWLOWSKI so anschaulich beschrieben, daß es gerechtfertigt erscheint, seine Ausführungen wörtlich wiederzugeben:

„Man muß vor allem beachten, daß alle juristischen Hilfsmittel und Denkformen, die in dieser Entwicklung ausgearbeitet und präzisiert worden sind, auch heute noch praktisch angewandt werden. Es wird sich nämlich zeigen, daß die - historisch - 'jüngeren' Entscheidungsmodelle gewissermaßen *zusätzliche* Erkenntnismittel bieten, auf die man nicht bei allen Entscheidungen zurückzugreifen braucht - sodaß man sich in vielen Fällen mit den 'alten Entscheidungsmo-

---

33 Esser, S. 77.

34 Koch und Rüßmann.

35 Buchwald.

36 Koch und Rüßmann, S. 6 und 182; Buchwald, S. 30ff. und 280.

dellen' begnügen kann. Man muß sich nur jeweils darüber klar sein, wann z.B. eine 'reine (begriffsjuristische) Subsumtion' genügt und wann es (darüber hinaus) auf 'Interessenanalysen' oder auf eine Offenlegung von 'Wertbeziehungen' ankommt. Und es sei schon jetzt bemerkt, daß sich ein Kriterium dafür nicht selten aus der Zeit ergibt, die man für die Entscheidung aufwenden kann. Die Kritik an einzelnen rechtswissenschaftlichen Positionen, die im Folgenden immer wieder geübt wird, richtet sich immer nur gegen den Vollständigkeitsanspruch dieser Positionen, nicht aber gegen die Verwendbarkeit der gedanklichen Hilfsmittel, die von ihnen in die Rechtswissenschaft eingeführt worden sind, bzw. zu deren besonderer Klärung sie beigetragen haben."[37]

2.1.3.3 Die Stufen der Rechtskonkretisierung

Die erste Frage bei der auf die Einzelfallentscheidung zielenden Rechtskonkretisierung ist die nach der Rechtsgrundlage der Entscheidung: Welcher Rechtssatz ist anzuwenden?

Aus den rechtlichen Regelungen, die die Verfassung, das Gesetz oder die dem Gesetz nachgeordneten Rechtsnormen bereithalten, sind diejenigen auszuwählen, die geeignet erscheinen, im Hinblick auf den zu regelnden Lebenssachverhalt eine annehmbare Lösung zu bieten. Wie diese Auswahl vor sich geht, läßt sich kaum methodisch präzise beschreiben.[38] Die Möglichkeiten reichen von der vorhandenen Rechtskenntnis über das Erfinden sinnvoller Suchbegriffe bis hin zum Index einer Gesetzessammlung.

Selten genügt schon ein einzelner Rechtssatz als Entscheidungsgrundlage: „Das Jugendamt ist verpflichtet, ein Kind oder einen Jugendlichen in seine Obhut zu nehmen, wenn das Kind oder der Jugendliche um Obhut bittet." (§ 42 Abs. 2 Satz 1 KJHG) Selbst wenn keine Zweifel daran bestehen, daß es sich in dem zu entscheidenden Fall tatsächlich um ein Kind oder um einen Jugendlichen handelt, so ergibt sich die rechtliche Definition des Kindes bzw. des Jugendlichen doch erst aus § 7 KJHG. Nur die Verbindung von § 7 mit § 42 Abs. 2 Satz 1 KJHG liefert den für die weitere Rechtskonkretisierung ausreichenden Obersatz: „Das Jugendamt ist verpflichtet, einen jungen Menschen, der noch nicht 18 Jahre alt ist, in seine Obhut zu nehmen, wenn er um Obhut bittet." Ein ähnliches Beispiel enthält § 23 Abs. 1 BSHG: Der Mehrbedarf von 20 % des maßgebenden Regelsatzes läßt sich nur durch Rückgriff auf den Regelsatzerlaß ermitteln.

Die als Rechtsgrundlage zusammengehörenden Rechtsvorschriften werden also zu einem einheitlichen Rechtssatz zusammengefügt, der durch seine Zweiteilung in Rechtstatbestand und Rechtsfolge die weitere Operation strukturiert (siehe Schaubild auf folgender Seite).

---

37 Pawlowski, S. 75, Rn. 147.

38 Viehweg (S. 56) spricht von einer „Angelegenheit der Invention".

Rechtstatbestand	*Rechtsfolge*
wenn	dann
Wenn ein junger Mensch, der noch nicht 18 Jahre alt ist, um Obhut bittet,	dann ist das Jugendamt verpflichtet, ihn in seine Obhut zu nehmen.

Ist auf diese Weise der Obersatz vorbereitet, so ist im nächsten Schritt der Rechtstatbestand zu konkretisieren. Der Rechtstatbestand ist aus einzelnen *Tatbestandsmerkmalen* zusammengesetzt.

Im hier gewählten Beispiel besteht der Rechtstatbestand aus zwei Tatbestandsmerkmalen:

Tatbestandsmerkmal 1: „Ein junger Mensch, der noch nicht 18 Jahre alt ist."

Tatbestandsmerkmal 2: „Die Bitte um Obhut."

Das erste Tatbestandsmerkmal hat die Eigenschaft eines *metrischen Begriffes.* Ob es erfüllt ist, läßt sich ohne weiteres aus dem Geburtsdatum errechnen, wird also durch eine strikt logische Operation ermittelt, bei der es nichts zu interpretieren gibt.

Das zweite Tatbestandsmerkmal, „Obhut", ist zwar kein metrischer Begriff, aber ein Begriff, den man ohne zu zögern als hinreichend bestimmt gelten lassen möchte. Dennoch ist dieser Begriff nur dann Ansatzpunkt für eine sinnvolle Entscheidung, wenn seine Bedeutung im Zusammenhang mit der jugendhilferechtlichen Funktion der gesamten Vorschrift interpretiert wird. Er kann nicht durch strikt logische Operation aufgeschlossen werden. Seine wirkliche Bedeutung erschließt sich dem Anwender der Vorschrift nur hermeneutisch, durch verstehende Beurteilung, durch *Auslegung.*

Die Inobhutnahme setzt ein Schutzbedürfnis voraus. Ausdrücklich wird dies in § 42 Abs. 3 Satz 1 formuliert. Danach ist die Inobhutnahme nur zulässig, wenn sie wegen einer dringenden Gefahr für das Wohl des Kindes oder des Jugendlichen erforderlich ist. Es ist also zu fragen, warum § 42 Abs. 3 Satz 1 ausdrücklich verlangt, daß eine dringende Gefahr für das Wohl des Kindes oder des Jugendlichen die Inobhutnahme erfordert, während diese Voraussetzungen in § 42 Abs. 2 Satz 1 nicht genannt werden.

Offensichtlich setzt der Gesetzgeber die Schwelle für eine Inobhutnahme nach § 42 Abs. 3 Satz 1 höher an als für den Fall einer Inobhutnahme nach § 42 Abs. 2 Satz 1. Der Stellenwert der beiden Rechtssätze ist auch in der Tat unterschiedlich. Bittet ein Kind oder ein Jugendlicher um Obhut, so entspricht die Inobhutnahme seinem Willen. Bei einer Inobhutnahme nach § 42 Abs. 3 Satz 1 kommt es aber nicht darauf an, ob das Kind oder der Jugendliche einwilligt. Das Jugendamt ist zur Inobhutnahme auch gegen den Willen des jungen Menschen berechtigt und verpflichtet. Da es sich dann um einen Rechtseingriff handelt, gelten dafür strengere Voraussetzungen. Der Eingriff muß durch eine dringende Gefahr begründet und die Inobhutnahme für den Schutz des jungen Menschen erforderlich sein.

Bei einer Inobhutnahme auf Bitten des jungen Menschen verlangt das Gesetz also offenbar nicht, daß eine dringende Gefahr vorliegt. Darf man daraus nun schließen, die Bitte eines jungen Menschen, das Jugendamt möge ihn in Obhut nehmen, sei vom Jugendamt auch dann zu erfüllen, wenn ein Schutzbedürfnis weder vorgetragen wird noch erkennbar ist? Diese Frage ist zu verneinen. Es kommt auf die Situation an, in der das Kind oder der Jugendliche sich befinden, wenn sie um „Obhut" bitten. Auch die Inobhutnahme im Sinne des § 42 Abs. 2 Satz 1 bezweckt, Kindern und Jugendlichen durch vorläufige Unterbringung Schutz zu gewähren. Aber es soll nicht darauf ankommen, ob dieser Schutz wegen einer akuten Gefahrensituation *objektiv* erforderlich ist. Es genügt, daß ein Schutzbedürfnis zumindest *subjektiv*, das heißt, aus der Sicht des Kindes oder Jugendlichen, besteht. Sein Vorbringen muß also erkennen lassen, daß seine Bitte um Obhut zumindest durch eine von ihm angenommene Gefahrensituation begründet ist. Wenn eine solche in keiner Weise erkennbar ist, wäre die Bitte des Kindes oder Jugendlichen, „in Obhut genommen zu werden", keine den Voraussetzungen des § 42 Abs. 2 Satz 1 KJHG entsprechende Bitte. Nicht auf den Wortlaut kommt es an, sondern auf den Sinn. Dieser ist durch Auslegung aus dem Zweck der Vorschrift, der „ratio legis" ermittelt worden.

Es ist allerdings nicht immer erforderlich, einen sogenannten *"bestimmten Begriff"* durch rechtliche Überlegungen zu deuten. Ein Beispiel für überflüssige Interpretationsarbeit bietet die Begründung eines Urteils des KAMMERGERICHTS BERLIN aus dem Jahre 1983[39], bei dem es um den Begriff der „derzeitigen Anschrift" im Sinne des § 68 Abs. 1 Nr. 1 SGB X geht. Das Gericht kommt zu dem Ergebnis, diese umfasse auch den „gegenwärtigen Aufenthalt" einer Person. Seine Begründung lautet, die Anschrift diene u.a. dazu, wirksame Zustellungen zu ermöglichen. „Letztere sind nach § 180 ZPO überall dort möglich, wo die fragliche Person angetroffen wird. Mithin umfaßt der Begriff der derzeitigen Anschrift gewissermaßen als Minus auch den gegenwärtigen Aufenthalt."

Das Gericht gibt seiner Begründung die Gestalt einer strikt logischen Ableitung:

Obersatz: Zustellungen können an jedem Ort erfolgen, wo die Person, der zugestellt werden soll, angetroffen wird. (§ 180 ZPO)
Untersatz: Die Anschrift dient dazu, Zustellungen zu ermöglichen.
Schlußsatz: Die Anschrift ist folglich der Ort, an dem eine Person angetroffen wird.

Das Gericht hält die Möglichkeit, bei der Anschrift zuzustellen, für ein Begriffsmerkmal der Anschrift. Vergleichbar wäre es, Autos zu definieren als Ge-

[39] Urteil vom 26. 5. 1983. (3) Ss 314/82 (10/83). In: NDV 1985 (2), 52 - 55, mit Anmerkung von Molitor, a.a.O., S. 55 - 58.

genstände, die auf Parkplätzen stehen. Der Begriff der Anschrift wird festgelegt durch die Merkmale Ort, Straße und Hausnummer. Er ist alltagssprachlich und, in Übereinstimmung damit, auch rechtssprachlich eindeutig. Zur rechtlichen Interpretation gibt es, jedenfalls in dem dargestellten Fall, keinen Anlaß.

Anders ist die Lage bei den sogenannten *„unbestimmten Begriffen"*. Diese sind Rechtsbegriffe, deren spezifisches Merkmal gerade darin besteht, daß ihre Bedeutung nicht abstrakt festgelegt werden kann, sondern daß sie jeweils im Hinblick auf die Besonderheiten des Einzelfalles aus dem Zweck der gesetzlichen Regelung erst ermittelt werden muß. Die jeweils im Einzelfall zu stellende Frage lautet: Meint das Gesetz (auch) diesen Fall? Oder, anders ausgedrückt: Würde der Gesetzgeber, wenn er jetzt eine Regelung schaffen würde, auch diesen Fall mit einbeziehen?

Das Jugendhilferecht und das Sozialhilferecht sind ergiebige Quellen für Beispiele unbestimmter Rechtsbegriffe: Das „Wohl des Kindes", die „geeignete und notwendige Hilfe" sowie der „erzieherische Bedarf" in § 27 KJHG; die „Gefährdung" des Kindeswohls in § 50 Abs. 3 KJHG; der „notwendige Lebensunterhalt" in § 11 BSHG; die „Besonderheit des Einzelfalles" in § 22 BSHG; die „zumutbare Arbeit„ in § 25 BSHG; die „wesentliche körperliche, geistige oder seelische Behinderung" in § 39 BSHG; die „besonderen sozialen Schwierigkeiten" in § 72 BSHG. Diese Begriffe grenzen den Lebenssachverhalt, der geregelt werden soll, nicht eindeutig ab. Sie überlassen es dem Träger der Jugend- bzw. Sozialhilfe zu entscheiden, ob das Gesetz einen bestimmten Sachverhalt meint oder nicht meint. Die Verwaltung erhält Entscheidungsspielraum.

Die Verwaltungsrechtswissenschaft hat sich besonders intensiv mit den unbestimmten Rechtsbegriffen beschäftigt und sah in ihnen ein Mittel, der Verwaltung einen sogenannten *„Beurteilungsspielraum"* zu verleihen mit der Wirkung, daß unterschiedliche Rechtsanwender „bei der Anwendung desselben unbestimmten Rechtsbegriffs auf denselben Sachverhalt zu unterschiedlichen, gleichwohl vertretbaren Entscheidungen kommen können".[40]

Die Verwaltung wird aber durch unbestimmte Rechtsbegriffe nicht von ihrer Bindung an Gesetz und Recht befreit, hat also bei der Konkretisierung des unbestimmten Rechtsbegriffes keine freie Hand, dies oder jenes zu wählen. Sie muß ihre Konkretisierung des Begriffes begründen. Im Sinne der oben dargelegten Regeln der Rechtsanwendung muß sie also ihre wertende Tätigkeit nachvollziehbar, transparent, machen. Daß sie dabei auch die Regeln logischen Schließens zu beachten hat, ist selbstverständlich.

Ihre Auslegung unbestimmter Rechtsbegriffe ist verwaltungsgerichtlich nachprüfbar. Der Verwaltungsrichter prüft, ob die Argumentation der Verwaltung die geltenden Regeln der Rechtskonkretisierung beachtet hat. Das Gericht hat also „die Letztentscheidungskompetenz".[41]

---

40 Erichsen und Martens, S. 207.
41 Erichsen und Martens, a.a.O. - Jetzt noch deutlicher: Ossenbühl in Erichsen, § 10 Rn. 28.

Für die Konkretisierung unbestimmter Rechtsbegriffe hatte das BUNDESVERWALTUNGSGERICHT in ständiger Rechtsprechung und in Übereinstimmung mit der herrschenden Rechtslehre einen kontrollfreien Beurteilungsspielraum der zuständigen Fachbehörde für die von ihr getroffenen fachlichen Bewertungen angenommen. Dieser Spruchpraxis ist das BUNDEVERFASSUNGSGERICHT in einer Reihe neuerer Entscheidungen entgegengetreten und hat eine wesentlich intensivere *Kontrolldichte* verlangt.[42] Danach sind Verwaltungsentscheidungen vom Verwaltungsgericht grundsätzlich auch hinsichtlich *fachlicher Werturteile* im Rahmen der Auslegung unbestimmter Rechtsbegriffe uneingeschränkt zu überprüfen, gegebenenfalls durch Einschaltung von Sachverständigen. Einen begrenzten Entscheidungsfreiraum hat das BUNDESVERFASSUNGSGERICHT lediglich für die Fälle zugestanden, bei denen die Entscheidung auf einer nicht wiederholbaren Situation, z.B. einer Prüfungssituation, beruht.[43]

Einen Entscheidungsspielraum, der in wesentlich geringerem Maße gerichtlich kontrollierbar ist, erhält die Verwaltung, wenn der Gesetzgeber sie mit der Befugnis ausstattet, Entscheidungen nach ihrem *„Ermessen“* zu treffen.

Auch hierfür enthalten das Jugendhilferecht und das Sozialhilferecht zahlreiche Beispiele:

- Nach § 6 Abs. 3 KJHG „können“ Leistungen auch an Deutsche gewährt werden, während sie sich im Ausland aufhalten.
- Gemäß § 13 Abs. 2 KJHG „können“ geeignete sozialpädagogisch begleitete Ausbildungs- und Beschäftigungsmaßnahmen und nach Abs. 3 „kann“ Unterkunft in sozialpädagogisch begleiteten Wohnformen angeboten werden.
- Nach § 48 KJHG „kann“ die zuständige Behörde dem Träger einer Einrichtung die weitere Beschäftigung bestimmter Mitarbeiter untersagen.
- Unter den Voraussetzungen des § 15 b BSHG „können“ Geldleistungen als Darlehen gewährt werden.
- § 25 a BSHG zählt Fälle auf, in denen der Anspruch auf Sozialhilfe bis auf das zum Lebensunterhalt Unerläßliche mit Ansprüchen des Trägers der Sozialhilfe aufgerechnet werden „kann“.

Diese Beispiele sind durch zwei Merkmale gekennzeichnet: Sie beziehen sich auf den Teil des Rechtssatzes, der die *Rechtsfolge* enthält und sagen aus, daß die gesetzlich vorgesehene Rechtsfolge nicht von Rechts wegen eintreten muß

---

[42] Beschluß vom 27. 11. 1990 zur Liste jugendgefährdender Schriften, 1 BvR 402/87, BVerfGE 83, 130 - 155; zwei Beschlüsse vom 17. 04. 1991 zum prüfungsrechtlichen Bewertungsspielraum, 1 BvR 419/81 und 213/83, BVerfGE 84, 34 - 58; 1 BvR 1529/84 und 138/87, BVerfGE 84, 59 - 82.

[43] Ausführlich hierzu: Maas, Probleme der Konkretisierung, S. 12ff. mit einer erstmaligen Auswertung dieser Rechtsprechung im Hinblick auf den sozialen Bereich, speziell die Jugendhilfe. Daran anschließend: Ollmann. Zurückhaltend hinsichtlich der Auswirkungen auf jugendhilferechtliche Entscheidungen: Werner, S. 368ff. - Zur Bedeutung der neueren Rechtsprechung des Bundesverfassungsgerichts für jugendhilferechtliche Entscheidungen siehe Kap. 4.3.2.3.

(oder soll), sondern, daß diese Rechtsfolge eintreten „kann". Ob sie eintritt, entscheidet die Behörde nach ihrem Ermessen.

Das „Ermessen" bezieht sich somit auf den dritten Schritt der Konkretisierung eines Rechtssatzes, nämlich auf die Konkretisierung der Rechtsfolge. Die gesetzliche Grundlage, auf die die Verwaltung ihre Entscheidung stützt, ist meist ausdrücklich als *„Kann-Vorschrift"* ausgestaltet. Zuweilen werden auch andere Formulierungen gebraucht. So heißt es z.B. in § 74 Abs. 3 Satz 1 KJHG, daß der Träger der öffentlichen Jugendhilfe über die Art und Höhe der Förderung freier Jugendhilfe „nach pflichtgemäßem Ermessen" entscheidet.

Bei „Muß- oder Ist-Vorschriften„ muß die gesetzlich definierte Rechtsfolge von der Behörde immer angeordnet werden, bei „Soll-Vorschriften" muß sie im Regelfall angeordnet werden, nicht aber im atypischen Fall.[44] Den atypischen Fall hat die Behörde aber nachzuweisen, und das Verwaltungsgericht überprüft diesen Nachweis.[45] Demgegenüber gewährt die „Kann- Vorschrift" Wahlfreiheit hinsichtlich der Rechtsfolge.

Die Verwaltung entscheidet also eigenverantwortlich, *ob* sie eine gesetzlich zulässige Rechtsfolge überhaupt anordnen will: In der Literatur wird hierfür der Begriff des „Entschließungsermessens" verwendet. Die gesetzliche Ermächtigung kann aber auch so gestaltet sein, daß die Verwaltung befugt ist, zwischen mehreren gesetzlich vorgesehenen Rechtsfolgen diejenige auszuwählen, die ihr in dem zu entscheidenden Fall geeignet erscheint. Dann handelt es sich um „Auswahlermessen".[46] So heißt es in § 4 Abs. 2 BSHG, daß über Form und Maß der Sozialhilfe nach „pflichtgemäßem Ermessen" zu entscheiden ist, soweit dieses Gesetz das Ermessen nicht ausschließt. Der Sozialhilfeträger wird also ermächtigt, zwischen Sach- oder Geldleistung auszuwählen und die Höhe der Leistung zu bemessen. Dies ist zugleich ein Beispiel dafür, daß Ermessen statt durch „Kann-Vorschrift" auch durch andere gesetzliche Formulierungen eingeräumt wird.

Die durch die gesetzliche Ermächtigung gewährte Freiheit der Verwaltung bei der Wahl der Rechtsfolge stellt sie aber nicht schlechthin frei von rechtlichen Bindungen und Vorgaben. Auch eine Ermessensentscheidung ist Rechtskonkretisierung. FORSTHOFF [47] hat dies besonders einprägsam formuliert: „Ermessen ist somit wählendes Verhalten im Rahmen einer Wertverwirklichung". Der zu verwirklichende „Wert" ist das Rechtsgut, um das es in dem zur Entscheidung stehenden Fall geht. Kann der Gesetzgeber hinreichend eindeutige Bedingungen für die Verwirklichung des in Frage stehenden Rechtsgutes formulieren,

---

44 BVerwG NJW 1986, S. 1629, 1630. Stelkens u.a., § 40, Rn. 13 und 14.

45 Insoweit ist hier kein Ermessen gegeben: Vgl. Stelkens, u.a., § 40, Rn. 13 und 14. Happe in Jans, Happe, Saurbier, KJHG, § 1 Rn. 103 gebraucht die einschränkende Formulierung „gebundenes Ermessen".

46 Wolff und Bachof, S. 197. Ihnen folgend z.B. Achterberg, Rn. 53; Erichsen und Martens, S. 209.

47 S. 87.

so gestaltet er ein „Konditionalprogramm“: Wenn die Bedingungen erfüllt sind, muß/soll die Rechtsfolge eintreten. Anders ausgedrückt: Das Rechtsgut wird verwirklicht, weil die Bedingungen dafür vorliegen. Kann der Gesetzgeber aber für die Verwirklichung eines Rechtsgutes keine hinreichend deutlichen Voraussetzungen angeben, so überläßt er die zur Verwirklichung dieses Rechtsgutes erforderlichen Abwägungen der Verwaltung. Ihr Auftrag lautet, durch eigene Abwägungen den gesetzlich angestrebten Zweck zu verwirklichen. Sie folgt einem *„Zweckprogramm“*, das heißt, sie darf den gesetzlichen Zweck nicht verfehlen, ist aber in der Wahl der Mittel freigestellt.

Diese Betrachtungsweise macht deutlich, daß der Rechtstatbestand einer zum Ermessensgebrauch legitimierenden Rechtsnorm eine andere Funktion hat als der Rechtstatbestand, dem eine Rechtsfolge fest zugeordnet wird, der also ein Konditionalprogramm enthält. Der Rechtstatbestand einer Ermessensnorm definiert den zu verwirklichenden gesetzlichen Zweck, nicht aber die Summe der Konditionen, die ausreichen, um die Zweckerreichung sicherzustellen.

Für das Ermessen ist daher weniger das Merkmal der „Freistellung“ kennzeichnend als die Verlagerung vom Konditional- zum Finalprogramm.[48] *Koch und Rüßmann* weisen darauf hin, daß die rechtswissenschaftliche Diskussion dazu neige, als Finalprogramme nur sogenannte Planungsnormen anzusehen. Anders ist dies im französischen Verwaltungsrecht. Hier hat der Gesichtspunkt der Zweckprogrammierung in der richterlichen Überprüfung von Verwaltungsakten schon lange eine große Bedeutung gehabt. Unter den bereits im 19. Jahrhundert entwickelten Begriff des „détournement de pouvoir“ wurden diejenigen Fälle rechtswidriger Verwaltungsakte gefaßt und zunehmend präzise ausdifferenziert, in denen die Verwaltung die ihr vorgegebene „Zweckbestimmung“ („but“) verfehlt hat.[49]

Auf den Zusammenhang zwischen Ermessensermächtigung und Zweckbindung der Verwaltung nimmt § 39 Abs. 1 SGB I Bezug, wonach die Leistungsträger ihr Ermessen entsprechend dem „Zweck der Ermächtigung“ auszuüben haben, und gemäß § 114 VwGO erstreckt sich die verwaltungsgerichtliche Prüfung darauf, ob von dem Ermessen in einer dem „Zweck der Ermächtigung“ nicht entsprechenden Weise Gebrauch gemacht ist.

Aber auch, wenn die Verwaltung sich im Rahmen des ihr vorgegebenen Gesetzeszweckes bewegt, hat sie weitere Rechtsbindungen zu beachten, deren Einhaltung verwaltungsgerichtlicher Kontrolle unterliegt. Besondere Bedeutung hat hier der aus dem Rechtsstaatsgrundsatz abgeleitete *Grundsatz der Verhältnismäßigkeit.* Er verlangt, „daß das eingesetzte Mittel zur Zweckerreichung geeig-

---

48 Koch und Rüßmann, S. 86ff. Pawlowski, S. 173ff. (Rn. 323). Bull, Rn. 471.

49 Fromont, S. 252ff.; Maas, Verwaltungsakt, S. 96ff. und, hinsichtlich möglicher Folgerungen für das deutsche Recht, S. 149ff. Im Hinblick auf den europäischen Zusammenschluß ist die auch in das Recht der Europäischen Union aufgenommene Kategorie des „détournement de pouvoir“ für die deutsche Verwaltung von Interesse.

net und erforderlich (notwendig) ist und Mittel und Zweck in einem angemessenen Verhältnis stehen".[50] An der Eignung fehlt es, wenn der angestrebte Handlungserfolg mit dem ausgewählten Mittel nicht zu erreichen ist. Nicht erforderlich ist ein ausgewähltes Mittel, wenn ein geringeres Mittel ausreichen würde, wenn zum Beispiel das ausgewählte Mittel im Vergleich zu dem anderen Mittel ein Übermaß an Belastung für den Betroffenen mit sich bringen würde.

Nicht angemessen ist ein Mittel, wenn ein zur Zweckerreichung besseres Mittel vorhanden ist, im Sinne des Entscheidungsmodells von *Becker* „die beste Alternative unter den geeigneten und notwendigen Alternativen".[51] Die Frage, ob die beste der möglichen Alternativen ausgewählt wurde, ist jedoch nicht Gegenstand verwaltungsgerichtlicher Nachprüfung. Es handelt sich nicht mehr um eine Frage nach der Rechtmäßigkeit der Entscheidung, sondern nach ihrer *Zweckmäßigkeit.* Im Rahmen des Widerspruchsverfahrens wird diese Zweckmäßigkeit allerdings verwaltungsintern kontrolliert (§ 68 Abs. 1 VwGO).[52]

Eine weitere rechtliche Bindung des Verwaltungsermessens folgt aus dem verfassungsrechtlichen Gleichheitsgrundsatz (Art. 3 GG). Ohne zureichenden sachlichen Grund darf die Verwaltung von einer bisher geübten rechtmäßigen Ermessenspraxis nicht plötzlich abweichen. Der Gleichheitsgrundsatz führt zur *Selbstbindung der Verwaltung* durch die bisher geübte Praxis.[53] Über die Selbstbindung kann das Ermessen der Verwaltung „auf Null schrumpfen".[54]

Dies kann bedeutsam sein für die Frage, ob ein Rechtsanspruch auf Sozialleistungen besteht. Nach § 38 SGB I besteht auf Sozialleistungen nur dann ein Anspruch, wenn die Leistung nicht ins Ermessen des Leistungsträgers gestellt ist. Bei Ermessensleistungen besteht gemäß § 39 Abs. 1 Satz 2 SGB I lediglich ein Anspruch auf pflichtgemäße Ausübung des Ermessens. Bei Selbstbindung der Verwaltung folgt der Anspruch aus der pflichtgemäßen Ermessensausübung.

Übersicht zu den Stufen der Rechtskonkretisierung:

Wer beansprucht was von wem? (Frage nach der gewünschten Rechtsfolge.)

Welche Rechtsgrundlage(n) kommt (kommen) in Betracht?
(Anders gefragt: Welcher Rechtssatz enthält die gewünschte Rechtsfolge?)

Welche Tatbestandsmerkmale müssen erfüllt sein, damit die Rechtsfolge eintreten kann?

Enthält der Sachverhalt alle Angaben, die für die Ausfüllung der Tatbestandsmerkmale erforderlich sind?

Ist die beanspruchte Rechtsfolge zwingend vorgeschrieben oder muß eine Ermessensentscheidung getroffen werden?

---

50 Erichsen und Martens, S. 198.
51 Becker, S. 469 unter Bezugnahme auf S. 429ff.
52 Vgl. Bull, Rn. 479.
53 Erichsen und Martens, S. 199; Ossenbühl in Erichsen, § 10 Rn. 20.
54 Erichsen und Martens, S. 200; Ossenbühl in Erichsen, § 10 Rn. 21.

2.1.3.4 Die Bedeutung der sozialen Arbeit bei der Rechtskonkretisierung

Für die Rechtskonkretisierung als wertende Tätigkeit wächst die Bedeutung außerrechtlicher Vorgaben in dem Maße an, in dem rechtliche Vorgaben den Inhalt der konkreten Entscheidung offen lassen. Die zur Entscheidung aufgerufene Verwaltungsbehörde gewinnt somit nur einen Teil ihrer Entscheidungskriterien aus den Rechtsnormen. Einen weiteren Teil ihrer Kriterien leitet sie aus ihrem spezifischen Verwaltungsauftrag und den ihr zur Verfügung stehenden Möglichkeiten und Instrumenten der Auftagserfüllung ab.

Die rechtliche Entscheidungsbindung ist also lediglich Ausdruck der Tatsache, daß die Verwaltung Teil des Rechtssystems ist. Zugleich ist sie aber auch ein Teil anderer Systeme und sie wirkt auf andere Systeme ein, ohne deren Teil zu sein. So ist die kommunale Sozialverwaltung Teil der kommunalen Bürokratie, Teil des kommunalen politischen Systems, Teil des kommunalen gesellschaftlichen Systems usw. Andere Systeme, auf die die kommunale Sozialverwaltung, etwa das Jugendamt und das Sozialamt, einwirkt, ohne deren Teil zu sein, sind zum Beispiel die Familien, mit denen sie zu tun haben, die freien Träger, mit denen sie zusammenarbeiten, die Schule, die Justiz, die Polizei usw.

Entscheidungen, die die Verwaltung ohne Beachtung dieser sie umgebenden Systeme trifft, laufen Gefahr, mit Interessen dieser Systeme zu kollidieren und damit die beabsichtigte Wirkung der Entscheidung zu schmälern oder einzubüßen. Diese Entscheidungen entsprechen damit nicht dem Rationalitätskriterium der größtmöglichen Bestandssicherheit.[55]

Soziale Arbeit hat im Entscheidungsprozeß die Funktion, ihre spezifischen Kenntnisse über die Systeme einzubringen bzw. zu berücksichtigen, mit denen sie von ihrem Auftrag her zusammenarbeitet. Teilweise wird ihr dieser Auftrag vom Gesetz ausdrücklich vorgeschrieben. So heißt es in § 38 JGG, daß die Vertreter der Jugendgerichtshilfe die erzieherischen, sozialen und fürsorgerischen Gesichtspunkte zur Geltung bringen sollen und zu diesem Zweck die Persönlichkeit, die Entwicklung und die Umwelt des beschuldigten Jugendlichen zu erforschen haben. Nach § 50 Abs. 2 KJHG bringt das Jugendamt erzieherische und soziale Gesichtspunkte zur Entwicklung des Kindes oder des Jugendlichen ein.

Diesen gesetzlichen Auftrag können Sozialarbeiter oder Sozialpädagogen nur erfüllen, wenn sie über allgemeine Fachkenntnisse zur Persönlichkeitsentwicklung als Prozeß der Sozialisation, also der Vergesellschaftung des Individuums, verfügen. Dazu gehört die Fähigkeit, die individuelle Entwicklung eines Menschen in den ihn umgebenden gesellschaftlichen Systemen wie Familie, Schule, Freundeskreis, Nachbarschaft usw. zu interpretieren. Der gesetzliche Auftrag ergeht also an die soziale Arbeit, weil sie als dasjenige Teilsystem innerhalb der sozialen Daseinsvorsorge angesehen wird, das für die Erfüllung dieser Funktion

[55] Siehe hierzu oben Kap. 2.1.1.

spezifische Qualifikationen bereitzuhalten hat, ihre spezifische professionelle Fachlichkeit.

Diese gesetzliche Auftragslage muß in den Fällen ausdrücklich formuliert werden, in denen die Sozialarbeitsbürokratie nicht selbst entscheidet, sondern ein anderes System, in den obigen Beispielen das Jugendgericht bzw. das Vormundschafts- oder das Familiengericht. Der Auftrag wird nicht ausdrücklich formuliert in den Fällen, in denen die Sozialleistungsträger selbst ihre Entscheidungen treffen. Setzen sie hierzu Fachkräfte sozialer Arbeit ein oder beteiligen sie diese an der Entscheidung, so geschieht dies, damit deren spezifische Qualifikation in den Entscheidungsprozeß einfließt. So kann das Jugendamt ohne die außerrechtlichen Qualifikationen von Fachkräften sozialer Arbeit nicht entscheiden, wann im Sinne des § 27 Abs. 1 KJHG eine dem Wohl des Kindes oder des Jugendlichen entsprechende Erziehung nicht gewährleistet und welche Hilfe für seine Entwicklung geeignet und notwendig ist.

Hier fordert das Gesetz vom Jugendamt Wertentscheidungen, die es nur unter Berücksichtigung außerrechtlicher Kriterien treffen kann, insbesondere aufgrund von psychologischem, soziologischem und erziehungswissenschaftlichem Fachwissen, das aber in Kenntnis seines jugendhilferechtlichen Stellenwertes einzusetzen ist. Damit ist eine spezifische Qualifikation sozialer Arbeit umschrieben.

Ähnliche Qualifikationen werden in der Sozialhilfe verlangt. Alle zur Konkretisierung der Hilfe zum Lebensunterhalt verrechtlichten Schritte stehen unter dem Vorbehalt, daß sie die Besonderheit des Einzelfallbedarfs treffen, daß der Einzelfall identisch ist mit dem vom Gesetz geregelten Standardfall. Die Besonderheit des Einzelfalles bleibt aber letztlich Leistungsmaßstab. Sie richtet sich gemäß § 3 Abs. 1 BSHG nach der Person des Hilfeempfängers, der Art seines Bedarfs und den örtlichen Verhältnissen. Die jeweilige Einzelentscheidung erfordert also außerrechtliche Bewertungen über den Grad der sozialen Desintegration des von wirtschaftlicher Not Betroffenen ebenso wie über die zur Förderung seiner Selbsthilfefähigkeiten (§ 1 Abs. 2 Satz 2 BSHG) notwendige und geeignete Unterstützung. Hierzu gehört zum Beispiel die Beurteilung seiner Erwerbsmöglichkeiten, seiner gesundheitlichen und psychischen Situation, seiner familiären Bedingungen usw.

Die beschriebenen Funktionen sozialer Arbeit bei der Rechtskonkretisierung treffen natürlich zunächst auf die mit behördlichen Entscheidungsprozessen unmittelbar betrauten Fachkräfte sozialer Arbeit zu. Sie gelten aber nicht nur für diese. Durch die Einbindung freier Träger in das System staatlicher Daseinsvorsorge wirkt auch die von freien Trägern organisierte soziale Arbeit auf die Entstehung rechtsgebundener Entscheidungen ein. Das gilt selbstverständlich bei der Übertragung behördlicher Aufgabenerledigung auf freie Träger, zum Beispiel gemäß § 76 KJHG. Das trifft aber selbst bei der von staatlicher Beauftragung unabhängigen Tätigkeit freier Träger zu, indem sie auf die Herausbildung von Wertvorstellungen des Gesamtsystems sozialer Arbeit Einfluß nehmen, zum Beispiel auf Bedarfskriterien der Jugend- und Sozialhilfe. Dies kann wiederum auf institutionalisierten Bahnen geschehen, so beispielsweise über den Jugendhilfeausschuß.

Soziale Arbeit wirkt also entweder unmittelbar oder mittelbar auf den Prozeß der Rechtskonkretisierung ein, um außerrechtliche Faktoren zur Geltung zu bringen, für die sie spezifische Qualifikationen bereithält. Die vom Gesetz hierfür vorgesehenen Zugänge sind vor allem unbestimmte Rechtsbegriffe und Ermessensbefugnisse.

2.2 Der Sachverhalt als Entscheidungsgrundlage

Die Verwaltungsentscheidung bezweckt eine Veränderung der Lebenswirklichkeit. Die Veränderung wird im Vergleich zur Ausgangssituation als höherwertig angesehen: Eine Familie, die erzieherische Hilfen vom Jugendamt bekommt, wird nun mit der ihr obliegenden Erziehungsaufgabe besser fertig als vorher; ein wegen einer Behinderung zu bestimmten Verrichtungen unfähiger Mensch erhält aufgrund der Entscheidung des Sozialamtes die erforderliche Hilfe zum Erhalt seiner Wohnung.

Gegenstand der Verwaltungsentscheidung ist nicht die gesamte Lebenswirklichkeit der von der Entscheidung betroffenen Person, Familie oder Gruppe von Menschen, sondern nur ein bestimmter Ausschnitt aus dieser Lebenswirklichkeit. Dieser entscheidungsrelevante Ausschnitt aus der Lebenswirklichkeit wird als „Sachverhalt" bezeichnet.

2.2.1 Definition und Funktion des Sachverhalts

Die Lebenswirklichkeit sagt selbst nichts darüber aus, was von ihr entscheidungsrelevant ist. Vielmehr muß Entscheidungsrelevantes erst aus ihr herausgelesen werden. Das geschieht nach Maßgabe derjenigen Kriterien, die der Entscheidung vorgegeben sind, also zunächst einmal nach Maßgabe der gesetzlichen Grundlage, die im Entscheidungsprozeß konkretisiert wird. Der Sachverhalt ist also kein realer Ausschnitt aus der Lebenswirklichkeit, sondern nur ein nach bestimmten Kriterien zusammengesetztes Bild, eine Summe von Informationen über Teile dieser Lebenswirklichkeit. Nur diese Auswahl und Zusammenstellung der entscheidungsrelevanten Informationen, nicht die Wirklichkeit selbst, ist Gegenstand der rechtlichen Bewertung im Rahmen der Rechtskonkretisierung.[56] Darin besteht die *konstitutive Funktion des Sachverhalts.*

Der Sachverhalt ist daher zu definieren als die *tatsächliche Grundlage* der Rechtskonkretisierung und als ihr eigentlicher Beginn. Er ist maßgebend für die Feststellung, ob ein tatsächlicher Zustand durch eine Verwaltungsentscheidung verändert werden soll.

[56] Siehe oben Kap. 2.1.1. (Definition der Situation).

Damit deutet sich bereits die Problematik der Sachverhaltserschließung an: Einerseits soll er als tatsächliche Entscheidungsgrundlage lediglich *Tatsachen* enthalten, die erst noch zum Gegenstand rechtlicher Bewertung werden sollen, andererseits handelt es sich aber bereits um eine zweckorientierte Auswahl von „Tatsachen", und nicht einmal das, sondern es handelt sich um eine zweckorientierte Auswahl von Informationen über ausgewählte Tatsachen der Lebenswirklichkeit. Der Sachverhalt ist also bereits das Ergebnis einer wertenden „Übersetzungstätigkeit", er soll aber dennoch den Blick auf die Lebenswirklichkeit freigeben. Darin besteht die *kommunikative Funktion des Sachverhalts.*

Übersicht zur doppelten Funktion des Sachverhalts:

- Die konstitutive Funktion besteht darin, die entscheidungsrelevanten Tatsachen auszuwählen und zusammenzufügen. Frage: Welche Tatsachen sind für die Entscheidung erforderlich?
- Die kommunikative Funktion besteht darin, jedem dazu befugten Leser den Zugang zum Verstehen der entscheidungsrelevanten Tatsachen zu ermöglichen. Frage: Welche Angaben sind erforderlich, um die Tatsachenauswahl zu begründen?

Es bereitet beachtliche Schwierigkeiten, einen Sachverhalt zu erstellen, der diesen Funktionen gerecht wird.

2.2.2 Zur Problematik der Wirklichkeitsabbildung im Sachverhalt

Nur im Idealfall bildet der Sachverhalt die Lebenswirklichkeit deckungsgleich ab. Diesen Idealfall wird es aber praktisch nicht geben. Normalerweise wird der Sachverhalt nur mehr oder weniger genaue Annäherungen an die Wirklichkeit enthalten. Abweichungen von der Wirklichkeit beruhen zum Beispiel auf psychologischen und soziologischen Grenzen der Wahrnehmung, auf Schwierigkeiten sprachlicher Darstellung, auf Fehlinterpretation des Wahrgenommenen.

BECKER[57] zählt eine Reihe von Faktoren auf, die er als „personale Problemzonen der ersten Informationsverarbeitung im 'Verwaltungsmann' am Beginn des administrativen Entscheidens und Handelns" bezeichnet, nämlich:

- „die Intelligenz des Verwaltungsmannes,
- die Ausbildungsstandards,
- die persönlichen Neigungen,
- die moralischen Einstellungen als eigenes Werte- (Zweck-) system,
- die Sympathie- und Antipathiebeziehungen zum 'Antragsteller' Bürger),
- die konkreten Ablenkungen am Arbeitsplatz,
- die konkreten Überarbeitungszustände,

[57] S. 463; dort in Fußnote 71 mit weiteren Literaturnachweisen.

- das konkrete Lebensschicksal und Kongruenzen oder Inkongruenzen mit jenen des Bürgers,
- die 'Berufserfahrungen' mit den 'Klienten' und daraus resultierende Typenbildungen (als generalisierte Vorurteile),
- die konkret-individuellen Wahrnehmungskapazitäten,
- die konkret-individuellen Problemsensitivitäten in Relation zur 'Außenwelt',
- die Niveaus von Konflikttoleranzen, u.v.a.m."

Dieser Katalog enthält zwar wichtige Aspekte der bei der Wirklichkeitsabbildung auftretenden Probleme, er ordnet sie aber nicht weiter. Grob betrachtet können mindestens vier Problemebenen unterschieden werden:

- Probleme bei der Wahrnehmung der darzustellenden Wirklichkeit,
- Probleme der Auswahl und Zuordnung von Elementen der Wirklichkeit,
- Probleme der sprachlichen Beschreibung der Wirklichkeit und
- Probleme des Verstehens der sprachlichen Darstellung.

2.2.2.1 Probleme bei der Wahrnehmung der darzustellenden Wirklichkeit

ARNDT, OBERLOSKAMP, BALLOFF[58] haben eine Reihe der hier bedeutsamen Gesetzmäßigkeiten zusammengestellt und dabei zwischen allgemeinen Gesetzmäßigkeiten von Wahrnehmungsprozessen und speziellen Gesetzmäßigkeiten bei der Personenwahrnehmung und - beurteilung unterschieden. Letztere spielen in der sozialen Arbeit naturgemäß eine besonders große Rolle.

Allgemeine Gesetzmäßigkeiten bei der Wahrnehmung betreffen danach die „Selektion", die „Akzentuierung" und die „Integration" des Wahrgenommenen. Die Auswahl (Selektion) von jeweils bedeutsam erscheinenden Informationen aus der komplexen Fülle der vorgefundenen Erscheinungen wird beeinflußt von persönlichen Einstellungen, Bedürfnissen, Vorannahmen und Erfahrungen. Diese führen zu einer individuellen Gewichtung (Akzentuierung) des Wahrgenommenen, das schließlich in die eigenen Vorstellungsmuster des Wahrnehmenden eingebaut (integriert) wird. Dabei kommt es „besonders dann zu Wahrnehmungsverzerrungen und damit zu unzulänglicher Fremdbeurteilung, wenn (er) ungenaue, mehrdeutige oder von seiner bisherigen Erfahrung stärker abweichende Informationen verarbeiten soll - und das womöglich noch unter Zeitdruck".[59]

So fällt dem von Terminen bedrängten, hochorganisierten, aber noch unerfahrenen Sozialarbeiter auf, daß sich seine Klienten Terminabsprachen, die er mit ihnen trifft, nicht aufschreiben, ja, daß sie nicht einmal einen Terminkalender besitzen, was seinen Eindruck von ihrer chaotischen Lebensweise verstärkt. Es entgeht ihm, daß ihnen ihr strikt programmierter Arbeitsalltag selten die Gelegenheit zu besonderen Terminabsprachen verschafft, so daß ein Terminkalender überflüssig ist. Der nächste Termin mit dem Sozialarbeiter haftet als nicht alltägliche Besonderheit fest in ihrem Gedächtnis.

---

58 S. 25ff.
59 A.a.O., S. 26.

Bei der Wahrnehmung und Beurteilung von Personen werden u.a. folgende spezielle Gesetzmäßigkeiten aufgezählt:

- Wir gewinnen unterschiedliche Bilder eines Menschen, je nach dem, in welchem Zusammenhang wir ihn erleben und welche Vorinformationen wir über ihn haben.
- Eine besondere Bedeutung hat der erste Eindruck, den wir von einem Menschen erhalten. Dieser erste Eindruck ist zwangsläufig unvollständig oder falsch, beinflußt unsere Meinung aber nachhaltig: „primacy-Effekt".
- Unweigerlich wirken Sympathie oder Antipathie auf unsere Meinungsbildung ein.
- Erlebte Nähe zum anderen löst positive, erlebte Distanz hingegen negative Einstellungen und Beurteilungen aus: „leniency-Effekt" (= Milde, Nachsicht).
- Die Persönlichkeitsbeurteilung wird beeinflußt durch den Gesamteindruck, den wir bereits von jemandem gewonnen haben: „halo-Effekt". Es fällt uns schwer, von einem einmal geprägten Gesamteindruck (halo= Heiligenschein) abzurücken.
- Entscheidend für die Beobachtung und Beurteilung anderer Menschen ist schließlich, daß hierbei wechselseitige Prozesse, Interaktionen, eine Rolle spielen. „Allein die Wahrnehmung oder Vermutung (....), beobachtet bzw. beurteilt zu werden, ändert in der Regel (das) Verhalten. Indem (der Beobachter) diese Veränderung wahrnimmt oder (....) unterstellt, hat das wiederum Rückwirkungen auf sein Verhalten in der Beobachtungs- und Beurteilungssituation."[60] Besonders nicht-alltägliche Situationen, zum Beispiel in der Sprechstunde, wirken deformierend auf die Kommunikation.[61]

Ein *Beispiel* für das Zusammentreffen gleich mehrerer der hier genannten Effekte gibt der Auszug aus der Stellungnahme eines Jugendamtes zum Antrag auf Freiwillige Erziehungshilfe nach §§ 62 und 63 JWG:[62]

> „Bezeichnend für den Grad der Verwöhnung, die Sabrina durch die Großeltern erlitten hat, ist folgender kleiner Sachverhalt: Als der Unterzeichner im Rahmen der Besuche in den Heimen in Süddeutschland auch das Heim 'Sonnenberg' besuchte und dort Sabrina und das andere dort untergebrachte Mädchen zwecks Überbringung des Weihnachtsgeschenkes des Jugendamtes und zum persönlichen Gespräch aufsuchte, packten beide Mädchen in Gegenwart des Unterzeichners und einiger Mitarbeiter des Heimes in einem der Besuchszimmer ihre Pakete, die der Unterzeichner selbst zusammengestellt

---

60 A.a.O., S. 30.

61 Eine ausführliche Analyse der Sprechstundensituation gibt Kasakos, S. 76ff., mit zahlreichen Beispielen.

62 Eine Kopie der anonymisierten Stellungnahme liegt dem Verfasser vor. Die Namen und Orte sind frei erfunden.

hatte und die nach den persönlichen Vorstellungen der Jugendlichen auch in etwa zusammengestellt waren, aus und da war es bezeichnend, daß Sabrina bezüglich der Wolle, die ihr vom Jugendamt geschenkt worden war, da sie sehr gerne strickt, hinsichtlich der Farbe gleich die Überlegung hatte, ob man diese nicht umtauschen könne. Diese Farbe gefalle ihr nicht, obwohl die Farbe zusammen mit weiblichen Jugendlichen ausgesucht worden war und nach dem letzten 'Modeschrei' zusammengestellt worden war. Sabrina blieb hartnäckig dabei und erklärte, es müsse doch möglich sein, anhand der Kaufzettel diese Wolle umzutauschen. Sie wolle eine andere Wolle, jedenfalls nicht die Wolle, die da drin sei und die gefalle ihr nicht. Der Unterzeichner erklärte, daß er höchstens noch weiße Wolle habe und worauf sie erklärte, weiße Wolle sei ihr dann auch egal, jedenfalls die nicht und der Unterzeichner neigte hier doch dazu, daß wenn die weiße Wolle im Paket gewesen wäre, sie auf jeden Fall hätte eine dunkelrostrote haben wollen, die in diesem Herbst Modefarbe ist."

Die Verhaltensweisen Sabrinas in der beschriebenen Situation werden als Bestätigung des bereits bestehenden Gesamteindrucks aufgefaßt, Sabrina sei verwöhnt. Die wechselseitigen Verhaltensweisen Sabrinas und des Berichterstatters beim Auspacken des Geschenkes sind in ihrer Künstlichkeit kaum zu überbieten. Der Berichterstatter bemerkt dies auch offenbar, sieht den Grund aber nicht in der Situation selbst, sondern deutet Sabrinas Wunsch, die Wolle umzutauschen, als Ablehnung, die in ihm eine eher negative Reaktion auslöst, nämlich das Gefühl, Sabrina sei undankbar. Ihre als Undankbarkeit gedeutete Verhaltensweise erklärt er aus seinem Gesamteindruck, sie sei verwöhnt.

2.2.2.2 Probleme der Auswahl und Zuordnung von Elementen der Wirklichkeit

Den Prozeß der Auslese entscheidungsrelevanter Tatsachen aus der Lebenswirklichkeit hat ENGISCH[63] wie folgt beschrieben: „Für den Obersatz ist wesentlich, was auf den konkreten Fall Bezug hat, am konkreten Fall ist wesentlich, was auf den Obersatz Bezug hat. Sieht man aber näher zu, so handelt es sich nur um eine ständige Wechselwirkung, ein *Hin- und Herwandern des Blikkes* zwischen Obersatz und Lebenssachverhalt....". Dieses oft zitierte, anschauliche Bild hat BELING mit folgender Beschreibung vorbereitet: „Beim Aufsuchen der relevanten Tatsachen ist stets die rechtliche Schablone zielweisend und umgekehrt ergibt nur das Tatsächliche, an welchen Rechtssatz zu denken ist."[64]

Einem Sozialarbeiter im Allgemeinen Sozialdienst wird ein von der Polizei aufgegriffenes Kind übergeben. Es bittet ihn um Obhut. Der Sozialarbeiter denkt an § 42 Abs. 2 KJHG und will unverzüglich die Eltern unterrichten. Er teilt dies dem Kind mit und erfährt nun, daß es mit Prügel rechnet, wenn es

---

63 S. 14/15.
64 Zitiert bei Engisch, a.a.O., Fußnote 1.

nach Hause kommt. Die Feststellung, daß dem Kind Gewaltanwendung droht, läßt den Sozialarbeiter an § 42 Abs. 3 KJHG denken, und der sagt ihm: Wähle nur die Tatsachen aus, die du benötigst, um zu begründen, daß eine dringende Gefahr für das Kindeswohl vorliegt. Der Sozialarbeiter lenkt also sein Augenmerk auf diejenigen Tatsachen, die ihm als „dringende Gefahr für das Wohl des Kindes" (§ 42 Abs. 3 KJHG) bedeutsam erscheinen. Die ihm außerdem bekannt werdende Tatsache, daß die Familie zur Zeit keine Einkünfte hat, interessiert ihn jetzt nicht. Sie ist zwar relevant für andere Aspekte seiner sozialarbeiterischen Aufgaben in dieser Familie, nicht aber für den Schutz des Kindes gegen eine drohende Gewaltanwendung.

Der Sozialarbeiter „geht also von dem ihm geschilderten Sachverhalt aus, prüft, welche Rechtssätze möglicherweise auf ihn anwendbar sind, vervollständigt danach den Sachverhalt im Hinblick auf die Tatbestände dieser Rechtssätze, die er ihrerseits wieder, soweit sie keine glatte Subsumtion ermöglichen, im Hinblick auf solche Umstände, wie sie hier vorliegen, konkretisiert".[65]

Der Begriff einer „dringenden Gefahr für das Wohl des Kindes" ermöglicht keine glatte Subsumtion. Es handelt sich um einen unbestimmten Rechtsbegriff, der umfangreiche Wertungen erforderlich macht. Für die Sachverhaltsermittlung bedeutet dies, nach Tatsachen zu fragen, die das Werturteil einer dringenden Gefährdung des Kindeswohls stützen. Der Sozialarbeiter wird auf außerrechtliche Theorien verwiesen, die etwas darüber aussagen, daß Prügel für ein Kind auch dann eine Gefährdung bedeutet, wenn es sie ohne schwere Körperverletzung übersteht. Der Rückgriff auf eine solche Theorie wird um so wichtiger, je fester das gesellschaftliche Umfeld des Sozialarbeiters davon überzeugt ist, daß eine ordentliche Tracht Prügel noch niemandem geschadet hat.

Mit diesem Rückgriff auf eine erziehungswissenschaftliche oder psychologische Theorie verläßt der Sozialarbeiter das Feld der gesetzlichen Kriterien, nach denen er die für den Sachverhalt erforderlichen Tatsachen auswählt. Ob die von ihm ausgewählten Tatsachen für seine rechtliche Entscheidung relevant sind, hängt nun auch davon ab, was die von ihm herangezogene erziehungswissenschaftliche oder psychologische Theorie sagt. Und damit diese Theorie auch die erhoffte Wirkung hat, die nach ihr ausgewählten Tatsachen als entscheidungsrelevant zu legitimieren, muß diese Theorie im gesellschaftlichen Umfeld des Sozialarbeiters auf Gegenliebe treffen, zumindest aber auf Akzeptanz. Zu diesem Umfeld, daß von der entsprechenden Theorie überzeugt werden muß, gehört jedenfalls der Jugendamtsleiter und der nach § 42 Abs. 2 Satz 2 KJHG eingeschaltete Vormundschaftsrichter. Klammert sich dieser an die Alltagstheorie von der heilsamen Wirkung einer Tracht Prügel, so wird er die nach Maßgabe der wissenschaftlichen Theorie in den Sachverhalt aufgenommenen Tatsachen für gänzlich überflüssig halten.

---

[65] Larenz, S. 158.

Nur vor dem Hintergrund einer Theorie, wonach Prügelstrafe nachhaltig Angst auslöst und das Selbstwertgefühl eines Kindes beeinträchtigt, so daß es zugleich Ohnmachtsgefühle und Aggressionen entwickelt, wird die vom Sozialarbeiter in den Sachverhalt aufgenommene Tatsache relevant, daß das Kind häufig weint und seine Katze, bei der es eigentlich Trost sucht, unvermittelt quält und mißhandelt.

Demzufolge kann der Sachverhalt nicht eine von Wertungen völlig freie Tatsachensammlung sein. Die Beobachtung, daß das Kind häufig weint und seine Katze quält und mißhandelt sowie die Feststellung, daß es von seinen Eltern häufig geschlagen wird, führt zu der psychologischen Wertung, daß eine hierdurch verursachte, ernst zu nehmende Verhaltensstörung dieses Kindes in Betracht kommt.

Die rechtliche Zuordnung dieser psychologischen Bewertung zum Begriff der „dringenden Gefahr für das Kindeswohl“ im Sinne des § 42 Abs. 3 KJHG ist allerdings nicht mehr Gegenstand des Sachverhalts. Dies folgt aus der Funktion des Sachverhalts im Prozeß der Rechtskonkretisierung. Innerhalb des Syllogismus ist er der Untersatz. Er darf also keine Aussage enthalten, die erst Gegenstand des aus Obersatz und Untersatz zu folgernden Schlußsatzes sind.[66] Der Sachverhalt wirft somit Darstellungsprobleme auf.

2.2.2.3 Probleme der sprachlichen Darstellung und Vermittlung des Sachverhalts

Die Probleme der sprachlichen Darstellung der Wirklichkeit und des Verstehens dieser sprachlichen Darstellung durch deren Empfänger werden hier gemeinsam abgehandelt, weil sie aufs engste miteinander zusammenhängen. Es geht um Probleme der Kommunikation, wobei die Art der Darstellung wesentlichen Einfluß darauf hat, wie der Empfänger die Darstellung versteht. Zunächst ist daher der Darstellungsaspekt zu untersuchen.

Je einfacher die „Schablone“ gestaltet ist, nach der ausgewählt wird, welche Tatsachen der Lebenswirklichkeit für die Entscheidung relevant sind, desto leichter ist auch die sprachliche Beschreibung dieses Auschnittes aus der Lebenswirklichkeit. Der zu konkretisierende Rechtssatz ist eine einfache Auswahl-“Schablone“, wenn er präzise Begriffe enthält und somit jedermann leicht einsichtig ist, welche Tatsachen der Lebenswirklichkeit danach in Betracht kommen.

Solche einfachen Fälle sind Altersangaben, Zeitangaben, Mengenangaben und Größenangaben, vorausgesetzt, sie werden in metrischen Einheiten bezeichnet und nicht in ungenauen Begriffen wie jung/alt, früh/spät, wenig/viel, klein/groß. Diese Begriffe verlangen eine Wertung, es sei denn, ihre rechtliche Bedeutung werde auf andere Weise für die Kommunikation hinreichend präzisiert. Dies ist der Fall in § 41 KJHG beim Begriff des „jungen Volljährigen“. Obwohl der

[66] Siehe Kap. 2.1.3.1.

Begriff ungenau erscheint, weil zunächst offen bleibt, wie lange ein Volljähriger „jung“ ist, wird der Begriff dadurch präzise, daß § 7 Abs. 1 Nr. 3 KJHG ihn metrisch begrenzt auf das Erreichen des 27. Lebensjahres.

Wenn X. als Adressat des § 41 KJHG in Betracht kommt, würde also folgende Sachverhaltsdarstellung ausreichen: „X. ist ein noch nicht 27 Jahre alter Volljähriger.“ Einfacher, wahrscheinlich auch sinnvoller, wäre die Angabe seines genauen Alters. Aber auch die Aussage: „X. ist ein noch nicht 27 Jahre alter Volljähriger“ ist die Feststellung einer einfachen Tatsache.

Die Aussage: „X. ist ein 'junger Volljähriger'“, wäre eine rechtliche Subsumtion dieser Tatsache unter § 7 Abs. 1 Nr. 3 KJHG. Eine solche wäre aus den bereits dargelegten Gründen in der Sachverhaltsschilderung fehl am Platz.

Größere Schwierigkeiten bei der sprachlichen Darstellung des Sachverhalts entstehen, wenn der Rechtssatz Begriffe enthält, die keine so eindeutige Tatsachenauswahl erlauben wie metrische Begriffe. Das Bild vom Rechtssatz als Auswahl-“Schablone“ wird dann auch fragwürdig. Eine Schablone hat klare Umrisse. Werthaltige Begriffe, vor allem die „unbestimmten Rechtsbegriffe“ haben keine klaren Umrisse. Die Auswahl von Tatsachen zur Ausfüllung unbestimmter Rechtsbegriffe ist daher, wie schon erläutert, ein komplexer Vorgang, dessen einzelne Schritte nicht mehr ohne weiteres einsichtig und damit verfolgbar sind. Es ist Aufgabe der sprachlichen Darstellung des Sachverhalts, diese Komplexität durchschaubar, die einzelnen Auswahlschritte nachvollziehbar zu machen.

In dem oben untersuchten Beispiel der Inobhutnahme eines Kindes hängt die Auswahl von Tatsachen, die den Rechtsbegriff der „Gefährdung des Kindeswohls“ ausfüllen sollen, von einer außerrechtlichen, nämlich pädagogischen und psychologischen Theorie ab. Nachvollziehbar wird die hierbei erfolgte Tatsachenauswahl nur, wenn mitgeteilt wird, welche Kriterien dieser Theorie für die Auswahl herangezogen wurden und wie diese Theorie die von ihr behaupteten Kriterien begründet. Insoweit ist die Sachverhaltsauswahl nicht bloß beschreibend, sondern argumentativ.

Die Argumentation betrifft aber noch nicht die rechtliche Zuordnung von Tatsachen zur Rechtsnorm, sie ist also nicht Subsumtion, sondern sie dient der *Transparenz* der Tatsachenauswahl und der Vorbereitung ihrer rechtlichen Zuordnung.

Für die Sachverhaltsdarstellung ist daraus zu folgern, daß zwischen sachwissenschaftlichen Annahmen, zum Beispiel einer psychologischen Theorie der Persönlichkeitsentwicklung, und den nach dieser Theorie ausgewählten Tatsachen deutlich zu trennen ist. Die Theorie liefert eine diagnostische Hypothese, die Tatsachenauswahl erfolgt nach Maßgabe dieser Hypothese, die *Diagnose* bewertet die ausgewählten Tatsachen im Hinblick auf die Hypothese und stellt fest, daß die Hypothese angesichts der gegebenen Tatsachen zutrifft.[67] Die Diagnose ist also das Ergebnis eines strukturiert, logisch folgerichtig und schrittweise erfolgenden „diagnostischen Prozesses“.[68] In diesem Sinne kann die deutliche Unterscheidung zwischen Tatsachenbeschreibung und sachwissenschaftlicher Bewertung (Diagnose) dieser Tatsachen verkürzt werden auf die Formel: *Trennung von Tatsachen und Wertungen.*[69]

Wenn diese Anforderungen an die Darstellung des Sachverhalts beachtet werden, so erleichtert das die Kommunikation zwischen den an der Rechtskonkretisierung Beteiligten. Der Erfolg der Kommunikation, nämlich das Verstehen des Mitgeteilten in dem Sinne, wie es gemeint ist, stellt sich dadurch aber nicht zwangsläufig ein. In der Alltagskonversation werden allgegenwärtige Zweifel daran, vom anderen im gemeinten Sinne auch verstanden zu werden, durch Floskeln wie „verstehen Sie?“, „nicht wahr?“ ausgedrückt, obwohl wir wissen, daß sie der Verständigung nicht helfen. Sie sind also weit mehr als Ausdruck des Zweifels, schon eher Ausdruck der Verzweiflung in der Ahnung, nicht verstanden zu werden.

Mit der spezifischen *Problematik des Verstehens* von psychologischen Gutachten, also mit dem „Gutachtenleser als Textrezipient“, beschäftigt sich SPITZNAGEL[70] Er geht davon aus, daß *der* Leser eine Fiktion sei. Unterschiedliche Leser, im Verwaltungsverfahren hieße dies: unterschiedliche Beteiligte, haben unterschiedliche Erwartungen an ein Gutachten und eine dadurch beeinflußte unterschiedliche Textwahrnehmung. Eine ziemlich oft zu beobachtende Tendenz gehe dahin, pathologische und negative Eigenschaften einer Person stärker zu beachten als ihre positiven Eigenschaften, wozu allerdings auch schon die Ersteller von Persönlichkeitsgutachten neigten.

Bei der Suche nach den hierfür in Betracht kommenden Gründen wird nicht erörtert, daß viele Persönlichkeitsgutachten gerade zu dem *Zweck* erstellt werden, bestimmte Defizite zu beschreiben. Dies gilt jedenfalls in der sozialen Arbeit, wo es meistens um Normalitätsstörungen, Entwicklungsbeeinträchtigungen,

---

67 Zu diesem Vorgang hat der Verfasser gemeinsam mit Viola Gärtner-Harnach eine Untersuchung gutachtlicher Stellungnahmen und Entwicklungsberichte im Rahmen der Freiwilligen Erziehungshilfe durchgeführt, in der Gärtner-Harnach am Beispiel des Begriffs der „Entwicklungsstörung“ bei Kindern und Jugendlichen Probleme der diagnostischen Hypothesenbildung untersucht: Gärtner-Harnach und Maas, S. 18ff. - Vgl. zur Diagnostik in der Jugendhilfe jetzt ausführlich: Harnach-Beck, Psychosoziale Diagnostik, S. 18ff.

68 Landeswohlfahrtsverband Baden, Arbeitsgruppe des Regionalen Hilfeverbunds in der Region II, S. 45, 47. Diagnose wird hier definiert als „eine zusammenfassende Beurteilung bedeutsamer Beobachtungen, Angaben und indirekt wirkender Einflüsse auf dem Hintergrund von Erfahrung und Wissen“. Die Funktion dieses systematischen Vorgehens wird auch hier hauptsächlich darin gesehen, die Entscheidung „nachvollziehbar“ zu machen (S. 55).

69 Die bereits genannte Arbeitsgruppe stellt die Abfolge der zum diagnostischen Prozeß gehörenden Schritte am Beispiel der Entscheidung über Erziehungshilfen detailliert dar (S. 47ff.). Ausführlich dazu auch: Arndt, Oberloskamp, Balloff, S. 53ff.

70 S. 148ff.

Gefährdungen, Mangellagen und deren Folgen geht, weil diese gesetzliche Tatbestandsvoraussetzungen für bestimmte Hilfen oder Maßnahmen sind.

Als elementare Voraussetzung der Verständigung zwischen Autor und Leser wird ein gemeinsamer Wortschatz angesehen, als Ursache für mangelhafte Verständigung „ein vager, mehrdeutiger, unscharfer Wortgebrauch".[71] Im übrigen hält SPITZNAGEL die kommunikationspsychologischen Zusammenhänge der Leser-Text-Wechselbeziehung noch weitgehend für unerforscht.[72]

Wesentliche Ursachen für Verständigungsschwierigkeiten speziell im Verhältnis zwischen Sozialarbeitern und Richtern sehen ARNDT, OBERLOSKAMP, BALLOFF[73] in unterschiedlichen Denkweisen und Einstellungen der beiden Berufsgruppen, hauptsächlich bedingt durch die unterschiedliche berufliche Ausbildung.

Da die sprachliche Gestaltung des Sachverhalts großen Einfluß darauf hat, wie der Leser ihn deutet, trägt der Verfasser der Sachverhaltsdarstellung eine erhebliche Verantwortung für das Gelingen der Kommunikation, welche sonstigen Probleme des Textverständnisses beim Leser auch immer hinzukommen mögen. Für die soziale Arbeit bedeutet dies, daß sie den Anforderungen an die Textproduktion wesentlich größere Aufmerksamkeit widmen müßte, als dies offenbar bisher geschehen ist. Diese Feststellung gilt nicht nur für die Praxis, sondern auch für die Ausbildung und Fortbildung.[74]

2.2.3 Probleme der Bewertung entscheidungserheblicher Tatsachen durch die soziale Arbeit

Die vorangehenden Ausführungen zeigen, daß die Erschließung des zu regelnden Wirklichkeitsausschnittes durch die Konstruktion des Sachverhalts eine Tätigkeit ist, die eine dem jeweiligen Verwaltungsauftrag entsprechende besondere Fähigkeit erfordert. Im Bereich sozialer Arbeit ist dies die Fähigkeit, die im Rahmen der Rechtskonkretisierung erforderlichen sozialarbeiterischen/sozialpädagogischen Bewertungen einzubringen. Abgesehen von den dafür selbstverständlich notwendigen sozialwissenschaftlichen, insbesondere verhaltenswissenschaftlichen, Kenntnissen geht es um Qualifikationen, die sicherstellen, daß Fehler bei der Darstellung und Vermittlung des Sachverhaltes vermieden werden.

Im Vordergrund stehen dabei die Gebote der Nachvollziehbarkeit (Transparenz) von Wertungsprozessen und der Trennung von Tatsachen und Wertungen. Ge-

---

71 A.a.O., S. 150.

72 A.a.O., S. 150, 152, 153ff., 155.

73 S. 41ff.

74 Für den Bereich der Psychologie stellt Spitznagel die Notwendigkeit, das Anfertigen von Gutachten regelrecht zu trainieren, nachdrücklich und ausführlich dar: S. 155ff.

gen diese Gebote wird in der sozialen Arbeit häufig verstoßen. Die folgenden Ausführungen sollen wesentliche Aspekte dieser Problematik verdeutlichen:[75]

Die dargestellten Beispiele stammen aus Stellungnahmen von Jugendämtern bzw. aus Entwicklungsberichten von Heimen der Erziehungshilfe, in denen sozialarbeiterische/sozialpädagogische Bewertungen und die ihnen zugrunde liegenden Tatsachen mitzuteilen waren im Hinblick auf die rechtlichen Merkmale einer Gefährdung oder Schädigung der leiblichen, geistigen und seelischen Entwicklung Minderjähriger gemäß § 62 JWG. Da es sich um isolierte Textauszüge handelt, sagen sie natürlich nichts aus über die Qualität der gesamten Sachverhaltsdarstellung, der sie entnommen sind. Diese Auszüge sollen nur konkret zeigen, welche Verständigungsprobleme durch die Verletzung der oben erörterten Regeln entstehen können.

1. Beispiel:
„Immer wieder baut er sich Waffen. Dahinter stecken massive Ängste. So kauft er sich auch immer einmal ein stehendes Messer, obwohl er weiß, daß er es nicht haben darf."

Der Feststellung: „immer wieder baut er sich Waffen" folgt die lapidare Deutung: „dahinter stecken massive Ängste". Dem Leser wird nicht vermittelt, was den Schreiber des Berichts zu dieser Deutung veranlaßt hat. Aus der Tatsache des Waffenbauens als solcher folgt diese Deutung gewiß nicht zwangsläufig. Sie klingt eher weit hergeholt, denn für einen 11-jährigen Jungen, der gerne bastelt, ist es durchaus nichts Besonderes, daß er „Waffen baut". Die Mitteilung, „dahinter stecken massive Ängste", erscheint so als zufällig, als willkürliche Interpretation, deren Zustandekommen nicht konkretisiert wird und die auch nicht dadurch plausibler wird, daß anschließend noch mitgeteilt wird, der Junge habe sich „auch immer einmal ein stehendes Messer gekauft, obwohl er es nicht haben darf".

2. Beispiel:
„Bezüglich des Freizeitverhaltens boten die Eltern (dem Kind) X nach unseren Erkenntnissen bislang wenig Anregung. Dies liegt sicherlich zu einem Teil im Nichtvorhandensein eines Kraftfahrzeuges, mehr wahrscheinlich jedoch an der Unstrukturiertheit der Eltern, was eine sinnvolle Freizeitgestaltung angeht. Herr (Vater von X) ist aktiver Fußballspieler und ist somit sonntags relativ einseitig engagiert."

Hier werden Vermutungen angestellt über fehlende Freizeitanregungen durch die Eltern: Nichtvorhandensein eines Kraftfahrzeuges, „Unstrukturiertheit" der Eltern, der Vater sei als aktiver Fußballspieler „somit sonntags relativ einseitig engagiert".

---

[75] Die Ausführungen, insbesondere die Beispiele und ihre Interpretation, stützen sich auf Gärtner-Harnach und Maas, S. 73ff.

Es wird nicht aufgezeigt, wieso das Fehlen eines Kraftfahrzeuges sich negativ auf das Erziehungsverhalten auswirkt, ebensowenig, wieso das sonntägliche Fußballspielen des Vaters erzieherisch negative Auswirkungen hat. Diese Feststellungen könnten ebenso als positive Erziehungsfaktoren in die Waagschale geworfen werden, z.B.: Der Vater ist sportlich aktiv, strukturiert seine Freizeit also bewußt und dies, obwohl er kein Auto hat, also schlechter für die Strukturierung seiner Freizeit ausgestattet ist als der Normalbürger. Insofern ist er geradezu vorbildlich für sein Kind.

In dem Zitat hingegen wird ein eher abwertendes Gesamtbild von den Eltern vermittelt: Dem Kind wird nichts geboten und sonntags macht sich der Vater aus dem Staub.

3. Beispiel:
„In der Gruppe ist X das älteste Mitglied. Eine Führungsrolle ist ihm deswegen nicht zugefallen. Er ist nicht der Typ, um die hierfür typischen Positionsforderungen zu erfüllen. Er hat zu allen guten Kontakt. Engere Bindungen unterhält er aber zu keinem. Den Gruppengenossen gegenüber ist er freundlich und hilfsbereit. Möchte er von ihnen etwas haben, kann er aufdringlich und ausdauernd betteln. Über seine Mitläuferrolle wird der Junge auch in Zukunft nicht hinauswachsen".

Diese Ausführungen sollen das Werturteil begründen, daß der Junge ein „Mitläufer" sei und in Zukunft auch bleiben werde. Die Qualifizierung des Jungen als „Mitläufer" wird daraus abgeleitet, daß ihm in seiner Gruppe keine „Führungsrolle" zufalle. Für diese stellt der Verfasser zwei Kriterien auf:

- das älteste Mitglied der Gruppe zu sein
- sowie der „Typ" zu sein, um die „Positionsanforderungen" an eine Führungsrolle zu erfüllen.

Das erste Kriterium erfüllt der Junge. Er ist das älteste Mitglied in der Gruppe. Aber „eine Führungsrolle ist ihm deswegen nicht zugefallen". Obwohl also für die Führungsrolle bereits prädisponiert, hat er sie dennoch nicht erhalten. Folglich muß er beim zweiten Kriterium einer „Führungsrolle" versagt haben. Und das ist der Fall, denn „er ist nicht der Typ", um diese „Positionsanforderungen" zu erfüllen.

Ohne zu sagen, um welche Positionsanforderung es genau gehen soll, steht fest, daß der Junge sie nicht erfüllt. Mangels Konkretheit könnte daraus auch geschlossen werden, daß er überhaupt Positionsanforderungen nicht erfüllen möchte, die ihn in eine „Führungsrolle" befördern würden. Er ist offenbar kein Führertyp. Was ein Führertyp ist, bleibt offen, jedenfalls ist der betreffende Junge kein solcher. Da er aber kein Führertyp ist, ist er zwangsläufig ein „Mitläufer". Und da dies typbedingt ist, muß dies zwangsläufig auch so bleiben, was zur Prognose berechtigt: „Über seine Mitläuferrolle wird der Junge auch in Zukunft nicht hinauswachsen".

4. Beispiel.:
„Hervorzuheben ist die von uns gemachte Beobachtung, daß X Spielzeug und andere Dinge heimlich aus dem Gruppenhaus mitnimmt. Stets bereitet es große Mühe, die entwendeten Sachen wieder beizubringen, zumal der Bub regelmäßig und konsequent leugnet. Dieser Ausgleich von erlebten Mängeln stand bisher einer Gewissensbildung ebenfalls entgegen".

Ohne das geschilderte Verhalten im einzelnen zu analysieren und zu interpretieren, leitet der Verfasser aus dem bloß äußerlich dargestellten Geschehen ein vernichtendes Werturteil ab: Bisher ist es bei dem Jungen nicht zur Ausbildung eines Gewissens gekommen.

Ergebnis:
Die genannten Beispiele haben gemeinsam, daß es um subjektive, für den Leser nicht überprüfbare Interpretationen geht. Für die getroffenen Wertungen fehlen sowohl begründete Hypothesen, auf die sie sich stützen, als auch davon deutlich getrennte Tatsachen, die die Wertungen belegen. Die getroffenen Wertungen sind somit nicht nachvollziehbar. Sie erscheinen als zufällig und willkürlich, beeinträchtigen somit die Überzeugungskraft der Ausführungen und entwerten infolgedessen die eigene Arbeit. Darüber hinaus könne sie auch dem Betroffenen Unrecht und Schaden zufügen, wenn sie, unkritisch übernommen, Grundlage für nachteilige Entscheidungen werden.

Eine gewisse Garantie gegen Fehler im Sachverhalt bieten die verfahrensrechtlichen Vorschriften zur Sachverhaltsermittlung sowie die datenschutzrechtlichen Bestimmungen. Sie verpflichten die Behörde, Informationen nach bestimmten Regeln einzuholen und zu verarbeiten und geben den Betroffenen Möglichkeiten, den Umgang der Behörde mit Informationen, die ihn angehen, zu kontrollieren.

2.3 Das Verfahren der Sachverhaltsermittlung nach dem Sozialgesetzbuch

Die Behörde ermittelt den Sachverhalt von Amts wegen. Die Amtsermittlung ist eine Grundregel aller behördlichen Verwaltungsverfahren. Sie ist im Bundesverwaltungsverfahrensgesetz übereinstimmend mit den Landesverwaltungsverfahrensgesetzen der einzelnen Bundesländer ausgestaltet. Insoweit gelten also für die Bundesverwaltungen und für die Landesverwaltungen einschließlich der kommunalen Verwaltungen inhaltlich gleiche Verfahrensregeln.

Für den Anwendungsbereich des Sozialgesetzbuches gelten weder das Verwaltungsverfahrensgesetz des Bundes noch die entsprechenden Gesetze der Länder, sondern ausschließlich die Bestimmungen des SGB X zum Verwaltungsverfahren. Das SGB X regelt aber die Amtsermittlung in gleicher Weise wie die allgemeinen Verwaltungsverfahrensgesetze, allerdings sind hinsichtlich der Mitwirkungspflichten der am Verwaltungsverfahren beteiligten Bürger zusätzliche Vorschriften nach dem SGB I zu beachten.

2.3.1 Amtsermittlung

Der Grundsatz der Amtsermittlung, vom Gesetz „Untersuchungsgrundsatz" genannt (§ 20 SGB X), bedeutet zunächst, daß die Verwaltungsbehörde für die Aufklärung des Sachverhalts verantwortlich ist. Für das behördliche Verwaltungsverfahren gilt daher die gleiche Regel wie für die Sachverhaltsaufklärung im verwaltungsgerichtlichen Verfahren, im Verfahren der freiwilligen Gerichtsbarkeit und im Strafprozeß (§ 86 Abs. 1 VwGO; § 12 FGG; § 244 Abs. 2 StPO). Wie in diesen gerichtlichen Verfahren, geht es auch im behördlichen Verwaltungsverfahren um die Ermittlung der objektiven Wirklichkeit.

Im Gegensatz dazu tragen im Zivilprozeß grundsätzlich die streitenden Parteien selbst die Verantwortung dafür, die zur Begründung ihres Anspruchs jeweils günstigen Tatsachen und Beweise einzubringen: Verhandlungs- oder Beibringungsgrundsatz.[76] Es geht dabei nicht um die objektive Wirklichkeit, sondern um einen vom Vortrag der Parteien abhängigen „Tatsachenstoff". Der Zivilrichter entscheidet somit über einen von den Parteien definierten Streitgegenstand.

Im Unterschied dazu haben die am Verwaltungsverfahren Beteiligten nicht das Recht, subjektiv zu definieren, welcher Sachverhalt Gegenstand der Verwaltungsentscheidung sein soll. Das Ziel der Verwaltungsentscheidung, Veränderungen in der Wirklichkeit zu bewirken, erfordert einen möglichst wirklichkeitsgetreuen Sachverhalt. Die Verantwortung dafür, daß dessen Herstellung gelingt, wird durch den Untersuchungsgrundsatz der Verwaltung zugewiesen, nicht dem an der Entscheidung interessierten Bürger oder sonstigen Verfahrensbeteiligten.

Dies gilt unabhängig davon, ob die Verwaltungsentscheidung von einem Antrag abhängig ist oder ob die Verwaltung von sich aus tätig wird. Auch wenn sie das Verwaltungsverfahren nicht von sich aus, von Amts wegen, in Gang setzt, sondern wenn der Bürger eine Entscheidung beantragt, ist die Behörde verpflichtet, für die Aufklärung des Sachverhalts zu sorgen. Sie ist selbst in diesem Fall nicht an das Vorbringen und an die Beweisanträge der Beteiligten gebunden, sondern sie bestimmt eigenständig Art und Umfang ihrer Ermittlungen. (§ 20 Abs. 1 Satz 2 SGB X.)

Dabei ist aber zu bedenken, daß der Untersuchungsgrundsatz nicht dazu bestimmt ist, Rechtseingriffe zu legitimieren. Seine Funktion liegt lediglich darin, zwischen dem Bürger als Verfahrensbeteiligtem auf der einen Seite und der Verwaltung auf der anderen Seite klarzustellen, daß die Aufklärung des Sachverhalts im Verwaltungsverfahren Sache der Verwaltung ist. Die Regelung, daß die Verwaltung Art und Umfang der Ermittlungen bestimmt, begründet also für

---

[76] Baumbach und Lauterbach (u.a.), Grundz. § 128, Rn. 22. Dies gilt allerdings nicht im Ehe-, Familien- und Kindschaftsprozeß, vgl. a.a.O. Rn. 31.

den Bürger nicht etwa die Pflicht, Rechtseingriffe zu dulden, die die Verwaltung für erforderlich hält, um den Sachverhalt aufklären zu können.

Daß sie Art und Umfang der Ermittlungen bestimmt, bedeutet ausschließlich: die Verwaltung, nicht der am Verfahren beteiligte Bürger, ist *Herr der Sachverhaltsermittlung*. Die Beteiligten können zwar selbstverständlich Tatsachen vorbringen, die sie für entscheidungsrelevant halten, und sie können auch entpsrechende Beweisanträge stellen. Die Verwaltung muß solche Erklärungen entgegennehmen (§ 20 Abs. 3 SGB X). Was die Verwaltung davon jedoch berücksichtigt, ist allein ihre Sache. Denn sie allein bestimmt, was entscheidungsrelevant ist und welcher Weg für die Sachverhaltsaufklärung ihr zweckmäßig erscheint.

Selbstverständlich darf sie dabei aber nur diejenigen Wege beschreiten, die rechtlich zulässig sind. Und selbstverständlich darf sie nicht einfach nur diejenigen Informationen auswählen, die ihr „in den Kram passen", sondern sie hat alle für den Einzelfall bedeutsamen, auch die für die Beteiligten günstigen Umstände zu berücksichtigen (§ 20 Abs. 2 SGB X).

Da die Behörde Herr der Sachverhaltsermittlung ist, entscheidet sie auch eigenverantwortlich, welche Beweismittel sie für erforderlich hält. Die Regelung der Beweismittel in § 21 Abs. 1 SGB X ist ebensowenig eine selbständige Legitimation für Rechtseingriffe wie § 20 SGB X. Die Verwaltung erhält also durch § 21 Abs. 1 SGB X nicht etwa die Befugnis zu Rechtseingriffen für den Fall, daß sie diese nach pflichtgemäßem Ermessen zu Beweiszwecken für erforderlich hält. § 21 Abs. 1 SGB X klärt lediglich, daß die Verwaltungsbehörde, und niemand sonst, im Rahmen ihres pflichtgemäßen Ermessens verantwortlich über die *Auswahl der Beweismittel* entscheidet, vorausgesetzt, die in Erwägung gezogenen Beweismittel sind als solche im konkreten Fall rechtlich zulässig.

§ 21 Abs. 1 SGB X nennt beispielhaft wichtige in Betracht kommende Beweismittel. Danach kann die Verwaltung

- Auskünfte jeder Art einholen,
- Beteiligte anhören,
- Zeugen und Sachverständige vernehmen,
- die schriftliche Äußerung von Beteiligten, Sachverständigen und Zeugen einholen,
- Urkunden und Akten beiziehen und
- den Augenschein einnehmen.

Ob eines dieser Beweismittel im Einzelfall rechtlich zulässig ist, kann nicht aus § 21 Abs. 1 SGB X entnommen werden. So sagt diese Vorschrift nichts darüber aus, ob diejenige Person oder Stelle, von der die Verwaltung Auskunft einholen will, zur Auskunft verpflichtet bzw. befugt ist. Unterliegt sie zum Beispiel einer datenschutzrechtlichen Geheimhaltungspflicht, so hat § 21 Abs. 1 SGB X nicht etwa die Funktion einer Offenbarungsbefugnis. Ebensowenig hebt § 21 Abs. 1 SGB X ein bestehendes Zeugnisverweigerungsrecht auf. Und § 21 Abs. 1

SGB X enthält auch keine Aussage dazu, unter welchen Voraussetzungen die Verwaltung die Inaugenscheinnahme einer Wohnung verlangen darf.

All dies erscheint nahezu als selbstverständlich. Dennoch zeigt die Praxis, insbesondere im Bereich der Sozialhilfe, immer wieder, daß diese Klarstellung nicht ganz überflüssig ist. Aber nicht nur die Sozialamtspraxis, sondern auch die Rechtsprechung läßt zuweilen Unschärfen bei der Funktionsbestimmung des Untersuchungsgrundsatzes und der damit verbundenen Beweismittelregelung erkennen.

Zu der Frage, wann die Besichtigung der Wohnung, der sogenannte *Hausbesuch*, im Rahmen der sozialhilferechtlichen Sachverhaltsermittlung zulässig ist, macht der HESSISCHE VERWALTUNGSGERICHTSHOF[77] unter anderem folgende Ausführungen: „Zu den in § 20 Abs. 1 SGB X vorgesehenen Aufklärungsmaßnahmen gehört auch die Besichtigung der Wohnung des Hilfesuchenden ... Dabei kann es (...) offenbleiben, ob die in § 20 Abs. 1 SGB X vorgesehenen Amtsermittlungsmaßnahmen eine gesetzliche Beschränkung der Unverletzlichkeit der Wohnung im Sinne des Art. 13 Abs. 3 GG darstellen ..." Zur gleichen Frage der Wohnungsbesichtigung stellt das OBERVERWALTUNGSGERICHT NORDRHEIN-WESTFALEN[78] folgendes fest: „Zu den nach § 20 Abs. 1 SGB X zulässigen Maßnahmen behördlicher Sachaufklärung gehört auch die Feststellung der Wohn- und Wirtschaftsverhältnisse und zu diesem Zweck gegebenenenfalls die Besichtigung der Wohnung des Hilfesuchenden."

Die vom Gericht aufgeworfene, allerdings offengelassene Frage, ob die in § 20 Abs. 1 SGB X vorgesehenen Amtsermittlungsmaßnahmen eine „gesetzliche Beschränkung der Unverletzlichkeit der Wohnung im Sinne des Art. 13 Abs. 3 GG darstellen", ist ebenso gegenstandslos wie die Feststellung, die Besichtigung der Wohnung des Hilfesuchenden sei eine nach § 20 Abs. 1 SGB X „zulässige Maßnahme". Beide Gerichtsentscheidungen gehen von der Grundvorstellung aus, § 20 Abs. 1 SGB X enthalte eine Aussage darüber, ob bestimmte Arten der Sachverhaltsermittlung und bestimmte Beweismittel gegenüber dem Betroffenen rechtlich zulässig sind. Das ist indessen, wie oben dargelegt, überhaupt nicht Gegenstand und Zweck dieser Rechtsnorm.[79]

Mit den rechtlichen Voraussetzungen bestimmter Beweismittel im Rahmen des Verwaltungsverfahrens befassen sich hingegen § 21 Abs. 3, § 22 und § 23 SGB X.

Nach § 21 Abs. 3 Satz 1 besteht für einen *Zeugen*, den die Behörde vernehmen möchte, nur dann eine Pflicht, sich zu äußern, wenn sie durch eine Rechtsvorschrift vorgesehen ist. Diese Regelung unterstreicht, daß die Nennung der Be-

---

[77] Hessischer VGH, Beschluß vom 18. 11. 1985, 9 TG 974/85, in: NDV 1986 (5), 219 - 220; = info also 1986 (1), 34 - 36; = ZfSH/SGB, 1986 (8), S. 398 - 400.

[78] OVG NW, Beschluß vom 22. 2. 1989, 8 B 3716/88, in: ZfSH/SGB 1989 (6), 303 - 304.

[79] Dazu, daß die allgemeine rechtliche Zulässigkeit eines Beweismittels nicht Normgegenstand ist: Hauck, in Hauck, SGB X 1/2, § 21, Rn. 4. Kopp, § 26, Rn. 5.

weismittel in § 21 Abs. 1 nichts darüber aussagt, ob der Zeuge verpflichtet ist, sich vernehmen zu lassen. Es bedarf dazu einer besonderen Rechtsvorschrift, wie sie beispielsweise § 116 BSHG enthält, wonach Unterhaltspflichtige, Kostenersatzpflichtige und Arbeitgeber zu bestimmten Auskünften verpflichtet sind. Eine solche besondere Verpflichtung zur Aussage folgt auch aus § 21 Abs. 3 Satz 2 SGB X, wenn die Aussage unabweisbar ist, um über die Entstehung, Erbringung, Fortsetzung, das Ruhen, die Entziehung oder den Wegfall einer Sozialleistung sowie deren Höhe zu entscheiden. Unabweisbar ist sie nur, wenn ohne diese Aussage der Beweis nicht erbracht werden könnte. Die dargestellte Regelung gilt entsprechend auch für *Sachverständige.*

Für das Recht, ein *Zeugnis oder Gutachten zu verweigern*, sind nach Satz 3 die Vorschriften der Zivilprozeßordnung (§§ 383ff.) maßgebend. Ein Recht zur Aussageverweigerung kann sich überdies auch aus anderen Vorschriften ergeben, beispielsweise aus § 116 Abs. 3 BSHG oder aus § 35 Abs. 3 SGB I. Dies kann für Fachkräfte in der sozialen Arbeit von Bedeutung sein. Sie haben in ihrer amtlichen Funktion keine Auskunftspflicht und keine Zeugnispflicht über Informationen, die dem Sozialgeheimnis unterliegen und für die eine Übermittlungsbefugnis nach den §§ 67d ff. SGB X nicht besteht.[80] Sozialarbeiter und Sozialpädagogen, die gemäß § 203 Abs. 1 StGB persönlich der Schweigepflicht unterliegen, haben ein aus § 383 Abs. 1 Nr. 6 ZPO folgendes persönliches Recht zur Zeugnisverweigerung.[81] Hält die Behörde die Verweigerung des Zeugnisses oder Gutachtens für nicht berechtigt, so muß sie gemäß § 22 SGB X das Verwaltungs- bzw. Sozialgericht einschalten. Dies gilt auch, wenn eine Beeidigung für erforderlich gehalten wird.

Auch für die Abnahme einer *Versicherung an Eides Statt* bedarf die Behörde einer besonderen gesetzlichen Grundlage. Selbst wenn die Versicherung an Eides Statt zulässig ist, soll sie nur gefordert werden, wenn andere Mittel zur Erforschung der Wahrheit nicht vorhanden sind, zu keinem Ergebnis geführt haben oder einen unverhältnismäßigen Aufwand erfordern. § 23 SGB X regelt weitere Einzelheiten. In der Jugend- und Sozialhilfe besteht keine Rechtsgrundlage für die Versicherung an Eides Statt.[82]

2.3.2 Mitwirkung des Hilfeberechtigten

Die durch den Untersuchungsgrundsatz begründete Verantwortung der Behörde für die Sachverhaltsaufklärung bedeutet nicht, daß sich der von der angestrebten Verwaltungsentscheidung betroffene Bürger nun nicht weiter um die Sachverhaltsaufklärung zu kümmern brauche. Er hat nicht nur, wie bereits aus § 20 SGB X folgt, das Recht zu eigenem Tatsachenvorbringen und zu eigenen Be-

---

[80] Ausführlich hierzu: Maas, in Jans, Happe, Saurbier, § 35 SGB I, Rn. 45ff.

[81] So auch: Papenheim und Baltes, S. 222.

[82] Vgl. auch Giese und Krahmer, § 23 Rn. 3. Im übrigen wird verwiesen auf Hauck, a.a.O., § 23.

weisanträgen, sondern er hat auch bestimmte Pflichten, bei der Sachverhaltsaufklärung mitzuwirken.

§ 21 Abs. 2 SGB X sieht die Mitwirkung der Beteiligten bei der Ermittlung des Sachverhalts vor, allerdings nur als eine Sollpflicht ohne Sanktionen. Eine für weitergehende Pflichten erforderliche gesetzliche Grundlage enthalten die §§ 60 bis 67 SGB I. Verletzt ein Sozialleistungsberechtigter im Sinne des Sozialgesetzbuches die dort aufgezählten Mitwirkungspflichten, so muß er mit nachteiligen Folgen rechnen, nämlich mit *Leistungsverweigerung* gemäß § 66 Abs. 1 SGB I.

§ 66 SGB I sanktioniert ausschließlich die in §§ 60, 61 und 62 SGB I genannten Mitwirkungspflichten. Sofern die Behörde dem Betroffenen weitergehende Mitwirkungspflichten aufbürdet, ist seine mangelnde Bereitschaft, einem solchen Mitwirkungsverlangen nachzukommen, kein rechtlich zulässiger Grund, die Leistung zu verweigern.

Die Mitwirkungspflichten nach §§ 60, 61 und 62 SGB I umfassen:

- die Angabe aller leistungserheblichen Tatsachen
- die Zustimmung zu erforderlichen Auskünften durch Dritte
- die Mitteilung von leistungserheblichen Veränderungen der Verhältnisse
- die Bezeichnung von Beweismitteln und die Vorlage von Beweisurkunden
- das persönliche Erscheinen auf Verlangen des Sozialleistungsträgers
- die Bereitschaft zu erforderlichen ärztlichen und psychologischen Untersuchungen.

§ 65 macht deutlich, daß die Mitwirkungspflichten nicht absolut gelten, sondern Grenzen haben. Sie sind an den *Grundsatz der Verhältnismäßigkeit* gebunden, den § 65 konkretisiert.

Danach bestehen die genannten Mitwirkungspflichten nicht, wenn

- ihre Erfüllung nicht in einem angemessenen Verhältnis zu der in Anspruch genommenen Sozialleistung steht oder
- ihre Erfüllung dem Betroffenen aus einem wichtigen Grund nicht zugemutet werden kann oder
- der Leistungsträger sich durch einen geringeren Aufwand als der Antragsteller oder Leistungsberechtigte die erforderlichen Kenntnisse selbst beschaffen kann.

Untersuchungen nach § 62 SGB I dürfen abgelehnt werden, wenn

- im Einzelfall ein Schaden für Leben oder Gesundheit nicht mit hoher Wahrscheinlichkeit ausgeschlossen werden kann,
- sie mit erheblichen Schmerzen verbunden sind oder
- sie einen erheblichen Eingriff in die körperliche Unversehrtheit bedeuten.

Außerdem können Angaben verweigert werden, wenn sie dem Antragsteller, dem Leistungsberechtigten oder ihnen nahestehenden Personen im Sinne des

§ 383 Abs. 1 Nr. 1 bis 3 ZPO die Gefahr zuziehen würden, wegen einer Straftat oder einer Ordnungswidrigkeit verfolgt zu werden.

Für die Rechtsposition des Betroffenen ist bedeutsam, daß der Sozialleistungsträger ein *Leistungsverweigerungsrecht* nach § 66 nur dann hat, wenn eine nach den §§ 60 bis 62 verlangte Mitwirkung sich in den genannten Grenzen des § 65 hält, also verhältnismäßig ist.

Aber selbst in den Fällen, in denen eine nach den §§ 60 bis 62 und § 65 bestehende Mitwirkungspflicht nicht erfüllt wird, folgt das Leistungsverweigerungsrecht nicht automatisch. Es entsteht nur, wenn aus diesem Grund die Aufklärung des Sachverhalts erheblich erschwert wird. Im übrigen muß der Leistungsberechtigte vorher schriftlich unter Fristsetzung mit Aufforderung zur Nachholung auf diese Folge hingewiesen worden sein.

Das Leistungsverweigerungsrecht ist somit als Druckmittel der Behörde gegenüber dem Mitwirkungspflichtigen anzusehen, seinen Beitrag zur Sachverhaltsaufklärung vor allem in den Fällen zu leisten, in denen die Behörde ohne seine Mitwirkung erheblich größere Schwierigkeiten hätte, den Sachverhalt aufzuklären. § 67 sieht dementsprechend die Möglichkeit vor, zunächst rechtmäßig verweigerte Leistungen nachträglich zu erbringen, wenn die Mitwirkung nachgeholt wurde.

Die Besonderheit des § 66 Abs. 1 liegt darin, daß er die Ablehnung von Leistungen gestattet, „weil der Antragsteller seinen Mitwirkungspflichten nicht nachkommt, obwohl die Feststellung der Anspruchsvoraussetzungen durch Ermittlungen von Amts wegen auch ohne Mitwirkung des Antragstellers möglich wäre. Der Behörde soll durch diese Bestimmung der Aufwand weiterer Ermittlungen erspart werden, wenn der Antragsteller einen ihm zumutbaren Beitrag zur Aufklärung des rechtserheblichen Sachverhalts nicht leistet.“[83]

Ganz offensichtlich wirkt sich diese Regelung auf die Handhabung des Untersuchungsgrundsatzes aus. Der Untersuchungsgrundsatz des Verwaltungsverfahrens erscheint weniger stringent als der des Strafprozessrechts. Die durch Mitwirkungspflichten begründete Mitverantwortung des Bürgers für die Sachverhaltsaufklärung wird daher auch mit der im Zivilprozeßrecht bedeutsamen *„Beweislast“* verglichen, die der beweispflichtigen Partei die rechtlichen Folgen für einen nicht weiter aufklärbaren Sachverhalt zuweist.[84] Die Funktion der Mitwirkungspflichten ist aber eine andere als die Regelung der Beweislast. „Es liegt zwar auf den ersten Blick nahe, demjenigen, der etwas ‘nachzuweisen’ hat, auch die Beweislast für die nachzuweisenden Tatsachen zu überbürden. Ganz so einfach und undifferenziert liegen die Dinge (......) jedoch nicht. Einigermaßen gesichert erscheint nur der allgemeine Befund, daß die Nachweispflichten in der Regel ihren Grund in der Zugehörigkeit der nachzuweisenden Tatsache

83 So der Hessische VGH in der bereits zitierten Entscheidung, a.a.O.

84 Siehe Nierhaus, S. 258ff., der allerdings auch die Unterschiede zwischen Beweislast und Mitwirkungspflicht differenziert herausarbeitet (S. 353ff.).

zum Lebens- und Verantwortungsbereich des Nachweispflichtigen finden. Der in Beweislastfragen häufig exakter als andere Verwaltungsgerichte judizierende Bundesfinanzhof legt diese Wirkungszusammenhänge offen ..." Danach wird dem Steuerpflichtigen trotz fehlender steuerrechtlicher Beweislastregelung die Beweislast auferlegt, „wenn die aufzuklärenden Tatsachen allein in seiner Verantwortungssphäre liegen". Im Ergebnis bedeutet dies: „Ein Verstoß gegen eine (...) Mitwirkungspflicht allein reicht für eine bestimmte Beweislastverteilung nicht aus."[85]

Da die *Sozialhilfe* zum Leistungsbereich des Sozialgesetzbuches gehört, muß die Ermittlung der tatsächlichen Voraussetzungen der Sozialhilfe in diesem verfahrensrechtlichen Rahmen stattfinden. Damit sind Rechtskonflikte vor allem bei der Hilfe zum Lebensunterhalt vorprogrammiert, denn um den konkreten individuellen Bedarf des Hilfeberechtigten festzustellen, müssen seine persönlichen Lebensverhältnisse ausgeleuchtet werden. Die Praxis greift hier in der Regel zu dem Mittel des *Hausbesuchs*, dessen Durchführung häufig den Sozialarbeitern des Allgemeinen Sozialdienstes übertragen wird. Alltägliche Beispiele dafür sind:

- die Überprüfung des Kleiderbestandes bei Kleiderbeihilfen,
- die Überprüfung der Renovierungsbedürftigkeit der Wohnung bei Renovierungsbeihilfen,
- die Überprüfung, ob eine eheänliche Lebensgemeinschaft besteht.

Aus jüngerer Zeit liegen mehrere verwaltungsgerichtliche Entscheidungen vor, die sich mit der rechtlichen Zulässigkeit von Hausbesuchen zum Zwecke der Sachverhaltsermittlung für die Hilfe zum Lebensunterhalt befassen. In den bereits zitierten Entscheidungen[86] geht es um die Frage, ob die beantragte Sozialhilfe trotz fehlender Mitwirkungspflicht des Hilfesuchenden verweigert werden darf, wenn der Hilfesuchende Sachverhaltsermittlungen in seiner Wohnung ablehnt. Dies wird bejaht, wenn die Voraussetzungen für die Sozialhilfe nur durch den Hausbesuch nachgewiesen werden können.[87]

Das OBERVERWALTUNGSGERICHTS NORDRHEIN-WESTFALEN führt in seiner Begründung wörtlich aus:

> „Zu den nach § 20 Abs. 1 SGB X zulässigen Maßnahmen behördlicher Sachaufklärung gehört auch die Feststellung der Wohn- und Wirtschaftsver-

[85] Nierhaus, S. 386 unter Hinweis auf ein Urteil des Bundesfinanzhofes vom 9. 7. 1986.

[86] Hessicher VGH und OVG Nordrhein-Westfalen, a.a.O.

[87] Ebenso: VG Braunschweig, Beschluß vom 23. 4. 1985. 4 VG D 34/85. In: ZfF 1985 (8), 183 - 184. (Vgl. auch: Beschluß vom 3. 5. 1985. 4 D 49/85. In: ZfSH/SGB 1985(10), 470 - 471.) Deutscher Verein, Gutachten vom 1. 4. 1986, in: NDV 1986(8), 332.

hältnisse und zu diesem Zweck gegebenenfalls die Besichtigung der Wohnung des Hilfesuchenden.“[88]

„Zwar ist der Hilfesuchende nicht verpflichtet, der Behörde die Besichtigung seiner Wohnung zu gestatten. Weigert er sich, der Besichtigung zuzustimmen, liegt darin auch keine Verletzung seiner Mitwirkungspflicht nach den §§ 60ff. SGB I. Eine solche Verletzung scheidet schon deshalb aus, weil die Duldung einer Wohnungsbesichtigung unter den in den vorgenannten Bestimmungen statuierten Mitwirkungspflichten des Leistungsberechtigten nicht aufgeführt ist.“

„Daraus folgt jedoch nicht, daß die Verweigerung des Zutritts zur Wohnung für die Sozialhilfegewährung folgenlos bleiben müßte. Die Verletzung von Mitwirkungspflichten nach den §§ 60ff. SGB I stellt nur einen von mehreren Gründen dar, die jeweils einer Leistungsgewährung entgegenstehen können. Ein anderer Grund ist der, daß das Vorliegen der Leistungsvoraussetzungen bzw. das Nichtvorliegen anspruchshindernder Tatsachen nicht festgestellt werden kann. Letzteres kommt insbesondere in Betracht, wenn - wie hier - Anhaltspunkte für das Bestehen einer eheähnlichen Gemeinschaft vorliegen, eine zuverlässige Klärung dieser Frage nur durch Besichtigung der Wohnung möglich ist, der Hilfesuchende eine solche jedoch ohne sozialhilferechtlich anzuerkennende Gründe, etwa solche, die gemäß § 65 Abs. 1 SGB I auch einer Mitwirkungspflicht entgegenstehen würden, verweigert.“

„Ein unangemeldeter Hausbesuch, wie der am 26. Januar 1989, ermöglicht in besonderer Weise realitätsnahe, durch keine etwaigen ‘Vorsorgemaßnahmen’ beeinflußte Feststellungen über die Wohn- und Wirtschaftsverhältnisse.“

Das Gericht stellt zutreffend fest, daß eine Pflicht, in den Hausbesuch einzuwilligen, nicht aus den Mitwirkungspflichten nach §§ 60ff. SGB I folgt, „weil die Duldung einer Wohnungsbesichtigung unter den in den vorgennanten Bestimmungen statuierten Mitwirkungspflichten des Leistungsberechtigten nicht aufgeführt ist.“

Das Gericht argumentiert aber, wie die Sozialamtspraxis, allzu schnell damit, der Sachverhalt sei nur durch Hausbesuch aufzuklären, demnach sei die Leistung von der Duldung des Hausbesuchs abhängig. So entsteht leicht die Gefahr, daß rechtsstaatliche Garantien des behördlichen Verwaltungsverfahrens häufig an der Armutsgrenze enden.

Es bleiben erhebliche Zweifel an der Auffassung des Gerichts, in dem von ihm entschiedenen Fall verstoße der Hausbesuch nicht gegen den Grundsatz der Verhältnismäßigkeit. Insbesondere hält es den „unangemeldeten“ Hausbesuch für angemessen und gar besonders zweckmäßig, weil er „durch keine etwaigen

---

[88] Darauf, daß es zumindest ungenau ist, dies aus § 20 SGB X abzuleiten, wurde bereits hingewiesen.

'Vorsorgemaßnahmen' beeinflußte Feststellungen über die Wohn- und Wirtschaftsverhältnisse erlaube". Wieso sollten Hilfesuchende, die mit dem Sozialamt über das Vorliegen einer eheähnlichen Gemeinschaft streiten, nicht darauf vorbereitet sein, einen „überraschenden" Hausbesuch vom Sozialamt zu bekommen? Genau wie bei einem angekündigten Hausbesuch werden diejenigen Utensilien, die als äußere Indizien des gemeinsamen Wirtschaftens gelten, eben solange im Verborgenen gehalten, bis der Hausbesuch vorüber ist. Die für die eheähnliche Gemeinschaft maßgeblichen Voraussetzungen bilden einen zu komplexen Lebenssachverhalt, als daß man Menschen „in flagranti" dabei ertappen könnte.[89] Ist der Hausbesuch aber ein ungeeignetes Mittel zur Sachverhaltsaufklärung, dann ist er auch nicht mehr verhältnismäßig.

Überdies kann gerade beim unangemeldeten Hausbesuch das Verlangen, jetzt und eben nur jetzt die Wohnung zu betreten, den Wohnungsinhaber durchaus in Bedrängnisse bringen, die ihn veranlassen, den Zutritt zu verweigern, ohne daß dies irgendetwas mit der Frage der eheähnlichen Gemeinschaft zu tun haben muß. Dann wird besonders deutlich, daß die Drohung, die Verweigerung des Zutritts zur Wohnung mit der Verweigerung der Leistung zu sanktionieren, nicht angemessen ist. Wer Sozialhilfe braucht, müßte wählen, ob er lieber auf die Unverletzlichkeit der Wohnung nach Art. 13 GG oder auf Sozialhilfe verzichten will.

Angesichts des hohen Ranges dieses Grundrechts spricht nicht viel für eine solche Gesetzesauslegung. Da der Katalog der Mitwirkungspflichten eine Pflicht zur Duldung körperlicher Untersuchungen enthält (§ 62 SGB I), eine entsprechende Pflicht zur Duldung einer Wohnungsbesichtigung aber fehlt, ist eher davon auszugehen, daß der Gesetzgeber es nicht für sehr wahrscheinlich gehalten hat, die Behörde benötige zur Aufklärung der Hilfevoraussetzungen ein Mittel, um den Zutritt zur Wohnung zu erzwingen. Möglicherweise greifen Sozialämter bloß aus einer historisch gewachsenen Routine immer noch eher zu diesem Mittel, als zu den vom Gesetz vorgesehenen Alternativen. Zur Aufklärung der eheähnlichen Gemeinschaft, wie übrigens auch des Kleiderbedarfs, erscheint jedenfalls der Hausbesuch als denkbar ungeeignet, weil hier vorsorgliche Maßnahmen des Hilfesuchenden für den Fall, daß er einen Bedarf vortäuscht, leicht zu bewerkstelligen sind.[90]

---

89 Das lange Zeit geltende Merkmal des „Wirtschaftens aus einem Topf" - vgl. BVerwGE 52, 11, 12 - ist vom Bundesverwaltungsgericht mit Urteil vom 17. 05. 1995, 5 C 16/93, aufgegeben worden. Vgl. FamRZ 1995 (21), 1352 - 1354, = ZfSH/SGB 1995 (12), 640 - 644. Eine eheähnliche Gemeinschaft i.S. des § 122 S. 1 BSHG liegt nach dieser Entscheidung nur dann vor, wenn sie als auf Dauer angelegte Lebensgemeinschaft zwischen einem Mann und einer Frau über eine reine Haushalts- und Wirtschaftsgemeinschaft hinausgeht und sich - i.S. einer Verantwortungs- und Einstehensgemeinschaft - durch innere Bindungen auszeichnet, die ein gegenseitiges Einstehen der Partner füreinander begründen (im Anschluß an BVerfGE 87, 234, 264f. = FamRZ 1993, 164).

90 Das VG Braunschweig hält den Hausbesuch zur Klärung des Kleiderbedarfs für geeignet: a.a.O. Dagegen argumentieren zutreffend Papenheim und Baltes, S. 202.

Die rechtliche Problematik der Sachverhaltsaufklärung spitzt sich in der Sozialhilfe offenbar deshalb zu, weil die üblicherweise im Rahmen der Beweiswürdigung geltenden Maßstäbe hier zu Ungunsten des Hilfeberechtigten verzerrt werden. So kommt es vor, daß Sozialämter generell anordnen, der Sozialarbeiter bzw. ein sonstiger Mitarbeiter habe sich bei jedem Sozialhilfeantrag durch Hausbesuch davon zu überzeugen, ob die Angaben des Hilfesuchenden zutreffen. ONDERKA und SCHADE[91] weisen auf eine entsprechende Praxis hin und bewerten sie so: „Jeder, der Sozialhilfe beantragt, wird verdächtigt, unwahre Angaben gemacht zu haben." Dies kritisieren auch PAPENHEIM und BALTES[92] mit folgenden Ausführungen: „In anderen Rechtsbereichen gehen die zuständigen Verwaltungsbehörden regelmäßig davon aus, daß die Angaben des Bürgers richtig sind. 'Vertrauen ist die Regel, Nachprüfung die Ausnahme.' Das gilt selbst dann, wenn allgemein bekannt ist, daß ein großer Teil der Angaben unvollständig ist und dadurch z.B. die Steuereinnahmen des Staates erheblich vermindert werden; denn nur der im Einzelfall vorliegende Verdacht berechtigt zur Nachprüfung."

Zutreffend betont auch das VERWALTUNGSGERICHT BRAUNSCHWEIG[93]: „Das Gesetz geht (...) ersichtlich davon aus (vgl. § 60 Abs. 1 Nr. 1 SGB I), daß Sozialleistungsträger im Regelfall die vom Hilfesuchenden vorgebrachten Tatsachen - soweit sie glaubhaft sind - der Hilfeleistung zugrunde zu legen haben, und daß sie nicht etwa die Richtigkeit dieser Angaben regelmäßig in Zweifel ziehen sollen."

Bei der Sachverhaltsermittlung ist also zunächst vom Tatsachenvorbringen des Hilfesuchenden auszugehen. Dieses Vorbringen ist zu würdigen, einerseits dahingehend, wieweit es ausreicht, um die Hilfe gewähren zu können, andererseits dahingehend, ob es glaubwürdig ist. Diese im gerichtlichen Verfahren selbstverständliche Beweiswürdigung kommt in der Sozialhilfe, aber auch in der Jugendhilfe, oft zu kurz. Ihr wird auch in der Ausbildung kaum Rechnung getragen. Dabei setzt gerade die Beweiswürdigung in der Sozial- und Jugendhilfe in erheblichem Maße Qualifikationen voraus, die zum Bestand der Fachlichkeit sozialer Arbeit gehören.

2.3.3 Beweiswürdigung und Entscheidungsreife

Die zitierten Gerichtsentscheidungen zum Hausbesuch enthalten anschauliche Beispiele einer Beweiswürdigung. Zwei davon werden nachstehend wiedergegeben.

1. Beispiel:

> „Wenngleich die Antragstellerin dem ihr zumutbaren einmaligen Hausbesuch durch einen Vertreter der Familienfürsorge der Antragsgegnerin bisher

[91] S. 19.
[92] S. 218.
[93] A.a.O.

nicht zugestimmt hat, hält der Senat es für glaubhaft, daß sie seit ihrem Antrag auf den Erlaß einer einstweiligen Anordnung bis zum Ende der laufenden Umschulungsmaßnahme außerstande ist, aus eigenen Mitteln ihren nach dem Bundessozialhilfegesetz anzuerkennenden Bedarf voll zu decken. Diese Überzeugung gründet sich einmal auf die Angaben der Antragstellerin in ihrem Antrag auf Gewährung von Sozialhilfeleistungen, zum anderen darauf, daß die Antragstellerin bisher nur während eines verhältnismäßig kurzen Zeitraums (Oktober 1982 bis April 1984) erwerbstätig war und während dieser Zeit wesentliche Ersparnisse nicht machen konnte. Überdies hält der Senat es in Anbetracht der von der Antragstellerin selbst und ihrem Untermieter, Herrn S., abgegebenen eidesstattlichen Versicherungen für glaubhaft, daß sie nicht in eheähnlicher Gemeinschaft mit Herrn S. lebt, so daß dessen Einkommen und Vermögen keine Berücksichtigung nach § 122 BSHG finden dürfen."[94]

2. Beispiel:
„Das Gesetz geht vielmehr ersichtlich davon aus (vgl. § 60 Abs. 1 Nr. 1 SGB I), daß Sozialleistungsträger im Regelfall die vom Hilfesuchenden vorgebrachten Tatsachen - soweit sie glaubhaft sind - der Hilfeleistung zugrunde zu legen haben, und daß sie nicht etwa die Richtigkeit dieser Angaben regelmäßig in Zweifel ziehen sollen. Die Antragstellerin hat immerhin (wie alle anderen Hilfesuchenden auch) in ihrem schriftlichen Sozialhilfeantrag versichert, daß die vorstehenden Angaben in allen Teilen vollständig sind und der Wahrheit entsprechen, und daß ihr bekannt ist, daß sie sich durch unvollständige oder unwahre Angaben strafbar macht und zu Unrecht bezogene Leistungen zurückersatten muß. Sie hat ferner die von ihr verlangten Schriftstücke vorgelegt. Unter Umständen kann die Antragsgegnerin noch weitere Ermittlungen anstellen. Für die Durchführung eines Hausbesuchs in der von der Antragstellerin bewohnten Wohnung besteht aber kein Anlaß. Nachdem die Antragstellerin einen Mietvertrag, eine Umzugsmeldung und Gasrechnungen vorgelegt hat und von Mitarbeitern des Sozialamtes der Antragsgegnerin in ihrer Wohnung telefonisch erreicht worden ist, bestehen berechtigte Zweifel daran, ob sie tatsächlich in der Wohnung wohnt, nicht mehr. Zweifel daran, ob sie die Wohnung allein bewohnt, kann die Antragsgegnerin ohne weiteres dadurch beheben, daß sie von der Antragstellerin eine entsprechende Erklärung fordert und/oder den Vermieter insoweit um Aufklärung bittet."[95]

Die Gerichte würdigen das Vorbringen einerseits dahingehend, wieweit es ausreicht, um die Hilfe gewähren zu können, andererseits dahingehend, ob es glaubwürdig ist. Beide Fragen werden bejaht. Sofern noch Zweifel bestehen, verweisen sie auf eventuelle zusätzliche Beweismittel, gegen die die Hilfesuchenden keine Einwände haben. Sie halten deshalb das Beweismittel des Hausbesuchs nicht für erforderlich.

---

[94] Hessischer VGH, a.a.O.

Diese Abwägung der Beweiskraft vorhandener Beweismittel gegen die Notwendigkeit des Hausbesuchs ist erforderlich, weil die Androhung, die Leistung werde verweigert, solange der Hilfesuchende seine Einwilligung in den Hausbesuch verweigert, nur zulässig ist, sofern es ohne Hausbesuch nicht möglich ist, den Sachverhalt aufzuklären. Nur wenn die Gerichte zu dem Ergebnis gekommen wären, der Sachverhalt sei durch bereits erlangte oder noch zu erlangende Beweismittel nicht aufklärbar, hätten sie den Hausbesuch für rechtens erklären dürfen. Diese Überlegungen zeigen, daß die Beweiswürdigung aufs engste mit der Frage zusammenhängt, ob die Sache entscheidungsreif ist oder nicht. Entscheidungsreif ist sie, sobald sie ausreichend aufgeklärt ist.

Wie die allgemeinen Verwaltungsverfahrensgesetze, enthält auch das SGB X keine Regelung der Beweiswürdigung. Es ist indessen allgemein anerkannt, daß aus § 20 Abs. 1 SGB X, der Art und Umfang der Ermittlungen ins Ermessen der Behörde stellt und angesichts der grundsätzlichen Nichtförmlichkeit des Verwaltungsverfahrens (§ 9 SGB X) der *Grundsatz der freien Beweiswürdigung* gilt.[96] Er besagt, daß die Behörde das Gesamtgergebnis der Sachverhaltsermittlung unter Abwägung aller Umstände zu würdigen hat, wobei nicht absolute Gewißheit erreicht werden muß, sondern ein so hoher Grad an Wahrscheinlichkeit, daß eine andere Auffassung vernünftigerweise nicht als vertretbar erscheint.[97]

Freie Beweiswürdigung ist nicht „frei" im Sinne von „beliebig". Sie ist an die Gesetze der Logik und an allgemeine Erfahrungssätze gebunden und muß nachvollziehbar sein. Freie Beweiswürdigung ist also ein argumentatives Verfahren, durch das die subjektive Überzeugung, ein bestimmter Sachverhalt sei erwiesen, mittels objektiver Maßstäbe begründet wird. Der objektive Beurteilungsmaßstab heißt *„Beweiskriterium"* (auch: Beweismaß), die gewonnene subjektive Überzeugung, daß eine bestimmte Tatsache erwiesen ist, wird als *„Beweisergebnis"* bezeichnet.[98]

Die allgemeinen Erfahrungssätze sind als Beweiskriterien von besonderer Bedeutung. Ihr Beweiswert kann so stark sein, daß sie die tatsächliche Vermutung eines bestimmten Geschehensablaufes rechtfertigen. Diese Beweiskraft des sogenannten typischen Geschehensablaufes heißt *„Beweis des ersten Anscheins"* oder *„prima-facie-Beweis"*: Der Beweis ist erbracht, wenn nicht stärkere Gegenbeweise die auf den typischen Geschehensablauf gestützte Vermutung entkräften. Das ist allerdings bereits dann der Fall, wenn ein atypischer Geschensablauf ernsthaft in Betracht kommt.[99]

95 VG Braunschweig, a.a.O.

96 Giese und Krahmer, § 21, Rn. 4. Hauck, in Hauck, SGB X 1/2, § 20, Rn. 13. Schroeder-Printzen u.a., § 20, Nr. 8.

97 Hauck, a.a.O.; Schroeder-Printzen u.a., a.a.O.: „An Gewißheit grenzende Wahrscheinlichkeit".

98 Nierhaus, S. 48.

99 Schneider, Egon, S. 75ff. Vgl. auch Sirp, S. 105ff.!

Einen auf allgemeine Erfahrungssätze gegründeten Anscheinsbeweis hat die Rechtsprechung beispielsweise in folgenden Fällen gesehen[100]:

- Erhalten ausländische Frauen eine geringere Bezahlung als ihre männlichen ausländischen Kollegen, so ist zu vermuten, daß sie ihres Geschlechts wegen benachteiligt werden. (Bundesarbeitsgericht)
- Es spricht für ein Verschulden des operierenden Arztes, wenn nach der Operation eine Arterienklemme in der Bauchhöhle des Patienten zurückgeblieben ist. (Bundesgerichtshof)
- Als Ursache für die Lueserkrankung einer Patientin ist prima facie die Transfusion von Blut einer an Lues erkrankten Spenderin anzusehen. (Bundesgerichtshof)
- Wenn in einem Formular für Schadensanzeigen trotz klarer Fragen frühere Schäden verschwiegen wurden, so spricht der erste Anschein dafür, daß dies arglistig geschehen ist. (Landgericht Köln)

Zum Beweis stehen in der Regel vergangene Ereignisse. Es soll bewiesen werden, daß sie so oder so geschehen *sind*. Aber auch zukünftige Tatsachen sind Gegenstand der Beweiswürdigung, wenn vom Gesetz auf zukünftige Sachverhalte abgestellt wird. Das gesamte Sozialhilferecht steht unter der in § 1 Abs. 2 BSHG formulierten Anforderung, die Hilfe so zu gestalten, daß sie den Hilfeempfänger zukünftig von ihr unabhängig macht. Jede sozialhilferechtliche Entscheidung ist also unter diesem prognostischen Gesichtspunkt zu prüfen. Ähnliches gilt für jugendhilferechtliche Entscheidungen, insbesondere für erzieherische Hilfen. Eine erzieherische Hilfe enthält zwangsläufig eine Vorausschätzung ihrer Wirkung auf den Entwicklungsprozeß eines Kindes oder Jugendlichen. Demgemäß verlangt § 36 Abs. 1 Satz 1 KJHG, daß die Personensorgeberechtigten und das Kind bzw. der Jugendliche vor Inanspruchnahme einer Hilfe zur Erziehung auf die *möglichen Folgen für die Entwicklung* hinzuweisen sind. Es gehört demnach zu den Aufgaben der an der Entscheidungsfindung beteiligten Fachkräfte sozialer Arbeit, die Zuverlässigkeit solcher Prognosen abzusichern.

Eine *Prognose* verlangt die Überzeugung, daß von einer gegenwärtigen oder vergangenen Beurteilungsgrundlage aus betrachtet ein Geschehensablauf in Zukunft voraussichtlich so oder so eintreten *wird*.[101] Der zu erwartende Geschehensablauf kann nicht im voraus tatsächlich „bewiesen“ werden. Die Prognose muß sich vielmehr darauf stützen, daß bestimmte, jetzt vorliegende Tatsachen die Annahme rechtfertigen, ein bestimmter Geschehensablauf werde erfahrungsgemäß eintreten.

---

[100] Die Beispiele sind der umfassenden Zusammenstellung wichtiger Anscheinssituationen bei Schneider, E., S. 100ff., entnommen, und zwar Rn. 335, 340, 344 und 491.

[101] Nierhaus, S. 31.

Grundlage der allgemeinen Erfahrungssätze sind neben der Lebenserfahrung die auf Ergebnissen der wissenschaftlichen Forschung beruhenden Regeln.[102] Sofern soziale Arbeit in die Sachverhaltsermittlung eingebunden ist, obliegt es ihr, entsprechende *sozialwissenschaftliche Forschungsergebnisse* auch in die Beweiswürdigung einzubringen. Für prognostische Aussagen in der sozialen Arbeit spielen daher sozialwissenschaftlich fundierte Erfahrungssätze eine besonders große Rolle. Je stärker solche Erfahrungssätze wissenschaftlich abgesichert sind, desto höher ist ihr prognostischer Wert.

Die Bedeutung sozialer Arbeit als fachlicher Garant für die Zuverlässigkeit prognostischer Aussagen soll exemplarisch an einer Entscheidung des OBERVERWALTUNGSGERICHTS HAMBURG[103] aus dem Sozialhilferecht diskutiert werden:

> „Zu einem menschenwürdigen Leben gehört auch eine gesicherte Unterkunft. Insoweit steht hier jedoch noch nicht einmal fest, daß der Antragsteller seine bisherige Unterkunft nicht mehr aus eigenen Kräften und Mitteln (§ 2 Abs. 1 BSHG) sichern kann. Es ist nicht auszuschließen, daß die Vermieterin von ihrem Räumungstitel keinen Gebrauch macht, wenn der Antragsteller ihr nachweist, daß er in eine Geldverwaltung durch seine Bewährungshelferin eingewilligt hat, seine Einkünfte an diese ausgezahlt werden und die Zahlung der laufenden Miete auf diese Weise sichergestellt ist, und wenn er die Tilgung der Rückstände in der vergleichsweise vereinbarten Höhe von monatlich 200,- DM aufnimmt. Zu derartigen Raten ist der Antragsteller bei Änderung seiner bisherigen Einstellung durchaus imstande, zumal ihm zuzumuten ist, seinen Lebensunterhalt bis zu einer Arbeitsaufnahme nach dem bevorstehenden Abschluß seiner Umschulung zum Fleischer auf das Unerläßliche zu beschränken, nachdem er mehrere Monate lang über seine Verhältnisse gelebt hat, und er auch während der laufenden Umschulung als gesunder und kräftiger junger Mann sich abends oder am Wochenende durch Arbeit etwas hinzuverdienen kann.
>
> Aber selbst wenn die Vermieterin eine Fortsetzung des Mietverhälnisses von der sofortigen Begleichung sämtlicher Rückstände abhängig machen sollte und der Antragsteller die bisherige Wohnung über kurz oder lang (Räumungsfrist gemäß § 794 a ZPO ist in Betracht zu ziehen) räumen müßte, bedeutet dies nicht zwangsläufig, daß er obdachlos wird. Er verfügt über eigenes Einkommen, aus dem er seine notwendigen Unterkunftskosten bestreiten kann. Er kann sich eine neue Wohnung suchen. Daß er eine solche angesichts der gegenwärtigen Lage auf dem Wohnungsmarkt nicht finden kann, steht nicht fest, zumal auch eine kleinere und einfachere Wohnung seinen Unterkunftsbedarf decken würde und er im Hinblichk auf die bevorstehende Arbeitsaufnahme und einen damit möglicherweise ohnehin verbundenen

---

[102] Schneider, E., S. 77.

[103] Beschluß vom 02. 04. 1990. Bs IV 88/90. In: ZfSH/SGB 1990 (8), 424 und 425. Vgl. dazu auch die Urteilskritik von Riethmüller, insbesondere S. 74ff.!

Ortswechsel - sei es auch nur innerhalb des Großraums Hamburgs - auch Übergangslösungen, z.B. ein möbliertes Zimmer in Betracht ziehen kann. Die Aufgabe langgewachsener sozialer Bindungen ist mit einem Wohnungswechsel für den Antagsteller nicht verbunden; auf Angehörige braucht er als Alleinstehender keine Rücksicht zu nehmen.

Der Antragsteller stellt sich in dem Antrag auf Erlaß einer einstweiligen Anordnung als jemanden hin, der mit Geld nicht umgehen kann, dem das Geld 'zwischen den Fingern zerrinnt'. Das mag in gewissem Umfang richtig sein, auch ist dem Antragsteller zugute zu halten, daß sich in der langen Haft ein Nachholbedarf an Lebensqualität aufgestaut hat. Gleichwohl ist dies nur die eine Seite. Untypisch für jemanden, der mit Geld nicht umgehen kann, ist die vorherige Erklärung, eine ganz bestimmte regelmäßige Verbindlichkeit in Zukunft nicht zu erfüllen, wovon beim Antragsteller hinsichtlich der Miete (und der Energiekosten) dem Aktenvermerk vom 24. Juli 1989 zufolge auszugehen ist. Dieser Vermerk legt nahe, daß der Antragsteller von vornherein entschlossen war, die laufende Miete nicht zu zahlen, und zwar, weil er davon ausging, die Antragsgegnerin werde die Rückstände eines Tages wohl oder übel übernehmen müssen. Würde die Antragsgenerin dieser Erwartung entsprechen, so würden Eigenverantwortlichkeit des Antragstellers und seine Fähigkeit zur Selbsthilfe nicht gestärkt, sondern geschwächt. Er würde auch in Zukunft davon ausgehen, daß es letztendlich dumm sei, einen beträchtlichen Teil seines Einkommens für die Kosten der Unterkunft einzusetzen. Die begehrte einstweilige Anordnung liefe, so gesehen, nachgerade auf eine nachträgliche Prämierung des verantwortungslosen Verhaltens des Antragsteller hinaus."

Es wäre die Aufgabe des hier möglicherweise vom Sozialamt nicht in die Entscheidungsfindung einbezogenen Allgemeinen Sozialdienstes gewesen, sozialwissenschaftliche Erkenntnisse geltend zu machen, die rechtzeitig zu einer anderen Einschätzung schon durch das Sozialamt hätten führen können. Die vom Gericht gewagte Prognose läßt jedenfalls erkennen, daß das Gericht weder die sozialwissenschaftlich belegten typischen Geschehensabläufe, die zur Nichtseßhaftigkeit führen, berücksichtigt hat, noch die einfachen Alltagserfahrungen auf dem Wohnungsmarkt.[104]

Warum sollte ein auf Mieteinnahmen normalerweise selbst angewiesener Vermieter bereit sein, einen Mietvertrag abzuschließen mit einem unter Bewährungshilfe stehenden, arbeitslosen und bereits mit Mietschulden behafteten jungen Mann, der soeben im Wege der Zwangsvollstreckung seine bisherige Wohnung verloren hat? Sollte das Gericht übersehen haben, daß sich Vermieter nicht eben selten sehr eingehend über die persönliche Situation von Mietbewerbern unterrichten? Jedenfalls ist nicht anzunehmen, daß das Gericht unterstellen wollte, der betreffende junge Mann hätte eben seine schwierige persönliche Si-

---

[104] Vgl. Der Spiegel, Nr. 29 vom 15. 07. 1991, S. 102 - 112, „Crash am Wohnungsmarkt"!

tuation geschickt verschleiern müssen. In Anbetracht dessen ist, entgegen der Auffassung des Gerichts, mit an Sicherheit grenzender Wahrscheinlichkeit anzunehmen, daß der betreffende junge Mann weder eine kleinere und einfachere Wohnung, noch ein möbliertes Zimmer finden wird.

Sodann rechtfertigen sozialwissenschaftlich begründete Erfahrungssätze die Vermutung, daß dieser junge Mann durch die Ablehnung der Hilfe nicht in seiner Eigenständigkeit und Eigenverantwortlichkeit gestärkt und zur Selbsthilfe befähigt werden wird, sondern daß er als alleinstehender Wohnungsloser zunächst einmal seine Umschulungsmaßnahme abbrechen und damit wahrscheinlich den letzten Schritt zum Nichtseßhaften vollziehen wird. Von den Sozialwissenschaften wird die Nichtseßhaftigkeit „als Folge von Wohnungslosigkeit angesehen, aus der sich Wohnsitzlosigkeit und das 'Umherziehen' mit hoher Wahrscheinlichkeit dann ergeben, wenn die Wohnungslosen alleinstehende, arbeitslose Personen sind und diese aus Mangel an materiellen Mitteln, aus Mangel an sozialen Beziehungen und aus Mangel an den sozial erwünschten Mietereigenschaften eine eigene Wohnung nicht mieten oder in die anderer nicht einziehen können“[105].

Angesichts der somit dargelegten Wahrscheinlichkeit, daß der betreffende junge Mann durch die Verweigerung der Hilfe nach § 15 a BSHG zum Nichtseßhaften wird und angesichts des Auftrags der Sozialhilfe, aus der Abhängigkeit von Sozialhilfe hinauszuführen, möglichst aber nicht weiter in sie hineinzuführen, kann durchaus angenommen werden, daß der in § 15 a BSHG vorgesehene Ermessensspielraum im gegebenen Fall auf Null reduziert war, so daß das Sozialamt ein Darlehen zur Begleichung der Mietrückstände hätte gewähren müssen.

Wie bereits dargelegt, kommt es bei der Beweiswürdigung aber nicht nur auf objektive Beweiskriterien, also zum Beispiel auf die Beweiskraft allgemeiner Erfahrungssätze an, sondern auch auf die subjektive Überzeugung, daß ein bestimmter Sachverhalt erwiesen ist. Für die subjektive Überzeugungsbildung ist entscheidend, welcher Beweiswert einem bestimmten Beweismittel beigemessen wird. Es gehört also auch zur Beweiswürdigung, die *Qualität des Beweismittels* zu beurteilen.

Besondere Schwierigkeiten wirft der *Zeugenbeweis* auf. Im Verwaltungsverfahren kommt er allerdings seltener zur Anwendung als im Gerichtsverfahren, wo er eine große Rolle spielt. Die folgenden Ausführungen SCHNEIDER'S zur Problematik des Zeugenbeweises im Gerichtsverfahren gelten sinngemäß auch für den Zeugenbeweis im Verwaltungsverfahren. Sie werden aber vor allem deshalb hier umfassend zitiert, weil sie ganz allgemein für die Glaubwürdigkeitsbeurteilung von Aussagen gelten. Der sozialen Arbeit liefern sie überdies wich-

[105] Deutscher Verein, Fachlexikon, 1. Auflage, Stichwort „Nichtseßhafte“. Noch ausführlicher in der 2. Auflage, Stichwort „Nichtseßhaftigkeit“. Ähnlich: Deutscher Verein, Hilfe für alleinstehende Wohnungslose, S. 26ff. Vgl. auch die detaillierte Darstellung der Nichtseßhaftigkeit und Obdachlosigkeit und der mit ihr befaßten sozialen Arbeit bei Wahrheit, S. 209ff.

tige Einsichten für die Beurteilung der richterlichen Beweiswürdigung bei ihrer Zusammenarbeit mit der Justiz im Rahmen der Jugendhilfe.

> „Das praktisch wichtigste und zugleich mit Abstand schlechteste Beweismittel ist der Zeuge. In der forensischen Praxis wird der Zeugenaussage grundsätzlich ein viel zu hoher Beweiswert eingeräumt mit der Folge, daß entsprechend häufig Wahrheitskontrollen an Hand aussagepsychologisch gesicherter Kriterien versäumt werden. Zusätzlich nachteilig wirkt sich aus, daß der ganz überwiegenden Zahl der vernehmenden Richter die wissenschaftlichen Grundkenntnisse der Aussagepsychologie fehlen, da diese weder im Studium noch in der Ausbildung gelehrt werden. Infolgedessen fehlt den meisten Richtern auch das erforderliche aussagepsychologische Problembewußtsein. Sie ziehen sich auf 'richterliche Alltagstheorien' zurück, die wiederum reduzierbar sind auf Aussagewiederholungen, Abstraktionen und Leerformeln. In der Praxis wird den Zeugen in der überwiegenden Zahl geglaubt, obwohl eine solche statistische Wahrheitshäufung mit den Erkenntnissen der Aussagepsychologie unvereinbar ist."[106]

> „Um Zeugen beurteilen zu können, muß man vor allem die Fehlerquellen von Aussagen kennen. Daß der 'gesunde Menschenverstand' und selbst langjährige Erfahrung ohne Unterweisung *allein* nicht genügen, ist durch die experimentelle Aussagepsychologie und durch die Untersuchung zahlreicher Strafprozesse erwiesen. Die Vorgänge der Wahrnehmung und der Wiedergabe von Wahrnehmungen sind so komplizierte psychische Prozesse, daß sie ohne fachliche Belehrung unerkannt bleiben und deshalb gar leicht *verkannt* werden. Eine Fülle von Literatur mit überwältigenden Einsichten (......) liegt vor. Aber sie erreicht den Praktiker nicht. Es fehlt am Vermittler. Die Hochschule müßte sich dem annehmen ... Denn - ob man es hören mag oder nicht - die Fehlleistungen, die in der Praxis vorkommen, sind oft bedrückend."[107]

Ist die ermittelnde Behörde aufgrund der Beweiswürdigung zu der Überzeugung gelangt, daß die entscheidungserheblichen Tatsachen erwiesen sind, so sind weitere Beweiserhebungen nicht mehr erforderlich. Die Sachverhaltsermittlung ist abzuschließen, denn die Sache ist dann entscheidungsreif.[108] Dies gilt allerdings nur, wenn die Behörde ihrer Anhörungspflicht nachgekommen ist.

---

106 Schneider, E., S. 188, Rn. 641 und 642.

107 A.a.O., S. 190, Rn. 646 und S. 191, Rn. 648.
Zur Vertiefung dieser Problematik ist hier kein Raum. Schneider stellt Ergebnisse der Wahrnehmungsforschung dar und zieht Folgerungen für die Bewertung von Zeugenaussagen. Darauf wird verwiesen. Eine ausführliche, mit zahlreichen Beispielen ausgestattete Glaubwürdigkeits- und Beweislehre liegt vor von Bender und Nack.

108 Sirp, S. 165: „Entscheidungsreife setzt voraus, daß der entscheidungserhebliche Sachverhalt aufgeklärt und die erforderlichen Beweise erhoben sind."

Schema zur Beweiswürdigung

1. Was soll bewiesen werden?: Beweisgegenstand, Beweisthema.
2. Welche rechtlich zulässigen Beweismittel stehen zur Verfügung?: Beweismittelangebot.
3. Welches dieser Beweismittel wird herangezogen?: Beweismittelauswahl.
4. Welche Qualität hat das Beweismittel?: Beweisqualität, Beweiswert. (Fragen: Echtheit einer Urkunde. Glaubwürdigkeit eines Zeugen. Fachkunde des Sachverständigen.)
5. Ist der Sachverhalt entscheidungsreif erwiesen?: Beweiskriterium und Beweisergebnis.
6. Zu wessen Lasten geht die weiterbestehende Unklarheit über den Sachverhalt?: Beweislast.

2.3.4 Anhörung und Akteneinsicht

Bevor die Behörde einen Verwaltungsakt erläßt, der in die Rechte eines Beteiligten eingreift, ist sie gemäß § 24 Abs. 1 SGB X verpflichtet, diesem Beteiligten Gelegenheit zu geben, sich zu den für die Entscheidung erheblichen Tatsachen zu äußern.

Von diesem Grundsatz läßt § 24 Abs. 2 Ausnahmen zu, die in einem abschließenden Katalog aufgezählt sind. Insoweit weicht das 10. Buch des Sozialgesetzbuches zu Gunsten des Anhörungsberechtigten vom allgemeinen Verwaltungsverfahrensrecht ab, dessen Ausnahmenkatalog nur Beispiele aufzählt, also erweiterungsfähig ist (vgl. § 28 Abs. 2 BVwVfG). Von der Anhörung kann vor allem dann abgesehen werden, wenn die zu erlassende Entscheidung eilbedürftig oder dem Betroffenen nicht ungünstig ist sowie dann, wenn einkommensabhängige Leistungen den geänderten Verhältnissen angepaßt werden sollen.

Das *Anhörungsrecht* (Anspruch auf rechtliches Gehör) wird aus dem Rechtsstaatsgrundsatz abgeleitet und hat die Funktion, dem durch eine Verwaltungsentscheidung voraussichtlich Benachteiligten die Möglichkeit zu geben, sich *vorher* zu der beabsichtigten Entscheidung zu äußern, um auf deren Zustandekommen Einfluß nehmen zu können. Deshalb gehört es zum Anhörungsrecht, daß dem Betroffenen die entscheidungserheblichen Tatsachen auch rechtzeitig zur Kenntnis gegeben werden. Durch die korrekte Anhörung des Betroffenen kann seine Kooperationsbereitschaft erhöht und nachträglicher Rechtsstreit vermieden werden.[109]

Die Anhörungspflicht der Behörde kann als das Gegenstück zur Mitwirkungspflicht des Leistungsberechtigten angesehen werden. Wird die Anhörungs-

[109] Stelkens u.a., § 28, Rn. 32.

pflicht verletzt, so liegt ein sanktionsfähiger Verfahrensverstoß vor, der, umgekehrt wie bei der Mitwirkungspflicht, nun zu Lasten der Behörde geht. Aber wie die unterbliebene Mitwirkung, so kann auch die unterbliebene Anhörung nachgeholt werden, wodurch der Verfahrensfehler geheilt wird.[110]

Eine bestimmte Form ist für die Anhörung nicht vorgeschrieben. Sie kann also sowohl mündlich als auch schriftlich erfolgen. Die Auswahl der Form liegt im Ermessen der Behörde.[111]

Über ihre durch § 24 SGB X begründete Verpflichtung hinaus ist die Verwaltung selbstverständlich jederzeit zur Anhörung Betroffener *berechtigt*, was bei begünstigenden Verwaltungsakten bedeutsam ist, weil die Anhörung gemäß § 24 SGB X hier nicht vorgeschrieben, aber für die Abstimmung der Entscheidung auf die tatsächlichen Verhältnisse von großem Nutzen ist.

Die Anhörung der Betroffenen unabhängig von der gesetzlichen Anhörungspflicht hat in der Sozial- und Jugendhilfe besondere Bedeutung bei der Ermittlung komplexer Notlagen und Erziehungssituationen. Eine bedarfsgerechte Hilfe ist hier meist gar nicht möglich ohne rückkoppelnde Verständigung mit den Betroffenen über den entscheidungserheblichen Sachverhalt. Da es angesichts des Individualisierungsgrundsatzes um die jeweils spezifische individuelle Bedarfslage geht und angesichts des Selbsthilfegrundsatzes auch die Eigenkräfte des Betroffenen zu aktivieren sind, wird an Stelle der einfachen Anhörung des gewöhnlichen Verfahrens ohnehin eher das ausführliche Gespräch über die jeweiligen Bedingungen und Möglichkeiten der Hilfe treten.

Hierbei sind gemäß § 3 Abs. 2 BSHG Wünsche des Hilfeempfängers zu berücksichtigen. § 9 KJHG schreibt vor, daß die Grundrichtung der Erziehung, die unterschiedlichen Lebenslagen von Mädchen und Jungen und die wachsenden Bedürfnisse und Fähigkeiten von Kindern und Jugendlichen zu selbständigem Handeln zu berücksichtigen sind. Um darauf Einfluß nehmen zu können, sind sie gemäß § 8 Abs. 1 KJHG entsprechend ihrem Entwicklungsstand an allen sie betreffenden Entscheidungen der öffentlichen Jugendhilfe zu beteiligen.

Besonders weit über das einfache Anhörungsrecht des § 24 SGB X hinaus reicht die in § 36 KJHG vorgeschriebene Mitwirkung der Personensorgeberechtigten und der betroffenen jungen Menschen bei der Inanspruchnahme von Hilfe zur Erziehung bzw. von Hilfe für junge Volljährige. Sie sind vor der Inanspruchnahme der Hilfe und vor einer notwendigen Änderung von Art und Umfang der Hilfe zu beraten und auf die möglichen Folgen für die Entwicklung hinzuweisen. Überdies sind sie an der Auswahl einer erforderlichen Einrichtung zu beteiligen, wobei ihren Wünschen im Rahmen der Verhältnismäßigkeit der Kosten zu entsprechen ist. Schließlich wirken sie bei der Aufstellung des Hilfeplans mit.

---

110 Hauck, a.a.O. § 24, Rn. 19.
111 Hauck, a.a.O. § 24, Rn. 8.

In engem Zusammenhang mit dem Anhörungsrecht steht das in § 25 SGB X für den Bereich des Verwaltungsverfahrens geregelte *Recht auf Akteneinsicht* durch Beteiligte. Es wird als wesentliche Voraussetzung dafür angesehen, daß die Beteiligten ihren Anspruch auf rechtliches Gehör verwirklichen können.[112] „Die Behörde muß es sich gefallen lassen, daß sich der Beteiligte durch die aufgrund der Akteneinsicht gewonnenen Erkenntnisse erst Gegenargumente aufbaut."[113]

Im behördlichen Selbstverständnis auch der Jugend- und Sozialämter stößt das durch § 25 SGB X begründete *Prinzip der Aktenöffentlichkeit* noch immer auf Widerstände. Dies ist nicht überraschend angesichts der Tatsache, daß bis zum Inkrafttreten des Bundesverwaltungsverfahrensgesetzes im Jahre 1977 gerade das entgegengesetzte Prinzip galt, die Aktengeheimhaltung. Erst durch § 29 BVwVfG wurde ein grundsätzliches Akteneinsichtsrecht für Verfahrensbeteiligte geschaffen und durch § 25 SGB X noch erweitert.

In der Praxis wird häufig übersehen, daß § 25 SGB X (ebenso § 29 BVwVfG) lediglich dann anwendbar ist, wenn es um Akteneinsicht während eines laufenden Verwaltungsverfahrens geht, also von dessen Beginn bis zu dessen Abschluß. In diesem Rahmen hat ein Beteiligter das Recht auf Akteneinsicht, soweit diese erforderlich ist zur Geltendmachung oder Verteidigung seiner rechtlichen Interessen. Ein sogenanntes „berechtigtes Interesse" genügt also nicht. Es muß sich um ein Interesse daran handeln, „eine tatsächliche Unsicherheit über ein Rechtsverhältnis zu klären, ein rechtlich relevantes Verhalten nach dem Ergebnis der Einsichtnahme zu regeln oder eine gesicherte Grundlage für die Verfolgung eines Anspruchs zu erhalten".[114]

Die Akteneinsicht erfolgt in der Regel bei der aktenführenden Behörde (§ 25 Abs. 4). Dem Berechtigten sind auf Verlangen gegen eine Aufwandsentschädigung Kopien zu überlassen (§ 25 Abs. 5).

In der sozialen Arbeit kann die in § 25 Abs. 2 SGB X geregelte Verfahrensweise für die Akteneinsicht von praktischer Bedeutung sein, weil sie einen Ausgleich zwischen dem Informationsinteresse eines Beteiligten und den möglicherweise aus der Information entstehenden Nachteilen für seine Gesundheit oder für die Entwicklung und Entfaltung seiner Persönlichkeit ermöglicht. Sind solche Nachteile zu befürchten, so kann die Behörde den Akteninhalt von einem Arzt oder einer anderen Fachkraft vermitteln lassen. Sie soll dies tun, wenn ein unverhältnismäßiger gesundheitlicher Nachteil zu befürchten ist. Besteht der Beteiligte aber auf Akteneinsicht, so ist sie ihm in vollem Umfang zu gewähren (§ 25 Abs. 2 Satz 4).[115]

Die rechtliche Beurteilung der Akteneinsicht hat wesentliche zusätzliche Impulse erhalten durch die Entwicklungen im Datenschutzrecht. Dies gilt insbesonde-

---

[112] Hauck, a.a.O. § 25, Rn. 1. Schroeder-Printzen u.a., § 25, Anm. 2.
[113] Schroeder-Printzen u.a., a.a.O.
[114] Hauck, a.a.O. § 25, Rn. 7. Stelkens u.a., § 29, Rn. 32.
[115] Vgl. Hauck, a.a.O., § 25, Rn. 10 - 13.

re für die Grenzen des Rechts auf Akteneinsicht im Verwaltungsverfahren. Gemäß § 25 Abs. 3 SGB X ist die Behörde nicht verpflichtet, Akteneinsicht zu gewähren, soweit Geheimhaltungsinteressen Dritter entgegenstehen. Sofern sich aus dem Datenschutzrecht keine Übermittlungsbefugnis ergibt, entfällt nicht nur die Verpflichtung der Behörde, Akteneinsicht zu gestatten, sondern sie ist dann sogar verpflichtet, die entsprechenden Informationen geheimzuhalten. Sie darf insoweit Akteneinsicht nicht gestatten.

Die Akteneinsicht wirft in der sozialen Arbeit besondere Probleme auf, weil hier häufig Interaktionen zwischen mehreren beteiligten Personen in der Akte dokumentiert sind. Wie weit Akteneinsicht zu gewähren ist, muß daher jeweils im Einzelfall beantwortet werden.

Andererseits wirkt sich das Datenschutzrecht nicht nur als Grenze für das Recht auf Akteneinsicht aus. Der Grundwert des Datenschutzrechts, die informationelle Selbstbestimmung, bringt ein über rechtsstaatliche Grundwerte hinausgehendes, nämlich ein *demokratisches* Element in die Beziehung zwischen Bürger und Verwaltung ein.

Das von rechtsstaatlichen Wertvorstellungen getragene Akteneinsichtsrecht im Verwaltungsverfahren darf daher nicht verstanden werden als Instrument zur Restriktion darüber hinausgehender Aktenöffentlichkeit für die Betroffenen. Unter dem Gesichtspunkt informationeller Selbstbestimmung ist für die Gewährung von Akteneinsicht weniger die am Rechtsstreit orientierte „Waffengleichheit“[116] zwischen Bürger und Verwaltung entscheidend als das Verfügungsrecht des Bürgers über seine persönlichen Daten und die zur Wahrung dieses Verfügungsrechtes notwendige Kenntnis des Bürgers von dem, was die Behörde über ihn weiß.

Das Recht, sich über den Akteninhalt zu informieren, soweit er die eigene Person betrifft, wird von den Datenschutzgesetzen als *Auskunftrecht des Betroffenen* bezeichnet und ist im Zusammenhang des Sozialdatenschutzes zu behandeln.

116 Stelkens u.a., a.a.O., Rn. 3.

3. Sozialdatenschutz in Jugendhilfe und Sozialhilfe

Unter den rechtlichen Regeln, die sich auf die Konstituierung von Verwaltungsentscheidungen beziehen, hat das Datenschutzrecht neben dem materiellen Verwaltungsrecht (den Rechtsgrundlagen für staatliche Leistungen oder Eingriffe) und dem Verwaltungsverfahrensrecht eine eigenständige Bedeutung erlangt. Es muß heute - auch über den Bereich der öffentlichen Verwaltungen hinaus - als eigenes Rechtsgebiet angesehen werden.

Mit dem Datenschutzrecht hat die Entwicklung unseres Rechtssystems eine im Verhältnis zum materiellen Recht und zum Verfahrensrecht höhere Abstraktionsebene erreicht, die dem Umstand Rechnung trägt, daß in einer technologisch und organisatorisch hochentwickelten Gesellschaft nicht mehr die unmittelbare Realität, sondern von der Realität abgezogene *Informationskonstrukte* Grundlage von Vorgängen und Entscheidungen im Bereich lebenswichtiger öffentlicher und privater Organisationen sind. Diese Informationskonstrukte haben die Tendenz, sich zu verselbständigen und sich mit der Zeit immer weiter von der Lebenswirklichkeit der jeweils betroffenen Personen zu entfernen. Das geschieht zum Beispiel, wenn Informationen aus ihrem ursprünglichen Zusammenhang gelöst und in andere Verwendungszusammenhänge eingefügt werden, so etwa bei der Übernahme von Angaben aus einem Bericht der Sozialpädagogischen Familienhilfe in einen Jugendgerichtshilfebericht.

Das Datenschutzrecht ist die rechtsstaatliche Antwort auf diese gesellschaftliche Problematik. Es verlangt, daß bei jedem Vorgang, bei dem Informationen über eine bestimmte Person eine Rolle spielen, geprüft wird, ob die rechtlichen Voraussetzungen für die Erhebung und Verwendung solcher personenbezogenen Informationen vorliegen.

Die Datenschutzgesetze haben ihre eigene Terminologie in die Rechtssprache eingeführt. Der Bezug datenschutzrechtlicher Begriffe zur Technik der elektronischen Datenverarbeitung (EDV) ist unverkennbar. Dadurch kommt der Entstehungszusammenhang des Datenschutzes mit der Einführung von Computern in Wirtschaft und Verwaltung deutlich zum Ausdruck. Die Erkenntnis, daß Datenschutz nicht nur eine Anforderung an elektronische Datenverarbeitung ist, hat sich in der Gesetzgebung erst allmählich durchgesetzt und ist noch nicht vollständig in alle gesellschaftlichen Institutionen eingedrungen. So werden zum Beispiel in zahlreichen Arztpraxen und Krankenhäusern höchstvertrauliche Patientendaten noch immer wie öffentliche Nachrichten verkündet.

3.1 Rechtsgrundlagen und Grundbegriffe des Datenschutzes

Das Datenschutzrecht regelt den Umgang mit *personenbezogenen Daten.* Darunter sind Einzelangaben über die persönlichen und sachlichen Verhältnisse eines bestimmten Menschen zu verstehen (§ 3 Abs. 1 BDSG). Es muß sich also um Angaben handeln, die einem Menschen zugeordnet sind, dessen Identität feststeht oder zumindest ohne weiteres feststellbar (bestimmbar) ist. Kann der Rückbezug auf eine bestimmte Person nur mit unverhältnismäßig großem Aufwand an Zeit, Kosten und Arbeitskraft hergestellt werden, so handelt es sich nicht mehr um personenbezogene, sondern um anonyme bzw. anonymisierte Daten (§ 67 Abs. 8 SGB X). Es kommt also für die Personenbeziehbarkeit von Daten darauf an, wieviele Zusatzinformationen zur Deanonymisierung (Reidentifizierung) erforderlich und unter welchen Umständen sie zu beschaffen sind.[1]

3.1.1 Rechtsgrundlagen

Die Rechtsgrundlagen des Datenschutzes sind zahlreich und unübersichtlich. Neben verfassungsrechtlichen Grundlagen gibt es bundesgesetzliche und landesgesetzliche Regelungen sowie Rechtsverordnungen und Verwaltungsvorschriften, außerdem kirchenrechtliche Bestimmungen. Diese Rechtsgrundlagen gelten teils für den Datenschutz im allgemeinen, teils für bestimmte Tätigkeitsbereiche der Verwaltung (bereichsspezifischer Datenschutz). Das Sozialgesetzbuch enthält im Zweiten Kapitel des Zehnten Buches (SGB X) bereichsspezifische Grundregeln für den „Schutz der Sozialdaten", die in den Besonderen Teilen jeweils noch einmal konkretisiert und ergänzt werden, so auch im KJHG.

3.1.1.1 Gesetzliche Grundlagen

Die allgemeinen Datenschutzgesetze, nämlich das Bundesdatenschutzgesetz (BDSG) und die Landesdatenschutzgesetze (LDSG) stammen in erster Generation aus den 70er Jahren und bezogen sich damals ausschließlich auf die Verarbeitung von Daten in Dateien, also insbesondere auf elektronische Datenverarbeitung, während in den meisten neuen Landesdatenschutzgesetzen (Hessen 1986, Bremen 1987, Nordrhein-Westfalen 1988, Berlin 1990, Hamburg 1990, Baden-Württemberg 1991, Sachsen 1991, Schleswig-Holstein 1991, Thüringen 1991, Brandenburg 1992, Mecklenburg-Vorpommern 1992, Sachsen-Anhalt 1992, Niedersachsen 1993, Saarland 1993) der Datenschutz unabhängig von der Art der Datenverarbeitung geregelt ist. Das trifft auch auf das neue *Bundesdatenschutzgesetz (BDSG) von 1990* zu, allerdings nur hinsichtlich seiner Vorschriften für öffentliche Stellen. Für nicht-öffentliche Stellen, also natürliche Personen und juristische Personen des Privatrechts, gilt das BDSG nur, soweit sie Daten in oder aus Dateien geschäftsmäßig oder für berufliche oder gewerbliche Zwecke verarbeiten (§1 Abs 2 Nr. 3).

---

[1] Borchert u.a., § 35, Rn. 14 und 15, § 79, Rn. 35 - 42. Damman, in Simitis u.a., § 3, Rn. 20 - 38.

Nach der Legaldefinition des BDSG (§ 3 Abs. 2) ist eine „Datei" eine gleichartig aufgebaute Sammlung personenbezogener Daten, die nach bestimmten Merkmalen geordnet, umgeordnet und ausgewertet werden kann (nicht-automatisierte Datei) bzw. eine beliebige Sammlung personenbezogener Daten, die durch automatisierte Verfahren nach bestimmten Merkmalen ausgewertet werden kann (automatisierte Datei). Akten und Aktensammlungen sind somit keine Dateien, es sei denn, daß sie durch automatisierte Verfahren ausgewertet werden können.

Die *Landesdatenschutzgesetze* gelten für die jeweilige Landesverwaltung; allerdings kommt hier unter Umständen auch das Bundesdatenschutzgesetz zur Anwendung, nämlich in der Rechtspflege und beim Vollzug von Bundesrecht, soweit Lücken im landesgesetzlichen Datenschutz bestehen (§ 1 Abs. 2 Nr. 2).

Für den Datenschutz im Bereich der *öffentlich-rechtlichen Religionsgesellschaften* gelten das Bundesdatenschutzgesetz und die Landesdatenschutzgesetze nicht. Die EVANGELISCHE KIRCHE IN DEUTSCHLAND hat ein eigenes „Kirchengesetz über den Datenschutz" (Neufassung 1984) und eine ergänzende Datenschutzverordnung (1986) erlassen. Auch für die KATHOLISCHE KIRCHE besteht eine eigene „Anordnung über den kirchlichen Datenschutz" (1977). Der Regelungsgehalt entspricht im wesentlichen den staatlichen Datenschutzgesetzen der ersten Generation.

In den 80er-Jahren hat sich die Gesetzgebung dem *bereichsspezifischen Datenschutz* zugewandt. So enthalten das Melderechtsrahmengesetz des Bundes von 1980 und die in Übereinstimmung damit erlassenen Meldegesetze der Länder umfassende datenschutzrechtliche Regelungen für den Tätigkeitsbereich der Einwohnermeldebehörden.[2]

Für den sozialen Bereich ist ein spezifisches Datenschutzrecht erstmals durch das ebenfalls 1980 verabschiedete und zum 1. 1. 1981 in Kraft getretene SGB X, 2. Kapitel, *Schutz der Sozialdaten*, und der im Zusammenhang damit novellierten Bestimmung des § 35 SGB I zum Sozialgeheimnis geschaffen worden. Für die soziale Arbeit wirkt sich darüber hinaus der *strafrechtliche Geheimnisschutz nach § 203 Abs. 1 StGB* als bereichspezifische Datenschutznorm aus, insbesondere, seit staatlich anerkannte Sozialarbeiter und Sozialpädagogen 1975 in den Kreis der schweigepflichtigen Normadressaten aufgenommen worden sind.

Seit dem Inkrafttreten des SGB X sind dessen Vorschriften zum Schutz der Sozialdaten (§§ 67ff.) mehrmals durch Spezialvorschriften innerhalb des Sozialgesetzbuches ergänzt worden, durch das Gesundheitsreformgesetz von 1988 (= SGB V), durch das 1989 verabschiedete Rentenreformgesetz 1992 (= SGB VI), durch das Kinder- und Jugendhilfegesetz von 1990 (= SGB VIII), Viertes Kapitel: „Schutz personenbezogener Daten", §§ 61 - 68 und durch das Pflegeversicherungsgesetz von 1994 (= SGB XI).

---

[2] Vgl. für Baden-Württemberg das Meldegesetz von 1983.

Das *Zweite Gesetz zur Änderung des Sozialgesetzbuchs (2. SGBÄndG) vom Juni 1994* hat sowohl die allgemeinen datenschutzrechtlichen Regelungen des Sozialgesetzbuchs (§ 35 SGB I und §§ 67ff. SGB X) als auch datenschutzrechtliche Vorschriften der Besonderen Teile, so des KJHG, neu gestaltet. Die datenschutzrechtliche Terminologie des Sozialgesetzbuches und damit auch des KJHG ist auf das BDSG von 1990 abgestimmt worden, so daß grundlegende datenschutzrechtliche Definitionen des Sozialgesetzbuches (Legaldefinitionen) nun mit denen des BDSG übereinstimmen.

Ausgangsnorm aller datenschutzrechtlichen Regelungen des Sozialgesetzbuches ist § 35 SGB I, der für jeden einen Anspruch darauf begründet, daß die ihn betreffenden Sozialdaten von den Leisungsträgern nicht unbefugt erhoben, verarbeitet oder genutzt werden (Wahrung des *„Sozialgeheimnisses"*). Die §§ 67 - 85a SGB X regeln Einzelheiten der Erhebung, Verarbeitung und Nutzung von Sozialdaten.

Normadressaten der sozialdatenschutzrechtlichen Regelungen des SGB I und X sind in erster Linie die Leistungsträger im Sinne des Sozialgesetzbuches (§ 35 Abs. 1 Satz 1 SGB I), außerdem die in § 35 Abs. 1 Satz 4 SGB I abschließend aufgezählten weiteren Stellen.

Leistungsträger für die einzelnen Leistungsbereiche des Sozialgesetzbuches sind nach der Legaldefinition des § 12 SGB I die für die jeweiligen Sozialleistungen zuständigen, in §§ 18 bis 29 SGB I genannten Körperschaften, Anstalten und Behörden.

Demnach ergibt sich aus § 27 Abs. 2 SGB I, wer Leistungsträger der Jugendhilfe ist und aus § 28 Abs. 2 SGB I, wer Leistungsträger der Sozialhilfe ist. In erster Linie sind dies die Kreise und die kreisfreien Städte, außerdem, nach Maßgabe des Landesrechts, in der Jugendhilfe auch kreisangehörige Gemeinden und in der Sozialhilfe die überörtlichen Träger sowie für besondere Aufgaben die Gesundheitsämter. Die überörtlichen Träger der Jugendhilfe werden in § 27 Abs. 2 SGB I nicht genannt.[3]

Das *Kinder- und Jugendhilfegesetz (KJHG)* knüpft mit seinen datenschutzrechtlichen Vorschriften an den Regelungsstand des SGB I und X an und bestimmt in § 61 Abs. 1 Satz 1, daß in der Jugendhilfe für den Schutz von Sozialdaten bei ihrer Erhebung, Verarbeitung und Nutzung § 35 SGB I, §§ 67 bis 85a SGB X „sowie die nachfolgenden Vorschriften", also *§ 61 Abs. 1 Satz 2 - § 68* gelten.

§ 61 Abs. 1 Satz 2 bis § 68 KJHG enthalten demnach spezialgesetzliche Vorschriften im Verhältnis zu § 35 SGB I und zu § 67 bis § 85a SGB X. Nach der allgemeinen Rechtsanwendungsregel des Vorrangs der speziellen Regelung vor der generellen Regelung sind § 35 SGB I und § 67 bis § 85a SGB X nur inso-

3 Für weitere Ausführungen hierzu siehe unten.

weit anzuwenden, als § 61 Abs. 1 Satz 2 bis § 68 KJHG keine abweichenden Regelungen enthalten.[4] Im einzelnen bedeutet dies:

- § 61 Abs. 1 Satz 2 und Satz 3 KJHG präzisieren den in § 35 Abs. 1 SGB I und in den Bestimmungen des Zweiten Kapitels des SGB X festgelegten allgemeinen Geltungsbereich des Sozialdatenschutzes im Hinblick auf die Jugendhilfe.

- § 62 KJHG (Datenerhebung) gilt an Stelle von § 67a SGB X (Datenerhebung).

- § 63 KJHG (Datenspeicherung) gilt an Stelle von § 67c SGB X (Datenspeicherung, -veränderung und -nutzung), soweit dieser sich auf die Datenspeicherung bezieht.

- § 64 KJHG (Datenübermittlung und Nutzung) und § 65 (Besonderer Vertrauensschutz in der persönlichen und erzieherischen Hilfe) führen im Verhältnis zu den §§ 67d - 78 SGB X, die die Datenübermittlung regeln, zu einer Einschränkung der Übermittlungsbefugnisse. Im übrigen hat § 64 Abs. 1 KJHG hinsichtlich der Nutzung von Daten Vorrang vor § 67c Abs. 1 SGB X. Die in § 64 Abs. 3 KJHG enthaltene Regelung der Speicherung und Nutzung von Sozialdaten zum Zwecke der Planung ist vorrangig im Verhältnis zu § 67c Abs. 6 SGB X.

- Außerdem erweitert § 65 Abs. 2 KJHG den Schutzbereich des § 35 Abs. 3 SGB I, der die Auskunftspflicht, die Zeugnispflicht sowie die Vorlegungs- und Auslieferungspflicht betrifft.

- § 67 KJHG verweist in vollem Umfang auf § 83 SGB X, der somit ausschließlich für die Erteilung von Auskunft an den Betroffenen gilt.

- § 68 KJHG ist nicht nur gegenüber den datenschutzrechtlichen Bestimmungen des SGB I und SGB X, sondern auch gegenüber denen des KJHG eine Spezialvorschrift für den Bereich der Amtspflegschaft und der Amtsvormundschaft. Nach § 61 Abs. 2 KJHG gilt für den Schutz von Sozialdaten bei ihrer Erhebung, Verarbeitung und Nutzung im Rahmen der Tätigkeit des Jugendamts als Amtspfleger, Amtsvormund, Beistand und Gegenvormund nur § 68 KJHG.

- Für die Datenlöschung und Datensperrung enthält das KJHG nach der Streichung von § 66 durch das 2. SGBÄndG keine eigene Regelung mehr. Es gilt also § 84 Abs. 2 und 3 SGB X und zwar, gemäß § 68 Abs. 2 KJHG auch für den Bereich der Amtspflegschaft und der Amtsvormundschaft.

§ 37 Satz 2 SGB I steht den Sonderregelungen für den jugendhilferechtlichen Datenschutz nicht entgegen. Sie sind keine „Abweichungen" von § 35 SGB I, sondern bereichsspezifische Weiterentwicklungen. Die verfassungskonforme

---

4 „Lex specialis derogat legi generali". Vgl. hierzu: Engisch, Einführung, S. 162ff. mit weiteren Nachweisen.

Auslegung von § 37 Satz 2 i.V.m. § 35 SGB I ergibt, daß der datenschutzrechtliche Bestand des SGB I und X garantiert, die verfassungsrechtlich gebotene Weiterentwicklung des Sozialdatenschutzes durch das KJHG aber nicht versperrt werden soll. Demnach darf das KJHG in seinen datenschutzrechtlichen Regelungen zwar nicht hinter die durch SGB I und X geschaffenen Garantien zurückfallen, es darf aber sehr wohl weitergehende Garantien für die informationelle Selbstbestimmung des Bürgers gewähren und es muß dies dies sogar tun, soweit die verfassungsrechtlichen Vorgaben dazu auffordern.[5]

Der Kreis der *Normadressaten für den Bereich der Jugendhilfe* wird gegenüber dem SGB I und X durch § 61 Abs. 1 Sätze 2 und 3 KJHG erweitert. Er umfaßt gemäß § 61 Abs. 1 Satz 2 alle Stellen des Trägers der öffentlichen Jugendhilfe und gemäß Satz 3 auch kreisangehörige Gemeinden und Gemeindeverbände, die nicht örtliche Träger sind (§ 69 Abs. 5 KJHG). Nach § 69 Abs. 1 Satz 1 KJHG gehören auch die überörtlichen Träger zu den Trägern der öffentlichen Jugendhilfe und sind somit Adressaten der datenschutzrechtlichen Bestimmungen des KJHG. Nach § 69 Abs. 1 Satz 3 wird durch Landesrecht geregelt, wer überörtlicher Träger der Jugendhilfe ist.[6]

Für die *Träger der freien Wohlfahrtspflege und der freien Jugendhilfe* gelten die Vorschriften des Sozialdatenschutzes nicht unmittelbar.

Umstritten ist aber die Frage, ob freie Träger unter bestimmten Voraussetzungen die Eigenschaft eines Leistungsträgers erhalten können. BORCHERT sowie KRAHMER vertreten die Auffassung, daß die Vorschriften des § 35 SGB I und der §§ 67ff. SGB X für freie Träger dann Geltung erlangen, wenn eine „einverständliche Beauftragung" vorliege, „etwa nach § 10 Abs. 5 BSHG".[7] SCHELLHORN stellt auf die „Art der Beauftragung" ab und bejaht die unmittelbare Anwendung von § 35, „wenn eine generelle Beauftragung erfolgt, die einem beliehenen Unternehmer nahekommt (z.B. im Falle des § 10 Abs. 5 BSHG)".[8]

WALLOTH betont dagegen entschieden die ausschließliche Geltung des Sozialdatenschutzes nach SGB I und X für die abschließend aufgezählten Stellen. HÜMMERICH kommt nach sehr ausführlicher Begründung zu dem Ergebnis, „daß die gesetzlichen Regelungen zum Datenschutz nach dem SGB (.....) bei freien Trägern keine Anwendung finden". Auch GRÜNER u.a. verneinen die Anwendbarkeit auf Träger der freien Jugendhilfe und Wohlfahrtspflege ausdrücklich.[9]

---

5 Vgl. auch Maas, in Jans, Happe, Saurbier, § 61 Rn 3 und Krug u.a., Vorbem. §§ 61 - 68.

6 Vgl. zur Ausweitung des Adressatenkreises in der Jugendhilfe auch: Maas, in Jans, Happe, Saurbier, KJHG § 61 Rn. 4ff. und § 64 Rn. 17ff.

7 Borchert u.a., § 35 Rn. 25 und 35; Giese und Krahmer, § 35 Rn. 5.4. (zitiert).

8 In: Burdenski u.a., § 35, Rn. 89.

9 Walloth, in Hauck, SGB I, § 35, Rn. 8; Hümmerich, S. 122/123; Grüner u.a., SGB I, § 12 Anm. II.

Gegen die Einbeziehung der freien Träger in den Bereich der Normadressaten des § 35 SGB I und der §§ 67ff. SGB X spricht die Regelung des § 78 SGB X. Sie erstreckt, erkennbar als Ausnahmeregelung, die Geheimhaltungspflicht (nicht aber die Übermittlungsbefugnisse!) auf freie Träger, wenn diese Sozialdaten von einem Sozialleistungsträger erfahren haben. Schließlich bestätigen auch § 17 Abs. 3 SGB I und insbesondere § 97 Abs. 1 SGB X, daß das Sozialgesetzbuch den Begriff des Leistungsträgers strikt auf den Träger der sozialleistungsrechtlichen Gesamtverantwortung beschränkt. Beauftragte freie Träger sind nach § 97 Abs. 1 SGB X „Dritte".[10]

Besonders deutlich bringt das KJHG zum Ausdruck, daß es nur öffentliche Stellen als Adressaten der datenschutzrechtlichen Bestimmungen des SGB ansieht. Es sagt dies ausdrücklich in § 61 Abs. 1 und bestätigt dies durch § 61 Abs. 4, der die öffentlichen Träger der Jugendhilfe verpflichtet, den Datenschutz in „entsprechender Weise" sicherzustellen, wenn „Einrichtungen und Dienste der Träger der freien Jugendhilfe in Anspruch genommen werden".[11] Das KJHG trifft diese Regelung, obwohl es über die in § 10 Abs. 5 BSHG vorgesehene Möglichkeit der Aufgabenübertragung auf freie Träger weit hinausgeht, da es nach § 76 eine Beteiligung freier Träger auch an der Wahrnehmung anderer als leistungsrechtlicher Aufgaben gestattet.[12]

Als Ergebnis bleibt also festzuhalten: Weder der freie Träger noch seine Einrichtungen und Dienste werden durch ein Auftragsverhältnis mit dem Sozialleistungsträger zu dessen „Stellen" oder in sonstiger Weise zu Normadressaten des Datenschutzes nach SGB I und X.[13]

3.1.1.2 Verfassungsrechtliche Grundlagen

Die Novellierung des Bundesdatenschutzgesetzes, der Landesdatenschutzgesetze und der gesetzlichen Bestimmungen des Sozialdatenschutzes war erforderlich geworden durch die verfassungsrechtlichen Anforderungen, die das Bundesverfassungsgericht im sog. Volkszählungsurteil von 1983 für den Datenschutz aufgestellt hat.

In dem 1983 ergangenen Urteil zum Volkszählungsgesetz hat das BUNDESVERFASSUNGSGERICHT aus Art. 2 Abs. 1 i.V.m. Art. 1 Abs. 1 GG ein *Grundrecht auf informationelle Selbstbestimmung* abgeleitet und damit die verfassungsrechtliche Grundlage des Datenschutzes klargestellt.[14] Wegen der grundlegenden Bedeutung dieser Entscheidung werden Auszüge aus den Entscheidungsgründen, die insbesondere rechtssystematisch wichtig sind, hier wiedergegeben:

---

[10] 'Dritte' im Sinne der Vorschrift sind alle Personen und Stellen, die nicht Leistungsträger ... sind. Vgl. Giese und Krahmer, SGB X § 97 Rn. 6ff.

[11] Ausführlich hierzu Maas, in Jans, Happe, Saurbier, KJHG § 61 Rn. 18ff.

[12] Siehe hierzu im einzelnen: unten Kap. 6.2.

[13] Im Ergebnis ebenso: Klinger und Kunkel, S. 14ff., 19.

[14] BVerfG, Urteil vom 15. 12. 1983, 1 BvR 209/83, in: BVerfGE 65, 1ff. = NJW

„Prüfungsmaßstab ist in erster Linie das durch Art. 2 Abs. 1 i.V. mit Art. 1 Abs. 1 GG geschützte allgemeine Persönlichkeitsrecht.

1. a) Im Mittelpunkt der grundgesetzlichen Ordnung stehen Wert und Würde der Person, die in freier Selbstbestimmung als Glied einer freien Gesellschaft wirkt. Ihrem Schutz dient - neben speziellen Freiheitsverbürgungen - das in Art. 2 Abs. 1 i.V. mit Art. 1 Abs. 1 GG gewährleistete allgemeine Persönlichkeitsrecht, das gerade auch im Blick auf moderne Entwicklungen und die mit ihnen verbundenen neuen Gefährdungen der menschlichen Persönlichkeit Bedeutung gewinnen kann (vgl. BVerfGE 54, 148 (153) = NJW 1980, 2070). Die bisherigen Konkretisierungen durch die Rechtsprechung umschreiben den Inhalt des Persönlichkeitsrechts nicht abschließend. Es umfaßt - wie bereits in der Entscheidung BVerfGE 54, 148 (155) = NJW 1980, 2070 unter Fortführung früherer Entscheidungen (BVerfGE 27, 1 (6)= NJW 1969, 1707 - Mikrozensus; BVerfGE 27, 344 (350f.) = NJW 1970, 555 - Scheidungsakten; BVerfGE 32, 373 (379) = NJW 1972, 1123 - Arztkartei; BVerfGE 35, 202 (220) = NJW 1973, 1226 - Lebach; BVerfGE 44, 353 (372f.) = NJW 1977, 1489 - Suchtkrankenberatungsstelle) angedeutet worden ist - auch *die aus dem Gedanken der Selbstbestimmung folgende Befugnis des einzelnen, grundsätzlich selbst zu entscheiden, wann und innerhalb welcher Grenzen persönliche Lebenssachverhalte offenbart werden* (vgl. ferner BVerfGE 56, 37 (41ff.) = NJW 1981, 1431 - Selbstbezichtigung; BVerfGE 63, 131 (142f.) = NJW 1983, 1179 - Gegendarstellung).

Diese Befugnis bedarf unter den heutigen und künftigen Bedingungen der automatischen Datenverarbeitung in besonderem Maße des Schutzes. Sie ist vor allem deshalb gefährdet, weil bei Entscheidungsprozessen nicht mehr wie früher auf manuell zusammengetragene Karteien und Akten zurückgegriffen werden muß, vielmehr heute mit Hilfe der automatischen Datenverarbeitung Einzelangaben über persönliche oder sachliche Verhältnisse einer bestimmten oder bestimmbaren Person (personenbezogene Daten (vgl. § 2 Abs. 1 BDSG) technisch gesehen unbegrenzt speicherbar und jederzeit ohne Rücksicht auf Entfernungen in Sekundenschnelle abrufbar sind. Sie können darüber hinaus - vor allem beim Aufbau integrierter Informationssysteme - mit anderen Datensammlungen zu einem teilweise oder weitgehend vollständigen Persönlichkeitsbild zusammengefügt werden, ohne daß der Betroffene dessen Richtigkeit und Verwendung zureichend kontrollieren kann. Damit haben sich in einer bisher unbekannten Weise die Möglichkeiten einer Einsicht- und Einflußnahme erweitert, welche auf das Verhalten des einzelnen schon durch den psychischen Druck öffentlicher Anteilnahme einzuwirken vermögen.

Individuelle Selbstbestimmung setzt aber - auch unter den Bedingungen moderner Informationsverarbeitungstechnologien - voraus, daß dem einzelnen Entscheidungsfreiheit über vorzunehmende oder zu unterlassende Handlun-

---

1984, S. 419ff. = NDV 1984, S. 155ff. (gekürzt).

gen einschließlich der Möglichkeit gegeben ist, sich auch entsprechend dieser Entscheidung tatsächlich zu verhalten. Wer nicht mit hinreichender Sicherheit überschauen kann, welche ihn betreffende Informationen in bestimmten Bereichen seiner sozialen Umwelt bekannt sind, und wer das Wissen möglicher Kommunikationspartner nicht einigermaßen abzuschätzen vermag, kann in seiner Freiheit wesentlich gehemmt werden, aus eigener Selbstbestimmung zu planen oder zu entscheiden. Mit dem Recht auf informationelle Selbstbestimmung wären ein Gesellschaftsordnung und eine diese ermöglichende Rechtsordnung nicht vereinbar, in der Bürger nicht mehr wissen können, wer was wann und bei welcher Gelegenheit über sie weiß. Wer unsicher ist, ob abweichende Verhaltensweisen jederzeit notiert und als Information dauerhaft gespeichert, verwendet oder weitergegeben werden, wird versuchen, nicht durch solche Verhaltensweisen aufzufallen. Wer damit rechnet, daß etwa die Teilnahme an einer Versammlung oder einer Bürgerinitiative behördlich registriert wird und daß ihm dadurch Risiken entstehen können, wird möglicherweise auf eine Ausübung seiner entsprechenden Grundrechte (Art. 8, 9 GG) verzichten. Dies würde nicht nur die individuellen Entfaltungschancen des einzelnen beeinträchtigen, sondern auch das Gemeinwohl, weil Selbstbestimmung eine elementare Funktionsbedingung eines auf Handlungs- und Mitwirkungsfähigkeit seiner Bürger begründeten freiheitlichen demokratischen Gemeinwesens ist.

Hieraus folgt: *Freie Entfaltung der Persönlichkeit setzt unter den modernen Bedingungen der Datenverarbeitung den Schutz des einzelnen gegen unbegrenzte Erhebung, Speicherung, Verwendung und Weitergabe seiner persönlichen Daten voraus. Dieser Schutz ist daher von dem Grundrecht des Art. 2 Abs. 1 i.V. mit Art. 1 Abs. 1 GG umfaßt. Das Grundrecht gewährleistet insoweit die Befugnis des einzelnen, grundsätzliche selbst über die Preisgabe und Verwendung seiner persönlichen Daten zu bestimmen.*

b) *Dieses Recht auf „informationelle Selbstbestimmung" ist nicht schrankenlos gewährleistet.* Der einzelne hat nicht ein Recht im Sinne einer absoluten, uneinschränkbaren Herrschaft über „seine" Daten; er ist vielmehr eine sich innerhalb der sozialen Gemeinschaft entfaltende, auf Kommunikation angewiesene Persönlichkeit. Information, auch soweit sie personenbezogen ist, stellt ein Abbild sozialer Realität dar, das nicht ausschließlich dem Betroffenen allein zugeordnet werden kann. Das Grundgesetz hat, wie in der Rechtsprechnung des Bundesverfassungsgerichts mehrfach hervorgehoben ist, die Spannung Individuum - Gemeinschaft im Sinne der Gemeinschaftsbezogenheit und Gemeinschaftsgebundenheit der Person entschieden (BVerfGE 4, 7 (15) = NJW 1954, 1235; BVerfGE 8, 274 (329) = NJW 1959, 475; BVerfGE 27, 1 (7) = NJW 1969, 1707; BVerfGE 27, 344 (351f.) = NJW 1970, 555; BVerfGE 33, 303 (334) = NJW 1972, 1561; BVerfGE 50, 290 (353) = NJW 1979, 699; BVerfGE 56, 37 (49) = NJW 1981, 1431). Grundsätzlich muß daher der Einzelne Einschränkungen seines Rechts auf informationelle Selbstbestimmung im überwiegenden Allgemeininteresse hinnehmen.

Diese Beschränkungen bedürfen nach Art. 2 Abs. 1 GG - wie in § 6 Abs. 1 des Bundesstatistikgesetzes auch zutreffend anerkannt worden ist - *einer (verfassungsmäßigen) gesetzlichen Grundlage, aus der sich die Voraussetzungen und der Umfang der Beschränkungen klar und für den Bürger erkennbar ergeben und die damit dem rechtsstaatlichen Gebot der Normenklarheit entspricht* (BVerfGE 45, 400 (420) = NJW 1977, 1723 m.w. Nachw.). *Bei seinen Regelungen hat der Gesetzgeber ferner den Grundsatz der Verhältnismäßigkeit zu beachten.* Dieser mit Verfassungsrang ausgestattete Grundsatz folgt bereits aus dem Wesen der Grundrechte selbst, die als Ausdruck des allgemeinen Freiheitsanspruchs des Bürger gegenüber dem Staat von der öffentlichen Gewalt jeweils nur soweit bechränkt werden dürfen, als es zum Schutz öffentlicher Interessen unerläßlich ist (BVerfGE 19, 342 (348) = NJW 1966, 243; st.Rspr.). Angesichts der bereits dargelegten Gefährdungen durch die Nutzung der automatischen Datenverarbeitung hat der Gesetzgeber mehr als früher auch organisatorische und verfahrensrechtliche Vorkehrungen zu treffen, welche der Gefahr einer Verletzung des Persönlichkeitsrechts entgegenwirken (vgl. BVerfGE 53, 30 (65) = NJW 1980, 759; BVerfGE 63, 131 (143) = NJW 1983, 1179.

2. Die Verfassungsbeschwerden geben keinen Anlaß zur erschöpfenden Erörterung des Rechts auf informationelle Selbstbestimmung. Zu entscheiden ist nur über die Tragweite dieses Rechts für Eingriffe, durch welche der Staat die Angabe personenbezogener Daten vom Bürger verlangt. Dabei kann nicht allein auf die Art der Angaben abgestellt werden. Entscheidend sind ihre Nutzbarkeit und Verwendungsmöglichkeit. Diese hängen einerseits von dem Zweck, dem die Erhebung dient, und andererseits von den der Informationstechnologie eigenen Verarbeitungs- und Verknüpfungsmöglichkeiten ab. Dadurch kann ein für sich gesehen belangloses Datum einen neuen Stellenwert bekommen; *insoweit gibt es unter den Bedingungen der automatischen Datenverarbeitung kein „belangloses" Datum mehr.*

Wieweit Informationen sensibel sind, kann hiernach nicht allein davon abhängen, ob sie intime Vorgänge betreffen. Vielmehr bedarf es zur Feststellung der persönlichkeitsrechtlichen Bedeutung eines Datums der Kenntnis seines Verwendungszusammenhangs: *Erst wenn Klarheit darüber besteht, zu welchem Zweck Angaben verlangt werden und welche Verknüpfungs- und Verwendungsmöglichkeiten bestehen, läßt sich die Frage einer zulässigen Beschränkung des Rechts auf informationelle Selbstbestimmung beantworten.* Dabei ist zu unterscheiden zwischen personenbezogenen Daten, die in individualisierter, nicht anonymisierter Form erhoben und verarbeitet werden (dazu unter a), und solchen, die für statistische Zwecke bestimmt sind (dazu unter b).

a) Schon bislang ist anerkannt, daß die zwangsweise Erhebung personenbezogener Daten nicht unbeschränkt statthaft ist, namentlich dann, wenn solche Daten für den Verwaltungsvollzug (etwa bei der Besteuerung oder der Gewährung von Sozialleistungen) verwendet werden sollen. Insoweit hat der Gesetzgeber bereits verschiedenartige Maßnahmen zum Schutz der Betroffenen vorgesehen, die in die verfassungsrechtlich gebotene Richtung weisen (vgl. beispielsweise die Regelungen in den Datenschutzgesetzen des Bundes und der Länder: §§ 30, 31 AO; § 35 SGB I i.V. mit §§ 67 bis 86 SGB X). Wieweit das Recht auf informationelle Selbstbestimmung und im Zusammenhang damit der Grundsatz der Verhältnismäßigkeit sowie die Pflicht zu verfahrensrechtlichen Vorkehrungen den Gesetzgeber zu diesen Regelungen von Verfassungs wegen zwingen, hängt von Art, Umfang und denkbaren Verwendungen der erhobenen Daten sowie der Gefahr ihres Mißbrauchs ab (vgl. BVerfGe 49, 89 (142) = NJW 1979, 359; BVerfGE 53, 30 (61) = NJW 1980, 759). Ein überwiegendes Allgemeininteresse wird regelmäßig überhaupt nur an Daten mit Sozialbezug bestehen unter Ausschluß unzumutbarer intimer Angaben und von Selbstbezichtigungen. Nach dem bisherigen Erkenntnis- und Erfahrungsstand erscheinen vor allem folgende Maßnahmen bedeutsam:

Ein Zwang zur Angabe personenbezogener Daten setzt voraus, daß der Gesetzgeber den Verwendungszweck bereichsspezifisch und präzise bestimmt und das die Angaben für diesen Zweck geeignet und erforderlich sind. Damit wäre die Sammlung nicht anonymisierter Daten auf Vorrat zu unbestimmten oder noch nicht bestimmbaren Zwecken nicht zu vereinbaren. Auch werden sich alle Stellen, die zur Erfüllung ihrer Aufgaben personenbezogene Daten sammeln, auf das zum Erreichen des angegebenen Zieles erforderliche Minimum beschränken müssen.

Die Verwendung der Daten ist auf den gesetzlich bestimmten Zweck begrenzt. Schon angesichts der Gefahren der automatichen Datenverarbeitung ist ein - amtshilfefester - Schutz gegen Zweckentfremdung durch Weitergabe- und Verwertungsverbote erforderlich. Als weitere verfahrensrechtliche Schutzvorkehrungen sind Aufklärungs-, Auskunfts- und Löschungspflichten wesentlich.“

Die Kernaussage dieser Entscheidung ist, daß der einzelne grundsätzlich selbst über die Preisgabe und Verwendung seiner persönlichen Daten bestimmen kann. Er hat also primär das *Verfügungsrecht* über seine Daten. Die Garantie eines solchen absoluten Rechts des einzelnen, „selbst zu entscheiden, wann und innerhalb welcher Grenzen persönliche Lebenssachverhalte offenbart werden“, bedeutet, daß jeder Zugriff auf personenbezogene Daten, der ohne Einwilligung des Betroffenen erfolgt, ein Eingriff in dessen freie Selbstbestimmung ist. Ein solcher Grundrechtseingriff ist nur gestattet, wenn und soweit dafür eine gesetzliche Ermächtigung besteht. Dies gilt für alle Arten der Datenverwendung, also nicht nur für die erstmalige Erhebung und Nutzung, sondern auch für die weitere Verarbeitung, vor allem für die Weitergabe zur anderweitigen Verwendung.

Damit hat das Bundesverfassungsgericht eine *einheitliche systematische Grundlage für das gesamte Datenschutzrecht* geschaffen. Sie gilt unmittelbar für den gesamten öffentlichen Bereich (Staat und Kommunen), wirkt aber auch in den außerstaatlichen Bereich hinein.[15] Durch diesen Ansatz kann das Datenschutzrecht im öffentlichen Bereich in die überlieferten und verfassungsrechtlich abgesicherten Kategorien des allgemeinen Verwaltungsrechts eingeordnet werden: Die Erhebung personenbezogener Daten und deren weitere Verarbeitung stellen einen *Grundrechtseingriff* dar, wenn nicht die Einwilligung des Betroffenen dazu vorliegt.[16]

Die Garantie dieses grundrechtlich geschützten informationellen Verfügungsrechts des einzelne über seine persönlichen Daten bedeutet, daß es nicht darauf ankommt, ob eine Information als besonders „sensibel" oder weniger „sensibel" erscheint. Jeder Zugriff auf personenbezogene Daten, der ohne Einwilligung des Betroffenen erfolgt, ist ein Eingriff in dessen freie Selbstbestimmung. Es kommt auch nicht darauf an, ob die jeweiligen Informationen zu Zwecken verwendet werden sollen, die dem Betroffenen günstig sind, z.B. staatliche Leistungen, oder die ihn belasten, z.B. staatliche Eingriffe. Der Zugriff auf Daten ist als solcher ein Grundrechtseingriff, der nur gestattet ist, wenn und soweit eine gesetzliche Ermächtigung dazu vorhanden ist.

Für die *soziale Arbeit im Bereich öffentliche Träger* steht die unmittelbare Grundrechtsgeltung außer Zweifel. Öffentliche Träger sozialer Arbeit und die für sie tätig werdenden Personen (Sozialarbeiter/Sozialpädagogen, Verwaltungsfachkräfte, Erzieher, Honorarkräfte, ehrenamtliche Mitarbeiter, Praktikanten) dürfen deshalb Klientendaten nur mit Einwilligung des Klienten oder aufgrund einer ausdrücklichen gesetzlichen Ermächtigung erheben, verwenden und weitergeben.

Da die Achtung vor der Selbstbestimmung des Klienten zugleich Grundlage der Fachlichkeit sozialer Arbeit ist, kann die Anerkennung eines Grundrechtes auf informationelle Selbstbestimmung nur als förderlich für eine fachlich qualifizierte soziale Arbeit verstanden werden. Es geht beiden um den Schutz des Bürgers. Während aber der Datenschutz sich auf den Menschen als autonomes Rechtssubjekt bezieht, wendet sich die soziale Arbeit in erster Linie dem sozial benachteiligten Menschen zu, der auf öffentliche Hilfe angewiesen ist.

Informationelle Selbstbestimmung und Angewiesenheit auf öffentliche Hilfe stehen in einem Spannungsverhältnis, so daß hier zugleich Zielkonflikte angelegt sind. Diese sind in der sozialen Arbeit aber nicht neu, denn sie hat sich gegenüber der obrigkeitlichen Fürsorge in ihrem Selbstverständnis gewandelt und einen Begriff professioneller Fachlichkeit entwickelt, in dessen Mittelpunkt die Achtung vor der Persönlichkeit und Selbstbestimmung des Klienten steht. Diese Grundwerte muß sie in jedem Einzelfall zur Geltung bringen, obwohl ihr doch

---

15 Zur Geltung für freie Träger sozialer Arbeit siehe unten Kap. 6.1.2.
16 Vgl. hierzu: Schlink, Datenschutz; Simitis, Selbstbestimmung.

zugleich Kontrollfunktionen obliegen. Soziale Arbeit als eine in diesem Spannungsverhältnis definierte Tätigkeit wird also durch den Datenschutz keinen zusätzlichen Anforderungen ausgesetzt, sondern das fachliche Erfordernis, die Persönlichkeit des Klienten zu respektieren, wird durch den Datenschutz zu einem rechtlichen Erfordernis verdichtet.

Deshalb sind Datenschutz und Fachlichkeit in der sozialen Arbeit keine Gegensätze. Es besteht also Anlaß, einer Problemlösung zu mißtrauen, in der Datenschutz und Fachlichkeit als miteinander unvereinbar erscheinen.

Schwierigkeiten bei der Verwirklichung des Grundrechts auf informationelle Selbstbestimung entstehen eher aus der in der sozialen Arbeit häufigen Aufgabenvermischung, etwa aus der engen Verschränkung leistender und unterstützender mit eingreifenden und kontrollierenden Funktionen, aber auch aus ihrer organisatorischen und institutionellen Vielschichtigkeit.

An *gesetzliche Einschränkungen* des Grundrechts auf informationelle Selbstbestimmung werden vom Bundesverfassungsgericht besondere verfassungsrechtliche Anforderungen gestellt:

- Derartige Einschränkungen sind nur im überwiegenden Allgemeininteresse zulässig.
- Ihre Voraussetzungen und ihr Umfang müssen für den Bürger klar erkennbar sein.
- Die gesetzlichen Regelungen müssen den Grundsatz der Verhältnismäßigkeit beachten.
- Der Verwendungszweck der Daten muß bereichspezifisch und präzise bestimmt,
- die Daten müssen für diesen Zweck geeignet und erforderlich
- und ihre Verwendung auf den gesetzlich bestimmten Zweck begrenzt sein.

3.1.2 *Grundbegriffe*

3.1.2.1 Sozialdaten

Das 2. SGBÄndG hat, abweichend vom BDSG, statt des Begriffes der „personenbezogenen Daten" den Begriff der *„Sozialdaten"* in das Sozialgesetzbuch eingeführt.

Nach § 67 Abs. 1 Satz 1 SGB X sind Sozialdaten Einzelangaben über persönliche oder sachliche Verhältnisse einer bestimmten oder bestimmbaren natürlichen Person (Betroffener), die von einer in § 35 des Ersten Buches genannten Stelle im Hinblick auf ihre Aufgaben nach diesem Gesetzbuch erhoben, verarbeitet oder genutzt werden.

Mit dem Begriff der „Sozialdaten" soll die Funktion der Daten für die Aufgabenerfüllung nach dem Sozialgesetzbuch zum Ausdruck gebracht, aber keine inhaltliche Änderung gegenüber der vorherigen Rechtslage bewirkt werden. Die zur Wahrung des Sozialgeheimnisses verpflichteten Stellen haben alle ihnen im Rahmen ihrer Aufgabenerfüllung zugänglich gewordenen personenbezogenen Daten als Sozialgeheimnis zu schützen. Dementsprechend heißt es in der Begründung des Regierungsentwurfes zu Abs. 1: „Sozialdaten sind alle personenbezogenen Daten, die dem Leistungsträger und den anderen genannten Stellen im Zusammenhang mit ihrer Aufgabenerfüllung bekanntwerden."[17]

Den Sozialdaten sind *„Betriebs- und Geschäftsgeheimnisse"* gleichgestellt (§ 35 Abs. 4 SGB I). Damit sind gemäß § 67 Abs. 1 Satz 2 SGB X alle betriebs- oder geschäftsbezogenen Daten gemeint, auch von juristischen Personen, die Geheimnischarakter haben. Die ausdrückliche Hervorhebung juristischer Personen soll klarstellen, daß beispielsweise Träger der freien Jugendhilfe als Körperschaften des Privatrechts hinsichtlich ihrer Betriebs- und Geschäftsgeheimnisse am Sozialdatendatenschutz teilhaben. Geheimnischarakter haben Daten, deren Kenntnis aus sachlich begründetem Interesse auf einen kleinen Personenkreis beschränkt bleiben soll.[18]

3.1.2.2 Datenerhebung, Datenverarbeitung und Datennutzung

Das 2. SGBÄndG hat die arbeitstechnischen Grundbegriffe des BDSG in den Sozialdatenschutz eingeführt. § 67 Abs. 5 - 7 SGB X enthält die für den gesamten Anwendungsbereich des Sozialgesetzbuchs gültigen Legaldefinitionen der Datenerhebung, Datenverarbeitung und Datennutzung.

- Erheben ist das Beschaffen von Daten über den Betroffenen (§ 67 Abs. 5 SGB X; entspricht § 3 Abs. 4 BDSG).
- Verarbeiten ist das Speichern, Verändern, Übermitteln, Sperren und Löschen von Sozialdaten/personenbezogenen Daten (§ 67 Abs. 6 Satz 1 SGB X; entspricht § 3 Abs. 5 Satz 1 BDSG).
- Nutzen ist jede Verwendung von Sozialdaten/personenbezogenen Daten, soweit es sich nicht um Verarbeitung handelt (§ 67 Abs. 7 SGB X), wobei (abweichend von § 3 Abs. 6 BDSG) auch die Weitergabe innerhalb der speichernden Stelle zur Nutzung zählt.

§ 67 Abs. 6 SGB X unterscheidet fünf Stufen (Phasen) der Datenverarbeitung, deren Defintion aus folgender Grafik ersichtlich ist:

[17] BT- Drucksache 12/5187 vom 18. 6. 1993, S. 28. Vgl. auch Walloth, in Hauck, SGB I § 35 Rn. 23.

[18] Ausführlicher hierzu: Maas, in Jans, Happe, Saurbier, § 67 Rn. 12ff.

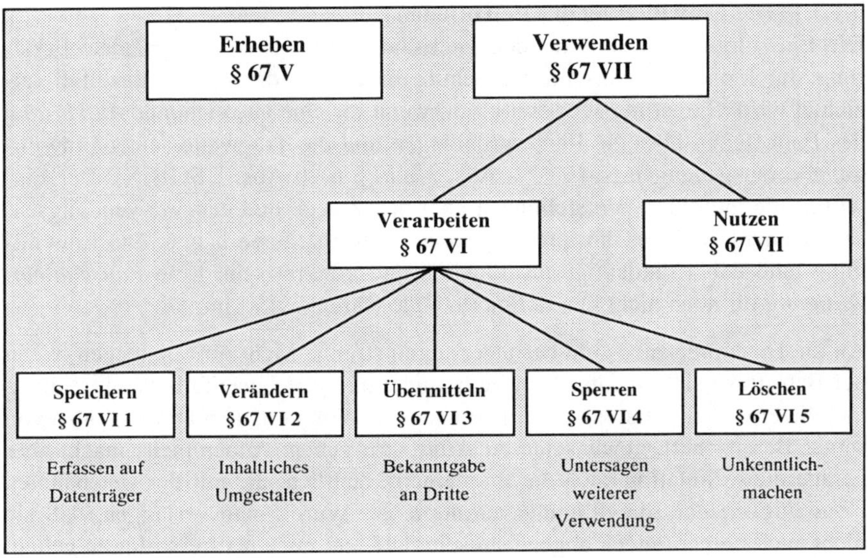

Es fällt auf, daß der bis zum Inkrafttreten des 2. SGBÄndG im Sozialdatenschutzrecht zentrale Begriff der Offenbarung von Sozialdaten aufgegeben und durch den Begriff der Übermittlung ersetzt worden ist.

Darin kommt eine veränderte datenschutzrechtliche Regelungssystematik zum Ausdruck. In der alten Fassung bezogen sich die Regelungen des § 35 SGB I und der §§ 67ff. SGB X auf die Befugnisebene: Das SGB X regelte in den §§ 67 - 77, unter welchen Voraussetzungen und in welchen Grenzen die durch § 35 I SGB I begründete Geheimhaltungspflicht aufgehoben wurde. Diese Vorschriften schafften also Offenbarungsbefugnisse für die grundsätzlich geheimhaltungspflichtigen Stellen.

In der neuen Fassung ist der Befugnisebene eine arbeitstechnische Regelungsebene hinzugefügt worden. Die Befugnisregelungen knüpfen nun an den erweiterten Bestand arbeitstechnischer Begriffe des Sozialdatenschutzes an.

3.1.3 Befugnisse zur Erhebung, Verarbeitung und Nutzung von Sozialdaten

Ausgangsnorm für die Befugnisse zum Umgang mit personenbezogenen Daten ist das Grundrecht des einzelnen auf seine *informationelle Selbstbestimmung*. Dieses Grundrecht verleiht ihm die Verfügungsbefugnis über „seine" Daten. Grundsätzlich dürfen diese Daten nur mit seiner Einwilligung erhoben, verarbeitet und genutzt werden. Ausnahmen hiervon erfordern eine ausdrückliche gesetzliche Grundlage, für die das Bundesverfassungsgericht strenge Voraussetzungen formuliert hat.[19]

[19] Siehe oben.

3.1.3.1 Die Einwilligung des Betroffenen

Die Einwilligung ist eine aus dem Selbstbestimmungsrecht begründete Erklärung, durch die im voraus auf den Schutz dieses Grundrechts im Einzelfall verzichtet wird. Sie ist nur rechtswirksam, wenn ihr eine ausreichende *Aufklärung* des Betroffenen über die Rechtsgrundlagen und die Tragweite seiner Einwilligung vorausgegangen ist (§ 67 a Abs. 3 und § 67 b Abs. 2 SGB X). Der Einwilligende muß klare Vorstellungen über den Zweck und den Verwendungszusammenhang der von ihm preisgegebenen Informationen haben. Die Einwilligung muß daher eindeutig, ausdrücklich und konkret sein. Eine *Pauschaleinwilligung* für noch nicht klar definierte Fälle wäre unwirksam.[20]

An die Datenpreisgabe sind besonders dann strenge Maßstäbe anzulegen, wenn der Betroffene sich in einer Notlage befindet und gegebenenfalls damit rechnet, daß die erwartete Leistung (auch) von seinem Wohlverhalten abhängt, also von seiner Bereitschaft, gewünschte Auskünfte zu geben. Andererseits macht aber gerade diese Situation auch die Problematik deutlich, die mit der sogenannten *Freiwilligkeit* der Einwilligung verknüpft ist. Würde man verlangen, daß sie nicht auch notgedrungen abgegeben sein darf, um noch als freiwillig zu gelten, so bliebe gerade im Sozialleistungsrecht oft kein Raum für die Einwilligung als datenschutzrechtliche Handlungsermächtigung. Freiwilligkeit darf nicht gleichgesetzt werden mit Freiheit von möglichen Nachteilen. In einem so offenen Sinn gibt es wahrscheinlich überhaupt keine Freiwilligkeit. An der Freiwilligkeit der Einwilligung würde es allerdings fehlen, wenn sie unter rechtlich unzulässigen Bedingungen, im drastischen Fall unter den Bedingungen einer Täuschung oder Nötigung abgegeben wird.[21]

Keine wirksame Grundlage ist die Einwilligung, wenn sie die Erhebung und Verwendung nicht erforderlicher Daten legitimieren soll. Die *Erforderlichkeit von Daten* ist ein Kriterium des objektiven Datenschutzrechts, über das der Betroffene nicht verfügen kann, während die Einwilligung Ausdruck seiner informationellen Selbstbestimmung und damit ein subjektiv-rechtliches Merkmal ist.[22]

Die Einwilligung kann jederzeit mit Wirkung für die Zukunft (ex nunc) *widerrufen* werden. Das folgt aus ihrer Begründung im Selbstbestimmungsrecht. Rückwirkung, also Wirkung für bereits in der Vergangenheit (ex tunc) aufgrund der Einwilligung vorgenommene datenschutzrechtlich relevante Handlungen, kann ein Widerruf allerdings nicht entfalten, weil es dann im Belieben des Er-

---

20 Ausführlich zu Fragen der Einwilligung: Hase, in Borchert, Hase, Walz, a.a.O., § 67, Rn. 40 - 70; Schellhorn, in Burdenski u.a., § 35 Rn. 32 - 40; Schönke und Schröder, Vorbem. §§ 32ff., Rn. 29 - 60; Simitis, a.a.O., § 4 Rn. 19ff.; Walloth, in Hauck, SGB X/1,2, § 67, Rn. 5 - 23.

21 Vgl. zu Bedenken gegenüber der Einwilligung insbesondere Simitis, a.a.O., § 4 Rn. 19ff. und speziell für den öffentlichen Bereich Rn. 25.

22 Vgl. weiter unten. Auf diese Unterscheidung nehmen die von Simitis (a.a.O.) gegenüber der Tragfähigkeit der Einwilligung als Legitimationsgrundlage vorgetragenen Bedenken keinen Bezug. Vgl. hierzu ausführlicher: Maas, in Jans, Happe, Saurbier, vor §§ 61 - 68 KJHG, Rn 41.

klärenden stünde, den bisher rechtmäßigen Umgang mit seinen personenbezogenen Daten in rechtswidriges Verhalten zu verwandeln. Das verbietet der im Rechtsverkehr erforderliche Vertrauensschutz.[23]

Die *Schriftform* wird man, jedenfalls in der Jugendhilfe, nicht als grundsätzliche Wirksamkeitsvoraussetzung der Einwilligung ansehen können. § 67 b Abs. 2 SGB X geht zwar von der Schriftform als Regelanforderung aus, stellt im übrigen aber auf die besonderen Umstände des Einzelfalles ab.[24]

Für bestimmte Ausnahmefälle wird eine *stillschweigende* (konkludente) Einwilligung für vertretbar gehalten, beispielsweise im Rahmen der strafrechtlichen Geheimhaltungspflicht nach § 203 Abs. 1 StGB und dementsprechend auch im Rahmen des § 65 KJHG. Auch die *mutmaßliche Einwilligung* wird für zulässig gehalten, so beispielsweise, wenn jemand aus tatsächlichen Gründen seine Einwilligung nicht erklären kann, etwa weil er bewußtlos ist. Es handelt sich aber in beiden Fällen um bloße Vermutungen über den wirklichen Willen des Betroffenen, um reine Fiktionen, die mit dem verfassungsrechtlichen Konzept informationeller Selbstbestimmung nicht vereinbar sind. Dieses Konzept verlangt im Interesses der Deutlichkeit eine ausdrückliche Willenserklärung.[25]

Sind Erhebungs-, Verarbeitungs- und Nutzungszweck identisch *(Zweckbindung)* und ist der Betroffene bei der Datenerhebung über diesen Verwendungszusammenhang aufgeklärt worden, so sind sowohl die Erhebung als auch die Verarbeitung und Nutzung seiner Sozialdaten von seiner Einwilligung gedeckt.

Sollen die Daten zu einem anderen als dem ursprünglichen und bei der Aufklärung vorausgesetzten Zweck verwendet werden *(Zweckänderung)*, so wird diese neue Verfügung über die Daten nicht von der ursprünglichen Einwilligung gedeckt. Eine erneute Einwilligung ist alsdann erforderlich.

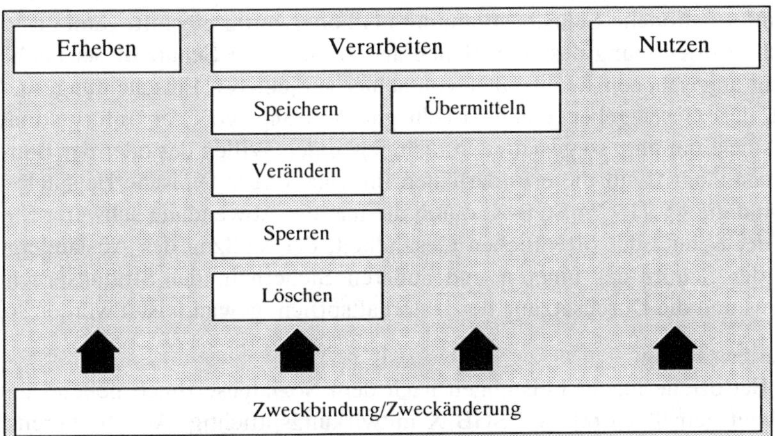

[23] Vgl. auch S. Simitis, a.a.O., Rn. 65ff., 72.
[24] Vgl. auch Maas, in Jans, Happe, Saurbier, SGB X, § 67b Rn. 5.
[25] Vgl. auch Maas, in Jans, Happe, Saurbier, KJHG § 65 Rn. 8 mit weiteren Nachweisen.

Für die Praxis ist die Frage wichtig, ob auch *Minderjährige* wirksam in die Erhebung, Verarbeitung und Nutzung von Sozialdaten einwilligen können.

Die Fähigkeit, Grundrechte selbständig geltend zu machen („Grundrechtsmündigkeit"), hängt ab von dem jeweils erreichten Grad der tatsächlichen Einsichts- und Urteilsfähigkeit, wobei diese Fähigkeit nicht allgemein, sondern in bezug auf den konkreten Fall zu beurteilen ist. Inwieweit hilfsweise die bürgerlichrechtlichen Regeln über die Geschäftsfähigkeit (§§ 104ff. BGB) als Kriterien herangezogen werden können, ist umstritten. Ohnehin käme allenfalls zur Bestimmung der unteren Altersgrenze § 104 Nr. 1 BGB in Betracht, wonach geschäftsunfähig ist, wer nicht das siebente Lebensjahr vollendet hat.[26]

Aus der sozialrechtlichen Handlungsfähigkeit, die gemäß § 36 SGB I mit Vollendung des 15. Lebensjahres eintritt, folgt das Recht, sich auf das Sozialgeheimnis zu berufen und in die Erhebung, Verarbeitung und Nutzung der eigenen Daten einzuwilligen oder nicht einzuwilligen.

3.1.3.2 Gesetzliche Befugnisse

Ohne Einwilligung des oder der Betroffenen dürfen Sozialdaten erhoben, verarbeitet und genutzt werden, wenn eine gesetzliche Regelung dies ausdrücklich gestattet. Insoweit wird das Grundrecht auf informationelle Selbstbestimmung eingeschränkt.

Für solche gesetzlichen Ermächtigungen kommen im wesentlichen zwei Fallgestaltungen in Betracht:

1. Fallgestaltung:
Es sollen Daten erhoben, verarbeitet und genutzt werden, die dazu dienen, Rechtsgüter zu sichern, die die Rechtsordnung im Verhältnis zum Grundrecht auf informationelle Selbstbestimmung als höherwertig einstuft. Käme es dabei auf die Einwilligung des Betroffenen an, so hinge der Schutz dieser als höherwertig angesehenen Rechtsgüter von seiner subjektiven Entscheidung ab. Verleiht der Gesetzgeber einem Rechtsgut Vorrang vor der informationellen Selbstbestimmung, so gestattet er auch gegen den Willen des oder der Betroffenen den Zugriff auf die erforderlichen Informationen. Typische Beispiele hierfür sind die §§ 71 - 74 SGB X, durch die u.a. die Abwendung schwerer Straftaten, der Schutz der öffentlichen Gesundheit, der Vollzug des Ausländergesetzes, der Schutz der inneren und äußeren Sicherheit, der Strafanspruch des Staates und die Durchsetzung der Unterhaltspflicht gewährleistet werden sollen.

2. Fallgestaltung:
Der Betroffene macht Leistungen nach dem Sozialgesetzbuch geltend und ist insoweit gemäß §§ 60 - 67 SGB X mitwirkungspflichtig. Auf die bereits von einer nach dem Sozialgesetzbuch zuständigen Stelle erhobenen Sozialdaten darf deshalb ohne nochmalige Mitwirkung (Einwilligung) des oder der Betroffenen

---

26 Ausführlich hierzu Happe, in Jans, Happe, Saurbier, § 1 Rn. 52ff., 55ff. Vgl. auch: Dürig in Maunz u.a., Art. 19 Rn. 20ff.; Seifert und Hömig, Rn. 9 vor Art. 1.

zugegriffen werden. § 69 SGB X enthält eine entsprechende Regelung. Für die Kinder- und Jugendhilfe sind allerdings in §§ 64 und 65 KJHG Einschränkungen dieser gesetzlichen Zugriffsbefugnis vorgesehen.

Die Einwilligung eines Betroffenen kann auch eingeholt werden, obwohl eine gesetzliche Befugnis zum Zugriff auf seine Daten vorliegt, aber ein solches Vorgehen wäre in vielen Fällen unrealistisch. Die gesetzliche Befugnis ersetzt in der Regel die Einwilligung.

Im einzelnen werden die gesetzlichen Befugnisse zur Erhebung, Verarbeitung und Nutzung von Sozialdaten durch § 35 SGB I i.V.m. §§ 67a ff SGB X und §§ 62ff. KJHG in ziemlich unübersichtlicher Weise geregelt.

§ 35 Abs. 1 Satz 1 SGB I als die *Grundnorm des Sozialdatenschutzes* bestimmt, daß sich der gesetzliche Schutz des Sozialgeheimnisses auf die Erhebung, Verarbeitung und Nutzung von Sozialdaten erstreckt.

Durch § 35 Abs. 5 werden auch Sozialdaten Verstorbener in den Schutzbereich des § 35 einbezogen. Über die Befugnisse des SGB X hinaus dürfen Sozialdaten eines Verstorbenen verarbeitet oder genutzt werden, wenn dadurch schutzwürdige Interessen des Verstorbenen oder seiner Angehörigen nicht beeinträchtigt werden können.

§ 35 Abs. 2 weist in die gesetzlichen Einzelregelungen des Schutzes der Sozialdaten ein. Die Befugnisse zur Erhebung, Verarbeitung und Nutzung von Sozialdaten ergeben sich aus den *Vorschriften des Zweiten Kapitels des SGB X.*

Die Systematik dieser Befugnisregelungen soll durch folgende *Übersicht* verdeutlicht werden:

– Datenerhebung	§ 67a
– Einweisung zur Verarbeitung und nutzung	§ 67b
– Speicherung, - veränderung und -nutzung	§ 67c
– Übermittlung	§§ 67d - 78
– Einweisung und Übermittlungsgrundsätze	§ 67d
– Gesetzliche Übermittlungsbefugnisse	§§ 68-78
– Berichtigung, Sperrung, Löschung	§ 84

Gegenüber diesen Regelungen haben die datenschutzrechtlichen Vorschriften des *KJHG Vorrang,* sofern sie den gleichen Gegenstand betreffen. Im übrigen gelten auch für die Kinder- und Jugendhilfe die Regelungen des SGB I und X.

Im einzelnen korrespondieren folgende datenschutzrechtliche Vorschriften des SGB X und des KJHG miteinander:

SGB X	*KJHG-Vorrang*
§ 67a	§ 62
§ 67c	§ 63; § 64 Abs. 1 und 3
§ 69 Abs. 1 Nr. 1	§ 64 Abs. 1 und 2; § 65
§ 71 Abs. 2	§ 65
§ 83	§ 67

§ 68 KJHG enthält eine geschlossene Regelung für die Erhebung, Verarbeitung und Nutzung von Sozialdaten durch den Amtspfleger und Amtsvormund und für die Tätigkeit des Jugendamtes als Beistand oder als Gegenvormund.

3.1.3.3 Der Grundsatz der Erforderlichkeit

Die Befugnisse zur Erhebung, Verarbeitung und Nutzung von Sozialdaten, gleichgültig ob sie auf der Einwilligung des Betroffenen oder auf einer gesetzlichen Ermächtigung beruhen, sind stets an den Grundsatz der Erforderlichkeit gebunden. Das bedeutet: Nur diejenigen Daten dürfen erhoben, verarbeitet oder genutzt werden, die für die jeweilige gesetzliche Aufgabenerledigung im Einzelfall erforderlich sind.

Dieser elementare Grundsatz des Datenschutzrechts, den auch das Bundesverfassungsgericht im Volkszählungsurteil von 1983 besonders hervorgehoben hat,[27] wird in allen Befugnisregelungen des SGB X und des KJHG wiederholt, so in § 67a Abs. 1 SGB X und in § 62 Abs. 1 KJHG hinsichtlich der Datenerhebung, in § 67c Abs. 1 und 2 SGB X hinsichtlich der Datenspeicherung, -veränderung und -nutzung, in § 63 KJHG hinsichtlich der Datenspeicherung, in § 64 Abs. 1 KJHG hinsichtlich der Datennutzung, in §§ 68 - 75 SGB X und in § 64 Abs. 1 KJHG hinsichtlich der Datenübermittlung und schließlich in § 68 KJHG hinsichtlich der Erhebung, Verarbeitung und Nutzung von Sozialdaten für Zwecke der Amtspflegschaft, Amtsvormundschaft und die Tätigkeit des Jugendamtes als Beistand und Gegenvormund.

Der Grundsatz der Erforderlichkeit gilt auch, wenn Sozialdaten mit Einwilligung des Betroffenen erhoben, verarbeitet und genutzt werden. Das subjektive Verfügungsrecht des Betroffenen über seine Daten ermöglicht es keiner öffentlichen Stelle, den Grundsatz der Erforderlichkeit außer Betracht zu lassen.

Die datenerhebende, -verarbeitende und -nutzende Stelle wird unmittelbar selbst verantwortlich gemacht für die Beachtung dieses Grundsatzes. Das heißt praktisch: auch wenn der Betroffene in die Erhebung von persönlichen Informationen einwilligt, die zur Aufgabenerledigung nicht erforderlich sind, so le-

---

[27] Siehe oben.

gitimiert das diejenige Stelle, die die Daten erhebt und weiterverwendet, nicht, den Grundsatz der Erforderlichkeit außer Betracht zu lassen, denn dieser Grundsatz steht nicht zur Disposition, weil er zwingend aus der verfassungsrechtlich vorgeschriebenen Gesetzesbindung der Verwaltung folgt.

Die durch Art. 20 Abs. 3 GG an Gesetz und Recht gebundene Verwaltung hat die entscheidungserheblichen Informationen im Einzelfall nach Maßgabe der die Entscheidung tragenden Rechtsnormen zu erfassen.[28] Die Auswahl der Daten unterliegt also der Gesetzesbindung. Der somit bereits aus dem allgemeinen Verwaltungsrecht folgende Grundsatz der Erforderlichkeit wird vom Datenschutzrecht lediglich im Hinblick auf den Schutz personenbezogener Daten konkretisiert, wie das auch im Bundesdatenschutzgesetz (z.B. § 13 Abs. 1) und in den neuen Landesdatenschutzgesetzen geschehen ist.

Der Grundsatz der Erforderlichkeit ist also ein *objektivrechtliches Prinzip des Datenschutzrechts*, das unabhängig vom KJHG bzw. SGB und von den allgemeinen Datenschutzgesetzen Gültigkeit beansprucht.

Auch im Volkszählungsurteil hat das *Bundesverfassungsgericht* nicht nur die subjektivrechtliche Seite des Datenschutzrechts gesehen, sondern es hat durchaus auch Aspekte einer objektiven Datenschutzordnung im Blick gehabt, denn es hat ausdrücklich hervorgehoben, daß „Selbstbestimmung eine elementare Funktionsbedingung eines auf Handlungs- und Mitwirkungsfähigkeit seiner Bürger begründeten freiheitlichen demokratischen Gemeinwesens ist“ und daß die Mißachtung dieser Selbstbestimmung nicht nur die individuellen Entfaltungschancen des einzelnen, „sondern auch das Gemeinwohl“ beeinträchtigen würde.

Daß Datenschutz nicht nur subjektivrechtlich betrachtet werden darf, sondern zugleich objektivrechtlichen Gesichtspunkten unterliegt, wird auch von PODLECH unter dem Begriff „Systemdatenschutz“ diskutiert.[29] Die über das individuelle Schutzinteresse hinausgehenden gesellschaftlich-strukturellen Elemente des Datenschutzes sind bereits 1971 von STEINMÜLLER in die Diskussion um die Verabschiedung des ersten Bundesdatenschutzgesetzes eingeführt worden.[30]

3.2 Datenerhebung

Der Schutz personenbezogener Daten beginnt mit der Datenerhebung. Dennoch gab es hierzu vor dem Volkszählungsurteil des Bundesverfassungsgerichtes keine gesetzlichen Bestimmungen. Erst die nach dem Volkszählungsurteil erlassenen Datenschutzgesetze haben die Datenerhebung geregelt, das SGB X in § 67a und das KJHG in § 62.

28 Siehe oben 2.1.2.4, 2.1.2.5 und 2.1.3.
29 In: Grüner u.a., SGB X, vor § 67 Anm. 4 c,
30 Vgl. Steinmüller u.a., Grundfragen, S. 82ff.; ders., Datenschutz.

Die folgenden Ausführungen gehen von den vorrangigen Regelungen des KJHG aus und stellen die Regelungen des SGB X nur insoweit dar, als sie inhaltlich vom KJHG abweichen.

3.2.1 Der Datenbedarf

Nach § 62 Abs. 1 KJHG dürfen personenbezogene Daten nur erhoben werden, soweit ihre Kenntnis zur Erfüllung der jeweiligen Aufgabe erforderlich ist. (Ähnlich § 67a Abs. 1 SGB X mit etwas abweichender Formulierung.)

Der hier auf die Datenerhebung angewandte Grundsatz der Erforderlichkeit enthält zunächst eine *Zweckbindung:* Nur diejenigen Daten dürfen erhoben werden, die erforderlich sind, um die jeweilige Aufgabe rechtlich (und fachlich) korrekt zu erledigen. Diese Bestimmung des *Datenbedarfs* nach den Erfordernissen der jeweiligen Aufgabe verbietet die Erhebung von Daten für andere als die gesetzlich definierten Zwecke.

Darüber hinaus enthält dieser Grundsatz eine *Einzelfallorientierung*: Mit der „jeweiligen Aufgabe“ ist der jeweilige Einzelfall gemeint, nicht etwa die generelle Aufgabenbeschreibung (sachliche Zuständigkeit) der in Betracht kommenden Stelle. Nur so ist gewährleistet, daß *keine Datenvorräte* angelegt werden. Daten auf Vorrat zu sammeln würde bedeuten, daß ihr Verwendungszweck noch unbestimmt ist. Dies wäre nicht zulässig.

Demnach ist unter Datenerhebung nicht die mehr oder weniger zufällige Aufnahme (Zurkenntnisnahme) von Informationen zu verstehen, sondern das an einem bestimmten Zweck orientierte Erfassen der für die Zweckerreichung im Einzelfall erforderlichen Informationen.

So begrüßenswert die gesetzliche Regelung der Datenerhebung auch ist, kann die genaue Bestimmung des Datenbedarfs im Einzelfall doch durchaus problematisch sein. Soweit es sich um die Erhebung von Daten im Hinblick auf jugend- oder sozialhilferechtliche Entscheidungen, also um *Sachverhaltsermittlung im Verwaltungsverfahren* (§ 8 SGB X) handelt, ist schon das Verfahren so gestaltet, daß es möglichst zielstrebig zur Entscheidung hinführt. Im Rahmen der Sachverhaltsermittlung (§ 20 I 1 SGB X) ist der Leistungsberechtigte mitwirkungspflichtig, aber er muß nur diejenigen Tatsachen angeben, die für die Leistung erheblich sind (§ 60 I 1 SGB I). Schon daraus läßt sich ablesen, daß das Gesetz unter „Sachverhalt„ nicht die gesamten Lebensumstände einer Person versteht, aber auch nicht einen beliebigen Ausschnitt aus deren Lebenswirklichkeit, sondern die für die Entscheidung über den Einzelfall erforderliche Auswahl von Tatsachen.[31]

Das Verfahrensrecht verweist damit auf die Rechtsgrundlage, auf die sich die jeweilige Entscheidung stützt. Die Rechtsgrundlage prägt den Sachverhalt. Die

[31] Siehe oben 2.2.

Tatbestandsmerkmale der Rechtsgrundlage entscheiden darüber, welche Tatsachen erforderlich sind.

Die für die Gewährung von persönlichen Hilfen, insbesondere von erzieherischen Hilfen anzuwendenden Tatbestandmerkmale sind nun in der Regel unbestimmte Rechtsbegriffe, z.B. das „Wohl des Kindes oder des Jugendlichen“, der „erzieherische Bedarf“, das „soziale Umfeld des Kindes oder des Jugendlichen“, deren Konkretisierung eine Reihe von Wertabwägungen erfordert. Deshalb ist nicht immer eindeutig, welche Daten erforderlich sind und welche nicht.

Der Datenbedarf ist das Ergebnis rechtlicher und fachlicher Abwägungen, die sich im Verlauf des Entscheidungs- und Hilfeprozesses verändern können. Das gesetzliche Gebot, nur die für den jeweiligen Einzelfall erforderlichen Sozialdaten zu erheben, zwingt also zur kontinuierlichen Überprüfung, ob einerseits alle erforderlichen Daten ermittelt, andererseits alle nicht erforderlichen Daten eliminiert sind. Die notwendige Klarheit hierüber wird sich oft erst am Ende eines Entscheidungs- und Hilfeprozesses einstellen.

Informationelle Selbstbestimmung setzt voraus, daß der Betroffene präzise Vorstellungen davon hat, warum die erhobenen Daten benötigt werden. Deshalb müssen ihm die Gründe für den jeweiligen Datenbedarf transparent gemacht werden: *Transparenzgebot.* Anders gesagt: Der Grundsatz der Erforderlichkeit zwingt zur *Legitimation des Datenbedarfs.*

Das Transparenzgebot kann als Brücke zwischen den objektivrechtlichen und den subjektivrechtlichen Grundlagen des Datenschutzrechts verstanden werden: Die Legitimation des Datenbedarfs ermöglicht erst die wirksame Einwilligung des Betroffenen in die Erhebung der erforderlichen Daten. Dies soll durch folgende Grafik veranschaulicht werden:

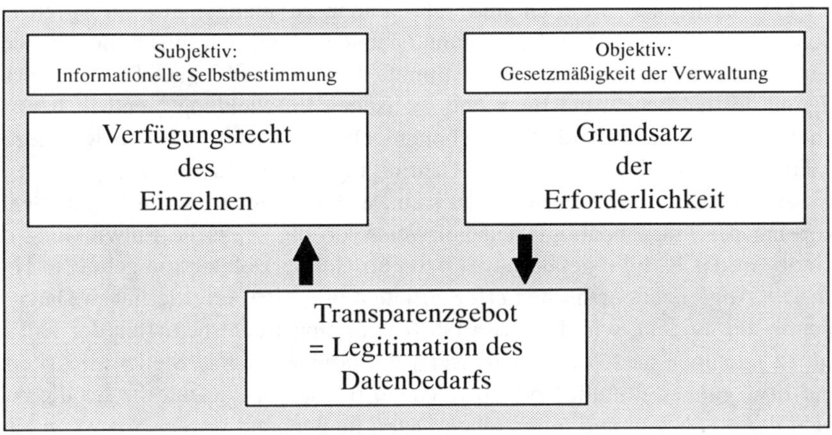

Da der Sachverhalt ein möglichst genaues Bild von der für die jeweilige Aufgabe erheblichen Lebenswirklichkeit des Betroffenen wiedergeben soll, sind Daten in unmittelbarem zeitlichen Zusammenhang mit der zu erledigenden Aufgabe zu erheben: *Grundsatz der Aktualität der Datenerhebung*. Je genauer die Bedarfslage im Einzelfall zu ermitteln ist, desto stärker ist die Notwendigkeit, aktuelle Daten zu erheben.

Erzieherische Bedarfslagen werden noch stärker als sonstige Bedarfslagen in der sozialen Arbeit durch den Faktor Zeit beeinflußt. In den frühen Phasen der kindlichen Entwicklung folgt dies aus den natürlichen Gegebenheiten. Aber auch später können sich schon geringe Veränderungen im familiären und engeren sozialen Umfeld des jungen Menschen als veränderter erzieherischer Bedarf ausdrücken.

3.2.2 Probleme bei der Bestimmung des Datenbedarfs für jugend- und sozialhilferechtliche Entscheidungen

Eine 1987 abgeschlossene Untersuchung von gutachtlichen Stellungnahmen und Entwicklungsberichten aus dem Bereich der Heimerziehung im Rahmen der Freiwilligen Erziehungshilfe nach § 62 JWG, an der der Verfasser beteiligt war, hat die Alltagserfahrung bestätigt, daß die Fachkräfte in der sozialen Arbeit erhebliche Schwierigkeiten bei der Bestimmung des Datenbedarfs haben. 58 Stellungnahmen und Berichte wurden daraufhin überprüft, wieweit sie die erforderlichen Daten enthielten. Das Ergebnis war, grob zusammengefaßt, daß in über 50% des untersuchten Materials nur für knapp die Hälfte der entscheidungsrelevanten Kriterien überhaupt Informationen bereitgestellt wurden. Diejenigen Stellungnahmen und Berichte, die in nur geringem Umfang erforderliche Daten enthielten, waren zugleich in großem Umfang mit nicht-erforderlichen Daten angefüllt.[32]

Das Fehlen erforderlicher Daten ist ein Indiz für bestehende Unklarheiten über die Erforderlichkeitskriterien und führt daher zu mangelhafter Ausgrenzung nicht-erforderlicher Daten. Das kommt besonders dann vor, wenn die anzuwendende gesetzliche Grundlage unbestimmte Rechtsbegriffe („Gefährdung/Schädigung der leiblichen, geistigen und seelischen Entwicklung“) enthält bzw. zu einer Ermessensentscheidung („gebotene Hilfe“) auffordert. Die jeweils zuständige Stelle erhält dann einen Beurteilungs- bzw. Ermessensspielraum, in dessen Rahmen sie sich entscheiden kann, welche Informationen sie zur Beantwortung der Frage benötigt, beispielsweise, ob die seelische Entwicklung des Kindes in der Familie gefährdet ist bzw. ob Heimerziehung die gebotene Hilfe ist. Die Abgrenzung zwischen erforderlichen und nicht erforderlichen Daten ist nicht mehr evident, wie dies etwa bei bestimmten Rechtsbegriffen der Fall ist. Sie ist nur noch nachvollziehbar, wenn die tätig werdende Stelle die Kriterien und Erwägungen mitteilt bzw. ausreichend transparent macht, die für die Auswahl der erhobenen und mitgeteilten Daten maßgebend waren. Nur wenn Klar-

[32] Gärtner-Harnach und Maas, S. 73.

heit darüber hergestellt ist, welche Daten für erforderlich erachtet werden, ist in solchen Fällen eine Ausgrenzung der nicht-erforderlichen Daten möglich.[33]

Klare Kriterien dafür, welche Daten jeweils erforderlich sind, erhöhen also die Zielsicherheit bei der Datenauswahl. Das betrifft nicht nur die rechtlichen, sondern auch die fachlichen (sozialarbeiterischen/sozialpädagogischen) Kriterien. Ohne Klarheit über die diagnostische Einschätzung der vorgefundenen Sachverhalte ist es nicht möglich,

- die für die Beurteilung (Diagnose) heranzuziehenden Sachverhaltsaspekte (Tatsachen) trennscharf auszuwählen
- sowie die für deren Bewertung maßgebenden Gesichtspunkte (Argumente) transparent zu machen.

Bei mangelnder Klarheit über die Auswahlkriterien entstehen großflächige, strukturlose Schilderungen, deren Einzelinformationen zu einem unübersichtlichen Informationsbrei ineinanderfließen. Notwendig sind aber Schilderungen, die erkennen lassen,

- auf welches Kriterium sich die jeweiligen Aussagen beziehen
- zu welchem Urteil (Bewertung, Diagnose) der Berichterstatter kommt
- und auf welche Tatsachen (konkreten Gegebenheiten) er jede einzelne Bewertung stützt.

Ist dies garantiert, so ist auch in einem gewissen Maß gesichert, daß keine überflüssigen Informationen mitgeteilt werden. Ist dies aber nicht gesichert, so bleibt der Informationsgehalt der Stellungnahmen/Entwicklungsberichte zufällig. Daraus entsteht die Gefahr datenschutzrechtlicher und fachlicher Mängel.

Die Untersuchung der Stellungnahmen und Entwicklungsberichte hat ergeben, daß häufig unklar war, welche Angaben erforderlich waren. Infolgedessen war auch die Ausgrenzung nicht-erforderlicher und somit unzulässiger Informationen nicht in optimaler Weise gewährleistet. Die Frage, welche Angaben jeweils überflüssig sind, ist aber meist ungleich schwieriger zu beantworten als die Frage, zu welchen Kriterien erforderliche Angaben fehlen. Allgemeine Merkmale dafür, wann nicht-erforderliche Angaben vorliegen, lassen sich nicht vorweg definieren. Hierzu können allenfalls grobe Umrisse vorgegeben werden.

Als problematisch erscheinen vor allem die Fälle, in denen der Zusammenhang einer Mitteilung mit einem Erhebungskriterium undeutlich bleibt. Solche unklaren Mitteilungen müssen aus ihrem jeweiligen Sinnzusammenhang heraus gedeutet werden. Erst der Kontext der Mitteilung erschließt ihren Sinn.

Die folgende Klassifizierung nicht-erforderlicher Angaben in dem untersuchten Material gründet sich nicht auf abstrakte Überlegungen etwa derart, welche Kategorien nicht-erforderlicher Angaben denkbar sind, sondern sie ist aus dem

[33] Siehe oben 2.2.2.3.

vorhandenen Untersuchungsmaterial durch vergleichende Betrachtung ermittelt worden. Daher erhebt diese Klassifikation auch keinen Anspruch auf Vollständigkeit und trennscharfe Abgrenzung der einzelnen Fallgruppen voneinander. Sie dient eher dazu, die Aufmerksamkeit auf bestimmte Aspekte zu lenken.

Folgende Fallgruppen konnten unterschieden werden:

- Mehrdeutige Angaben infolge unklarer Formulierungen, widersprüchlicher, unvollständiger oder zu knapper Mitteilungen.
- Nicht überprüfbare Beurteilungen (subjektive Interpretationen).
- Subjektive Selektion von Merkmalen zur Bestätigung vorgefaßter Einschätzungen (tendenziöse Angaben).
- Behandlung von Beurteilungen aus anderen Gutachten, Stellungnahmen und Berichten als erwiesene Tatsachen.
- Mangelhaft aufgeklärter Sachverhalt: Vermutungen, Übernahme von Meinungen Dritter ohne ausreichende Überprüfung.
- Gemeinplätze und belanglose Mitteilungen: Angaben von offenbarer Irrelevanz.
- Offensichtlich übertriebene Darstellungen, zynische Formulierungen, abfällige Bemerkungen.[34]

3.2.3 Zur Problematik von Erhebungsbögen in der sozialen Arbeit

Bei der Datenerhebung wird gegen den Grundsatz der Erforderlichkeit besonders häufig verstoßen, wenn sogenannte Erhebungsbögen verwendet werden. Ihre Problematik in der sozialen Arbeit ist an zahlreichen Beispielen nachgewiesen worden.[35]

Durch die vorgegebenen Einzelfragen des Erhebungsbogens wird zwar der jeweilige Bearbeiter veranlaßt, aus den vorgefundenen Lebenszusammenhängen gezielt bestimmte Gegebenheiten auszuwählen. Damit ist aber durchaus nicht gewährleistet, daß nur die im Einzelfall erforderlichen Daten erhoben werden, die nicht-erforderlichen Daten aber unbeachtet blieben. Da der Bogen für eine unbestimmte Vielzahl von Fällen gelten soll, muß er zwangsläufig immer auch Fragen enthalten, die im Einzelfall nicht relevant sind, während zwangsläufig immer auch Gegebenheiten unerfragt bleiben, die im Einzelfall durchaus Bedeutung haben können. Schon das erscheint unter dem datenschutzrechtlichen Gesichtspunkt der Erforderlichkeit als bedenklich.

---

34 Zahlreiche Beispiele zu diesen Fallgruppen in Gärtner-Harnach und Maas, S. 75ff.

35 Cremer und Brusten; Gärtner- Harnach und Maas, S. 112ff.; Landesbeauftragte für den Datenschutz in Baden-Württemberg, 10. Tätigkeitsbericht 1989, S. 64ff., 72ff.; Maas, Verwaltungsverfahren, S. 75ff.

Der Erhebungsbogen fordert durch die Art seiner Fragestellung geradezu auf, Informationen zusammenzustellen, ohne nach deren Relevanz für die Sache zu fragen.

Damit wird zugleich ein weiterer Einwand gegen den Erhebungsbogen begründet: er führt zur Isolierung einzelner Informationen aus ihrem jeweiligen Kontext und macht es so auch dem Leser unmöglich, die Bedeutung der Information einzuschätzen.

Die meist knappe Platzvorgabe trägt zusätzlich dazu bei, daß eine verkürzte, nicht nachprüfbare Charakterisierung abgegeben wird. Der Sachbearbeiter wird geradezu dazu verleitet, das vorzunehmen, was er unbedingt vermeiden sollte: die Etikettierung des Klienten.

Diese Erkenntnisse lassen es ratsam erscheinen, für die Datenerhebung keine Erhebungsbögen zu verwenden, sondern sie an einem Katalog auszurichten, der die gesetzlich erforderlichen Kriterien zusammenstellt. Diese Kriterien bieten dann eine Art Richtschnur, an der entlang die Datenerhebnung erfolgen kann. Von Fall zu Fall ist zu entscheiden, wie umfangreich die Datenauswahl in Hinblick auf ein bestimmtes Kriterium sein muß. Damit wird ein starres, „mechanisches" Vorgehen bei der Datenerhebung vermieden, zu dem Erhebungsbögen allzu leicht verführen. Zugleich wird aber auch vermieden, daß Daten ohne zweckmäßige Gliederung nach Art eines Essays aneinandergereiht werden. Trotz gegensätzlicher Struktur verursachen sowohl Erhebungsbögen als auch freie Datenerhebung häufig die gleichen datenschutzrechtlichen und sachlichen Mängel, nämlich die Zusammenstellung von Daten weit über das Erforderliche hinaus und oft ohne einen für den Empfänger auffindbaren Sachbezug.

Die Orientierung an einem Katalog von Kriterien, deren grundsätzliche Relevanz für die zu treffende jugend- oder sozialhilferechtliche Entscheidung von vorneherein feststeht, verbessert die Chancen für datenschutzrechtlich korrekte Aktenniederschriften, Stellungnahmen und Berichte, ohne dem Verfasser die Verantwortung für das, was er schreibt, abzunehmen. Er wird im Gegenteil von Kriterium zu Kriterium erneut aufgerufen, sich selbst Gedanken darüber zu machen, was mitzuteilen erforderlich ist. Damit wird die Professionalität des gesamten Arbeitsablaufes verbessert.

3.2.4 Datenschutzrechtliche Verfahrensregeln für die Datenerhebung

Über die verfahrensrechtlichen Vorschriften der Sachverhaltsermittlung nach SGB X und SGB I hinaus schaffen § 62 KJHG und § 67a SGB X datenschutzrechtliche Verfahrensgarantien zur Sicherung der informationellen Selbstbestimmung bei der Datenerhebung.

Nach § 62 Abs. 2 Satz 1 KJHG und § 67a Abs. 2 Satz 1 SGB X sind Sozialdaten *beim Betroffenen* zu erheben. Auch dies ist ein allgemeiner, aus dem Grundrecht auf informationelle Selbstbestimmung folgender datenschutzrechtlicher Grundsatz, der ebenso im Bundesdatenschutzgesetz (§ 13 Abs. 2 Satz 1) und in den neuen Landesdatenschutzgesetzen zum Ausdruck kommt und der sicherstellen soll, daß der Betroffene selbständig entscheiden kann, welche persönlichen Lebenssachverhalte er preisgibt. Aus diesem Grund ist er vor Beginn der Datenerhebung entsprechend zu informieren. § 62 Abs. 2 Satz 2 KJHG präzisiert die Aufklärungspflicht der datenerhebenden Stelle: Der Betroffene ist über die Rechtsgrundlage der Erhebung sowie über den Erhebungs- und Verwendungszweck aufzuklären, soweit dieser nicht offenkundig ist. Eine ähnliche Regelung enthält § 67a Abs. 3 SGB X.

§ 62 Abs. 3 und 4 KJHG läßt *Ausnahmen* vom Grundsatz der Datenerhebung beim Betroffenen zu. Sie sind zu recht eng begrenzt, denn werden seine Daten ohne seine Mitwirkung, gegen seinen Willen oder gar ohne seine Kenntnis erhoben, so ist er in weit größerem Umfang beeinträchtigt als bei einer von ihm überblickten Datenerhebung. Er kann bei der Datenauswahl den Blick nicht auf Aspekte lenken, die aus seiner Sicht für die Erfassung der Wirklichkeit wichtig sind und er kann fehlerhafte Feststellungen nicht an Ort und Stelle korrigieren.

Andererseits ist die Datenerhebung beim Betroffenen nicht immer möglich oder angezeigt. Einem rechtlich begründeten Erfordernis zur Sachverhaltsaufklärung muß die zuständige Behörde auch unter diesen Voraussetzungen nachkommen können.

Nach *§ 62 Abs. 3 KJHG* sind drei Fälle zu unterscheiden, in denen die Datenerhebung ohne „Mitwirkung" des Betroffenen gestattet ist. „Mitwirkung" ist hier im datenschutzrechtlichen Sinn gemeint und bedeutet Einwilligung.

Nr. 1: Gesetzliche Ermächtigung
In dieser Regelung wird als Voraussetzung für eine von der Einwilligung des Betroffenen unabhängigen Befugnis zur Datenerhebung eine gesetzliche Bestimmung verlangt, die eine solche Datenerhebung vorschreibt oder erlaubt. Unter einer „gesetzlichen Bestimmung" ist eine ausdrückliche gesetzliche Regelung zu verstehen, die normenklar und bereichsspezifisch festlegt, unter welchen Voraussetzungen es bei der Datenerhebung nicht auf die Einwilligung des Betroffenen ankommt

Die Vorschrift trägt den Fällen Rechnung, in denen das Grundrecht auf informationelle Selbstbestimmung hinter *höherrangigen Rechtsgütern* zurücktreten muß.

Solange es um Leistungen an den Betroffenen geht, ist die Erhebung der für die Leistung erforderlichen Daten ein eigenständiger Eingriff in seine Rechte, der einer besonderen Legitimation durch seine Mitwirkung im Rahmen von Mitwirkungspflichten bedarf. Wenn aber gesetzliche Vorschriften im Rahmen anderer Aufgaben der Jugendhilfe einen Eingriff in Rechte des Betroffenen erlauben, insbesondere zur Abwendung einer *Gefährdung des Wohls von Kindern und Jugendlichen* (§§ 42, 43 und § 50 Abs. 3 KJHG in Verb. mit § 1666 BGB), dann kann die Erhebung (und Verarbeitung oder Nutzung) der dafür erforderlichen Daten nicht davon abhängig sein, ob der Betroffene seine Einwilligung dazu gibt. Er könnte ja durch die Verweigerung seiner Einwilligung einen notwendigen Eingriff verhindern. Das Gesetz muß daher die Befugnis vorsehen, die für den Eingriff erforderlichen Daten auch ohne seine Einwilligung zu erheben.[36]

Dies ergibt sich aus verfassungsrechtlichen Erwägungen. Bliebe das Jugendamt bei der Erfüllung seiner Aufgaben nach § 42, § 43 und § 50 Abs. 3 KJHG allein auf die Bereitschaft der Eltern angewiesen, die zur Aufklärung der Gefährdung erforderlichen Informationen preiszugeben, so könnten die Eltern den Weg zur Abwendung einer Gefährdung des Wohles ihres Kindes unter Berufung auf ihr Recht zur informationellen Selbstbestimmung versperren. Der staatliche Auftrag nach Art. 6 Abs. 3 GG unterläge somit der Verfügungsbefugnis der Eltern. Ein Gesetz, das ein solches Ergebnis herbeiführte, wäre verfassungswidrig.

Nr. 2: Unabweisbarkeit anderweitiger Erhebung
Ohne Mitwirkung des Betroffenen dürfen personenbezogene Daten erhoben werden,

- wenn ihre Erhebung beim Betroffenen nicht möglich ist oder
- die jeweilige Aufgabe ihrer Art nach eine Erhebung bei anderen erfordert und die Kenntnis der Daten erforderlich ist für
  - die Feststellung der Voraussetzungen oder die Erfüllung einer Leistung nach dem KJHG
  - die Feststellung der Voraussetzungen für die Erstattung einer Leistung nach § 50 SGB X
  - die Wahrnehmung einer Aufgabe nach §§ 42 bis 48 KJHG
  - eine gerichtliche Entscheidung, die Voraussetzung für die Gewährung einer Leistung nach dem KJHG ist.

Hinter der sprachlichen Undurchdringlichkeit dieser Regelung verbirgt sich ihre rechtliche Problematik. Es bleibt unbestimmt, wann im Sinne dieser Vorschrift die Erhebung beim Betroffenen „nicht möglich“ ist. Geht es um die Gewährung oder Erbringung einer Leistung, so kann jedenfalls aus § 62 Abs. 3 Nr. 2 nicht gefolgert werden, daß die Daten auch ohne Zustimmung des Betroffenen erhoben werden dürfen. Dies würde seine informationelle Selbstbestimmung ohne vertretbaren Grund aufheben, denn es handelt sich um einen Fall fehlender Mitwirkung, dessen rechtliche Konsequenzen nach Maßgabe der Regelungen

36 Im Ergebnis ebenso: Hauck, KJHG § 62 Rn. 8; Münder u.a., Frankfurter Kommentar, § 62 Rn. 8; Oberloskamp, Zusammenarbeit, S. 1246/1247; Wienand in Schellhorn/Wienand KJHG § 62, Rn. 14ff. - Anders: Mörsberger, in Wiesner u.a. Rn. 20, 21 und 27. - Ausführlich zum Anwendungsbereich des § 62 Abs. 3 Nr. 1 Maas, in Jans/Happe/Saurbier, § 62 Rn. 46ff.

über die Mitwirkungspflichten in §§ 60ff. SGB I zu beurteilen sind. Dient die Datenerhebung aber zur Vorbereitung eingreifender Maßnahmen, dann kommt es auf die Mitwirkung des Betroffenen ohnehin nicht an. Dieser Fall ist bereits in Nr. 1 geregelt.

Nr. 3: Unverhältnismäßiger Aufwand
Ohne Mitwirkung des Betroffenen dürfen personenbezogene Daten erhoben werden, wenn die Erhebung beim Betroffenen einen unverhältnismäßigen Aufwand erfordern würde und keine Anhaltspunkte dafür bestehen, daß seine schutzwürdigen Belange beeinträchtigt werden.

Mit dieser Regelung fällt das KJHG hinter die Regelung der Mitwirkungspflichten im SGB I zurück. Es bestand kein Anlaß, im Rahmen eines als Leistungsrecht konzipierten Jugenhilferechts die Datenerhebung zum Zwecke der Leistungsgewährung von der Mitwirkung des Betroffenen abzukoppeln und von ungewissen Vermutungen über die Schutzwürdigkeit seiner Belange abhängig zu machen. Das Instrumentarium der §§ 65 und 66 SGB I hätte vollständig ausgereicht, um die Verhältnismäßigkeit des Ermittlungsaufwandes beim Betroffenen abzuwägen und um fehlende Mitwirkungsbereitschaft zu sanktionieren. Nun besteht die Gefahr, daß über § 62 Abs.3 Nr. 3 KJHG versucht weren könnte, die Regelungen der §§ 60ff. SGB I zu unterlaufen.

In jedem Falle bleibt dem Betroffenen die Befugnis, der Verwertung von Daten zu widersprechen, die auf diesem Wege erlangt worden sind, denn § 62 Abs. 3 Nr. 3 KJHG kann ihm sein Recht auf informationelle Selbstbestimmung nicht entziehen. Sobald er der Datenverwertung widerspricht, bestehen Anhaltspunkte für die Beeinträchtigung seiner Belange.

Einen weiteren Fall regelt *§ 62 Abs. 4 KJHG*, der es gestattet, daß nicht nur Daten über den Leistungsberechtigten (z.B. den Personensorgeberechtigten) bzw. den Leistungsbegünstigten (z.B. den Jugendlichen) erhoben werden, sondern über einen *nicht leistungsbeteiligten Dritten* (z.B. den nicht sorgeberechtigten Elternteil), dem möglicherweise die jugendhilferechtlichen Vorgänge nicht bekannt sind, über den aber Informationen mitgeteilt werden, die für die Jugendhilfe notwendig sind. Er ist der von der Datenerhebung Betroffene.

Als Betroffener ist er grundsätzlich zu informieren, denn § 62 Abs. 2 Satz 2 KJHG wird durch § 62 Abs. 4 KJHG nicht eingeschränkt. Überdies hat er das Auskunftsrecht nach § 67 KJHG.

Ausnahmen vom Grundsatz der Datenerhebung beim Betroffenen werden auch in *§ 67a Abs. 2 Satz 2 SGB X* geregelt. Sie sind aus dem Bereich der Kinder- und Jugendhilfe durch den Vorrang der spezielleren Regelungen des § 62 Abs. 3 und 4 KJHG verdrängt, gelten aber beispielsweise für das *sozialhilferechtliche Verwaltungsverfahren.*

Satz 2 Nr. 1 gestattet die Datenerhebung bei einem zur Übermittlung der jeweiligen Daten befugten Sozialleistungsträger oder einer diesem nach § 35 SGB I oder nach § 69 Abs. 2 SGB X gleichgeordneten Stelle, wenn die Datenerhebung beim Betroffenen einen unverhältnismäßigen Aufwand erfordern würde und auf seiner Seite keine schutzwürdigen Interessen überwiegen.

Satz 2 Nr. 2 gestattet die Datenerhebung bei anderen Personen oder Stellen,

- aufgrund ausdrücklicher Regelung durch eine Rechtsvorschrift oder
- wenn die Aufgabenerledigung dies „ihrer Art nach“ erforderlich macht oder die Datenerhebung beim Betroffenen einen unverhältnismäßigen Aufwand erfordern würde und auf seiner Seite keine schutzwürdigen Interessen entgegenstehen.

3.3 Datenspeicherung und Aktenführung

§ 63 KJHG regelt die Zulässigkeit der Datenspeicherung in Akten und auf sonstigen Datenträgern für den Bereich der Kinder- und Jugendhilfe.

Nach der auch für die Kinder- und Jugendhilfe verbindlichen Legaldefinition in § 67 Abs. 6 Nr. 1 SGB X ist Datenspeicherung das Erfassen, Aufnehmen oder Aufbewahren von Sozialdaten auf einem Datenträger zum Zwecke ihrer weiteren Verarbeitung oder Nutzung.

Datenträger im Sinne des Gesetzes sind nicht nur die in der EDV verwendeten elektronischen Medien, sondern alle Medien, auf denen Informationen wiedererkennbar festgehalten werden können, also neben den computerüblichen Disketten und Magnetplatten auch Lochkarten, Filme, sonstige Bild- und Tonträger, Papier usw.

Akten als die klassische Form der Informationsverwaltung waren zunächst nicht Gegenstand datenschutzrechtlicher Regelungen. Alltagssprachlich bedeutet „Akte“ eine geordnete Sammlung von Schriftgut. In den jetzt geltenden Datenschutzgesetzen (u.a. § 3 Abs. 2 Satz 2 und Abs. 3 BDSG; § 67 Abs. 3 Satz 2 und Abs. 4 SGB X) wird die Akte definiert als eine amtlichen oder dienstlichen Zwecken dienende Unterlage, sofern sie nicht durch automatisierte Verfahren umgeordnet und ausgewertet werden kann. Wäre dies der Fall, so handelte es sich um eine Datei. Auch Bild- und Tonträger können Akten oder Teile von Akten sein. Unter den Begriff der Akte fallen nicht Vorentwürfe und Notizen, die nicht Bestandteil eines Vorgangs werden sollen.

Für den Bereich des öffentlichen Verwaltungsverfahrens ist die Akte, und nur diese, tatsächliche Entscheidungsgrundlage:[37] „Quod non est in actis, non est in mundo.“ („Was nicht in den Akten ist, ist nicht in der Welt.“)

Daraus folgt, daß behördliches Tatsachenwissen grundsätzlich nur das im Rahmen der Erforderlichkeit in der Akte gespeicherte Wissen ist, nicht das darüber hinausgehende Zufallswissen einzelner Mitarbeiter. Nur die der Behörde ge-

---

[37] Siehe oben 2.2.1.

setzlich zustehenden und in der Akte niedergelegten Kenntnisse von personenbezogenen Daten können daher auch Gegenstand der Datenverarbeitung und damit auch weiterer Verwendung sein.

Vom Zufallswissen einzelner Mitarbeiter sind die eine eventuelle Aufnahme in die Akte vorbereitenden schriftlichen Notizen (Gedächtnisstützen) zu unterscheiden. Sie sind nicht Akteninhalt und unterliegen daher nicht den für diese geltenden Verwendungsregeln. Sobald feststeht, daß sie für die Sachbearbeitung nicht gebraucht und somit nicht Akteninhalt werden, sind sie zu vernichten.[38]

Sozialarbeitern und Sozialpädagogen wird eine eher ablehnende Einstellung zur Akte nachgesagt. LAU und WOLFF haben das Verhältnis von Sozialarbeitern zu „ihren Akten" als ein „Bündnis wider Willen" bezeichnet. Zur alltäglichen Erfahrung des Sozialarbeiters gehöre die Einsicht, „daß zwischen der Lebens- bzw. Notsituation der Klienten und deren amtlich-aktenmäßiger Abbildung zum Zwecke der Begründung einer Maßnahme eine schwer zu überbrückende Differenz besteht".[39]

Das spricht aber nicht gegen die Akte. Sie hat gerade angesichts der komplexen Sachverhalte, mit denen soziale Arbeit regelmäßig konfrontiert wird, *unverzichtbare Funktionen*. So schließt sie das Vergessen aus und sichert unter anderem die Kontinuität und Überprüfbarkeit des Hilfeprozesses.[40] Darin ist auch eine Schutzfunktion für den Klienten gegenüber dem Sozialarbeiter enthalten, denn erst die Dokumentation sichert vor den Zufällen persönlichen Wohlwollens eines einzelnen Sozialarbeiters.[41] Die Akte löst den Vorgang von seiner Person und schafft damit eine institutionalisierte Informationsgrundlage.

Nach § 63 Abs. 1 KJHG gilt auch für die Datenspeicherung und Aktenführung der *Grundsatz der Erforderlichkeit* mit seinen beiden Aspekten der Zweckbindung und Einzelfallorientierung. Sozialdaten, die für die Erfüllung der *jeweiligen Aufgabe* nicht erforderlich sind, dürfen nicht gespeichert und in Akten aufgenommen werden (Abs. 1).

Akten sind grundsätzlich als *Einzelfallakten* zu führen.

§ 63 Abs. 2 KJHG läßt die *Verbindung von Einzelfallakten* zu einer Gesamtakte nur zu, wenn und solange dies wegen eines unmittelbaren Sachzusammenhangs erforderlich ist. Dieser besteht nicht generell, sozusagen „automatisch" zwischen Leistungsdaten im Sinne von § 2 Abs. 2 KJHG und Daten, die für „andere Aufgaben" im Sinne des § 2 Abs. 3 KJHG erhoben worden sind. Maßstab hierfür ist alleine, ob es für die Erfüllung einer bestimmten jugendhilferechtlichen Aufgabe erforderlich ist, diese Daten zusammenzuführen. Es ist also jeweils nach der Sachlage im Einzelfall zu beurteilen, ob beispielsweise Akten

---

38 So auch: Deutscher Verein, a.a.O., S. 337. Vgl auch § 3 Abs. 3 BDSG (1991).
39 In: NP 1981(3), 199ff. Zitat S. 204.
40 So auch: Deutscher Verein, a.a.O.
41 Lau und Wolff, a.a.O., S. 212.

der Inobhutnahme, Akten der Jugendgerichtshilfe oder Akten der Mitwirkung im familiengerichtlichen Verfahren mit Akten der Hilfe zur Erziehung zusammengeführt werden dürfen. Ein genereller Sachzusammenhang besteht nicht.

Die gegenüber dem KJHG nachrangige Regelung für die Datenspeicherung in *§ 67c Abs. 1 SGB X* beruht wie § 63 KJHG auf dem allgemeinen datenschutzrechtlichen Grundsatz der Erforderlichkeit mit den beiden Aspekten der Zweckbindung und Einzelfallorientierung.

67c Abs. 2 SGB X gestattet unter den dort genannten Voraussetzungen die Speicherung von Sozialdaten zu einem anderen als dem Erhebungszweck.

§ 67c Abs. 3 SGB X, der sich auf die Speicherung für die Wahrnehmung von Aufsichts-, Kontroll- und Disziplinarbefugnissen, der Rechnungsprüfung oder der Durchführung von Organisationsuntersuchungen sowie auf Ausbildungs- und Prüfungszwecke bezieht und *§ 67 Abs. 4 SGB X*, der Speicherung und Verwendung von Sozialdaten für Zwecke der Datenschutzkontrolle, der Datensicherung und des ordnungsgemäßen Betriebes von Datenverarbeitungsanlagen betrifft, gilt auch für den Bereich der Kinder- und Jugendhilfe.

§ 67c Abs. 5 SGB X enthält eine Regelung der für Zwecke der wissenschaftlichen Forschung oder Planung gespeicherten Sozialdaten und § *64 Abs. 3 KJHG* eine spezielle Vorschrift für die Speicherung zu Zwecken der Jugendhilfeplanung.

Der DEUTSCHE VEREIN FÜR ÖFFENTLICHE UND PRIVATE FÜRSORGE hat die im KJHG und SGB X niedergelegten Grundsätze im wesentlichen in seiner Ausarbeitung „Aktenführung in der kommunalen Sozialverwaltung“[42] bereits vorweggenommen.

Da Datenspeicherung und Aktenführung der gesetzlichen Aufgabenerfüllung dienen, gilt der Grundsatz der Erforderlichkeit auch für die *Dauer der Datenaufbewahrung*.

§ 84 SGB X begründet die auch für den Bereich der Kinder- und Jugendhilfe geltende Pflicht zur *Löschung* nicht mehr erforderlicher Daten. Außer der Löschung kommt auch eine *Sperrung* der Daten in Betracht.

Außerdem verpflichtet diese Vorschrift dazu, unrichtige Daten zu *berichtigen*.

3.4 Das Auskunftsrecht des Betroffenen

Das aus dem Grundrecht auf informationelle Selbstbestimmung abzuleitende Recht des Betroffenen auf Auskunft über die zu seiner Person gespeicherten Daten wird für den Bereich des Sozialdatenschutzes durch § 83 SGB X im einzelnen geregelt. Diese Regelung gilt infolge des Verweises in § 67 KJHG auch

42 In: NDV 1990 (10), 335 - 339.

für die Kinder- und Jugendhilfe: Die Auskunft ist „nach Maßgabe" von § 83 SGB X zu erteilen.

§ 83 Abs. 1 Satz 1 SGB X stellt klar, daß über die zur Person des Betroffenen gespeicherten Daten Auskunft zu erteilen ist, auch soweit sie sich auf Herkunft oder Empfänger dieser Daten beziehen. Außerdem erstreckt sich die Auskunft auf den Zweck der Speicherung.

Das Grundrecht Dritter ist auch bei der nach § 83 Abs. 1 Satz 1 Nr. 1 SGB X zu erteilenden Auskunft über die Herkunft oder den Empfänger von Daten des Auskunftssuchenden zu beachten.

Dem Betroffenen darf also zum Beispiel die *Identität eines Informanten* nur mitgeteilt werden, wenn der Informant seine Einwilligung dazu gegeben hat oder eine gesetzliche Ermächtigung hierzu vorliegt, z.B. § 138 StGB i.V.m. § 71 Abs. 1 Nr. 1 SGB X.

Die Auskunft wird auf Antrag erteilt. Die speichernde Stelle bestimmt Verfahren und Form der Auskunftserteilung nach pflichtgemäßem Ermessen (§ 83 Abs. 1 Satz 4 SGB X). So kann sie auch das in § 25 Abs. 2 SGB X beschriebene Verfahren wählen (§ 83 Abs. 1 Satz 5 SGB X) und Angaben über gesundheitliche Verhältnisse durch einen Arzt vermitteln lassen. Entsprechend kann beispielsweise der Inhalt einer psychosozialen Diagnose von einer sonstigen Fachkraft vermittelt werden. Besteht der Betroffene aber auf Akteneinsicht, so ist sie ihm zu gewähren (§ 25 Abs. 2 Satz 4 SGB X).[43]

Die Behörde kann die beantragte *Auskunft verweigern*, wenn das Informationsinteresse des Betroffenen in keinem Verhältnis zu dem behördlichen Aufwand steht (§ 83 Abs. 1 Satz 3). Der Auskunftserteilung stehen außerdem die in § 83 Abs. 2 - 4 genannten Gründe entgegen.

Gegen die Verweigerung der Auskunft kann sich der Betroffene durch Anrufung des zuständigen Datenschutzbeauftragten wehren (§ 83 Abs. 6). Entsprechendes gilt, wenn ihm die Gründe für die Auskunftsverweigerung verschwiegen werden (§ 83 Abs. 5).

Gegen die Ablehnung der Auskunft kann der Betroffene auch die regulären verwaltungsrechtlichen Rechtsbehelfe einlegen, denn die Ablehnung der Auskunft ist ein Verwaltungsakt.[44]

3.5 Datennutzung

Nach der *Legaldefinition* in § 67 Abs. 7 SGB X ist unter Nutzung von Sozialdaten jede Verwendung zu verstehen, soweit es sich nicht um Verarbeitung handelt. Auch die Weitergabe innerhalb der speichernden Stelle ist Nutzung. Zum Verarbeiten zählt das Speichern, Verändern, Übermitteln, Sperren und Löschen

[43] Siehe. oben 2.3.4 sowie Hauck, SGB X/1,2, § 25, Rn. 10 - 13.
[44] So auch Freund, in Hauck, a.a.O., Rn. 25.

von Sozialdaten (§ 67 Abs. 6 Satz 1 SGB X). Das Gesetz gebraucht also den Begriff des Verwendens als Oberbegriff für Verarbeiten und Nutzen.

Daten werden erhoben, um sie zu dem Zweck zu nutzen, zu dem sie erhoben worden sind. Datenerhebung und Datennutzung bilden sachlogisch eine Einheit, was durch das Prinzip der *Zweckbindung* zum Ausdruck gebracht wird. Dementsprechend ist auch die gesetzliche Befugnis zur Datennutzung in § 67c Abs. 1 SGB X und in § 64 Abs. 1 KJHG geregelt: Im Rahmen der Erforderlichkeit dürfen die für den jeweiligen gesetzlichen Zweck befugt erhobenen und gespeicherten Daten auch zu diesem Zweck genutzt werden.

Damit knüpfen SGB X und KJHG unmittelbar an das vom Bundesverfassungsgericht im Volkszählungsurteil entwickelte Konzept informationeller Selbstbestimmung an.

Kern der informationellen Selbstbestimmung ist das Verfügungsrecht des Bürgers über „seine" Daten. Willigt er ein, daß Daten zu einem bestimmten Zweck erhoben werden, so deckt diese Einwilligung auch die Verwendung der erhobenen Daten zu diesem Zweck, denn die Erhebung von Daten ist bereits zweckorientiert und zweckgebunden, das heißt: der Erhebungszweck ist identisch mit dem Verwendungszweck. Es wäre sinnlos, Daten zu erheben, die nicht verwendet werden sollen und es wäre nicht gestattet, Daten zu erheben, die nicht zu einem von vorneherein bestimmten Zweck, sondern zweckfrei, also auf Vorrat, erhoben werden.

Der (freiwilligen) Verfügung des Betroffenen über seine Daten ist die vom Gesetz erlaubte Datenerhebung ohne Rücksicht auf die Einwilligung des Betroffenen gleichgestellt. Die Zweckbindung gilt auch hier; auch hier sind Erhebungs- und Verwendungszweck identisch.

Sollen Sozialdaten innerhalb der speichernden Stelle zu einem anderen als dem Erhebungszweck genutzt werden, so wird diese *Zweckänderung* nicht mehr durch die ursprüngliche Legitimation zur Datennutzung gedeckt. Eine neue Legitimation ist erforderlich, also entweder die Einwilligung des Betroffenen oder eine besondere gesetzliche Ermächtigung (§ 67b Abs. 1 SGB X). § 67 c Abs. 2 Nr. 1 und 3 SGB X begründet solche gesetzlichen Ermächtigungen:

- Gemäß Nr. 1 dürfen die für einen bestimmten Zweck erhobenen Sozialdaten auch für die Erfüllung anderer Aufgaben nach dem Sozialgesetzbuch genutzt werden, wenn dies erforderlich ist.
- Gemäß Nr. 3 ist die Nutzung für die wissenschaftliche Forschung oder Planung unter den dort genannten Voraussetzungen erlaubt.

Für den Bereich der *Kinder- und Jugendhilfe* ist die gesetzliche Nutzungsbefugnis im Falle einer Zweckänderung aus § 64 Abs. 2 KJHG zu entnehmen. § 64 Abs. 2 bezieht sich seinem Wortlaut nach zwar nur auf die Übermittlung von Sozialdaten, nicht aber auf deren Nutzung. Daraus kann aber nicht geschlossen werden, daß der Gesetzgeber die Nutzung von Sozialdaten restriktiver als deren Übermittlung behandeln und nur auf den Erhebungszweck beschränken wollte.

Für einen Vorrang der Datenübermittlung vor deren Nutzung gibt es keinen erkennbaren sachlichen Grund. Das bedeutet: Die Nutzung der zu einem bestimmten jugendhilferechtlichen Zweck erhobenen Daten für die Erfüllung sonstiger Aufgaben nach dem Sozialgesetzbuch durch die datenerhebende und -speichernde Stelle ist wie die Übermittlung grundsätzlich gestattet, unterliegt aber den gleichen Einschränkungen, die nach Abs. 2 für die Datenübermittlung gelten.

3.6 Datenübermittlung

Im Recht des Sozialdatenschutzes ist das Thema Geheimhaltung immer mit Vorrang behandelt worden. Es beeinflußt bis heute den Sprachgebrauch: § 35 SGB I hat den Begriff des Sozialgeheimnisses bewahrt, obwohl er inzwischen nicht mehr bloß das Geheimhalten von Sozialdaten bezeichnet, sondern sich generell auf deren Schutz bei der Erhebung, Verarbeitung und Nutzung bezieht, und erst das 2. SGBÄndG von 1994 hat den Begriff der Offenbarung von Sozialdaten - der Öffnung des Geheimnisses - aus dem Recht des Sozialdatenschutzes verbannt. Lediglich durch § 203 StGB, seinem Ursprung, bleibt er der datenschutzrechtlichen Terminologie weiter erhalten. Im Sozialgesetzbuch ist nun an die Stelle der Datenoffenbarung der Begriff der Datenübermittlung getreten.

3.6.1 Zum Begriff der Datenübermittlung

§ 67 Abs. 6 Nr. 3 SGB X enthält die auch für die datenschutzrechtlichen Regelungen des KJHG verbindliche *Legaldefinition* des Begriffes „Übermitteln" als das Bekanntgeben gespeicherter oder durch Datenverarbeitung gewonnener Sozialdaten an einen Dritten (Empfänger) in der Weise, daß

- die Daten durch die speichernde Stelle an den Empfänger weitergegeben werden oder
- der Empfänger von der speichernden Stelle zur Einsicht oder zum Abruf bereitgehaltene Daten einsieht oder abruft.

Entscheidend für diesen Übermittlungsbegriff ist also der *Transport von Informationen*. Darin unterscheidet er sich vom Begriff des Offenbarens im SGB X ursprünglicher Fassung. Personenbezogene Daten zu offenbaren bedeutete, sie für einen anderen als den Erhebungszweck zu verwenden. Die Offenbarung war durch die *Zweckänderung* hinreichend definiert.

Zur Definition der Datenübermittlung, die ein Unterbegriff der Datenverarbeitung ist, stützt sich das Sozialgesetzbuch nun nicht mehr auf diese funktionale Betrachtungsweise, sondern übernimmt die an tatsächliche Tätigkeitsvollzüge anknüpfende Betrachtungsweise des Bundesdatenschutzgesetzes.

Mit der gesetzlichen Definition des Übermittelns von Daten ist noch nichts über die *Befugnis zur Übermittlung* ausgesagt. Diese ergibt sich - schon nach der Logik der grundrechtlichen Garantie informationeller Selbstbestimmung - entweder aus einer entsprechenden Einwilligung des Betroffenen oder aus einer gesetzlichen Ermächtigung. Für den Bereich des Sozialgesetzbuchs wird dies ausdrücklich in § 67b Abs. 1 SGB X geregelt.

Die Einwilligung in die Datenübermittlung ist nicht identisch mit der Einwilligung in die Datenerhebung. Für die Übermittlung ist eine eigenständige Einwilligung des Betroffenen erforderlich, die sich auf den jeweiligen Einzelfall beschränkt, zu dessen Erledigung die Daten übermittelt werden sollen. Die Einwilligung in die Übermittlung (und sonstige Verarbeitung sowie Nutzung) wird aber in der Regel bei der Datenerhebung erteilt werden, wenn der Erhebungs- und der Übermittlungszweck gleich sind. § 67b Abs. 2 SGB X sichert eine entsprechende Aufklärung des Betroffenen. Im übrigen gelten die allgemeinen Anforderungen an eine wirksame Einwilligung.[45]

Gesetzliche Übermittlungsbefugnisse werden in den §§ 68 -77 SGB X geregelt. Für sie gelten die in § 67d SGB X genannten Übermittlungsgrundsätze.

3.6.2 Die gesetzlichen Übermittlungsbefugnisse des SGB X

Liegt die Einwilligung des Betroffenen nicht vor, so dürfen die Sozialleistungsträger seine Sozialdaten nur nach Maßgabe der Übermittlungsbefugnisse des Sozialgesetzbuches, in erster Linie also nach §§ 68 - 77 SGB X, übermitteln.

Das wesentliche allgemeine Ziel dieser Bestimmungen besteht in der Abschottung der Sozialleistungsträger gegenüber anderen Bereichen der staatlichen Verwaltung. Daten, die von einem Sozialleistungsträger im Hinblick auf eine bestimmte Maßnahme nach dem Sozialgesetzbuch erhoben worden sind, stehen anderen Behörden für deren Aufgabenerledigung grundsätzlich nicht zur Verfügung (Grundsatz der Zweckbindung). Ein Sozialleistungsträger ist aber zur Übermittlung befugt, soweit sie erforderlich ist für die Erfüllung einer gesetzlichen Aufgabe nach dem Sozialgesetzbuch (Regel: § 69 Abs. 1 Nr. 1).

Sozialdaten, die unbefugt übermittelt worden sind, dürfen gemäß § 78 Abs. 1 Satz 1 SGB X nicht verwendet werden: allgemeines *Verwertungs- oder Verwendungsverbot*.[46]

Die einzelnen gesetzlichen Übermittlungsbefugnisse des SGB X werden im folgenden nach der jeweiligen Richtung des Datenflusses geordnet.

Von Sozialbehörde A an Sozialbehörde B:

---

[45] Siehe oben 3.1.3.1.

[46] So ausdrücklich die Begründung des zuständigen Bundestagsausschusses zu dieser Vorschrift, BT-Drucksache 8/4022/1980, vgl. Jans, Happe, Saurbier, Materialien zu § 78. Vgl. auch Borchert u.a., § 78, Rn. 13 und 14; Walloth, in Hauck, SGB I, § 35, Rn. 47; Kunkel, Sanktionen, S. 338ff.

Die für die Sozialbehörden wichtigste Norm im Rahmen der gesetzlichen Übermittlungsbefugnisse ist § 69 Abs. 1 Nr. 1: die Übermittlung von Sozialdaten zur Erfüllung gesetzlicher Aufgaben nach dem Sozialgesetzbuch. Diese Vorschrift erlaubt den Austausch von Sozialdaten unter den in § 35 SGB I genannten Stellen. Allerdings ist dies keine Generalklausel für den freien Austausch von Sozialdaten zwischen verschiedenen Sozialbehörden. Die Übermittlung ist nur zulässig, „soweit sie erforderlich ist", d.h. also, soweit sie notwendig ist zur Anwendung der als Leistungs- oder Eingriffsgrundlage heranzuziehenden Rechtsnorm. Dabei ist es gleichgültig, ob die Übermittlung erforderlich ist zur Erledigung einer Aufgabe der übermittelnden Behörde oder zur Erledigung einer Aufgabe derjenigen Behörde, die die Daten erhält. Die übermittelnde Stelle muß diese Daten von den anderen trennen, d.h. gegebenenfalls Aktenauszüge anfertigen. Die Übersendung der gesamten Akte wäre unzulässig.

§ 69 Abs. 2 zählt Stellen auf, die den in § 35 SGB I genannten Behörden gleichgestellt werden; § 70 erstreckt die Übermittlungsbefugnis auf Zwecke des Arbeitsschutzes und die damit betrauten Behörden.

Von einer Sozialbehörde an eine Behörde der übrigen Verwaltung:
Ist die Weitergabe von Sozialdaten an eine Behörde außerhalb der Sozialverwaltung erforderlich, damit die weitergebende Sozialbehörde ihre eigenen Aufgaben ordnungsgemäß erledigen kann, dann folgt die Übermittlungsbefugnis aus § 69 Abs. 1 Nr. 1 SGB X, z.B., wenn das Sozialamt gegenüber dem Einwohnermeldeamt bestimmte Angaben machen muß, um von dort notwendige Auskünfte zu erhalten. Gemäß § 78 SGB X hat die empfangende Stelle (im Beispiel das Einwohnermeldeamt) die ihr übermittelten Sozialdaten geheimzuhalten.

Die Übermittlung der folgenden sogenannten *Grunddaten* ist unter den Voraussetzungen des § 68 zulässig: Vor- und Familiennamen, Geburtsdatum, Geburtsort, derzeitige Anschrift des Betroffenen, Namen und Anschrift seines derzeitigen Arbeitgebers. Allerdings gilt das nicht, wenn schutzwürdige Interessen des Betroffenen beeinträchtigt würden, z.B. bei Aufenthalt im Gefängnis, in einer psychiatrischen Anstalt etc. Diese weniger sensitiven Daten dürfen allerdings nur im Rahmen der Amtshilfe offenbart werden.

Die *Amtshilfe* ist in den §§ 3 - 7 SGB X geregelt, also im Rahmen des Verwaltungsverfahrens. Im wesentlichen regelt § 4 die Voraussetzungen, unter denen ein Amtshilfeersuchen zulässig ist und die Grenzen, innerhalb derer die ersuchte Behörde zur Amtshilfe verpflichtet ist. Über das Übermittlungsersuchen entscheidet der Leiter der ersuchten Stelle oder sein Stellvertreter (§ 68 Abs. 2).

Eine Spezialvorschrift für die Übermittlung bestimmter Grunddaten an Behörden des Verfassungsschutzes, des Bundesnachrichtendienstes, des Militärischen Abschirmdienstes und des Bundeskriminalamtes enthält § 72.

§ 71 erlaubt die Übermittlung im Rahmen besonderer *Mitteilungspflichten*, z.B. nach dem Bundesseuchengesetz und nach dem Ausländergesetz.

Mit dem Inkrafttreten des Gesetzes zur Neuregelung des Ausländerrechts (AuslG) am 1. Januar 1991 ist der *Sozialdatenschutz für Ausländer* erheblich eingeschränkt worden. Die maßgeblichen Bestimmungen sind enthalten in §§ 76 und 77 der Neuregelung und in der durch dieses Gesetz (Artikel 8) und durch das 2. SGBÄndG von 1994 geänderten Fassung des § 71 Abs. 2 SGB X.[47]

Die durch § 76 AuslG begründete Pflicht „öffentlicher Stellen" zur Übermittlung personenbezogener Daten an Ausländerbehörden legitimiert die jeweiligen Stellen nicht automatisch, die entsprechenden Daten weiterzugeben. Sie dürfen dies nur nach Maßgabe der für ihren Aufgabenbereich geltenden Übermittlungsbefugnisse.[48] § 77 Abs. 1 AuslG bestimmt überdies, daß eine Übermittlung unterbleibt, soweit besondere gesetzliche Verwendungsregelungen entgegenstehen.

Für die an das Sozialgeheimnis des § 35 SGB I gebundenen öffentlichen Stellen enhält der neu gefaßte § 71 Abs. 2 SGB X die den Mitteilungspflichten nach § 76 Abs. 1 und 2 AuslG zugeordneten Übermittlungsbefugnisse. Danach dürfen Jugendämter *auf Ersuchen der Ausländerbehörde* Angaben über das zu erwartende soziale Verhalten eines Ausländers mitteilen, bei dem ein Ausweisungsgrund vorliegt. Auch ohne Ersuchen, also *von Amts wegen*, ist von den Sozialleistungsträgern mitzuteilen, ob jemand Heroin, Cocain oder ein vergleichbar gefährliches Betäubungsmittel verbraucht und nicht zu einer erforderlichen seiner Rehabilitation dienenden Behandlung bereit ist oder sich ihr entzieht (§ 46 Nr. 4 AuslG). Die Übermittlungsbefugnis besteht selbst dann, wenn diese Informationen von einer nach § 203 Abs. 1 StGB schweigepflichtigen Person stammen (§ 77 Abs. 2 AuslG). Von Amts wegen sind überdies folgende Mitteilungen zu machen, allerdings nur, wenn die an sich nach § 71 Abs. 2 SGB X vorhandene Übermittlungsbefugnis nicht durch § 76 SGB X in Verb. mit § 203 Abs. 1 StGB bzw. durch §§ 65 oder 68 KJHG gesperrt ist:

- Straftaten und Rechtsverletzungen im Sinne der §§ 46 und 47 AuslG.
- Längerfristige Obdachlosigkeit.
- Die Inanspruchnahme von Sozialhilfe.
- Die Inanspruchnahme von Hilfe zur Erziehung außerhalb der eigenen Familie, sofern die Eltern bzw. der allein personensorgeberechtigte Elternteil sich nicht rechtmäßig im Bundesgebiet aufhalten.
- Die Inanspruchnahme von Hilfe für junge Volljährige.

Die Regelungen richten sich an die *Sozialämter und Jugendämter*, nicht aber an einzelne Einrichtungen, in denen Leistungen der Sozial- bzw. Jugendhilfe erbracht werden. So sind beispielsweise kommunale Kindergärten, Jugendhäuser oder Erziehungsberatungsstellen gegenüber den Ausländerbehörden weder mitteilungspflichtig noch übermittlungsbefugt.[49] Der Gesetzgeber sagt dies teils ausdrücklich (§ 71 Abs. 2 Nr. 1d), teils folgt es aus dem Sinnzusammenhang

---

47 Zur besonderen Stellung von EG-Ausländern: Sieveking, Kontrolle; Ketelsen.
48 Vgl. auch Gutachten des Deutschen Vereins vom 17. Juli 1991, G 73/91.
49 So auch Happe, in Jans, Happe, Saurbier, § 6 Rn. 69; Mörsberger, Hinweise, S. 158.

der Regelung. So ist ein Mitteilungsersuchen der Ausländerbehörde stets an das entsprechende Amt (Jugendamt, Sozialamt) zu richten (Amtshilfe!). Die von einem Ersuchen unabhängigen Mitteilungspflichten könnten schon deshalb nicht von einer einzelnen Einrichtung erfüllt werden, weil ihr dazu in der Regel die rechtliche Übersicht fehlt. Einen weiteren Hinweis auf den vom Gesetz angesprochenen Normadressaten enthält außerdem § 76 Abs. 5 AuslG, der die Möglichkeit vorsieht, durch Rechtsverordnung weitere Mitteilungspflichten zu schaffen, als deren Adressaten u.a. in Nr. 4 die Sozial- und Jugendämter ausdrücklich genannt werden.[50]

Die Mitteilungspflichten nach dem Ausländergesetz werden durch die Übermittlungsbeschränkungen des KJHG und durch § 203 Abs. 1 StGB erheblich abgeschwächt. Wie bereits erwähnt, stellt § 77 Abs. 1 AuslG klar, daß die Übermittlung personenbezogener Daten eines Ausländers unterbleibt, soweit besondere gesetzliche Verwendungsregelungen entgegenstehen. Im Bereich sozialer Arbeit sind die §§ 65 und 68 KJHG sowie § 203 Abs. 1 und 3 StGB solche besonderen gesetzlichen Verwendungsregelungen. Sofern sie eine Übermittlung nicht gestatten, wirken sie als Sperre für Mitteilungspflichten nach dem Ausländergesetz. Sie schließen also die Übermittlungsbefugnisse nach § 71 Abs. 2 SGB X aus.[51]

Beruht beispielsweise die einem ausländischen Minderjährigen gewährte Hilfe außerhalb der eigenen Familie bzw. die einem jungen Volljährigen gewährte Hilfe auf Daten, die nach §§ 65 und 68 KJHG sowie § 203 Abs. 1 und 3 StGB besonders geschützt sind, so läuft die Mitteilungspflicht nach dem Ausländergesetz leer, denn die an die Ausländerbehörde gerichtete Information, daß entsprechende Hilfen gewährt werden, würde zwangsläufig den der Jugendbehörde anvertrauten Hilfebedarf offenbaren. Eine solche Mitteilung ist also nicht zulässig.[52]

Sofern Ausländerbehörden darum ersuchen, Angaben über das zu erwartende soziale Verhalten eines Ausländers zu übermitteln, bei dem ein Ausweisungsgrund vorliegt, ist, abgesehen von den genannten Übermittlungssperren, zu

---

[50] Kritisch zu den datenschutzrechtlichen Vorschriften des neuen Ausländergesetzes: Huber, S. 47/48; Maas, Auswirkungen; Rittstieg; Schnapka; Sieveking, Neuauflage. Zum Referentenentwurf und zum Gesetzentwurf der Bundesregierung liegen kritische Stellungnahmen von Landesbeauftragten für den Datenschutz vor, so im 10. Tätigkeitsbericht 1989 der Landesbeauftragten für den Datenschutz Baden - Württemberg, S. 48ff. (Referentenentwurf) und im 12. Jahresbericht 1990 des Bremischen Landesbeauftragten für den Datenschutz, Kap. 2.2.6.1 (Regierungsentwurf). Siehe auch: „Bielefelder Appell“. In: Sozialmagazin 10/1990,57 - 60!

[51] Ausführlich: Kunkel, Sozialdatenschutz, S. 11ff.; Maas, Auswirkungen, S. 419 und 420.

[52] So auch: Landschaftsverband Rheinland. Rundschreiben vom 14. 01. 1991. (46.00-27; 4600-28-1: „Vor allem im Falle der Gewährung einer persönlichen erzieherischen Hilfe ist die Offenbarung dieser Hilfegewährung an die Ausländerbehörden grundsätzlich unzulässig. Insoweit gilt der besondere Vertrauensschutz des § 65 KJHG. „

prüfen, ob das ersuchte Jugendamt eine solche Prognose überhaupt hinreichend begründet abgeben kann. Die Unbestimmtheit der hiermit umschriebenen Informationen läßt überdies vermuten, daß die verfassungsrechtlichen Grenzen für gesetzliche Einschränkungen des Grundrechts auf informationelle Selbstbestimmung durch diese Regelung bereits überschritten sind.

Von einer Sozialbehörde an die Justiz:
Nach § 69 Abs. 1 Nr. 2 darf eine Sozialbehörde die zur Durchführung eines gerichtlichen Verfahrens (einschließlich eines Strafverfahrens) erforderlichen Daten übermitteln, wenn dieses Verfahren zusammenhängt mit der Erfüllung einer gesetzlichen Aufgabe nach dem Sozialgesetzbuch (z.B. ein verwaltungsgerichtliches Verfahren wegen Sozialhilfe). In diesem Umfang ist auch den beteiligten Rechtsanwälten Akteneinsicht zu gewähren.

§ 71 Abs. 1 Nr. 1 läßt die Übermittlung zur Abwendung geplanter Straftaten nach § 138 des Strafgesetzbuches zu. Nach § 73 können bestimmte Sozialdaten zur Durchführung eines Strafverfahrens übermittelt werden, wenn dies richterlich angeordnet ist. § 74 sieht schließlich die Übermittlung von Sozialdaten zur Durchsetzung von Unterhaltsansprüchen vor.

Von einer Sozialbehörde an freie Träger und private Dritte:
Die Übermittlungsbefugnis richtet sich nach § 69 Abs. 1 Nr. 1.

Danach darf beispielsweise das Jugendamt nur solche Daten weitergeben, deren Übermittlung erforderlich ist für die Erfüllung von Aufgaben des Jugendamtes nach dem KJHG. Entscheidend ist also nicht das Informationsinteresse des freien Trägers, sondern die Erfüllung der Aufgaben des Jugendamtes.

Die so dem freien Träger mitgeteilten Daten sind zweckgebunden. Gemäß § 78 Abs. 1 Sätze 1 und 2 SGB X dürfen sie von dem freien Träger nur zu dem Zweck verwendet werden, zu dem sie ihm übermittelt worden sind, ansonsten sind sie geheimzuhalten.

Sonderfälle:
§ 75 schafft eine besondere Regelung für die Übermittlung von Sozialdaten zu Planungs- und Forschungszwecken. Die Weitergabe von Sozialdaten an eine Stelle außerhalb der Bundesrepublik Deutschland wird durch § 77 zusätzlich eingeschränkt.

Die gesetzlichen Übermittlungsbefugnisse gelten unmittelbar für die Sozialleistungsträger und die ihnen gleichgeordneten Stellen. Mittelbar gelten sie natürlich auch für die Mitarbeiter dieser Stellen. Allerdings können die Übermittlungsbefugnisse bestimmter Gruppen von Mitarbeitern eingeschränkt sein.

3.6.3 Eingeschränkte Offenbarungsbefugnisse nach § 203 Abs. 1 StGB[53]

Für die soziale Arbeit ist § 203 Abs. 1 StGB bedeutsam geworden, weil staatlich anerkannte Sozialarbeiter und Sozialpädagogen in den Katalog der Berufsgruppen aufgenommen worden sind, die mit Strafe bedroht werden, wenn sie ihre Schweigepflicht verletzen. Dies tun sie, wenn sie ein „Geheimnis" preisgeben, das ihnen anvertraut worden oder sonst bekanntgeworden ist.

Es ist für den Umfang der Geheimhaltungspflicht von geringer Bedeutung, daß § 203 Abs. 1 StGB von „Geheimnissen" spricht und nicht, wie das Datenschutzrecht, von „personenbezogenen Daten" schlechthin, denn allein der Geheimhaltungswille des Betroffenen entscheidet darüber, was geheim bleiben soll.[54] Dies entspricht dem Prinzip der informationellen Selbstbestimmung und läuft praktisch darauf hinaus, das Erfordernis der Einwilligung auf alle Informationen zu erstrecken, die über den Betroffenen weitergegeben werden sollen. Ohne Einwilligung des Betroffenen dürfen die durch § 203 Abs. 1 geschützten Informationen nur offenbart werden, wenn ein strafrechtlicher Rechtfertigungsgrund vorliegt. Als solcher kommt der rechtfertigende Notstand nach § 34 StGB und die gesetzliche Pflicht zur Anzeige geplanter, aber noch abwendbarer Straftaten (§ 138 StGB) in Betracht.

Nach § 203 Abs. 2 sind auch bestimmte öffentliche Funktionsträger wegen Verletzung der Schweigepflicht strafbar, aber für die dort genannten Funktionsträger gelten die gewöhnlichen datenschutzrechtlichen bzw. verwaltungsverfahrensrechtlichen Übermittlungsbefugnisse. Für die in § 203 Abs. 1 StGB genannten Berufsgruppen besteht also eine gesteigerte Geheimhaltungspflicht.

Davon sind im Bereich der sozialen Arbeit nicht nur die staatlich anerkannten Sozialarbeiter und Sozialpädagogen betroffen, sondern auch staatlich anerkannte Berufspsychologen, Ehe-, Erziehungs-, Jugend- und Suchtberater in einer öffentlich anerkannten Beratungsstelle, Berater in einer Beratungsstelle nach § 218 b Abs. 2 Nr. 1 StGB sowie die Gehilfen und Auszubildenden, die bei den genannten Personen tätig sind.

Für die nach dem Sozialgesetzbuch tätig werdenden Stellen „verlängert" § 76 Abs. 1 SGB X die gemäß § 203 Abs. 1 StGB gesteigerte Geheimhaltungspflicht. Sofern also eine Information der gesteigerten Geheimhaltungspflicht unterliegt, ist auch der Sozialleistungsträger im gleichen Umfang geheimhaltungspflichtig.

Die gemäß § 203 Abs. 1 StGB gesteigerte Schweigepflicht gilt sowohl gegenüber beliebigen Dritten als auch im Verhältnis zur Beschäftigungsstelle, gleichgültig ob diese ein freier Träger ist oder das Jugendamt bzw. Sozialamt.[55]

---

53 Hier gilt weiter der Begriff der Offenbarung.
54 Schönke und Schröder, § 203, Rn. 7.
55 Vgl. Frommann, S. 174ff.; Kühnel, S. 167ff.; Mörsberger, Verschwiegenheits-

Die Anwendung dieser gesteigerten Schweigepflicht auf staatlich anerkannte Sozialarbeiter und Sozialpädagogen ist umstritten, wenn Sozialarbeiter/Sozialpädagogen bei einem öffentlichen Träger, also beispielsweise im Allgemeinen Sozialdienst, Aufgaben im Rahmen des Verwaltungsverfahrens erfüllen, insbesondere also Daten erheben zur Aufklärung der tatsächlichen Voraussetzungen für das Tätigwerden der Sozialverwaltung. Lösungsvorschläge für dieses Problem gehen dahin, nach den jeweils ausgeübten Funktionen des Sozialarbeiters/Sozialpädagogen zu unterscheiden. *Onderka/Schade* stellen Sachleistungen und Eingriffsmaßnahmen sowie gutachterliche Tätigkeiten einerseits und Beratung andererseits gegenüber und gehen davon aus, bei Geld- und Sachleistungen, Eingriffsmaßnahmen und gutachterlicher Tätigkeit sei dem Klienten bewußt, daß die innerbehördliche Weitergabe seiner Informationen erforderlich sei. Deshalb könne hier die stillschweigende Einwilligung in die Datenweitergabe in bestimmten Grenzen unterstellt werden, während dies bei der Beratung nicht in Betracht komme. Auch KÜHNEL und MÖRSBERGER unterstellen in bestimmten Fällen eine stillschweigende Einwilligung des Klienten in die Informationsweitergabe, wobei sie allerdings jeweils die Fallgruppen etwas anders gestalten als ONDERKA/SCHADE.[56]

Diesen Lösungsansätzen ist insofern zuzustimmen, als sie nach Funktionen unterscheiden, die Sozialarbeiter/Sozialpädagogen jeweils ausüben. Weniger überzeugend ist die Konstruktion einer stillschweigenden Einwilligung des Klienten in die Datenweitergabe. Wenn der Klient im Rahmen der Sachverhaltsaufklärung, also im Hinblick auf die Feststellung der Tatbestandsvoraussetzungen einer Leistung Daten preisgibt, dann vertraut er sie nicht dem Sozialarbeiter/Sozialpädagogen an, sondern er teilt sie der zuständigen Stelle als solcher mit. Daher bedarf es nicht der Konstruktion der stillschweigenden Einwilligung in eine Datenweitergabe. Die Daten werden durch den Sozialarbeiter/Sozialpädagogen für die Stelle erhoben, der die Aufgabenerledigung obliegt.

3.6.4 Eingeschränkte Übermittlungsbefugnisse nach dem KJHG

Die Übermittlungstatbestände des KJHG beziehen sich auf die Übermittlungsbefugnisse des SGB X, schränken diese aber teilweise ein.

In Übereinstimmung mit § 69 Abs. 1 Nr. 1, 1. Alternative SGB X bestimmt § 64 Abs. 1 KJHG, daß Sozialdaten zu dem Zweck übermittelt werden dürfen, zu dem sie erhoben worden sind: Zweckbindung.

Etwas anderes gilt im Falle einer *Zweckänderung*:
Der *Übermittlungsvorbehalt nach § 64 Abs. 2 KJHG* bezieht ich auf § 69 SGB X und besagt, daß Sozialdaten, die für einen bestimmten jugendhilferechtlichen Zweck erhoben worden sind, für einen anderen jugendhilferechtlichen Zweck oder für eine andere Aufgabe nach dem Sozialgesetzbuch (z.B. für die Sozial-

pflicht, S. 72ff.; Onderka/Schade, Schweigepflicht, S. 179ff.

56 Onderka/Schade, a.a.O., S. 181ff.; Kühnel, S. 167ff.; Mörsberger, a.a.O., S. 64ff.

hilfe) nur übermittelt werden dürfen, wenn dadurch der Erfolg derjenigen Jugendhilfeleistung, für die die Daten erhoben worden sind, nicht in Frage gestellt wird.

Die im Einzelfall zu entscheidende Frage, ob der Erfolg der jeweiligen Jugendhilfeleistung in Frage gestellt würde, ob also der durch diese Leistung bezweckte Erfolg der Jugendhilfe nicht mehr erreicht werden könnte, ist nach *objektiven Maßstäben* zu beurteilen. Diese ergeben sich aus einem Vergleich des Normzweckes des § 69 SGB X, hier insbesondere des Abs. 1 Satz 1, mit dem Normzweck des § 64 Abs. 2 KJHG. Es geht also um die Frage, welches Rechtsgut durch § 64 Abs. 2 KJHG Vorrang erhalten soll vor der Übermittlungsbefugnis des § 69 SGB X?

§ 69 SGB X ist im Zusammenhang zu sehen mit den in §§ 60ff. SGB I geregelten *Mitwirkungspflichten* des Leistungsberechtigten.[57] Sofern eine Pflicht zur Mitwirkung besteht, erspart § 69 die erneute Datenerhebung. § 64 Abs. 2 KJHG hebt die Mitwirkungspflichten des Leistungsberechtigten nicht auf und ändert nichts an der Funktion des § 69 SGB X. Die Regelung schränkt infolgedessen die Befugnis, die für jugendhilferechtliche Individualleistungen erhobenen Leistungsdaten aufgrund des § 69 SGB X für andere Leistungszwecke nach dem Sozialgesetzbuch zu übermitteln (oder zu nutzen), nicht ein.[58]

Auch einer Übermittlung von jugendhilferechtliche Leistungsdaten zur Abwendung einer Gefährdung des Wohls von Kindern und Jugendlichen, z.B. gemäß § 50 Abs. 3 KJHG, steht die Übermittlungssperre des Abs. 2 nicht entgegen. Das folgt aus dem auch verfassungsrechtlich verbürgten Schutz des Kindeswohls vor Überschreitungen des elterlichen Erziehungsrechts.[59]

Im Ergebnis bleibt somit für die Anwendung des § 64 Abs. 2 KJHG nur Raum, wenn jugendhilferechtliche Leistungsdaten übermittelt (oder genutzt) werden sollen, um „andere Aufgaben" nach dem KJHG zu erledigen, wobei es letztlich allein um die Mitwirkung im vormundschafts- und familiengerichtlichen Verfahren geht.

Für die Mitwirkung im Verfahren vor den Jugendgerichten wird die Regelung durch § 61 Abs. 3 ausgeschlossen.

Im Vergleich zu § 64 Abs. 2 bietet *§ 65* einen nochmals *gesteigerten Übermittlungsschutz*, wenn personenbezogene Daten dem Mitarbeiter eines Trägers der

[57] Siehe hierzu oben 2.3.2.

[58] In diesem Sinne auch Wienand in Schellhorn und Wienand, Rn. 9 unter Hinweis auf LG Osnabrück, Beschluß vom 13. 11. 1989, 22 Qs VII 131/89, in: ZfF 2/1991, S. 40: Die Weitergabe von Daten an einen vorrangig leistungspflichtigen Sozialleistungsträger wird für zulässig gehalten, wenn aufgrund falscher Angaben der Personensorgeberechtigten zugleich Leistungen der Jugendhilfe und vorrangige Sozialleistungen erbracht worden sind.

[59] Weitere Ausführungen hierzu Maas, in Jans, Happe, Saurbier, § 64 Rn. 45. - So im Ergebnis auch Kunkel, Kindesmißhandlung und Sozialdatenschutz, in NDV 3/1992, S. 87ff., 88.

öffentlichen Jugendhilfe zum Zweck persönlicher und erzieherischer Hilfe (im weiten Sinne von § 11 Satz 2 SGB I) anvertraut worden sind. Die Problematik dieser Regelung liegt in der Frage, wann Informationen *„anvertraut"* sind.

§ 203 Abs. 1 StGB verwendet neben dem Begriff „anvertraut" gleichwertig den Begriff „sonst bekanntgeworden". Diese Ergänzung fehlt in § 65 KJHG. Geht man aber davon aus, daß § 65 den von § 203 Abs. 1 StGB intendierten Schutzzweck auch dann erreichen will, wenn Mitarbeiter nicht zum Adressatenkreis von § 203 Abs. 1 StGB gehören, so muß der Begriff des „Anvertrauens" weit interpretiert werden. Gemeint sind alle personenbezogenen Informationen, die dem Mitarbeiter nur deshalb bekannt werden, weil die Betroffenen sich auf dessen Verschwiegenheit verlassen. Anvertraut sind danach auch solche Informationen, die nicht ausdrücklich unter dem Siegel der Verschwiegenheit mitgeteilt werden. Es genügt, daß der Mitarbeiter der Jugendhilfe Einblick in persönliche Verhältnisse von Betroffenen erhält, die ihm verwehrt blieben, wenn der Betroffene mit deren Übermittlung hinter seinem Rücken rechnen müßte. In Betracht kommen hier etwa alle Kenntnisse, die ein sozialpädagogischer Familienhelfer oder eine Kindergärtnerin über die von ihnen betreuten Menschen erhalten.

Die in diesem Sinne anvertrauten Informationen dürfen grundsätzlich nur mit Einwilligung dessen, der die Daten anvertraut hat, übermittelt werden. Ohne dessen Einwilligung dürfen sie nur übermittelt werden, wenn zur Abwendung einer Gefährdung des Wohls eines Kindes oder Jugendlichen eine Entscheidung des Vormundschafts- oder Familiengerichts nach § 50 Abs. 3 erforderlich ist, um jugendhilferechtliche Leistungen gewähren zu können.

Da sich der über die Abwendung der Gefährdung hinausgehende konkrete Hilfebedarf u. U. erst im gerichtlichen Verfahren oder nach dessen Abschluß herausstellt, kann die Regelung nicht auf den Fall beschränkt werden, daß das Jugendamt von vorneherein eine gerichtliche Entscheidung bloß deshalb anstrebt, weil ein bereits von ihm konzipiertes Leistungsangebot verwirklicht werden soll.[60]

Darüber hinaus gelten die gesetzlichen Offenbarungsbefugnisse, die im Rahmen von § 203 Abs. 1 StGB anerkannt sind, im wesentlichen also die aus der Pflicht zur Anzeige drohender, aber noch abwendbarer Straftaten im Sinne des § 138 StGB folgende Offenbarungsbefugnis und der rechtfertigende Notstand im Sinne des § 34 StGB.

Im Unterschied zu § 203 Abs. 1 StGB ist *Adressat* des § 65 KJHG nicht der Mitarbeiter als Person, sondern als Funktionsträger des Jugendamtes. Mitarbeiter sind alle Beschäftigten, denen die Erledigung von Aufgaben des Jugendamtes nach dem KJHG übertragen worden ist.

---

[60] Anders: Mörsberger in R. Wiesner u.a. Rn. 18, der die Regelung in Nr. 2 lediglich als Instrument zur Durchsetzung eines vom Jugendamt geplanten Hilfekonzepts ansieht.

Gegenüber einem im Sinne des § 50 Abs. 3 KJHG gefährdeten Kind bzw. Jugendlichen haben die mit entsprechenden Aufgaben betrauten Mitarbeiter, in jedem Fall also die Fachkräfte des Jugendamtes, eine *Garantenstellung* inne, die eine strafrechtliche Pflicht begründet, zum Schutz des gefährdeten Kindes oder Jugendlichen tätig zu werden (§ 13 StGB).[61] Die aus der Garantenstellung folgende Schutzpflicht hat Vorrang vor der Geheimhaltungspflicht und gestattet dem Mitarbeiter keine weitere Rechtsgüterabwägung im Rahmen des § 34 StGB. Diese Rechtsgüterabwägung wird quasi in die nach § 50 Abs. 3 KJHG erforderlichen Abwägungen hereingenommen.

Für die Tätigkeit des Jugendamtes als *Amtspfleger, Amtsvormund, Beistand oder Gegenvormund* gilt ausschließlich die Sonderregelung des § 68 KJHG.

Die Anpassung des KJHG an die datenschutzrechtlichen Bestimmungen des SGB I u d X hat auch weiterhin Unklarheiten und Widersprüche hinsichtlich der *Normadressaten* des SGB I und X einerseits und des KJHG-Datenschutzes andererseits bestehen lassen. Der jugendhilferechtliche Datenschutz läßt sich nur für den Leistungsbereich, nicht aber für den Bereich der „anderen Aufgaben" mit dem am Begriff des Leistungsträgers ansetzenden Sozialdatenschutz nach SGB I und X vereinbaren. Problematisch bleibt auch die Anwendung des auf dem Begriff des Leistungsträgers aufbauenden Übermittlungsbegriffes auf leistungserbringende Einrichtungen der Jugendhilfe in kommunaler Trägerschaft, z.B. auf Heime, Kindergärten und Jugendfreizeitstätten. Diese werden auch als Einrichtungen der kommunalen Gebietskörperschaften nicht zu Leistungsträgern.[62]

Die Funktion des Begriffes „Leistungsträger" ist es, die für die Gewährung der jeweiligen Sozialleistung zuständige und verantwortliche Stelle zu definieren. Wer die Leistung letztlich erbringt, ist davon völlig unabhängig. Der Begriff des Leistungsträgers hat also mit der Frage, wer die Leistung erbringt, nichts zu tun. Entscheidend für den Leistungsträger ist seine Gesamtverantwortung dafür, daß die gesetzliche Leistung erbracht wird.

Der Gesetzgeber hat auf diesen Unterschied im Wortlaut der Regelungen des KJHG zur Datenübermittlung keine Rücksicht genommen, wie sich aus § 61 Abs. 1 Satz 2 KJHG ergibt, wonach die jugendhilferechtlichen Datenschutzbestimmungen für alle Stellen des Trägers der öffentlichen Jugendhilfe gelten, soweit sie Aufgaben nach dem KJHG wahrnehmen. Das bedeutet: Auch Einrichtungen des Trägers der öffentlichen Jugendhilfe, die Leistungen nach dem KJHG erbringen, werden als Adressaten der Übermittlungsregelungen des KJHG angesehen.

Eine wesentliche Einschränkung für die den leistungserbringenden Einrichtungen gestattete Datenübermittlung ergibt sich aus dem Grundsatz der Erforder-

---

61 Schönke und Schröder, § 13, Rn. 1, 7ff., 17ff. Vgl. auch Maas, Datenschutz, S. 55!

62 Ausführlich hierzu Maas, in Jans, Happe, Saurbier, § 64 Rn. 17ff. und die 1. Auflage dieses Buches, S. 134ff.

lichkeit: für Rückmeldungen an das Jugendamt dürfen sie nur Informationen übermitteln, die das Jugendamt für seine Entscheidung über den Fortbestand oder die Modifikation der Hilfe benötigt.

3.6.5 Geheimhaltung und Übermittlung in Extremsituationen: Güterabwägung als Entscheidungskriterium

Von ihren Aufgaben her hat soziale Arbeit häufig mit äußerst zugespitzten Konfliktsituationen zu tun, für deren Bewältigung die zwangsläufig typisierenden und standardisierenden rechtlichen Regelungen nicht immer als ausreichend erscheinen, insbesondere, wenn schnelle Entscheidungen zu treffen sind. Nicht selten werden datenschutzrechtliche Überlegungen im Hinblick auf solche Extremsituationen als lebensfremd abgetan, und allzu leicht wird die informationelle Selbstbestimmung als das von vorneherein zweitrangige Rechtsgut behandelt. Als Rechtfertigung dafür taucht häufig der Gesichtspunkt der „Güterabwägung" auf, so insbesondere in der Diskussion um die Geltung der Geheimhaltungspflichten in Fällen von Kindesmißhandlung und sexuellem Mißbrauch von Kindern. Der Geheimhaltungspflicht werden zum Zwecke der Güterabwägung das Kindeswohl, die Wächterfunktion des Jugendamtes über das Kindeswohl und zuweilen auch Standards wie die „Einheit der Jugendhilfe" bzw. die „Ganzheitlichkeit der Jugendhilfe" gegenübergestellt. Strafverfolgungsinteressen werden gar als vorrangig behauptet und der Jugendhilfe als Aufgabe untergeschoben.[63]

Es ist zuzugestehen, daß unsere Rechtsordnung über das normierte Recht hinaus in bestimmten Fällen eine Güterabwägung zuläßt. Diese ist von der Rechtsprechung bei sogenanntem „übergesetzlichem Notstand" anerkannt worden und nunmehr im Strafgesetzbuch ausdrücklich geregelt als „rechtfertigender Notstand" (§ 34 StGB):

> „Wer in einer gegenwärtigen, nicht anders abwendbaren Gefahr für Leben, Leib, Freiheit, Ehre, Eigentum oder ein anderes Rechtsgut eine Tat begeht, um die Gefahr von sich oder einem anderen abzuwenden, handelt nicht rechtswidrig, wenn bei Abwägung der widerstreitenden Interessen, namentlich der betroffenen Rechtsgüter und des Grades der ihnen drohenden Gefahren, das geschützte Interesse das beeinträchtigte wesentlich überwiegt. Dies gilt jedoch nur, soweit die Tat ein angemessenes Mittel ist, die Gefahr abzuwenden."

§ 34 StGB zählt also eine Reihe von Bedingungen auf, die erfüllt sein müssen, bevor eine Güterabwägung als erlaubt angesehen wird.[64] Daraus schon ist erkennbar, daß das Rechtsinstitut der Güterabwägung keinesfalls eine Generalklausel zur Umgehung unliebsamer rechtlicher Schranken darstellt.

---

63 Kaufmann, Jugendhilfe, S. 5ff., stellt die Schwierigkeiten der Abgrenzung unter Beachtung der eigenständigen jugendhilferechtlichen Aufgaben ausführlich dar.

64 Vgl. Schönke und Schröder, § 34.

Nach Art. 20 Abs. 3 GG ist die vollziehende Gewalt an Gesetz und Recht gebunden. Der damit verfassungsrechtlich verankerte Grundsatz der Gesetzmäßigkeit der Verwaltung, den § 31 SGB I für den Vollzug des Sozialgesetzbuches nochmals ausdrücklich hervorhebt, ist somit Grundlage auch des Datenschutzes im Bereich öffentlicher Träger sozialer Arbeit. Datenerhebung und Datenweitergabe sind Eingriffe in das Grundrecht des Bürgers auf informationelle Selbstbestimmung. Aus dem Grundsatz der Gesetzmäßigkeit der Verwaltung folgt, daß Datenerhebung und Datenweitergabe ohne Einwilligung des Betroffenen nur zulässig sind, wenn dazu eine besondere gesetzliche Eingriffsermächtigung besteht. Für die Weitergabe von Daten sind die gesetzlichen Übermittlungsbefugnisse solche Eingriffsermächtigungen. Was nicht nach gesetzlichen Übermittlungsbefugnissen weitergegeben werden darf, ist geheimzuhalten, sofern nicht der Betroffene selbst in eine Übermittlung eingewilligt hat.

Für Adressaten der Schweigepflicht nach § 203 Abs. 1 StGB, die sich in einer Extremsituation veranlaßt sehen, ihr Schweigen zu brechen, gilt § 34 StGB unmittelbar. Unter den Voraussetzungen dieser Vorschrift sind sie zur Übermittlung befugt.

Für Mitarbeiter in der sozialen Arbeit, die nicht zum Adressatenkreis des § 203 Abs. 1 StGB gehören, gilt § 34 StGB nicht unmittelbar. Dies bedeutet natürlich nicht, daß sie auch in Extremsituationen unter allen Umständen durch das Grundrecht des Bürgers auf informationelle Selbstbestimmung zur Geheimhaltung verpflichtet blieben. Das ergibt sich aus den Regeln der Grundrechtsanwendung.

Kein Grundrecht gilt absolut. „Verfassungsrechtlich geschützte Rechtsgüter müssen in der Problemlösung einander so zugeordnet werden, daß jedes von ihnen Wirklichkeit gewinnt. Wo Kollisionen entstehen, darf nicht in vorschneller ‘Güterabwägung’ oder gar abstrakter ‘Wertabwägung’ eines auf Kosten des anderen realisiert werden. Vielmehr stellt das Prinzip der Einheit der Verfassung die Aufgabe einer Optimierung: *beiden* Gütern müssen Grenzen gezogen werden, damit beide zu optimaler Wirksamkeit gelangen können. Die Grenzziehungen müssen daher im jeweiligen konkreten Falle verhältnismäßig sein; sie dürfen nicht weiter gehen als es notwendig ist, um die Konkordanz beider Rechtsgüter herzustellen.“[65]

Das BUNDSVERFASSUNGSGERICHT hat in einer für die soziale Arbeit bedeutsamen Entscheidung ein Beispiel für eine solche verfassungsrechtliche Güterabwägung gegeben.[66] Dort ging es um die Zulässigkeit der Beschlagnahme von Klientenakten einer Suchtberatungsstelle für Zwecke der Strafverfolgung. Das BUNDESVERFASSUNGSGERICHT hat eine alle wesentlichen Gesichtspunkte des Einzelfalles berücksichtigende Abwägung getroffen zwischen dem Strafverfolgungsinteresse und dem aus dem Sozialstaatsgrundsatz abgeleiteten Interesse an

---

65 Hesse, S. 27 Rn. 72.

66 Beschluß vom 24.5.1977, BVerfGE 44, S. 353ff. = NJW 1977, S. 1489ff.

einer erforderlichen Gesundheitsfürsorge und hat letzterer im konkreten Fall den Vorrang gegeben. Folgender Auszug aus der Entscheidungsbegründung macht den Vorgang der Güterabwägung anschaulich:

„a) Bei der gebotenen Abwägung steht auf der einen Seite das Interesse der Allgemeinheit an der Gewährleistung einer funktionstüchtigen Strafrechtspflege, zu deren Aufgaben auch die Verfolgung und Ahndung von Straftaten nach dem Betäubungsmittelgesetz gehört und deren Organe dabei im Rahmen der Besonderheiten des jeweiligen Falles auf die Inanspruchnahme der ihnen durch die StPO zur Verfügung gestellten Zwangsmittel angewiesen sind.

aa) Das Interesse an einer leistungsfähigen Strafjustiz gehört in den Gewährleistungsbereich des Rechtsstaatsprinzips (Art. 2 III GG). Soweit der Grundsatz der Rechtsstaatlichkeit die Idee der Gerechtigkeit als wesentlichen Bestandteil enthält, verlangt er auch die Aufrechterhaltung einer funktionstüchtigen Rechtspflege, ohne die Gerechtigkeit nicht verwirklicht werden kann. Wiederholt hat das BVerfG deshalb die Bedürfnisse einer wirksamen Strafverfolgung anerkannt, das öffentliche Interesse an einer möglichst vollständigen Wahrheitsermittlung im Strafprozeß betont und die Aufklärung schwerer Straftaten als wesentlichen Auftrag eines rechtsstaatlichen Gemeinwesens bezeichnet.

bb) Die Bekämpfung der von den Drogen ausgehenden Suchtgefahren ist eine öffentliche Aufgabe von großer Bedeutung. Ihrer Erfüllung dient die Verhängung strafrechtlicher Sanktionen unter den im Betäubungsmittelgesetz vorgesehenen Voraussetzungen.

cc) Die Strafverfolgungsbehörden bedürfen zur Bekämpfung des Drogenmißbrauchs verfahrensrechtlicher Zwangsmittel, zu denen das Rechtsinstitut der Beschlagnahme gehört. Der Verzicht auf den Einsatz dieses Zwangsmittel kann im Einzelfall bewirken, daß die Aufklärung von Straftaten nach dem Betäubungsmittelgesetz scheitert.

b) Auf der anderen Seite sind die Belange der ebenfalls im Gemeinwohlinteresse erforderlichen Gesundheitsfürsorge zu berücksichtigen, zu deren Aufgaben die wirksame Hilfe für Suchtkranke und Suchtgefährdete zählt und deren Interesse darauf gerichtet ist, die Arbeit einer Drogenberatungsstelle gewährleistet und von störenden Einflüssen freigehalten zu wissen.

aa) Die Belange der Gesundheitsfürsorge finden ihren verfassungsrechtlichen Anknüpfungspunkt im Sozialstaatsprinzip (Art. 20 I, 28 I 1 GG). Die Fürsorge für Hilfsbedürftige gehört zu den selbstverständlichen Pflichten eines Sozialstaates (BVerfGE 40, 121 (133) = NJW 1975, 1691; BVerfGE 43, 13 (19) = NJW 1977, 1333). Dies schließt notwendig die soziale Hilfe für Mitbürger ein, die wegen körperlicher oder geistiger Gebrechen an ihrer persönlichen und sozialen Entfaltung gehindert sind. Die staatliche Gemeinschaft muß ihnen jedenfalls die Mindestvoraussetzungen für ein menschenwürdiges Dasein sichern und sich darüber hinaus bemühen, sie - soweit mögliche - in die Gesellschaft einzugliedern, ihre angemessene Betreuung zu fördern sowie die notwendigen Pflegeeinrichtungen zu schaffen (BVerfGE 40, 121 (133) = NJW 1975, 169).

bb) Die Hilfsmaßnahmen für Suchtkranke und Suchtgefährdete im Rahmen der Gesundheitsfürsorge dienen ebenso wie die erörterten strafrechtlichen Sanktionen dem Zweck der Bekämpfung des Drogenmißbrauchs. Sie umfassen alle sozialen Angebote und Leistungen, deren freiwillige Annahme den Suchtkranken oder Suchtgefährdeten befähigen soll, sich - mit Unterstützung der Gesellschaft - vom Drogenmißbrauch zu lösen. Suchtgefährdete müssen durch vorbeugende Manßnahmen davor bewahrt werden, suchtkrank zu werden. Suchtkranke bedürfen - im äußersten Fall - zunächst klinischer Entgiftung, sodann einer Entziehungs- oder Entwöhnungsbehandlung und anschließender Betreuung, die zur sozialen Wiedereingliederung führt. In diesem Bereich sind sowohl staatliche Stellen als auch organisierte Kräfte der freien Gesellschaft tätig. Für das Gewicht des öffentlichen Interesses an solchen Hilfsmaßnahmen ist es unerheblich, von welchen dieser Stellen sie erbracht werden.

cc) Die Belange der Gesundheitsfürsorge verdichten sich im Bereich der Hilfsmaßnahmen für Suchtkranke und Suchtgefährdete zum Interesse an der Einrichtung von Drogenberatungsstellen und am Schutz ihrer Tätigkeit. Unabdingbare Voraussetzung für die Arbeit solcher Stellen ist die Bildung eines Vertrauensverhältnisses zwischen Berater und Klienten. Dies gilt sowohl für die Anbahnung der Berater-Klienten-Beziehung als auch für deren Aufrechterhaltung. Muß der Klient damit rechnen, daß seine während der Beratung gemachten Äußerungen und die dabei mitgeteilten Tatsachen aus seinem persönlichen Lebensbereich - einschließlich des Eingeständnisses strafbarer Handlungen: des Erwerbs und Besitzes von Drogen - Dritten zugänglich werden, so wird er regelmäßig gar nicht erst bereit sein, von der Möglichkeit, sich beraten zu lassen, Gebrauch zu machen. Darüber hinaus kann er vom Berater wirksame Hilfe zumeist nur erwarten, wenn er sich rückhaltlos offenbart und ihn zum Mitwisser von Angelegenheiten seines privaten Lebensbereichs macht. Das ist vor allem im Hinblick auf die Ursachen und Motive notwendig, die für den Drogenmißbrauch bestimmend sind und die oft in tieferen Schichten der Persönlichkeit wurzeln. Demgemäß sichert auch die Drogenberatungsstelle des Caritasverbandes in Aachen ihren Klienten ausdrücklich Vertraulichkeit und Verschwiegenheit zu. Die grundsätzliche Wahrung des Geheimhaltungsinteresses der Klienten ist Vorbedingung des Vertrauens, das sie um ihrer selbst willen dem Berater entgegenbringen müssen, und damit zugleich Grundlage für die funktionsgerechte Tätigkeit der Beratungsstelle, deren Beistand die Klienten brauchen. Die für die Arbeit einer solchen Stelle notwendige Vertrauensbasis ist folglich im Regelfall zerstört, sobald Strafverfolgungsorgane Klientenakten beschlagnahmen. Eine solche Zwangsmaßnahme gefährdet zugleich das Wirken anderer, nicht unmittelbar betroffener Beratungsstellen."

Gerade dieses Beispiel zeigt aber auch, wie schwierig sich Güterabwägung gestaltet und wie wenig sich dieses Institut zur schnellen Erledigung datenschutzrechtlicher Problemfälle eignet.

Die Zuflucht zur Güterabwägung bleibt gänzlich versperrt, wo der Gesetzgeber genaue, eindeutige und abschließende Regelungen geschaffen hat. Dies ist für den Vollzug des Sozialgesetzbuches durch die Sozialleistungsträger geschehen. Die den Sozialleistungsträgern durch § 35 SGB I in Verb. mit §§ 67ff. SGB X vorgegebenen Regeln über den Schutz der Sozialdaten stehen nicht etwa unter einem Vorbehalt der Güterabwägung. Sie sind als abschließende Regelung bindend. Von Seiten der Justiz und insbesondere der Strafrechtspflege wird nicht immer in ausreichendem Maße anerkannt, daß die Sozialverwaltung auch gegenüber der Justiz nur begrenzte Übermittlungsbefugnisse hat.

3.6.6 Probleme der Geheimhaltung und Übermittlung im Allgemeinen Sozialen Dienst

Unabhängig davon, wie die Zuständigkeiten des Allgemeinen Sozialen Dienstes (ASD) bei den jeweiligen kommunalen Trägern ausgestaltet sind, obliegen ihm insgesamt sowohl Aufgaben nach dem KJHG als auch Aufgaben nach dem BSHG. Schon durch jedes dieser beiden Gesetze allein, erst recht aber durch ihre Koppelung im ASD, werden Funktionen miteinander verbunden, die datenschutzrechtlich regelmäßig zueinander in Widerspruch geraten, so insbesondere:

- Aufgaben der Leistungserbringung (z.B. Beratung, Unterstützung, Betreuung, sonstige persönliche Hilfen),
- Eingriffs- und Kontrollfunktionen (z.B. Zusammenarbeit mit dem Vormundschaftsgericht, Überprüfung der Arbeitsbereitschaft),
- Sachverhaltsermittlung im Rahmen des Verwaltungsverfahrens.[67]

Würde man diese Vielfalt von Funktionen datenschutzrechtlich als einen einheitlichen Aufgabenkomplex betrachten, dann würden für diesen Bereich sozialer Arbeit datenschutzrechtliche Grundlagen weitgehend aufgehoben. Denn Daten, die der ASD z.B. bei einer auf freiwilliger Inanspruchnahme beruhenden persönlichen Hilfe erfahren hat, würden dem gesamten ASD auch für andere Funktionen, z.B. für Eingriffe in das Personensorgerecht oder für Kürzungen bisheriger Sozialhilfeleistungen zur Verfügung stehen. Selbstverständlich läge es im behördlichen Interesse, zur Kenntnis des ASD gelangende Informationen für den gesamten Bereich der dem ASD obliegenden Aufgaben zu verwerten. Dabei darf aber nicht übersehen werden, daß die Aufgabenerledigung kein Selbstzweck ist, sondern die Eigenkräfte der Klienten fördern soll.

---

[67] Vgl. im einzelnen: Deutscher Verein, Empfehlungen, S. 25ff.

In dem Maße, in dem diese auf soziale Dienste angewiesen sind, reichen ihre Eigenkräfte nicht aus. Diese zu „fördern", bedeutet begriffsnotwendig, die Selbstbestimmung der Klienten zu respektieren. Daraus folgt, daß auch in den Fällen, in denen Kontrolle erforderlich ist und Eingriffe angezeigt sind, nicht „hinter dem Rücken" der Klienten gearbeitet werden darf. Denn damit würde auf lange Sicht die Möglichkeit zerstört, das Hilfepotential des ASD einzusetzen, dessentwegen der ASD überhaupt mit seiner Vielfalt an Funktionen ausgestattet worden ist. Das Interesse punktueller Aufgabenerfüllung muß also immer abgewogen werden gegen das Interesse einer langfristig angelegten Funktionsfähigkeit des ASD.

Die datenschutzrechtliche Konsequenz daraus kann nur heißen, daß auch bei durchaus vorhandenen rechtlichen Möglichkeiten, Daten ohne Einwilligung des Klienten zu verwerten, grundsätzlich davon kein Gebrauch gemacht werden sollte. Vielmehr sollte gerade der ASD wegen seiner komplexen Funktionen versuchen, nach Möglichkeit die Einwilligung des Klienten zur Verwendung seiner Daten zu erhalten.

Dieser fachliche Grundsatz ist daher bei der Anwendung der rechtlichen Regeln immer mit zu berücksichtigen. Für die drei bereits unterschiedenen Funktionsbereiche gelten unterschiedliche rechtliche Kriterien.

Aufgaben der Leistungserbringung:
Sozialarbeiterische und sozialpädagogische Leistungen (Beratungstätigkeit, persönliche Hilfe) werden auf der Grundlage der Freiwilligkeit in Anspruch genommen. Daten, die den Fachkräften in diesem Zusammenhang zugänglich werden, dürfen, abgesehen von gesetzlichen Anzeigepflichten, nur mit Einwilligung der Betroffenen verwendet und weitergegeben werden. Staatlich anerkannte Sozialarbeiter/Sozialpädagogen, die solche Daten ohne Einwilligung des Betroffenen offenbaren, machen sich strafbar, wenn der Betroffene ein Interesse an der Geheimhaltung hat („Geheimnis" im Sinne des § 203 StGB).[68]

Hiermit umzugehen, ohne zugleich den Verdacht auszulösen, man verletze den dienstlichen Auftrag, bleibt weitgehend der Kunstfertigkeit des einzelnen Sozialarbeiters/Sozialpädagogen überlassen.

Das Problem, widersprüchliche Handlungsanforderungen erfüllen zu müssen, läßt sich durch organisatorische Maßnahmen nicht entschärfen. Die Lösung, den Sozialarbeiter nicht zugleich mit „vertrauensgebundenen Aufgaben und solchen Aufgaben zu betrauen, zu deren Wahrnehmung die Übermittlung des Klientengeheimnisses erforderlich wäre"[69], würde sich sowohl auf die Funktionsfähigkeit des ASD als auch auf das Berufsbild des Sozialarbeiters und seine Arbeitsbedingungen nachteilig auswirken. Ein wichtiges Ziel der Neuorganisation sozialer Dienste ist die aus dem Prinzip der Generalisierung folgende Gesamtzuständigkeit des ASD. Sie erst ermöglicht es, die umfassende Lebens-

---

68 Vgl. Schönke und Schröder, § 203, Rn. 7.
69 Frommann, S. 204ff., 207.

wirklichkeit des Klienten zu berücksichtigen, anstatt ihn in Teilaspekte zu zerlegen, um ihn spezialisierter Einzelintervention zugänglich zu machen. Dadurch findet der Sozialarbeiter im ASD zwangsläufig ein komplexeres und somit auch widersprüchlicheres Handlungsfeld vor als sein Kollege in einem spezialisierten Bereich. Diese fachlich sinnvolle Struktur rückgängig zu machen, sollte nicht die Konsequenz datenschutzrechtlicher Überlegungen sein. Trotz der formalen Erleichterung im Umgang mit der Schweigepflicht würden sich die Arbeitsbedingungen verschlechtern, wenn sich innerhalb des ASD Fachkräfte mit Ermittlungs- und Eingriffsfunktionen und Fachkräfte mit reinen Funktionen der Leistungserbringung gegenüber stünden, denn dies käme einer Unterscheidung in angenehmere und unangenehmere Aufgaben gleich und hätte die innerbehördliche Hierarchisierung beider Personengruppen zur Folge mit unausweichlichen Belastungen für die Zusammenarbeit. Im übrigen würde die gesetzliche Anzeigepflicht der mit reinen Leistungsfunktionen ausgestatteten Sozialarbeiter weiterbestehen und damit auch ein erheblicher Teil ihrer Konfliktstellung.

Es wird letztlich darauf ankommen, die Klienten nicht darüber im Unklaren zu lassen, daß die Zusammenarbeit mit dem ASD immer auch zu eingreifenden Maßnahmen führen kann und häufig Kontrolle beinhaltet. Angesichts eines durch den Individualisierungsgrundsatz und den Nachranggrundsatz gestalteten Systems sozialer Hilfen ist dies die unumgängliche Folge der Angewiesenheit auf diese Hilfen. Einer unter diesen Bedingungen erteilten „Einwilligung“ haftet daher zwangsläufig der Makel an, daß sie „notgedrungen“ erklärt wurde. Zumindest für diejenige Gruppe von Klienten, die langfristig auf das soziale Hilfesystem angewiesen ist, hat die Erlangung materieller Hilfen ohnehin ein höheres Gewicht als die „vertrauensgebundene“ Beziehungsarbeit. Von daher wird sie den ASD in erster Linie als eine Stelle ansehen, mit der sie in Kenntnis der Kontroll- und Eingriffsfunktionen zusammenarbeitet und umzugehen weiß. Deshalb verlangt der Umgang mit diesen Gegebenheiten auch vom Sozialarbeiter ein hohes Maß an Sensibilität.[70]

Eingriffs- und Kontrollfunktionen:
Maßnahmen mit Eingriffscharakter werden normalerweise gegen den Willen der Betroffenen angeordnet, z.B. der Entzug des Personensorgerechts. Für die Erhebung und anschließende Verwendung der dazu erforderlichen Daten kommt es daher auch nicht auf die Einwilligung der Betroffenen an. Die Datenerhebung und Datenverwendung ist in dem gesetzlich erforderlichen Umfang von der Eingriffsnorm gedeckt. Die Übermittlung von Daten, die zu anderen Zwecken erhoben worden sind, für Eingriffs- und Kontrollmaßnahmen ist selbstverständlich nur zulässig, sofern eine Übermittlungsbefugnis dazu besteht.

Sachverhaltsaufklärung im Rahmen des Verwaltungsverfahrens:
Traditionell gehört die „Ermittlung von Hilfsbedürftigkeit und von Voraussetzungen für das Einsetzen öffentlichkommunaler Hilfe“ zu den Tätigkeiten des

[70] Zur Ergänzung: Grundsatzthesen des Deutschen Vereins, insbesondere Nr. 29.

„Außendienstes“ und obliegt in neuorganisierten Behörden dem Allgemeinen Sozialdienst.[71]

Ist entsprechende Hilfe beantragt, so dürfen die *zu diesem Zweck* erhobenen Daten von den an der gesetzmäßigen Aufgabenerledigung beteiligten Stellen zu dem gleichen Zweck verwendet, somit, falls erforderlich, auch zu eben diesem Zweck übermittelt werden.

Für die *Übermittlung oder Nutzung* zu einem *anderen Zweck* ist eine eigenständige Übermittlungs-/Nutzungsbefugnis erforderlich, also eine erneute Einwilligung oder eine gesetzliche Befugnis nach §§ 67ff. SGB X, allerdings unter Beachtung der Einschränkungen gemäß §§ 64, 65 KJHG und § 203 Abs. 1 StGB. Zum Beispiel darf der ASD die für die Gewährung von Hilfe zur Erziehung erhobenen Daten nicht ohne weiteres für Zwecke der Sozialhilfe verwenden.[72] Eine aus dem Arbeitsauftrag begründete Pflicht zur Datenübermittlung gilt nur innerhalb der gesetzlichen Grenzen der Übermittlungsbefugnisse. Besteht eine solche Befugnis nicht, so ist der Klient gegebenenfalls auf seine eigenen Mitteilungspflichten hinzuweisen und über die möglichen Folgen der Verletzung seiner Pflichten aufzuklären.

Im einzelnen kann aber die Frage, ob eine Übermittlungsbefugnis vorliegt, recht schwierig zu beantworten sein. So sind beispielsweise Kenntnisse, die der Sozialarbeiter nur zufällig bei Gelegenheit der Sachverhaltsaufklärung im Rahmen eines bestimmten Verwaltungsverfahrens erfährt, nicht Bestandteil der verfahrensbezogenen Datenerhebung. Sie werden demnach nicht von der Einwilligung in die verfahrensbezogene Datenerhebung gedeckt. Ihre Verwendung ist daher datenschutzrechtlich unzulässig.

---

71 Vogel, S. 76; Deutscher Verein, Empfehlungen.

72 Im Gegensatz hierzu gehen die Anwendungsempfehlungen der Kommunalen Landesverbände Baden-Württemberg vom 04. 07. 1995 zum Schutz der Sozialdaten (Nr. 45) davon aus, die Übermittlungsbefugnisse des SGB X seien vorrangig gegenüber § 203 Abs. 1 StGB und § 65 KJHG. Dies ist aber schon wegen der unterschiedlichen Normadressaten ausgeschlossen. Vgl. hierzu oben Kap. 3.6.3.

4. Aufgaben sozialer Arbeit bei jugendhilferechtlichen Entscheidungen

Die wichtigste gesetzliche Grundlage für jugendhilferechtliche Entscheidungen ist das Kinder- und Jugendhilfegesetz, aber es ist nicht die einzige. Jugendhilfe reicht in viele andere Lebensbereiche hinein, so in die Sphäre von Ehe und Familie, deren rechtliche Beziehungen im wesentlichen durch das Bürgerliche Gesetzbuch geregelt werden. Neben weiteren Gesetzen des Bundes, z.B. dem Adoptionsvermittlungsgesetz, dem Gesetz über die religiöse Kindererziehung, dem Jugendgerichtsgesetz sowie den jugendhilferechtlichen Vorschriften der Länder ist Art. 6 des Grundgesetzes eine bei allen jugendhilferechtlichen Entscheidungen immer mitzubeachtende Rechtsgrundlage.

Wie immer der Gesetzgeber die Jugendhilfe regeln mag, er muß den verfassungsrechtlichen Vorgaben Rechnung tragen. Als verfassungsrechtliche Fixpunkte sind ihm vorgegeben: das Recht des Kindes auf Erziehung, das Recht der Eltern, ihr Kind zu erziehen, die Pflicht der Eltern, den Erziehungsanspruch des Kindes zu erfüllen und die Pflicht des Staates, über die private Erziehung des Kindes zu wachen (Art. 6 Abs. 2 GG). Zu den verfassungskonform gewachsenen Strukturen der Jugendhilfe gehört die Beteiliung der öffentlichen Jugendhilfe an gerichtlichen Verfahren, die das Kindeswohl betreffen und die gesetzliche Zuweisung von Eingriffen in die elterlichen Rechte an die Justiz sowie die Einbeziehung von freien Trägern der Jugendhilfe in die öffentlichrechtliche Aufgabenerfüllung.

4.1 Die verfassungsrechtlichen Vorgaben

Art. 6 GG legt die Grundordnung für die Beziehung zwischen Eltern, Kindern und Staat fest. Die meisten Grundrechte haben primär das öffentlich-rechtliche Verhältnis zwischen Bürger und Staat zum Gegenstand, nicht die privatrechtlichen Beziehungen zwischen Bürgern. Bei Art. 6 GG ist das nicht so einfach. Er muß eine außerordentlich komplizierte Lebenswirklichkeit ordnen, bei der öffentliche und private Interessen eng ineinandergreifen. Hinzu kommt, daß die Anforderungen an eine solche Regelung einander widerstreben. Sie soll tragfähig und dauerhaft sein, obwohl die Familie ein auf Veränderung angelegtes, zugleich aber auch von nicht geplanten Veränderungen überraschtes Gebilde ist, das vielfältige Erscheinungsformen aufweist und regelmäßig von zahlreichen Interessenkonflikten zwischen unterschiedlich ausgestatteten Beteiligten geprägt wird.

Im Mittelpunkt steht das Interesse des Kindes. Die Verwirklichung des Kindeswohls wird grundsätzlich als Sache der Eltern gesehen. Für deren Beziehung sieht Art. 6 GG als Grundmuster Ehe und Familie vor, die nach Abs. 1 unter besonderem staatlichen Schutz stehen. Über die Erfüllung der elterlichen Verantwortung gegenüber ihrem Kind wacht der Staat gemäß Abs. 2. Gegen den Willen der Erziehungsberechtigten darf er Kinder nur von ihrer Familie trennen, wenn ein Gesetz dies vorsieht, weil die Erziehungsberechtigten versagen oder die Kinder aus anderen Gründen zu verwahrlosen drohen. Dies bestimmt Abs. 3.

Zunächst fällt auf, daß das Grundgesetz sich, abgesehen von der Privilegierung der Ehe, mit Wertvorgaben sehr zurückhält.[1] Es legt keine Erziehungsziele fest, sondern formuliert eine einzelfallbezogene staatliche Interventionsberechtigung und einen allgemeinen staatlichen Dauerauftrag. Für die stärkste Form staatlicher Maßnahmen, die Herausnahme des Kindes aus der Familie gegen den Willen der Erziehungsberechtigten, wird die Verwahrlosung des Kindes wegen des Versagens der Erziehungsberechtigten oder aus anderen Gründen vorausgesetzt. Damit der Staat in der Lage ist, das Kindeswohl durch eine solche Notintervention zu schützen, „wacht" er darüber, daß die Eltern ihre Erziehungsverantwortung erfüllen. Über die konkrete Ausfüllung dieses *staatlichen Wächteramtes* schweigt das Grundgesetz.

Gewiß legitimiert das Wächteramt den Staat nicht dazu, sich ständig kontrollierend über die Familie zu beugen. Die Eltern haben einen Erziehungsfreiraum: ihr Elternrecht. Es erlaubt ihnen, erzieherische Entscheidungen frei von staatlicher Einmischung zu treffen. Dieses Recht ist aber kindzentriert. Das Grundgesetz koppelt das „natürliche" Recht der Eltern an die „zuvörderst ihnen obliegende Pflicht", ihre Kinder zu pflegen und zu erziehen. Elternrecht und Elternpflicht konstituieren die *Elternverantwortung*. Das heißt: Die Eltern haben dieses Recht nicht um ihrer selbst willen, nicht zu ihrer eigennützigen Verfügung, sondern sie haben es um des Kindes willen, müssen es zum Wohl des Kindes ausüben. Wer ein Kind *haben* möchte, erhält als unabdingbare Zugabe die Verantwortung für das Kind. Das Elternrecht ist also das Recht, die Verantwortung für das Kind zu tragen.

Das BUNDESVERFASSUNGSGERICHT hat diese Rechtslage wie folgt dargestellt:[2]

> „Die Eltern haben das Recht, die Pflege und Erziehung ihrer Kinder nach ihren eigenen Vorstellungen frei zu gestalten und genießen insoweit, vorbehaltlich des Art. 7 GG, Vorrang vor anderen Erziehungsträgern. Dieser Grundrechtsschutz darf aber nur für ein Handeln in Anspruch genommen werden, das bei weitester Anerkennung der Selbstverantwortlichkeit der Eltern noch als Pflege und Erziehung gewertet werden kann, nicht aber für das

1 Zu dieser entstehungsgeschichtlich begründeten „Entmaterialisierung" von Art. 6 GG: Zacher, Elternrecht, Rn. 32 und 33.

2 Beschluß vom 29. 07. 1968, 1BvL 20/63, 31/66 und 5/67, BVerfGE 24, S. 119ff., 143ff.

Gegenteil: die Vernachlässigung des Kindes. Die Verfassung macht dies durch die Verknüpfung des *Rechts* zur Pflege und Erziehung mit der *Pflicht* zu dieser Tätigkeit deutlich. Diese Pflichtbindung unterscheidet das Elternrecht von allen anderen Grundrechten; sie ist auch anderer Art als die Sozialgebundenheit des Eigentums (vgl. Art. 14 Abs 2 GG). In Art. 6 Abs. 2 Satz 1 GG sind Recht und Pflicht von vornherein unlöslich miteinander verbunden; die Pflicht ist nicht eine das Recht begrenzende Schranke, sondern ein wesensbestimmender Bestandteil dieses „Elternrechts", das insoweit treffender als „Elternverantwortung" bezeichnet werden kann. (.....) Art. 6 Abs. 2 Satz 1 GG schützt danach die freie Entscheidung der Eltern darüber, wie sie dieser natürlichen Verantwortung gerecht werden wollen; er schützt nicht diejenigen Eltern, die sich dieser Verantwortung entziehen.

Wenn Eltern in dieser Weise versagen, greift das Wächteramt des Staates nach Art. 6 Abs. 2 Satz 2 GG ein; der Staat ist nicht nur berechtigt, sondern auch verpflichtet, die Pflege und Erziehung des Kindes sicherzustellen. Diese Verpflichtung des Staates folgt nicht allein aus dem legitimen Interesse der staatlichen Gemeinschaft an der Erziehung des Nachwuchses (vgl. § 1 JWG), aus sozialstaatlichen Erwägungen oder etwa aus allgemeinen Gesichtspunkten der öffentlichen Ordnung; sie ergibt sich in erster Linie daraus, daß das Kind als Grundrechtsträger selbst Anspruch auf den Schutz des Staates hat. Das Kind ist ein Wesen mit eigener Menschenwürde und dem eigenen Recht auf Entfaltung seiner Persönlichkeit im Sinne der Art. 1 Abs. 1 und Art. 2 Abs. 1 GG. Eine Verfassung, welche die Würde des Menschen in den Mittelpunkt ihres Wertsystems stellt, kann bei der Ordnung zwischenmenschlicher Beziehungen grundsätzlich niemandem Rechte an der Person eines anderen einräumen, die nicht zugleich pflichtgebunden sind und die Menschenwürde des anderen respektieren. Die Anerkennung der Elternverantwortung und der damit verbundenen Rechte findet daher ihre Rechtfertigung darin, daß das Kind des Schutzes und der Hilfe bedarf, um sich zu einer eigenverantwortlichen Persönlichkeit innerhalb der sozialen Gemeinschaft zu entwickeln, wie sie dem Menschenbilde des Grundgesetzes entspricht (vgl. BVerfGE 7, 198 (205); s. a. die Erklärung der Vereinten Nationen über die Rechte des Kindes vom 20. November 1959 (Yearbook of the United Nations, 1959, S. 198)). Hierüber muß der Staat wachen und notfalls das Kind, das sich noch nicht selbst zu schützen vermag, davor bewahren, daß seine Entwicklung durch einen Mißbrauch der elterlichen Rechte oder eine Vernachlässigung Schaden leidet.

In diesem Sinne bildet das Wohl des Kindes den Richtpunkt für den Auftrag des Staates gemäß Art. 6 Abs. 2 Satz 2 GG (...). Dies bedeutet nicht, daß jedes Versagen oder jede Nachlässigkeit den Staat berechtigt, die Eltern von der Pflege und Erziehung auszuschalten oder gar selbst diese Aufgabe zu übernehmen; vielmehr muß er stets dem grundsätzlichen Vorrang der Eltern Rechnung tragen. Zudem gilt auch hier der Grundsatz der Verhältnismäßigkeit. Art und Ausmaß des Eingriffs bestimmen sich nach dem Ausmaß des

Versagens der Eltern und danach, was im Interesse des Kindes geboten ist. Der Staat muß daher nach Möglichkeit zunächst versuchen, durch helfende, unterstützende, auf Herstellung oder Wiederherstellung eines verantwortungsgerechten Verhaltens der natürlichen Eltern gerichtete Maßnahme sein Ziel zu erreichen. Er ist aber nicht darauf beschränkt, sondern kann, wenn solche Maßnahmen nicht genügen, den Eltern die Erziehungs- und Pflegerechte vorübergehend und sogar dauernd entziehen; in diesen Fällen muß er zugleich positiv die Lebensbedingungen für ein gesundes Aufwachsen des Kindes schaffen."

Bevor der Staat in dieses natürliche Elternrecht eingreifen darf, ist er also durch sein Wächteramt verpflichtet, die Eltern an ihre Elternverantwortung zu erinnern und dort, wo sie ihr aus eigener Kraft nicht nachkommen können, sie zu unterstützen. Dieser zusätzlich auch vom Sozialstaatsgrundsatz mitgetragene verfassungsrechtliche Auftrag bestimmt die Aufgaben der *Jugendhilfe.*

Es kann hier dahingestellt bleiben, welche gesetzlichen Umsetzungsmöglichkeiten dieser Verfassungsauftrag zuläßt. Jedenfalls hat er beim KJHG nicht zu einem eigenen Anspruch des Kindes gegenüber dem Staat auf Hilfe zur Erziehung geführt. In der Begründung zum REGIERUNGSENTWURF heißt es dazu: „Der öffentlichen Jugendhilfe kommt - im Gegensatz zur Schule (Artikel 7 GG) - kein eigenständiger Erziehungsauftrag zu. Für die Praxis der Jugendhilfe bedeutet dies, daß Leistungen der Jugendhilfe - jedenfalls sofern sie unterhalb der Schwelle des staatlichen Wächteramts, d.h. einer konkreten Gefahr für das Wohl des Kindes oder Jugendlichen, ansetzen - Kindern und Jugendlichen nur mittelbar, nämlich über eine Unterstützung der Eltern zugute kommen können."[3]

Diese Sichtweise ist heftig kritisiert worden, weil sie das Kind nur als Objekt elterlicher Erziehung begreife.[4] An ihrer verfassungsrechtlichen Zulässigkeit ist aber kaum zu zweifeln.[5]

Allerdings läßt die Begründung des Regierungsentwurfs Fragen offen: Begründet die Gefährdung des Kindeswohls durch die Eltern einen eigenen Anspruch des Kindes gegenüber dem Staat auf Schutz vor Gefährdung?[6] Entsteht mit dem Entzug des elterlichen Erziehungsrechts ein eigener Anspruch des Kindes auf Hilfe zur Erziehung?

Die Begründung zum REGIERUNGSENTWURF ist bemüht, das Wächteramt des Staates auf die Durchführung eines Eingriffs in das Erziehungsrecht einzuengen. Das Wächteramt ist aber nicht begrenzt auf den Eingriff ins Personensorgerecht bei festgestellter Gefährdung des Kindeswohls, sondern es ist bereits

---

3 A.a.O., S. 45.

4 Kiehl, S. 95ff.; Münder, Verhältnis, S. 491; Rummel, S. 295ff.

5 So ausdrücklich auch Jeand'Heur, S. 148/149.

6 Dies bejaht Coester, Bedeutung, S. 256. Folgerichtig gesteht er dem Kind bzw. Jugendlichen dann ein eigenes Antragsrecht im Rahmen des § 36 SGB I zu (S. 257).

das Wachen darüber, daß die Eltern ihrer Erziehungsverantwortung nachkommen. Art. 6 GG stuft jedenfalls ab zwischen Wächteramt und Eingriffsbefugnis. Das Wächteramt ist in Abs. 2, die Eingriffsbefugnis in Abs. 3 geregelt.[7]

Der Eingriff ist - abgesehen von vorläufigen Interventionen des Jugendamtes (Inobhutnahme, Herausnahme) - nur als richterliche Entscheidung zulässig. Das Jugendamt hat keine Legitimation, Erziehungsrechte einzuschränken oder zu entziehen. Damit ist es aber nicht zugleich vom Wächteramt ausgeschlossen. In der rechtlichen Ausgestaltung weicht das KJHG letztlich auch von seiner im Ansatz verengten Sichtweise ab und überläßt dem Jugendamt doch weiterhin seine traditionelle Wächterfunktion. Denn im Ergebnis entscheidet auch nach dem KJHG (§ 50 Abs. 3) das Jugendamt eigenverantwortlich, wann es das Vormundschaftsgericht einschaltet. In dieser Hinsicht ist seine Regelung sogar eindeutiger als die des JWG (§ 48 Satz 2).

Aber das KJHG verlangt, und dies völlig zu Recht, daß das Jugendamt die Eltern berät, fördert und unterstützt, bevor es zum letzten Mittel greift, zur Anrufung des Vormundschaftsgerichts. Dazu führt die Begründung zum REGIERUNGSENTWURF aus: „Damit wird keineswegs geleugnet, daß die Tätigkeit der öffentlichen Jugendhilfe häufig gerade deshalb erforderlich wird, weil Konflikte zwischen Kindern oder Jugendlichen und ihren Eltern der Lösung bedürfen, und der Auftrag der Jugendhilfe darauf gerichtet sein muß, die Situation des Kindes oder Jugendlichen zu verbessern ... Ihr Handeln muß daher in Konfliktsituationen unterhalb der Schwelle des § 1666 BGB darauf gerichtet sein, Kindern, Jugendlichen und Eltern Wege aufzuzeigen, wie sie solche Konflikte selbst lösen können."[8]

Daraus ergibt sich, daß das staatliche Wächteramt bei Gefährdung des Kindeswohls letztlich doch nicht reduziert ist auf die bloße Eingriffsfunktion. Mit anderen Worten: Sofern keine Gefährdung erkennbar ist, hat der Staat kein Recht, in die elterliche Erziehung hineinzureden. Die Eltern allein bestimmen, ob und wie lange sie Jugendhilfe in Anspruch nehmen. Zeichnet sich aber eine Gefährdung ab, so hat der Staat die Pflicht, tätig zu werden. Er hat zunächst aufzuklären, in welcher Weise die Gefährdung abgewendet werden kann, ohne daß es zum Eingriff ins elterliche Erziehungsrecht kommt. Erst wenn es nicht mehr möglich erscheint, die Gefährdung durch Hilfen in Zusammenarbeit mit den Eltern abzuwenden, ist der Eingriff ins Erziehungsrecht der Eltern zulässig.[9] Da

---

7 BVerfG, a.a.O., S. 136 und 144ff. Eindeutig in diesem Sinne formuliert Zacher, Elternrecht, Rn. 93 - 96: „Dabei läßt der Gegensatz zwischen Art. 6 Abs. 2 und Abs. 3 GG erkennen, daß sich das Wächteramt der staatlichen Gemeinschaft nicht darauf beschränkt, gegen elterliches Versagen oder gegen die Verwahrlosung von Kindern einzuschreiten. Art. 6 Abs. 3 GG beschreibt den Extremfall und die extreme Sanktion. Also muß Art. 6 Abs. 2 S. 2 GG auch schon im Vorfeld des „Versagens" und der „Verwahrlosung" einsetzen." (Im Original steht „Art. 6 Abs. 3 S. 2 GG", was offensichtlich ein Schreibfehler ist.)

8 A.a.O., S. 45/46.

9 So auch: Erichsen, S. 47ff.; Oberloskamp, Die rechtliche Stellung, S. 261 und S. 264.

das KJHG genau diese Abfolge vorsieht, erscheint das Bemühen des Gesetzgebers, den Gefährdungsbegriff nicht im Zusammenhang mit Hilfeleistungen des Jugendamtes zu verwenden, eher als Begriffskosmetik.

Die Jugendhilfe arbeitet somit auf der Grundlage außerordentlich komplexer, weil mehrdimensionaler und zugleich in gewissen Grenzen flexibler verfassungsrechtlicher Handlungsvorgaben. Unterhalb der Gefährdungsschwelle setzen alle Hilfen das Einverständnis der Personensorgeberechtigten voraus. Das Jugendamt darf nicht gegen ihren Willen tätig werden. Es muß sie also in vollem Umfang einbeziehen.

Das Jugendamt wird aber deshalb nicht zum Vollstrecker des Elternwillens. Die Eltern dürfen zwar das Kind bis zur Grenze der Gefährdung auch „falsch" behandeln. Anders das Jugendamt. Es muß alle seine jugendhilferechtlich begründeten Handlungen an fachlichen Standards der Kindeswohlbestimmung orientieren. Weichen seine Auffassungen von denen der Eltern ab, so muß es versuchen, die Eltern zu überzeugen. Gelingt dies nicht, so entfällt die Grundlage für die Hilfegewährung.

Diese zunächst noch einigermaßen übersichtliche Rechtslage wird dadurch komplizierter, daß das Kind mit zunehmendem Alter in seiner Eigenständigkeit zu respektieren ist. Es kann in dem Maße, in dem es einsichts- und urteilsfähig wird, seine Grundrechte eigenverantwortlich geltend machen, rückt also zunehmend aus der Objektstellung in eine Subjektstellung.[10] Diese *Subjektstellung des Kindes* darf von den Eltern nicht beeinträchtigt und muß vom Staat, also auch vom Jugendamt, gefördert werden. Das Elternrecht endet also nicht nur an der Gefährdungsschwelle, sondern auch an der Subjektstellung des Kindes.[11] Und hier beginnt zugleich die Pflicht des Staates, also auch des Jugendamtes, den Kindeswillen zu berücksichtigen.

Mit der Subjektstellung des Kindes ist nicht ein Schutz für beliebige Willensentscheidungen des Kindes gemeint, sondern ein Schutz für seine Grundrechte, die wahrzunehmen auch seine Eltern ihm nicht verbieten können. Für die entwicklungsabhängige Fähigkeit des Kindes, Grundrechtsschutz zu beanspruchen, hat sich, in Anlehnung an den Volljährigkeitsbegriff, der allerdings umstrittene Begriff der *Grundrechtsmündigkeit* durchgesetzt.[12]

Jedenfalls wird deutlich, daß unter diesen rechtlichen Prämissen Erziehung und somit auch Jugendhilfe nicht Fremdbestimmung über das Kind bedeutet, sondern Dialog mit dem Kind.

---

10 BVerfGE 59, S. 360ff., 387ff.

11 Ebenso: Oberloskamp, a.a.O., S. 264.

12 Kritisch: Hohm, S. 3111. Er weist den Begriff der „Mündigkeit" als irreführend zurück, weil ein für diesen Begriff typisches festes Alterserfordernis für die Grundrechtsausübung prinzipiell nicht begründbar ist.

4.2 Das Kinder- und Jugendhilfegesetz als Rechtsgrundlage jugendhilferechtlicher Entscheidungen

Das Kinder- und Jugendhilfegesetz (KJHG) hat das Jugendwohlfahrtsgesetz (JWG) abgelöst und ist, von einigen Ausnahmen abgesehen, am 1. Januar 1991 als 8. Buch des Sozialgesetzbuches (SGB VIII) in Kraft getreten.[13] Seit 1. Januar 1995 gilt das Gesetz ausnahmslos, allerdings in einer bereits mehrfach geänderten Fassung.[14]

4.2.1 Zur Systematik der jugendhilferechtlichen Aufgaben nach dem KJHG

Die Systematik der jugendhilferechtlichen Aufgaben nach dem KJHG unterscheidet sich von der des JWG in zwei Schwerpunkten:

- zum einen durch die Zurückdrängung der Gefährdungstatbestände
- und zum anderen durch den Ausbau und die Differenzierung der Leistungstatbestände sowohl im Bereich der Individualleistungen, insbesondere der Hilfe zur Erziehung, als auch im Bereich der allgemeinen Förderung.

Das KJHG gliedert den Aufgabenkatalog der öffentlichen Jugendhilfe in „Leistungen“ und „andere Aufgaben“ (§ 2 Abs. 1).

Die *„Leistungen der Jugendhilfe“* (§ 2 Abs. 2) sind teils Angebote der allgemeinen Förderung, teils individuelle Hilfen.

Die im Ersten Abschnitt geregelte Jugendarbeit (§ 11), Jugendsozialarbeit (§ 13) und der erzieherische Kinder- und Jugendschutz (§ 14) sind als institutionelle Angebote der allgemeinen Förderung konzipiert.

Der Zweite Abschnitt (§§ 16 - 21) faßt die Angebote zur Förderung der Erziehung in der Familie zusammen:

- Angebote der Familienbildung (§ 16 Abs. 2 Nr. 1),
- Angebote der Beratung in allgemeinen Fragen der Erziehung und Entwicklung junger Menschen (§ 16 Abs. 2 Nr. 2),
- Angebote der Familienfreizeit und der Familienerholung (§ 16 Abs. 2 Nr. 3),
- Beratung in Fragen der Partnerschaft, Trennung und Scheidung (§ 17),
- Beratung und Unterstützung bei der Ausübung der Personensorge (§ 18),

[13] Zu den Ausnahmen vgl. Art. 10ff. der Überleitungs- und Schlußvorschriften.

[14] Erstes Gesetz zur Änderung des Achten Buches Sozialgesetzbuch vom 16. Februar 1993 in der Fassung der Bekanntmachung vom 3. Mai 1993; Zweites Gesetz zur Änderung des Sozialgesetzbuchs vom 13. Juni 1994; Zweites Gesetz zur Änderung des 8. Buches Sozialgesetzbuch vom 23./24. 11. 1995. - Der von der Bundesregierung vorgelegte Entwurf eines Gesetzes zur Reform des Kindschaftsrechts vom 22. 03. 1996 (BRDrS. 180/96) sieht weitere Änderungen vor.

- Gemeinsame Wohnformen für Mütter/Väter und Kinder (§ 19),
- Betreuung und Versorgung des Kindes in Notsituationen (§ 20),
- Unterstützung bei notwendiger Unterbringung zur Erfüllung der Schulpflicht (§ 21).

Im Dritten Abschnitt (§§ 22 - 26) wird die Förderung von Kindern in Tageseinrichtungen und in Tagespflege behandelt.

Die im Vierten Abschnitt (§§ 27 - 41) geregelten Leistungen sind:

- Die Hilfe zur Erziehung (§§ 27 - 35),
- die Eingliederungshilfe für seelisch behinderte Kinder und Jugendliche (§ 35a),
- die Hilfe für junge Volljährige (§ 41).

Unter dem Begriff der *„anderen Aufgaben der Jugendhilfe“* (§ 2 Abs. 3) versammelt das Gesetz unterschiedliche Aufgaben des Jugendamtes, nämlich:

- Inobhutnahme (§ 42),
- Herausnahme (§ 43),
- Pflegeerlaubnis, Betriebserlaubnis und Tätigkeitsuntersagung (§§ 44 - 48),
- Mitwirkung vor Vormundschafts- und Familiengerichten (§ 50),
- Beratung und Belehrung in Verfahren zur Annahme als Kind (§ 51),
- Mitwirkung nach dem Jugendgerichtsgesetz (§ 52),
- Beratung von Pflegern und Vormündern (§ 53),
- Erlaubnis bei Vereinsvormundschaften (§ 54),
- Amtspflegschaft und Amtsvormundschaft (§§ 55 - 58),
- Beurkundung, Beglaubigung, vollstreckbare Urkunden (§§ 59 und 60).

Abgesehen von der Gliederung in „Leistungen“ und „andere Aufgaben“ legt das KJHG die gesetzliche Systematik der Aufgaben der Jugendhilfe nicht offen. Insbesondere den „anderen Aufgaben“ scheint nicht mehr als die Überschrift gemeinsam zu sein, während sich für die „Leistungen“ immerhin ein gemeinsamer Bezugsbegriff im Sozialgesetzbuch anbietet, der Begriff der „Sozialleistungen“.

4.2.2 Leistungen der Jugendhilfe als Sozialleistungen

§ 11 Satz 1 SGB I bezeichnet die im Sozialgesetzbuch genannten Sozialleistungen als Gegenstand der sozialen Rechte und gliedert sie in Dienst-, Sach- und Geldleistungen, wobei Satz 2 klarstellt, daß die persönliche und erzieherische Hilfe zu den Dienstleistungen gehört. Mit dieser Definition ist zunächst festgelegt, daß der Leistungsbegriff des KJHG keine eigenständige Bedeutung neben dem für das gesamte Sozialgesetzbuch geltenden Begriff der Sozialleistung haben kann, sondern daß Leistungen der Jugendhilfe Sozialleistungen im Sinne des Sozialgesetzbuches sind. Das wird auch bestätigt durch die Einordnung des § 27 SGB I, der die Leistungen der Jugendhilfe aufzählt, unter den Zweiten Titel des Zweiten Abschnitts: „Einzelne Sozialleistungen und zuständige Leistungsträger".

Damit gerät der Leistungsbegriff des KJHG aber sogleich in einen gewissen Widerspruch zu den im SGB I zugrundegelegten Merkmalen von Sozialleistungen. § 38 SGB I unterscheidet zwischen Sozialleistungen, auf die ein Anspruch besteht und solchen, die nach den besonderen Teilen des Sozialgesetzbuches ins Ermessen der Leistungsträger gestellt werden können. In beiden Fällen geht das SGB I offenbar davon aus, daß es sich um Leistungen an einen individuellen Adressaten handelt, die im Einzelfall durch eine Entscheidung des Leistungsträgers festgestellt und bewilligt werden. Das folgt unter anderem aus § 40 Abs. 2 SGB I, der ausdrücklich eine „Entscheidung über die Leistung" vorsieht. Diesem Grundverständnis des SGB I entsprechen auf Anhieb nur die individuellen Leistungen der Jugendhilfe, nicht aber die Angebote der allgemeinen Förderung.

4.2.2.1 Individuelle Leistungen der Jugendhilfe

Zu den individuellen Leistungen der Jugendhilfe gehören die „Hilfe zur Erziehung", die „Eingliederungshilfe für seelisch behinderte Kinder und Jugendliche" und die „Hilfe für junge Volljährige". Obwohl die übrigen gesetzlichen Leistungen (1., 2. und 3. Abschnitt des 2. Kapitels, §§ 11 - 26) überwiegend als allgemeine Förderung ausgestaltet wurden, sind einige auch an das Vorliegen individueller Voraussetzungen gekoppelt (§§ 18, 19, 20, 21, 23, 24), womit sie rechtssystematisch zu den individuellen Leistungen gehören. Soweit sie im Einzelfall davon abhängen, ob sie für das Kindeswohl erforderlich sind, haben sie sogar ähnliche Voraussetzungen wie die „Hilfe zur Erziehung" (vgl. § 20 Abs. 1 Satz 2 und Abs. 2, § 23 Abs. 3).

Bei den meisten individuellen Hilfen ist der individuelle Bedarf Voraussetzung und Maßstab für den Leistungsanspruch und daher vorweg zu ermitteln. Lediglich der individuelle Anspruch auf einen Kindergartenplatz besteht nach § 24 Abs. 1 Satz 1 KJHG ohne vorherige Bedarfsermittlung. Der Bedarf ist bereits vom Gesetz als gegeben anerkannt.

Individuelle Leistungen der Jugendhilfe erfordern eine Einzelfallentscheidung. Diese trifft das zuständige Jugendamt (§ 27 Abs. 2 SGB I i. Verb. m. § 69 Abs. 3 KJHG).[15] Sie werden in der Regel durch Verwaltungsakt, unter Umständen

[15] Solche Entscheidungen sind nach Inkrafttreten des KJHG auch von verschiedenen Vormundschafts- und Familiengerichten getroffen worden, u.a. vom LG Frankfurt a.M. (Beschluß vom 03. 11. 1992, T 807/92), bestätigt durch OLG Frankfurt a. M. (Beschluß vom 04. 08 1993, 20 W 71/93, in Jugendwohl 1994 (2), 94, = FamRZ

aber auch durch öffentlich-rechtlichen Vertrag gewährt.[16] Diese Besonderheit individueller Leistungen zwingt zu einer deutlichen Unterscheidung zwischen der Leistungsgewährung (Leistungsbewilligung) und der Leistungserbringung (Durchführung der Leistung).

Die *Leistungsgewährung durch Verwaltungsakt* oder durch öffentlich-rechtlichen Vertrag ist Gegenstand eines verwaltungsrechtlichen Verfahrens im Sinne des SGB X (vgl. § 8 SGB X). Dadurch wird unter anderem die Pflicht des Jugendamtes begründet, den leistungserheblichen Sachverhalt von Amts wegen zu ermitteln (§ 20 SGB X). Eine spezielle jugendhilferechtliche Verfahrensgestaltung sehen die §§ 36 und 37 KJHG vor. Auf ihre Beachtung, insbesondere auf die Erstellung eines Hilfeplanes, hat der Leistungsberechtigte ein Anrecht. Mit dem Erlaß des Leistungsbescheids ist das Verwaltungsverfahren zu einem vorläufigen Abschluß gekommen.

Die Leistung wird nun auf der Grundlage des Bewilligungsbescheides erbracht. Dies kann durch das Jugendamt geschehen, sofern das Jugendamt, beispielsweise im ASD, die Möglichkeiten dazu vorhält. Die Leistung kann aber auch durch eine speziell dazu geschaffene Einrichtung erbracht werden. Dies kann die Einrichtung (Kindergarten, Heim, Erziehungsberatungsstelle) eines freien Trägers, ebensogut aber auch die eines öffentlichen Trägers der Jugendhilfe sein. Die Einrichtung hat aber nicht die Funktion und nicht das Recht, selbst die Leistung zu bewilligen. Dies ist allein Aufgabe und Befugnis des Jugendamtes.

Etwas anderes folgt auch nicht aus der durchaus zutreffenden Rechtsauffassung, daß das Jugendamt Leistungen, die bereits seit einiger Zeit von einer Einrichtung erbracht worden sind, rückwirkend bewilligen kann.[17] Im Gegenteil: Die rückwirkende Bewilligung bestätigt, daß die Entscheidung allein durch das Jugendamt zu treffen ist. Es hat dann rückblickend zu beurteilen, ob die Hilfevoraussetzungen zum Zeitpunkt der erstmaligen Hilfeerbringung vorlagen. War dies der Fall, so bestätigt es mit seiner Entscheidung lediglich, was § 40 Abs. 1 SGB I vorsieht: Ansprüche auf Sozialleistungen entstehen, sobald ihre Voraussetzungen vorliegen.

1994 (6), 392, = DAVorm 1993, 943ff.). Dies verstößt gegen den verfassungsrechtlichen Grundsatz der Gewaltenteilung, beschneidet den gesetzlich garantierten Verantwortungsbereich des Jugendamtes und verkürzt die gesetzlichen Ansprüche der Betroffenen auf Mitwirkung bei der Auswahl der bedarfsgerechten Hilfe. Entsprechend ist diese Rechtsprechung auf Ablehnung in der jugendhilferechtlichen Fachliteratur gestoßen: Vgl. Happe, Anmerkungen zu den genannten Beschlüssen, in Jugendwohl 1994 (2), 94 - 97; ders. in Jans, Happe, Saurbier, § 27 Rn. 12; Werner, NDV 1995 (9), S. 369; Diedrichs-Michel, RsDE 1995 (29), S. 43ff., 54ff. mit Nachweisen zu weiterer Rechtsprechung und zu familienrechtlichen Literaturmeinungen, die diese Rechtsprechung befürworten.

[16] Siehe oben 2.1.2.3.

[17] BVerwG, Beschluß vom 25. 08. 1987, 5 B 50/87, in: RsDE, Heft 1, S. 67ff. Dazu die Kommentierung von Neumann in RsDE, Heft 2, S. 45 - 60. - Siehe auch Kap. 6.1.1.

§ 40 Abs. 1 SGB I ist nicht etwa so zu verstehen, daß es der Bewilligung einer Leistung, auf die ein Anspruch besteht, gar nicht erst bedürfe. Auch Leistungen, auf die ein gesetzlicher Anspruch besteht, sind selbstverständlich durch Einzelentscheidung zu bewilligen, denn schließlich sind sie doch abhängig von der verbindlichen Feststellung ihrer tatsächlichen Voraussetzungen, also von der Sachverhaltsermittlung im Rahmen des Verwaltungsverfahrens.

4.2.2.2 Angebote der allgemeinen Förderung

Die jugendhilferechtlichen Angebote der allgemeinen Förderung lassen sich offenbar dem Begriff der Sozialleistungen in Sinne des SGB I nicht ohne weiteres zuordnen. Nach der Terminologie des KJHG ist für die allgemeine Förderung kennzeichnend, daß sie Angebote bereitstellt, die lediglich nach allgemeinen Merkmalen einer Personengruppe und nach allgemeinen Zielen eingegrenzt, ansonsten aber offen sind. Insbesondere können Leistungen der allgemeinen Förderung unabhängig davon in Anspruch genommen werden, ob im Einzelfall ein Bedarf nachgewiesen wird. Aus diesem Grund ist es auch zulässig, sie als „allgemeine" Förderung zu bezeichnen, obwohl die Leistung natürlich bestimmten Individuen erbracht wird.

Der Rechtsanspruch auf Leistungen der allgemeinen Förderung, die als Angebote ausgestaltet sind, besteht darin, daß Personen, die zu der im Leistungstatbestand angesprochene Personengruppe gehören, das Recht haben, vorhandene Leistungsangebote in Anspruch zu nehmen, ohne daß vorweg eine Prüfung stattfindet, ob sie diese Leistung auch benötigen. Das Recht der Inanspruchnahme eines Angebotes der Jugendhilfe wird ausdrücklich auch in § 27 Abs. 1 SGB I genannt, im übrigen wird dort auf die Regelung des KJHG verwiesen.

Einen individuellen Anspruch darauf, daß die im KJHG vorgesehenen Angebote der allgemeinen Förderung tatsächlich bereitgestellt werden und somit individuell genutzt werden können, begründet das Gesetz nicht. Die Angebote der allgemeinen Förderung entsprechen insofern nicht dem Grundmodell der Sozialleistungen im Sinne des SGB I, ohne dadurch gegen die dortigen Bestimmungen zu verstoßen. § 2 Abs. 1 Satz 2 SGB I stellt klar, daß Ansprüche nur nach den Voraussetzungen der besonderen Teile des Sozialgesetzbuches, hier also des KJHG, begründet werden.

Die Angebote der allgemeinen Förderung sind aber dennoch nicht ins Belieben des Leistungsträgers gestellt, also keine „freiwilligen Leistungen". Es handelt sich vielmehr um gesetzlich vorgeschriebene Sozialleistungen, deren Angebot der Träger der öffentlichen Jugendhilfe sicherzustellen hat, auch wenn er hierfür nicht unbedingt eigene Einrichtungen, Dienste und Veranstaltungen vorsehen muß (§ 79 Abs. 2 in Verb. mit § 3 Abs. 2 KJHG). Er ist zur Bereitstellung dieser Leistungsangebote verpflichtet unabhängig davon, daß ihm kein individuell Anspruchberechtigter gegenübersteht. Angebote der allgemeinen Förderung nach dem KJHG sind somit objektivrechtlich begründete Sozialleistungen ohne subjektivrechtliche Durchsetzbarkeit.[18]

4.2.3 „Andere Aufgaben" der Jugendhilfe

Neben den Begriffen der „Leistung" und der „Aufgabe" verwendet das KJHG den Begriff der Hilfe, ohne ihn näher zu präzisieren. Einerseits werden einzelne „Hilfen" als unterschiedliche Arten von „Leistungen" aufgezählt, z.B. die „Hilfe zur Erziehung". Der nicht vom KJHG, aber vom SGB I in § 11 verwendete Begriff der „erzieherischen Hilfe" wird dort den Dienstleistungen und damit den Sozialleistungen zugerechnet. Andererseits ist Jugend-"hilfe" der umfassende Begriff, dem im KJHG „Leistungen" und „andere Aufgaben" nachgeordnet werden. Insofern ist es berechtigt, den Begriff der „Hilfe" auch im Bereich der „anderen Aufgaben" zu verwenden. Auch hier gibt es Hilfen, deren Voraussetzungen im Einzelfall ermittelt und festgestellt werden müssen und denen daher der Begriff der individuellen Hilfen angemessen ist.

Im Rahmen der vorliegenden Darstellung wird die Anrufung des Vormundschaftsgerichts nach § 50 Abs. 3 KJHG den individuellen Hilfen zugeordnet, weil sie immer dann als Hilfe für das Kind bzw. den Jugendlichen erforderlich wird, wenn bei vorliegender Gefährdung des Kindeswohls die Eltern nicht zur Inanspruchnahme von Hilfe zur Erziehung bereit sind. Aus diesem Sachzusammenhang heraus gehören auch die Inobhutnahme und die Herausnahme zu den individuellen Hilfen.

Auch die Mitwirkung des Jugendamtes in vormundschafts- und familiengerichtlichen Verfahren sowie in Verfahren nach dem Jugendgerichtsgesetz ist im KJHG als Hilfe für junge Menschen gestaltet, obwohl hierbei zugleich Aspekte institutioneller Zusammenarbeit eine Rolle spielen.

Bei den Regelungen zur Pflege- und Betriebserlaubnis steht der Schutzgedanke im Vordergrund. Es handelt sich nicht um unmittelbare Hilfen für einen bestimmten jungen Menschen.

Amtspflegschaft, Amtsvormundschaft und die damit zusammenhängenden Regelungen gehören zwar zum Regelungsbestand des KJHG, sind aber nicht öffentliche Jugendhilfe, sondern stellen in der Sache privatrechtliche Aufgaben des Jugendamtes dar.

Beurkundung und Beglaubigung sind administrative Funktionen ohne Hilfecharakter.

---

[18] So auch: Kunkel, Leistungsverpflichtungen, S. 147.

4.3 Die Hilfe zur Erziehung

4.3.1 Die Systematik der Hilfe zur Erziehung

Im Unterschied zur Rechtsauffassung, die unter der Geltung des JWG anerkannt war, steht der Anspruch auf Hilfe zur Erziehung nach dem KJHG nicht dem Kind bzw. Jugendlichen zu, sondern den Personensorgeberechtigten.[19] Diese sollen ein Recht auf öffentliche Unterstützung bei der Wahrnehmung der nach Art 6. Abs. 2 Satz 2 GG zuvörderst ihnen obliegenden Erziehungsverantwortung haben. Das Grundmodell ist also auf die natürlichen Eltern als Personensorgeberechtigte bezogen.

§ 27 Abs. 1 und 2 bildet die *Grundnorm für die Hilfe zur Erziehung*:

Hilfe zur Erziehung
§ 27 - 38

Grundnorm:
§ 27 Abs. 1 und 2

Rechtstatbestand	Rechtsfolge
Wenn eine dem Wohl des Kindes oder des Jugendlichen entsprechende Erziehung nicht gewährleistet ist: *Erzieherischer Bedarf* im Einzelfall bei Einbezug des engeren sozialen Umfeldes, ...	... dann hat ein Personensorgeberechtigter bei der Erziehung Anspruch auf die für die Entwicklung des Kindes oder des Jugendlichen geeignete und notwendige Hilfe zur Erziehung

Ist der Rechtstatbestand erfüllt, so ist Hilfe zur Erziehung zu gewähren. Die Rechtsfolge ist somit der Anspruch auf Hilfe zur Erziehung.

Die §§ 28 bis 35 enthalten einen Katalog besonders geregelter Hilfeangebote, die als Hilfen „insbesondere" in Betracht kommen, nämlich:

- § 28: Erziehungsberatung
- § 29: Soziale Gruppenarbeit
- § 30: Erziehungsbeistand, Betrcuungshelfer
- § 31: Sozialpädagogische Familienhilfe
- § 32: Erziehung in der Tagesgruppe

[19] Zur Rechtslage nach dem JWG: BVerwG, Beschluß vom 25. 08. 1987, 5 B 50/87, in: RsDE, Heft 1, S. 67ff.; BVerwG, Urteil vom 26. 10. 1989, 5 C 34/86, in: ZfSH/SGB (3), 148ff., 149 unter Bestätigung seiner ständigen Rechtsprechung.

- § 33: Vollzeitpflege
- § 34: Heimerziehung, sonstige betreute Wohnform
- § 35: Intensive sozialpädagogische Einzelbetreuung.

§ 27 Abs. 3 präzisiert die Hilfegestaltung. Die Hilfe umfaßt danach „insbesondere“:

- pädagogische Leistungen,
- damit verbundene therapeutische Leistungen
- sowie bei Bedarf sozialpädagogisch begleitete Ausbildungs- und Beschäftigungsmaßnahmen nach § 13 Abs. 2.

§ 27 II stellt klar, daß für die Auswahl der konkreten Hilfe der *Grundsatz der Individualisierung* zu beachten ist. Daraus folgt, daß die Reihenfolge der Hilfearten keine Rangfolge festlegt, sondern daß die einzelnen Hilfearten untereinander grundsätzlich gleichwertig sind. Die jeweils zu gewährende Hilfe ist durch Abwägung zwischen den im Einzelfall geeigneten und notwendigen Hilfen zu ermitteln *(Grundsatz der Verhältnismäßigkeit)*. Maßstab ist der erzieherische Bedarf.

Der „erzieherische Bedarf“ ist somit das zentrale Tatbestandsmerkmal.

4.3.2 Der „erzieherische Bedarf“

4.3.2.1 Kriterium für die Anspruchsbegründung

Der „erzieherische Bedarf“ ist nicht identisch mit der Notwendigkeit, daß ein Kind erzogen werden muß. § 1 Abs. 1 KJHG formuliert zwar das Recht des jungen Menschen auf „Förderung seiner Entwicklung und auf Erziehung zu einer eigenverantwortlichen und gemeinschaftsfähigen Persönlichkeit“. Aber dieses Ziel zu verwirklichen obliegt „zuvörderst den Eltern“ (Art. 6 Abs. 2 Satz 1 GG). Sofern sie keinen Anlaß bieten für Interventionen im Rahmen des staatlichen Wächteramtes, kommt ihnen die Erziehungsautonomie zu. Die Erziehung des Kindes ist daher, sofern es nicht zu Gefährdungen des Kindeswohls kommt, privatrechtlicher Natur und nach den Regelungen des Eltern-Kind-Verhältnisses in §§ 1626 BGB zu beurteilen.[20]

Der Begriff des „erzieherischen Bedarfs“ ist demgegenüber Zuweisungskriterium für eine jugendhilferechtliche Leistung, regelt also die Begründung eines Anspruchs gegenüber dem Träger der öffentlichen Jugendhilfe. Nach der Konzeption des KJHG steht dieser öffentlichrechtliche Anspruch nicht dem jungen Menschen zu, sondern den Personensorgeberechtigten.

Grundsätzliche Überlegungen zum Gegenstand dieses Anspruchs enthält die Begründung zu § 26 I des REGIERUNGSENTWURFES (jetzt § 27 I):

---

[20] Vgl. Happe, in Jans, Happe, Saurbier, KJHG, § 1 Rn. 17ff. Kritisch, aber zu § 27 KJHG im Ergebnis ähnlich: Jeand’Heur, S. 144ff., 149.

„In Annäherung an die Formulierung von § 6 Abs. 1 JWG und die dazu entwickelte Rechtsprechung (vgl. etwa BVerwG vom 9. 6. 1983 - 5 C 12. 82, FamRZ 1983, 1110) geht der Entwurf vom Wohl des Kindes aus. Ist eine dem Wohl des Kindes oder Jugendlichen entsprechende Erziehung nicht gewährleistet und Hilfe zur Erziehung ein geeignetes und notwendiges Mittel, um das Wohl des Kindes oder Jugendlichen zu fördern, so ist das Jugendamt verpflichtet, Hilfe zur Erziehung zu gewähren.

Die Sichtweise des Verfassungsgebers sowie die Konstruktion der elterlichen Sorge im Bürgerlichen Gesetzbuch gehen von einer autonomen, für die Erziehung des Kindes selbst verantwortlichen Familie aus. (BVerfGE 24, 119, 150. § 1631 Abs. 1 BGB) ... Aus diesen Grundentscheidungen folgt, daß der Staat nicht generell die Hilfebedürftigkeit der Familie bei der Wahrnehmung ihrer Erziehungsaufgaben unterstellen kann, sondern für sein Tätigwerden im Bereich der Erziehung (insbesondere bei der Formulierung von Leistungsvoraussetzungen für die Hilfe zur Erziehung) einen *Hilfebedarf* voraussetzen muß, *der durch elterliches Handeln nicht erfüllt wird.*“[21]

Zur Notwendigkeit, Mindestvoraussetzungen festzulegen, wird in der Begründung zum REGIERUNGSENTWURF ausgeführt:

„Eine allzu offene Formulierung von Leistungstatbeständen kann andererseits auch ein überzogenes Anspruchsdenken in der Gesellschaft fördern und dazu führen, daß persönliche Verantwortung und Einsatzbereitschaft erlahmt ... Andererseits muß die staatliche Gemeinschaft den gesellschaftlichen Wandel zur Kenntnis nehmen. Für die Sachverständigenkommission zum 7. Jugendbericht „ gehört es zur Wirklichkeit jeder Familie, daß sie (...) in Krisen und Konflikte geraten kann, deren Bewältigung ihre eigenen Kräfte übersteigt, und ebenso, daß sie von außergewöhnlichen Belastungen überrascht werden kann, denen ihre ökonomischen und personellen Möglichkeiten nicht gewachsen sind“. (BT- Drucksache 10/6730 S. 13) ... Gerade dann, wenn eingreifende Maßnahmen des Staates nach Möglichkeit vermieden werden sollen, muß das Instrumentarium öffentlicher Hilfe und Unterstützung unterhalb der Schwelle des staatlichen Wächteramts, also bevor es zu einer nachhaltigen Gefährdung des körperlichen, geistigen oder seelischen Wohls des Kindes kommt, ausgebaut werden.

Von der Festschreibung der Kriterien „Gefährdung oder Störung der Entwicklung“ wurde Abstand genommen, da diese den Eindruck erwecken, als würden die beim Kind oder Jugendlichen festgestellten Probleme ihm auch ursächlich zugeschrieben. Andererseits kann Hilfe zur Erziehung von ihrer Funktion her nur an *Mängellagen* bei Kindern und Jugendlichen im Erziehungsprozeß ansetzen, da die häufig zugrundeliegenden Faktoren, wie etwa

---

[21] Hervorhebungen nicht im Original.

Arbeitslosigkeit oder Krankheit der Eltern bzw. unzureichende Wohnsituation etc., nicht mit Mitteln der Jugendhilfe behoben werden können."[22]

Zusammengefaßt bedeutet dies:
Wenn die Personensorgeberechtigten mit ihren Mitteln den Anspruch des Kindes oder Jugendlichen auf Erziehung nicht ausreichend sicherstellen können, entsteht ein Hilfebedarf, der einen öffentlichrechtlichen Anspruch der Personensorgeberechtigten auf Hilfe zur Erziehung auslöst: der „erzieherische Bedarf".

Der „erzieherische Bedarf" ist aber nicht nur Voraussetzung für die Begründung des Anspruchs auf Hilfe zur Erziehung als solchem, sondern zugleich Maßstab für die Auswahl der Hilfeart und den Hilfeumfang.

4.3.2.2 Maßstab für die Auswahl der Hilfeart und den Hilfeumfang

§ 27 Abs. 1 verlangt, daß die Hilfe für die Entwicklung des Kindes oder Jugendlichen „geeignet und notwendig" ist. Dieses Kriterium ist rechtsfolgebezogen und bedeutet, daß eine Hilfe zu gewähren ist, die einerseits geeignet, andererseits aber notwendig ist, um den erzieherischen Bedarf auszugleichen.

Geeignetheit und Notwendigkeit der Hilfe sind nicht Kriterien des erzieherischen Bedarfs, sondern Maßstab für die Auswahl der Hilfeart, also für die Bestimmung der konkreten Rechtsfolge.[23] Geeignet und notwendig ist aber nur diejenige Hilfeart, die der spezifischen Qualität des erzieherischen Bedarfs jeweils am besten entspricht, denn gemäß § 27 Abs. 2 Satz 2 richten sich Art und Umfang der Hilfe nach dem erzieherischen Bedarf im Einzelfall. Damit wird der erzieherische Bedarf zum Maßstab für die Geeignetheit und Notwendigkeit der Hilfe.

Die Auswahl der Hilfeart steht zwar im Ermessen des Jugendamtes, aber es muß sein Ermessen in der Weise betätigen, daß die je spezifische Qualität des erzieherischen Bedarfs zum Kriterium für die Auswahl der Hilfeart wird und zum Maßstab für den Umfang der Hilfe.[24]

Damit wird das Auswahlermessen des Jugendamtes in doppelter Weise gebunden. Es unterliegt zunächst den allgemeinen Kriterien für rechtmäßige Ermessensbetätigung, darüber hinaus aber auch den besonderen Auswahlmaßstäben des § 27 Abs. 2 Satz 2 KJHG, die dazu zwingen, die Begründung für die Auswahl gerade dieser und nicht einer anderen Hilfeart anzugeben. Diese Begründung muß darlegen, warum die ausgewählte Hilfeart besser als eine andere Hilfeart geeignet ist, den spezifischen erzieherischen Bedarf im Einzelfall auszugleichen.

---

22 Hervorhebungen nicht im Original.

23 So auch: Kunkel, Leistungsverpflichtungen, S. 149; Münder, Ansprüche, S. 289 und 290.

24 So wohl auch Happe, a.a.O., § 27, Rn. 39 und 40: Art und Umfang der Hilfe haben der Bedarfsfeststellung zu entsprechen.

Mit dieser gesetzlichen Verdichtung der Entscheidungskriterien durch die Koppelung des erzieherischen Bedarfs an einen Katalog von Hilfearten, die diesem Bedarf anzupassen sind, gelten für das Jugendamt bei der Gewährung von Hilfe zur Erziehung nun wesentlich strengere Maßstäbe als unter dem JWG. Hinzu kommt eine nahezu parallel zu den Veränderungen des Jugendhilferechts verlaufene Entwicklung in der Rechtsprechung, durch die auch die Jugendämter mit einer gesteigerten verwaltungsgerichtlichen Kontrolldichte über ihre Entscheidungen zu rechnen haben. Damit wird auch den Fachkräften eine höhere Präzision bei ihrer Tätigkeit und eine erheblich gewachsene Entscheidungsverantwortung abverlangt.

4.3.2.3 Zur Konkretisierung des erzieherischen Bedarfs als unbestimmtem Rechtsbegriff

Der Begriff des „erzieherischen Bedarfs" ist ein unbestimmter Rechtsbegriff. Nach der in einer Reihe neuerer Entscheidungen begründetetn Rechtsprechung des Bundesverfassungsgerichts haben die Verwaltungsgerichte die Konkretisierung eines unbestimmten Rechtsbegriffs grundsätzlich uneingeschränkt nachzuprüfen, auch hinsichtlich fachlicher Werturteile. Der gerichtlichen Nachprüfung sind lediglich die Fälle entzogen, bei denen die Entscheidung auf einer nicht wiederholbaren Situation, z.B. einer Prüfungssituation, beruht.[25]

Daraus ergeben sich Schlußfolgerungen auch für die Konkretisierung des „erzieherischen Bedarfs".

Die Frage, ob die Personensorgeberechtigten ihrer Erziehungsverantwortung aus eigenen Kräften und Mitteln ohne öffentliche Hilfe nicht mehr nachkommen können, ist sicher keine leicht zu beantwortende Frage und erst recht keine Frage, die sich nach festgelegten Bewertungsschablonen entscheiden ließe. Sie ist aber andererseits auch keine der prüfungsrechtlichen Problematik vergleichbare Frage, die jeweils nur in einer spezifischen Situation durch ein besonderes Verfahren nach den höchstpersönlichen Erfahrungswerten eigens dazu bestellter Prüfer beurteilt werden könnte, was für das Bundesverfassungsgericht Voraussetzung war, um prüfungsspezifische Wertungen von der richterlichen Kontrolle auszunehmen. Es geht bei der Beurteilung, ob ein erzieherischer Bedarf vorliegt, vielmehr um Fragen, die eine fachwissenschaftliche Bewertung nach sozialpädagogischen Maßstäben erfordern, also nach außerrechtlichen Kriterien, die nach der Rechtsprechung des Bundesverfassungsgerichts voller richterlicher Nachprüfung mit Hilfe entsprechender Sachverständiger unterliegen.

Daraus läßt sich schließen, daß mit voller verwaltungsgerichtlicher Überprüfung des erzieherischen Bedarfs als Anspruchsvoraussetzung der Hilfe zur Erziehung zu rechnen ist.

Der „erzieherische Bedarf" als Auswahlmaßstab für die Hilfeart ist prinzipiell nicht anders zu beurteilen als in seiner Funktion als anspruchsbegründendes Kriterium. Dennoch sind in beiden Fällen Unterschiede vorhanden.

[25] Siehe oben Kap. 2.1.3.3.

Zum Zwecke der Anspruchsbegründung ist die erzieherische Leistungsfähigkeit der Personensorgeberechtigten angesichts einer bestimmten Entwicklung, eines bestimmten Verhaltens bzw. bestimmter Umstände des engeren sozialen Umfeldes eines Kindes oder Jugendlichen zu beurteilen.

Bei der Auswahl der Hilfeart ist eine Beurteilung darüber abzugeben, welche Einwirkungsmöglichkeiten der öffentlichen Jugendhilfe auf die Entwicklungs- und Verhaltensbedingungen des Kindes oder Jugendlichen bestehen und wie sie sich voraussichtlich auswirken werden (Prognose). Hierbei spielt auch eine entscheidende Rolle, in welcher Art und Weise und bis zu welchem Grad die Personensorgeberechtigten bereit und in der Lage sind, an den jeweils in Betracht kommenden Hilfemöglichkeiten mitzuwirken. Die Auswahl der Hilfe hängt dabei also von einer Vielzahl situativer Faktoren sowohl auf der Seite der Hilfeempfänger als auch auf der Seite der Jugendhilfeinstitutionen ab, die sich einer notwendigerweise nachträglichen Erfassung und Beurteilung durch gerichtlich bestellte Sachverständige weitgehend entziehen. Somit entfiele auch weitgehend eine verwaltungsgerichtliche Kontrollmöglichkeit, die über die Vertretbarkeitsprüfung der von der Behörde abgegebenen Begründung der Entscheidung hinausginge.

Dies bedeutet allerdings nicht, daß eine Kontrolle der Auswahlentscheidung nach Maßgabe des erzieherischen Bedarfs schlechthin ausgeschlossen wäre. Sie wäre nach den Maßstäben des Bundesverfassungsgerichts nur dort ausgeschlossen, wo die situativen Elemente vorrangig für die Auswahlentscheidung sind. Sie wäre aber dort zu erwarten, wo auch im Nachhinein noch eine sachverständige fachliche Überprüfung möglich ist. Dies ist mindestens im Grobbereich der Auswahlentscheidung der Fall, für den die §§ 28 - 35 KJHG ein Konkretisierungskonzept vorgeben, das sich aber erst erschließen läßt, wenn man die §§ 36 und 37 KJHG mit einbezieht.

Die §§ 28 - 35 sehen, grob betrachtet, drei Klassen von Hilfen vor:

1. Hilfe durch Beratung: Erziehungsberatung (§ 28)

2. Familienunterstützende Hilfen:

2.1 Soziale Gruppenarbeit (§ 29)

2.2 Erziehungsbeistand, Betreuungshelfer (§ 30)

2.3 Sozialpädagogische Familienhilfe (§ 31)

2.4 Erziehung in einer Tagesgruppe (§ 32)

3. Hilfen außerhalb der Herkunftsfamilie:

3.1 Vollzeitpflege (§ 33):

3.2 Heimerziehung, sonstige betreute Wohnform (§ 34)

3.3 Intensive sozialpädagogische Einzelbetreuung (§ 35).

Die erste Auswahlentscheidung betrifft das Verhältnis von Erziehungsberatung und familienunterstützenden Hilfen. Neben dem offenen Zugang zu Erziehungsberatungsstellen kann Erziehungsberatung auch als Hilfe zur Erziehung über das Jugendamt vermittelt werden. Sie ist als sogenanntes niedrigschwelliges Angebot nicht an strikte Zuweisungskriterien gebunden und kann insbesondere zur genaueren Klärung des erzieherischen Bedarfs in Betracht kommen. Eine verwaltungsgerichtliche Überprüfung hierzu erscheint gegenstandslos.

Die Auswahl einer bestimmten Hilfeart innerhalb der familienunterstützenden Hilfen wird zwar von den Kriterien geleitet, die als typische Merkmale der verschiedenen Hilfearten im Gesetz aufgezählt sind. Die Begründung der Auswahl wird daher auf diese Merkmale zwar eingehen. Da aber diese Kriterien keine trennscharfe Abgrenzungsmöglichkeit bieten, legen sie die Auswahl letztendlich nicht fest. Die Auswahl wird so stark von Einzelfallbedingungen beherrscht, daß sie als situativ zu bezeichnen ist und sich daher einer stellvertretenden Bewertung durch einen gerichtlichen Sachverständigen entzieht. Sie ist reine Ermessensentscheidung.

Die Lage bei der Auswahl familienexterner Hilfen ist schwieriger. § 37 Abs. 1 Satz 4 in Verbindung mit §§ 33 bzw. 34 KJHG verlangt Abwägungen hinsichtlich einer Rückkehr des Kindes oder Jugendlichen in seine Herkunftsfamilie. Es ist zu begründen, ob eine nachhaltige Verbesserung der Erziehungsbedingungen in der Herkunftsfamilie innerhalb eines vertretbaren Zeitraumes erreichbar ist bzw., wenn nicht, warum sie nicht erreichbar ist. Dabei sind Alter und Entwicklungsstand sowie die persönlichen Bindungen des Kindes oder Jugendlichen zu berücksichtigen. Ob entsprechende Bewertungen schon bei der Hilfebewilligung oder erst im Rahmen der Fortschreibung der Hilfe getroffen werden können, hängt vom Einzelfall ab.

Die Beurteilung der Rückkehrmöglichkeit in die Herkunftsfamilie wirkt sich nachhaltig auf die weitere Lebensgestaltung der Herkunftsfamilie und des Kindes oder Jugendlichen aus. Eine solche Beurteilung setzt deshalb fachlich abgesicherte Wertmaßstäbe sowie gründliche und nachvollziehbare Abwägungen voraus. Solche Abwägungen entziehen sich ihrer Eigenart nach nicht grundsätzlich einer nachträglichen „Plausibilitätskontrolle des Ableitungszusammenhangs".[26] Sie erscheinen daher durchaus einer verwaltungsgerichtlichen Kontrolle als zugänglich. Inwieweit sie angesichts des Standes sozialpädagogischer Fachlichkeit realisierbar ist, muß hier dahingestellt bleiben.[27]

Die Auswahl der Hilfeart bei der Hilfe zur Erziehung ist das Ergebnis gemeinsamer Bemühungen des Jugendamtes und der Personensorgeberechtigten, selbstverständlich unter Beteiligung des Jugendlichen oder des Kindes, soweit

---

26 BVerfGE 85, 59.

27 Dieser erstmals vom Verfasser in RsDE 1994 (25), S. 19ff. veröffentlichten Rechtsauffassung hat sich Ollmann, ZfJ 1995 (2), S. 48ff. angeschlossen. Teilweise zustimmend, aber mit Einschränkungen hinsichtlich der Auswahl der geeigneten und notwendigen Hilfeart: Werner, NDV 1995 (9), S. 368/369.

es nach seinem Entwicklungsstand dazu in der Lage ist. § 36 Abs. 1 und 2 KJHG sieht dieses kooperative Verfahren ausdrücklich vor. Die Auswahlentscheidung kann deshalb nur dann zum Anlaß einer verwaltungsgerichtlichen Kontrolle werden, wenn es nicht zu einer Einigung über die Hilfeart kommt, wenn also die Personensorgeberechtigten letztendlich eine Hilfeart fordern, die das Jugendamt ablehnt.

4.3.3 Die einzelnen Hilfearten

Der ACHTE JUGENDBERICHT geht ausführlich auf die Probleme ein, die besonders in der Jugendhilfe entstehen, wenn man nach diagnostischen Zuweisungskriterien fragt, nach denen bestimmt werden soll, „wie auf die individuell spezifischen Problemlagen spezifische Hilfen passen"; zutreffend wird aber auch ganz entschieden daran festgehalten, daß „konkrete Hilfen im Verbundsystem sinnvoll nur praktiziert werden (können) auf der Basis differenzierter Zuweisungskriterien".[28]

Der ACHTE JUGENBERICHT führt weiter aus: „Die Erarbeitung der Zuschreibungskriterien ist möglich nur in einem Prozeß, in dem die verschiedenen Faktoren und Einschätzungen gegeneinander gewichtet und vermittelt werden, vor allem bei Beteiligung der Adressaten selbst. In diesem Zusammenhang sind die alten Postulate der mehrdimensionalen Diagnose - der Diagnose also im Team unterschiedlicher Mitarbeiter - ebensowenig überholt wie die Forderung, eine gemeinschaftlich erarbeitete Einschätzung der gegebenen Situation nur als eine erste Aussage zu verstehen, die eine Hilfe oder Maßnahme einleitet, die aber im Prozeß der Entwicklung mit allen Beteiligten evaluiert werden muß."[29]

Die Vorläufigkeit der Diagnose und die Notwendigkeit ständiger Evaluation ist vom Gesetzgeber auch klar gesehen worden, wie die Regelungen der §§ 36 und 37 über den Hilfeplan und die Mitwirkung und Zusammenarbeit beweisen.

Der nachfolgende Versuch, Kriterien für die Zuordnung eines bestimmten erzieherischen Bedarfs und einer bestimmten Hilfeart zu entwickeln, ist daher immer nur unter den bezeichneten Einschränkungen zu verstehen. Andererseits sollen diese Kriterien aber gerade dazu dienen, den Datenbedarf für die jeweilige Hilfeentscheidung nach Maßgabe des Grundsatzes der Erforderlichkeit zu bestimmen oder wenigstens zu legitimieren. Es erscheint daher als durchaus gerechtfertigt, auch von Kriterien auszugehen, die nur vorläufige Entscheidungen ermöglichen.

4.3.3.1 Erziehungsberatung (§ 28)

Der Gegenstand der Erziehungsberatung wird in § 28 Satz 1 definiert als Unterstützung für Kinder, Jugendliche, Eltern und andere Erziehungsberechtigte

[28] Achter Jugendbericht, S. 132ff., Zitat S. 132.
[29] A.a.O., S. 133.

- bei der Klärung und Bewältigung individueller und familienbezogener Probleme und der zugrundeliegenden Faktoren,
- bei der Lösung von Erziehungsfragen,
- sowie bei Trennung und Scheidung.

Die Hilfe wird erbracht durch Erziehungsberatungsstellen und andere Beratungsdienste und -einrichtungen. Dabei sollen Fachkräfte verschiedener Fachrichtungen zusammenwirken, die mit unterschiedlichen methodischen Ansätzen vertraut sind.

Auf den ersten Blick entsteht der Eindruck, als sei die Tätigkeit der Erziehungsberatungsstellen nun in einem eigens dafür geschaffenen gesetzlichen Tatbestand abschließend geregelt. Er ist überschrieben mit „Erziehungsberatung“ und weist diese den Erziehungsberatungsstellen als Aufgabe zu. Allerdings fällt auf, daß außer den Erziehungsberatungsstellen auch „andere Beratungsdienste und -einrichtungen“ als gesetzliche vorgesehene Stellen für Erziehungsberatung genannt werden. Außerdem taucht der Beratungsbegriff in einer Vielzahl anderer Gesetzestatbestände auf, in denen es um Erziehungsfragen geht. Das begründet Zweifel daran, ob § 28 KJHG endgültig als *die* Grundlagenvorschrift für Erziehungsberatungsstellen angesehen werden kann.[30] Die Bestimmung seiner Funktion und die Folgerungen, die allgemein aus dem KJHG für die Erziehungsberatungsstellen zu ziehen sind, setzen daher zunächst einmal eine Gesamtschau dieser Beratungstatbestände des KJHG voraus.

Die Durchsicht dieser Regelungen läßt erkennen, daß die jugendhilferechtlichen Beratungstatbestände ein gemeinsames Merkmal haben: „Beratung“ im Sinne des KJHG dient der Verwirklichung des Rechtes junger Menschen auf Erziehung und der Förderung ihrer Entwicklung. Darüber hinaus ist der jugendhilferechtliche Beratungsbegriff aber weder institutionell noch inhaltlich festgelegt. Das heißt: Das KJHG weist bestimmte Beratungsaufgaben grundsätzlich nicht einer bestimmten Institution der Jugendhilfe zu und es definiert, abgesehen von der genannten Zweckorientierung am Erziehungs- und Entwicklungsinteresse junger Menschen, keine qualitativen Merkmale der Beratung.

Die inhaltliche Qualität von Beratung und ihre institutionelle Zuordnung, also die Frage, wer welche Art von Beratung zu erbringen hat, ist somit nach den allgemeinen Regeln der Rechtskonkretisierung und nach fachwissenschaftlichen Erkenntnissen aus den jeweiligen Beratungstatbeständen und den allgemeinen rechtssystematischen Grundsätzen des KJHG abzuleiten.

Hier geht es um diejenigen Beratungstatbestände, die im Zentrum der Tätigkeit von Erziehungsberatungsstellen liegen, nämlich die §§ 16, 17, 18 und 28 KJHG. Diese Bestimmungen dürfen nicht als gegeneinander isolierte Einzelregelungen verstanden werden. Sie stehen vielmehr in einem systematischen Gesamtzusammenhang, der bei ihrer Auslegung zu berücksichtigen ist.

---

30 So aber offenbar Krug u.a., § 28, Anm. II.

Die für die Erziehungsberatung relevanten Bestimmungen gehören alle zu den Leistungen der Jugendhilfe.

Übersicht: Die Beratungstatbestände des KJHG

§ 1 III 2	Zur Verwirklichung des Rechtes junger Menschen auf Erziehung sollen Eltern und andere Erziehungsberechtigte bei der Erziehung beraten und unterstützt werden
§ 8 III	Kinder und Jugendliche in Not- und Konfliktlagen können, falls erforderlich, auch ohne Kenntnis des Personensorgeberechtigten beraten werden
§ 11 III 6	Jugendberatung gehört zu den Schwerpunkten der Jugendarbeit
§ 16 II 2	Beratung in allgemeinen Fragen der Erziehung und Entwicklung junger Menschen ist eine der Leistungen zur allgemeinen Förderung der Erziehung in der Familie
§ 17 I	Beratung in Fragen der Partnerschaft, Trennung und Scheidung
§ 18 I	Beratung bei der Ausübung der Personensorge
§ 18 III	Beratung der Mutter eines nichtehelichen Kindes bei der Geltendmachung ihrer Ansprüche (Entbindungskosten und Unterhalt)
§ 18 IV	Beratung bei der Ausübung des Umgangsrechts
§ 21	Beratung der Personensorgeberechtigten bei Unterbringung ihres Kindes zur Erfüllung der Schulpflicht
§ 23 II 2 und IV	Beratung von Personensorgeberechtigten sowie von Tagespflegepersonen und deren Zusammenschlüssen in allen Fragen der Tagespflege
§ 25	Beratung bei selbstorganisierter Förderung von Kindern
§ 28	Erziehungsberatung
§ 34	Beratung von Jugendlichen in Heimerziehung
§ 36 I	Beratung von Personensorgeberechtigten, Kindern und Jugendlichen bei Inanspruchnahme von Hilfe zur Erziehung
§§ 37 I und II	Beratung zur Verbesserung der Erziehungsbedingungen in der Herkunftsfamilie bei Erziehung außerhalb der eigenen Familie sowie Beratung der Pflegeperson
§ 41 IV	Beratung junger Volljähriger bei der Verselbständigung
§ 42 I 3	Beratung von Kindern und Jugendlichen bei Inobhutnahme
§ 51 II 1 und III	Beratung im Verfahren zur Annahme als Kind
§ 53 II	Beratung von Pflegern und Vormündern
§ 73	Beratung von ehrenamtlich in der Jugendhilfe tätigen Personen

Erziehungsberatung nach den §§ 16, 17 und 18 gehört zu den Leistungen der allgemeinen Förderung, während die Erziehungsberatung nach § 28 als Hilfe zur Erziehung eine individuelle Hilfe ist.

Die Gewährung von *Erziehungsberatung als Hilfe zur Erziehung* ist somit von der Feststellung eines entsprechenden erzieherischen Bedarfs abhängig und insofern nicht vergleichbar mit Erziehungsberatung im Rahmen des offenen Angebotes einer Erziehungsberatungsstelle.[31] Zuständig und verantwortlich für die Feststellung des erzieherischen Bedarfs und für die Entscheidung über die Gewährung ist ausschließlich das Jugendamt.[32] Mit der Entscheidung des Jugendamtes wird zugleich der Anspruch der Personensorgeberechtigten auf Erziehungsberatung als die im Rahmen der Hilfe zur Erziehung geeignete und notwendige Hilfe verbindlich begründet.

Der *erzieherische Bedarf* muß demnach so geartet sein, daß die fachlichen Mittel der Erziehungsberatung einerseits notwendig, andererseits aber auch geeignet sind zur Lösung der anstehenden Erziehungsfragen sowie zur Klärung und Bewältigung der jeweiligen individuellen und familienbezogenen Probleme, auch bei Tennung und Scheidung.

Als eine unter anderen möglichen Arten der Hilfe zur Erziehung setzt Erziehungsberatung nach § 28 also einerseits ein erzieherisches Defizit in der betroffenen Familie voraus. Dieses Defizit darf andererseits aber nicht schon so weit gehen, daß es durch Beratung nicht mehr ausgeglichen werden kann.

Demnach ist für der Gewährung von Erziehungsberatung als Hilfe zur Erziehung festzustellen,

- welches erzieherische Problem vorliegt,
- daß dieses Problem voraussichtlich durch Erziehungsberatung bewältigt werden kann
- daß aber ohne Erziehungsberatung die Entwicklungsbedingungen eines Kindes bzw. Jugendlichen nachhaltig belastet werden oder die Bewältigung des Problems möglicherweise gar nicht gelingen wird.

Mit diesen Kriterien wird der erzieherische Bedarf für Erziehungsberatung im Sinne des § 28 festgelegt.

HAPPE[33] erläutert die beiden Tatbestandsmerkmale der Problemklärung und der Problembewältigung durch Erziehungsberatung wie folgt:

---

31 Die Regelung des § 28 ist deshalb auch als mißlungene Verrechtlichung begriffen worden. Vgl.: Cremer, ZfJ 1995 (4/5/6), S. 175; Lasse, ZfJ 1993 (5), 245ff., Menne, ZfJ 1994 (11), S. 470ff., Struck, ZfJ 1994 (2), S. 71ff. - Zur Erziehungsberatung als einem offenen Angebot siehe unten Kap. 6.3. Zum Begriff der Verrechtlichung siehe oben Kap. 1.3.

32 Im Gegensatz dazu hält Menne es für möglich, dem Leiter der Beratungsstelle eines kommunalen Trägers die Entscheidungsbefugnis über die Gewährung von Erziehungsberatung als Hilfe zur Erziehung zu übertragen (a.a.O., S. 471). Dieser Vorschlag stützt sich auf den bloß formalen Aspekt, daß der öffentliche Träger der Jugendhilfe im Unterschied zum freien Träger befugt ist, Verwaltungsakte zu erlassen. Das Problem wird damit aber nicht gelöst. Vgl. im übrigen hierzu: Maas, Erziehungsberatung, S. 388/389.

33 In Jans/Happe/Saurbier, § 28 Rn. 26 und 27.

Problemklärung umfaßt eine

- „diagnostische Tätigkeit mit deskriptiver Eingrenzung der Problematik"

und eine

- „indikatorische Tätigkeit unter Abschätzung der Möglichkeiten und Grenzen" der Erziehungsberatung.

Problembewältigung bezeichnet „die vielfältigen Möglichkeiten der Beratung sowie Unterstützung der Ratsuchenden.... innerhalb und außerhalb der EB-Stelle".

Ist Erziehungsberatung vom Jugendamt als Hilfe zur Erziehung gewährt (bewilligt) worden, so kann sie von einer Erziehungsberatungsstelle, allerdings auch von anderen Beratungsdiensten und Einrichtungen, erbracht werden.[34] Die Personensorgeberechtigten haben im Rahmen des § 5 KJHG das Recht, die von ihnen bevorzugte Einrichtung auszuwählen.

Die beratende Stelle ist, das Einverständnis der Betroffenen vorausgesetzt, verpflichtet, dem Jugendamt entsprechend zu berichten, ob das Problem ausreichend bearbeitet werden kann. Denn nur so kann das Jugendamt im Rahmen seiner Gesamtverantwortung für die richtige Hilfe zur Erziehung überprüfen, ob gegebenenfalls eine andere Hilfeart vorzuschlagen ist, wenn sich Erziehungsberatung als nicht ausreichend erweist.

§ 28 KJHG schreibt als verbindlichen Leistungsstandard vor, daß Fachkräfte verschiedener Fachrichtungen, die mit unterschiedlichen methodischen Ansätzen vertraut sind, zusammenwirken sollen.[35] („Soll" bedeutet im Regelfall „muß".[36])

Für die Art und Weise, in der durch Erziehungsberatung Hilfe geleistet wird, ist kennzeichnend, daß sie „mit sprachlichen Mitteln" erfolgt, wobei der Berater als Partner in die Auseinandersetzung mit den Ratsuchenden über deren Probleme eintritt.[37]

Über die institutionelle Zuordnung der Erziehungsberatung enthält das Gesetz keine Regelungen.[38] Es sagt also auch nichts dazu aus, ob besondere Erzie-

---

34 Zur Problematik des Hilfeplanverfahrens bei Erziehungsberatung nach § 28 KJHG siehe unten Kap. 4.3.4, insbesondere 4.3.4.1.

35 Zum Zusammenwirken von Fachkräften verschiedener Fachrichtung: Hundsalz, S. 115ff.; Presting, Ärzte, S. 93ff.; Wiesner, Erziehungsberatung, S. 111. Zur allgemeinen Entwicklung des Leistungsstandards der Erziehungsberatung: Hundsalz, a.a.O.; Presting, Geschichte, S. 9ff.; Proksch, Beratung, S. 87ff.; Schmidt, S. 145 - 147.

36 Siehe oben 2.1.3.3.

37 Happe, a.a.O. Rn. 1.

38 So auch Wiesner, a.a.O.: „Bereits die Formulierung „Erziehungsberatungsstellen und andere Beratungsdienste und -einrichtungen" macht deutlich, daß der Gesetzgeber ... nicht eine bestimmte Organisationsform der Erziehungsberatung festschreiben wollte".

hungsberatungsstellen einzurichten sind. Dies bleibt der Entscheidung des jeweiligen Trägers überlassen. § 3 Abs. 2 Satz 2 bestimmt lediglich ganz allgemein, daß Leistungsverpflichtungen nach dem KJHG sich an die Träger der öffentlichen Jugendhilfe richten. Das Recht, solche Leistungen zu erbringen, steht nach Satz 1 dieser Vorschrift aber auch den Trägern der freien Jugendhilfe zu. Aus § 4 Abs. 2 folgt, daß die Angebotsstruktur der öffentlichen Träger eine entsprechende Angebotsstruktur der freien Träger berücksichtigen darf und soll.

4.3.3.2 Soziale Gruppenarbeit (§ 29)

Soziale Gruppenarbeit ist eine Hilfe für ältere Kinder und Jugendliche und bezweckt die Überwindung von Entwicklungsschwierigkeiten und Verhaltensproblemen durch soziales Lernen in der Gruppe auf der Grundlage eines gruppenpädagogischen Konzepts.

Nach der Begründung zum REGIERUNGSENTWURF bezieht sich diese Regelung auf Erfahrungen mit sogenannten Erziehungskursen, auch soziale Trainingskurse genannt, die besonders bei delinquenten Jugendlichen auf richterliche Weisung im Rahmen des JGG (vgl. § 10 Abs. 1 Nr. 6!) erprobt wurden[39], inzwischen aber auch für „nicht delinquente Jugendliche mit vergleichbaren Entwicklungsdefiziten sowie für ältere Kinder eingesetzt werden“.

Die systematische Stellung der Sozialen Gruppenarbeit innerhalb der vom KJHG im Rahmen der Hilfe zur Erziehung aufgezählten Hilfearten weist sie neben den Hilfen nach den §§ 30 - 32 als „familienunterstützende Hilfe“ aus.[40] Ihre Funktion besteht also darin, die erzieherischen Möglichkeiten der Familie zu ergänzen, um den Verbleib des jungen Menschen in der Familie zu gewährleisten.

Methodische Schwerpunkte sind:

- der Handlungs- und erlebnisorientierte Ansatz,
- der themenorientierte Ansatz,
- eine Mischform beider Ansätze.[41]

Um den erzieherischen Bedarf zu bestimmen, für dessen Ausgleich soziale Gruppenarbeit das geeignete und notwendige sozialpädagogische Mittel ist, kann vom gesetzlich benannten Adressatenkreis ausgegangen werden. Was immer „ältere“ Kinder sein mögen, für „jüngere“ Kinder kommt soziale Gruppenarbeit nicht in Betracht. Dies liegt im wesentlichen am methodischen Konzept der sozialen Gruppenarbeit.

Die in den Vereinigten Staaten entwickelte soziale Gruppenarbeit („social groupwork“) wurde in der Bundesrepublik Deutschland als sozialpädagogischer

---

[39] Einen Erfahrungsbericht über Soziale Gruppenarbeit mit dieser Zielgruppe gibt Rempe, S. 366ff.

[40] So auch Happe, in Jans, Happe, Saurbier, § 29 Rn. 12. - Zum Begriff der „familienunterstützenden Hilfe“ siehe auch oben Kap. 4.3.2.3.

[41] Reg. E. Begr.

Ansatz in den 60er Jahren auf der Grundlage der Übersetzungen amerikanischer Arbeiten insbesondere von VINTER, KONOPKA und LOWY rezipiert. „Im Mittelpunkt aller Konzepte steht die Überlegung, daß der Einzelne in der Gruppe durch die Interaktionen mit den anderen Gruppenmitgliedern und dem Sozialarbeiter befähigt wird, sein Leben und seine Probleme selbst zu meistern ('Hilfe zur Selbsthilfe'). Es wird generell davon ausgegangen, daß die im gruppeninternen Prozeß gemachten Erfahrungen auf Situationen außerhalb der Gruppe übertragen werden können."[42]

Danach setzt soziale Gruppenarbeit eine bereits entwickelte Fähigkeit voraus, das eigene Verhalten in der Gruppe zu reflektieren, um daraus Folgerungen für andere Lebensbereiche zu ziehen. Die Förderung eines solchen reflektierenden Lernens von sozialem Verhalten ist mehr als schlichte Integration in die für den Menschen von der Geburt an lebensnotwendigen Gruppen. Die Erkenntnis, „daß der Mensch als soziales Wesen auf Gruppen angewiesen ist", reicht als „Begründung für eine methodisch und didaktisch aufbereitete Gruppenarbeit"[43] nicht aus. Angestrebt wird die über Gruppenerfahrungen vermittelte bewußte Verhaltensänderung.[44]

Dementsprechend wird für die soziale Gruppenarbeit mit Kindern, also mit jungen Menschen unter 14 Jahren (§ 7 Abs. 1 Nr. 1 KJHG) vorausgesetzt, daß bereits eine entsprechende Einsichts- und Urteilsfähigkeit besteht. Ein festes Mindestalter ist dafür allerdings nicht vorgesehen und auch nicht angebbar.[45]

Fällt ein „älteres" Kind oder ein Jugendlicher im wesentlichen durch sein soziales Verhalten auf, ist diese Auffälligkeit aber andererseits noch nicht so stark ausgeprägt, daß es in eine Gruppe überhaupt nicht integriert werden könnte, so liegt ein erzieherischer Bedarf vor, für dessen Ausgleich soziale Gruppenarbeit in Betracht kommt.

Typische Auffällligkeiten im Bereich des Sozialverhaltens von Kindern und Jugendlichen sind z.B.: regelmäßiges Stören des Schulunterrichts durch Unruhe und Aggressivität, Rücksichtslosigkeit, mangelnde Fähigkeit oder Bereitschaft zur Kooperation, übertriebene Zurückhaltung und Scheu.

Zu Recht weist GOLL darauf hin, daß viele dieser Auffälligkeiten auch beim Einsatz anderer Hilfearten in Betracht gezogen werden können, weshalb er für die Indikation Sozialer Gruppenarbeit zusätzlich nach der Qualität der bestehenden primären Bezugsgruppen des Jugendlichen oder älteren Kindes fragt. Im Vordergrund stehen hier Familie, Schule und informelle Gruppen Gleichaltriger (Cliquen, Freundesgruppen). Wenn diese Gruppen „ihrer Sozialisationsfunktion nicht nachkommen ... oder das Sozialverhalten negativ beeinflussen", ist Soziale Gruppenarbeit angezeigt.[46]

42 Hackbarth, S. 87.
43 Hofacker, S. 86.
44 Konopka, S. 93ff.
45 Vgl. zur Altersfrage auch: Happe, a.a.O., Rn. 9.
46 Goll, S. 155ff., 157.

4.3.3.3 Erziehungsbeistand, Betreuungshelfer (§ 30)

Gegenstand dieser Hilfeart ist die Unterstützung des Kindes bzw. Jugendlichen bei der Bewältigung von Entwicklungsproblemen, möglichst unter Einbeziehung des sozialen Umfeldes und die Förderung seiner Verselbständigung unter Erhaltung des Lebensbezugs zur Familie.

Diese Regelung weicht erheblich von der *Erziehungsbeistandschaft* des JWG ab:

- Keine Anordnung durch das Vormundschaftsgericht,
- keine „Bestellung“ im Sinne eines besonderen Verfahrensaktes,
- kein gesetzliches Zutrittsrecht zur Wohnung für den Erziehungsbeistand,
- keine vorherige Feststellung der „Gefährdung“ des Minderjährigen.

Die Bestellung eines Erziehungsbeistandes ist also zu einem reinen Leistungsangebot im Rahmen der Hilfe zur Erziehung geworden. Allerdings kann das Jugendgericht einem Jugendlichen auferlegen, Erziehungsbeistandschaft in Anspruch zu nehmen (§ 12 Nr. 1 JGG).

Der *Betreuungshelfer* ist als Rechtsinstitut im Hinblick auf die Novelle des Jugendgerichtsgesetzes in das KJHG übernommen worden. Nach § 10 Abs. 1 Nr. 5 JGG kann der Richter dem Jugendlichen auferlegen, sich der Betreuung und Aufsicht einer bestimmten Person, nämlich des Betreuungshelfers, zu unterstellen.

Dem REGIERUNGSENTWURF selbst sind Zweifel daran anzumerken, ob sich die Verquickung von Jugendstrafrecht und Jugendhilferecht in dieser Form bewähren wird.[47] Die erzieherische Entscheidung des Richters muß mit den Personensorgeberechtigten abgestimmt werden. Ist dies nicht möglich, so hat das Jugendamt keine gesetzliche Grundlage, die Hilfe zu gewähren, deren Inanspruchnahme dem Jugendlichen vom Richter auferlegte worden ist. Im übrigen muß gemäß §§ 8 Abs. 1 und 9 Nr. 2 KJHG auch der Jugendliche mit der ihn betreffenden jugendhilferechtlichen Entscheidung einverstanden sein. Eine Entscheidung, die gegen seine Bereitschaft durchgesetzt würde, die Hilfe zu akzeptieren, wäre rechtlich fragwürdig, vor allem aber erzieherisch sinnlos. Infolgedessen würde auch eine richterliche Entscheidung, mit der der Jugendliche nicht einverstanden ist, den jugendhilferechtlichen Anforderungen nicht entsprechen und wäre praktisch gegenstandslos.[48]

Um dem Jugendrichter eine im Hinblick auf die Möglichkeiten der Jugendhilfe sinnvolle Entscheidung zu ermöglichen, sieht § 12 JGG die vorherige Anhörung des Jugendamtes vor.[49]

---

47 In der Begründung zu § 30 heißt es: „Die praktischen Erfahrungen werden zeigen, ob es angezeigt ist, Erziehungsbeistandschaft und Betreuungsweisung zu einem Rechtsinstitut zu verschmelzen.“

48 Ähnliche Bedenken bei Krug u.a., § 36 Anm. 2. Kritisch auch: Achter Jugendbericht, S. 136.

49 § 12 JGG ist durch das 1. Gesetz zur Änderung des Achten Buches Sozialgesetz-

Die Erziehungsbeistandschaft ist daher ebensowenig wie die Betreuungshilfe unter den Systemgesichtspunkten des Jugendstrafrechts zu beurteilen, sondern ausschließlich unter dem jugendhilferechtlichen Gesichtspunkt der Hilfe zur Erziehung.

Aus dem JWG überkommen ist ihr Charakter einer individuellen Hilfe, deren Adressaten Jugendliche (und junge Volljährige) sind. Die Doppelfunktion dieser Hilfen, einerseits die Verselbständigung zu fördern, andererseits zugleich den Lebensbezug zur Familie zu erhalten, läßt erkennen, daß es um Konfliktlagen geht, die sich vor allem im sozialen Umfeld der Familie (Ausbildungsbereich, Freizeitbereich, z.B. Delinquenz) manifestieren und mit deren Bewältigung die Familie überfordert ist.

Das Tatbestandsmerkmal der „Verselbständigung" begründet Zweifel daran, ob diese Hilfeart auch für Kinder in Frage kommt, so wie es § 30 wörtlich vorsieht. Dagegen spricht auch die Ankoppelung an das für Kinder nicht geltende jugendgerichtliche Verfahren.

Der dieser Hilfeart entsprechende erzieherische Bedarf läßt sich also definieren als Bedarf nach individueller Unterstützung von Jugendlichen und jungen Volljährigen (wohl kaum von Kindern) bei der Bewältigung von einzelnen Konfliktlagen in ihren außerfamiliären Lebensbereichen, z.B. bei Schulproblemen durch gemeinsame Gespräche mit Lehrern, bei der Berufsfindung durch individuelle Beratung oder bei akuten „zusätzlichen sozialen und psychischen Problemen" durch schnelle Intervention[50].

Wenngleich der Anspruch formaljuristisch den Personensorgeberechtigten zusteht, so geht es doch bei dieser Hilfeart primär darum, dem jungen Menschen eine Person an die Seite zu stellen, die ihn neben seinen Eltern unterstützt.[51]

Für die Durchführung der Hilfe kommt nach der gesetzlichen Regelung, die nicht auf die Leistungsart, sondern auf die Person des Leistungserbringenden abstellt, nur eine besonders hierzu bestimmte Einzelperson, der Erziehungsbeistand oder der Betreuungshelfer, in Betracht. Die Notwendigkeit einer besonderen Qualifikation für diese Aufgabe ergibt sich aus § 72 Abs. 1 KJHG.[52]

---

buch, in Kraft seit 1. April 1993, geändert worden. Statt der Anhörung des Jugendamtes war ursprünglich das Einvernehmen mit dem Jugendamt verlangt worden. Die Änderung entspricht einer klaren Trennung zwischen Jugendstrafjustiz und Jugendamt. Ob der Strafzweck durch den Erziehungszweck ersetzt wird, liegt allein in der Entscheidungsbefugnis des Richters. Vgl auch: Maas, Jugendgerichtshilfe, S. 70.

50 In dem Merkmal der „zusätzlichen Probleme" sieht Hollenstein, S. 351, ein wesentliches Abgrenzungskriterium der Erziehungsbeistandschaft gegenüber anderen ambulanten Hilfen, insbesondere gegenüber der sozialpädagogischen Familienhilfe.

51 Vgl. Happe, in Jans, Happe, Saurbier, § 30, Rn. 15 und 16.

52 Ausführlich hierzu Happe, a.a.O., Rn. 1 und 18. Zu den Fachlichkeitsanforderungen vgl. auch Hollenstein, a.a.O., insbesondere S. 356.

4.3.3.4 Sozialpädagogische Familienhilfe (§ 31)

Mit der Definition der sozialpädagogischen Familienhilfe schreibt das Gesetz einzelne Standards dieser in der Praxis erprobten und bewährten, aber in ihren Konzepten sehr unterschiedlichen und vielseitigen Hilfeart fest.[53] Danach ist Gegenstand der Hilfe die Unterstützung von Familien

- in ihren Erziehungsaufgaben,
- bei der Bewältigung von Alltagsproblemen,
- bei der Lösung von Konflikten und Krisen,
- im Kontakt mit Ämtern und Institutionen

durch

- intensive Betreuung und Begleitung,
- die auf längere Dauer angelegt ist
- und die Mitarbeit der Familie erfordert.

Die sozialpädagogische Familienhilfe wird unmittelbar im familiären Lebenszusammenhang tätig. Es handelt sich daher um eine brisante Hilfeart. Die Begründung zum REGIERUNGSENTWURF erkennt die Problematik:

> „Die sozialpädagogische Familienhilfe ist die intensivste Form ambulanter Hilfen. Sie reicht am weitesten in den Binnenraum der Familie hinein. Von daher ist die Motivation der Familienmitglieder und die Ermittlung akzeptabler Kompromisse zwischen Familie und Fachkraft eine wesentliche Voraussetzung für die Wirksamkeit sozialpädagogischer Familienhilfe."

Aus der Begründung zum REGIERUNGSENTWURF lassen sich auch Hinweise auf wesentliche Zielsetzungen der Vorschrift entnehmen:

> „Die bisherigen Erfahrungen ermutigen ... zu der Annahme, daß durch den rechtzeitigen Einsatz eines ... qualifizierten Familienhelfers in vielen Fällen das Selbsthilfepotential der Familie gestärkt und eine Herauslösung des Kindes ... aus dem Familienverband vermieden oder doch die Trennung deutlich verkürzt werden kann."

Obwohl die einzelnen Merkmale vom Gesetz klar definiert werden, ist es außerordentlich schwierig zu bestimmen, wann diese Hilfeart angezeigt ist. Denn es kommt für die Indikation nicht nur auf das Zusammentreffen bestimmter Merkmale an, sondern viel mehr auf deren Gewichtung im Einzelfall. In der Fachliteratur werden als Ausgangsbedingungen sozialpädagogischer Familienhilfe meist *Häufungen sozialer Problemlagen* genannt, insbesondere:

- erzieherische Überforderung, gekennzeichnet durch widersprüchliches, inkonsequentes Erziehungsverhalten,
- allgemeine Verhaltensauffälligkeiten der Kinder,

[53] Auf folgende Auswahl aus der Fachliteratur, die Erfahrungen mit sozialpädagogischer Familienhilfe umfassend dokumentiert hat, wird verwiesen: Blumenberg und Wetzstein; Elger; Elger und Christmann; Nielsen u.a.; Nielsen; Pressel.

- Beziehungsprobleme zwischen den Eltern, Trennung, Scheidung
- Beziehungsprobleme zwischen Eltern und Kindern
- Schulprobleme der Kinder,
- Wohnungsnot
- wirtschaftliche Schwierigkeiten, bedingt durch unzureichendes Einkommen und gepaart mit mangelhafter Fähigkeit zum Wirtschaften
- soziale Isolation. [54]

Als Problemlagen, bei denen sozialpädagogische Familienhilfe in der Regel nicht angezeigt ist, werden Suchterkrankungen und schwere psychische Krankheiten von Familienmitgliedern genannt.[55]

Die Unterscheidung zwischen Familien in *Einzelkrisen* und Familien in *Strukturkrisen* hat sich offenbar bei der Auswahl dieser Hilfeart bewährt, weil jeweils unterschiedliche soziale Kompetenzen zur Bewältigung des Alltags vorhanden sind: „Familien in Einzelkrisen verfügen über ein hohes Maß an sozialen Fertigkeiten, um Anpassungsleistungen an die Außenwelt zu erbringen", sie sind aber angesichts einer unerwarteten Einzelbelastung auf die Hilfe angewiesen; bei Familien in Strukturkrisen sind aufgrund ihrer vielfältigen Probleme und jahrelanger Abhängigkeit von fremder Hilfe ehemals vorhandene soziale Kompetenzen verkümmert und müssen wieder vitalisiert werden.[56] Allerdings werden die Erfolgsaussichten sozialpädagogischer Familienhilfe bei Familien in langjährigen strukturellen Krisen zurückhaltend beurteilt[57]

Als Mindestbedingung wird verlangt, daß „Teilaspekte der folgenden Voraussetzungen erfüllt sind:

- Positive Beziehungen der Familienmitglieder untereinander,
- Ansätze zur Entwicklung von neuen Verhaltensweisen,
- die Bereitschaft, Fremdhilfe vorübergehend als Lernhilfe mit dem Ziel der Selbsthilfe anzunehmen."[58].

Überdies wird auf die Abhängigkeit wirksamer Hilfe von der persönlichen Beziehung zwischen Familienhelfer und Familie hingewiesen.[59]

---

54 Elger, S. 21ff., insbesondere S. 30ff.; Golz, S. 299ff.; Meyer-Klöpper, S. 227;

55 A.a.O., S. 22.

56 Nielsen, S. 239.

57 Vgl. Elger, S. 38ff., der für diese Fälle erhöhte Fachlichkeitserfordernisse sieht; ebenso Nicolay, S. 542ff., unter Hinweis auf die zentrale Bedeutung des Vertrauensschutzes.

58 Caritasverband für die Diözese Münster 1982, S. 29, zitiert bei Elger und Christmann, in Blandow und Faltermeier, S. 154; Elger, S. 22ff. Ähnlich: Münder u.a., Frankfurter Kommentar, § 31, Rn. 10; Conen, S. 261; Golz, a.a.O., S. 300.

59 Elger und Christmann, a.a.O., S. 155, Nielsen, S. 239.

Angesichts der Indikationskriterien dieser Hilfeart zwischen Ganzheitlichkeit einerseits, aber ihrer Abhängigkeit von den im Einzelfall jeweils erst zu berücksichtigenden konkreten Bedingungen andererseits, verbleibt für die Bestimmung des erzieherischen Bedarfs eine weite Bandbreite. Um so wichtiger wird deshalb die sorgfältige Begründung der Einzelfallentscheidung. Dies gilt nicht nur im Hinblick auf die Eignung der Hilfe, sondern insbesondere auch in Anbetracht der hohen Sensibilitität der hierzu erforderlichen Informationen über die betroffene Familie. Die Begründung muß also in besonderem Maße auf das Erfordernis achten, den Datenbedarf zu legitimieren.

4.3.3.5 Erziehung in der Tagesgruppe (§ 32)

Es handelt sich um Erziehungshilfe in teilstationären Gruppen. Die Hilfe kann auch in geeigneten Formen der Familienpflege (heilpädagogische Pflegestellen) geleistet werden. Sie soll die Entwicklung des Kindes/Jugendlichen unterstützen, um dessen Verbleib in seiner Familie zu sichern und zwar durch

- soziales Lernen in der Gruppe
- Begleitung der schulischen Förderung und
- Elternarbeit.

Sofern diese Hilfe nach § 32 Satz 2 als Familienpflege erfolgt, ist sie nicht leicht abzugrenzen von der Tagespflege nach § 23 Abs. 3.[60] Während dort der Betreuungsbedarf im Vordergrund steht, ist hier von einem erzieherischen Bedarf auszugehen.

Die Tagesgruppe ist somit angezeigt, wenn familiäre Schwierigkeiten sich auf das Sozialverhalten des Kindes oder Jugendlichen nachteilig auswirken und deshalb umfassende tägliche Betreuung außerhalb der Schule notwendig ist, ohne daß die Herausnahme aus der Familie erforderlich wird. Besondere Bedeutung haben Auffälligkeiten in der Schule.

SPÄTH betont den Schulbezug der Tagesgruppe, lehnt aber eine bloß schulbezogene Förderung als unzureichend ab, da die Entlastungsfunktion für die Familie auch andere Bereiche betreffe.[61]

4.3.3.6 Vollzeitpflege (§ 33)

Gegenstand der Vollzeitpflege ist die Erziehung in einer anderen Familie

- entweder zeitlich befristet
- oder auf Dauer angelegt

und zwar entsprechend

- dem Alter und Entwicklungsstand des Kindes/Jugendlichen
- seinen persönlichen Bindungen

---

[60] Siehe Kap. 4.4.4.

[61] Späth, S. 270. Zum Schulbezug der Tagesgruppe auch: Filthuth, S. 98; Juli, S. 374; Maier, S. 133; Stephan, S. 5.

sowie den Möglichkeiten der Verbesserung der Erziehungsbedingungen in der Herkunftsfamilie.

Die Begründung zum REGIERUNGSENTWURF enthält zur Vollzeitpflege u.a. folgende Ausführungen:

> „Sie kann - je nach den Erfordernissen des Einzelfalles - auf kurze Zeit oder auf Dauer angelegt sein. Für eine Unterbringung (...) außerhalb der eigenen Familie kommen (...) zunehmend solche Kinder und Jugendliche in Betracht, die nicht mehr über familienunterstützende Hilfen erreicht werden können. Die Situation der Pflegekinder ist in einer Vielzahl der Fälle davon gekennzeichnet, daß ihr Sorgerechtsstatus und ihre soziale Zuordnung auseinanderfallen. Schritte des Gesetzgebers im Rahmen der Neuregelung des Rechts der elterlichen Sorge haben versucht, die Situation des Pflegekinds punktuell zu verbessern (§§ 1630 Abs. 3, 1632 Abs. 4 BGB); eine umfassende Regelung des Pflegekinderwesens steht jedoch bislang aus.“

Für die öffentliche Jugendhilfe folgt daraus:

> „Schon bei der Begründung des Pflegeverhältnisses (sind) zusammen mit den Beteiligten Handlungsvorgaben zu erarbeiten, die eine Grundlage und Orientierung für den weiteren Verlauf des Pflegeverhältnisses darstellen. Mit den Erziehungsberechtigten ist daher möglichst bereits vor der Inpflegegabe zu bestimmen, mit welchem Ziel die Inpflegegabe verbunden sein soll.
>
> ...
>
> „Mit einer solchermaßen zeit- und zielgerichteten Intervention soll entweder die alsbaldige Rückkehr des Kindes forciert, und falls diese innerhalb des dafür am Alter des Kindes orientierten Rahmens nicht gelingt, die Dauerhaftigkeit seines Aufwuchsplatzes sichergestellt werden.“[62]
>
> ...
>
> „Elternarbeit wird damit zum konstitutiven Bestandteil dieser Hilfeart, weil die Verbesserung der Erziehungsbedingungen in der Herkunftsfamilie die unabdingbare Voraussetzung dafür ist, daß das Kind wieder in die Herkunftsfamile zurückkehren kann, die Familie aus eigener Kraft damit aber meist überfordert ist. Wenn allerdings qualifizierte Bemühungen der Elternarbeit innerhalb eines vertretbaren Zeitraums offensichtlich erfolglos sind, ist im Interesse des Kindes und zur Sicherung seines Anspruchs auf Klarheit und Sicherheit der Beziehungen eine neue stabile Lebensperspektive für das Kind zu erarbeiten. Diese lebenswichtige Entscheidung für das Kind kann jedoch nicht autonom vom einzelnen Sozialarbeiter, auch nicht vom Team des Jugendamts, getroffen werden, sondern nur im Zusammenwirken mit den Personensorgeberechtigten und den Pflegepersonen (§ 37 Abs. 1). In den

---

[62] Im Regierungsentwurf zitiert aus: Salgo, Pflegekindschaft und Staatsintervention, 1987, S. 398.

letzten Jahren (sind) besondere Formen der Familienpflege entwickelt worden, die den besonderen Bedürfnissen verhaltens- und entwicklungsgestörter Kinder und Jugendlicher Rechnung tragen (z.B. Erziehungsstellen, heilpädagogische Pflegestellen, Sonderpflegestellen). Dieser Entwicklung trägt Satz 2 Rechnung."

Während nach dem bloßen Gesetzeswortlaut die Vollzeitpflege als *eine* Art der Hilfe zur Erziehung *unter anderen* erscheinen könnte und die Pflegefamilie infolgedessen nicht anders als jede andere leistungserbringende Einrichtung der Jugendhilfe anzusehen wäre, macht die Begründung des REGIERUNGSENTWURFS deutlich, daß die Vollzeitpflege innerhalb der Hilfe zur Erziehung eine Sonderstellung einnimmt.

Sicherlich *kann* die Familienpflege durchaus den Charakter einer Einrichtung der Jugendhilfe haben, die der vorübergehenden sozialpädagogischen Hilfeerbringung dient, sei es als zeitlich begrenzte familienergänzende Erziehungshilfe oder als sozialpädagogische Pflegestelle. Diese als *Kurzzeitpflege* bezeichnete Form der Familienpflege ist weitaus weniger problematisch als die Langzeit- oder Dauerpflege.[63] Sofern es sich lediglich um die vorübergehende Unterbringung, zum Beispiel im Rahmen der Nachbarschaftshilfe, handelt und ein spezifischer erzieherischer Bedarf gar nicht vorliegt, ist ohnehin der Tatbestand der Vollzeitpflege im Sinne des § 33 KJHG nicht erfüllt.

Ist die Aufnahme eines Kindes oder Jugendlichen in eine Pflegefamilie auf Dauer angelegt, so wird zugleich ein neuer Familienzusammenhang begründet, der nun nicht mehr bloß unter jugendhilferechtlichen Gesichtspunkten betrachtet werden darf. Dementsprechend zeigt die Rechtsentwicklung eine Tendenz, bei der *Dauerpflege* familienrechtliche Maßstäbe auf die Pflegeeltern-Kind-Beziehung anzuwenden.[64]

Der Rechtsstatus der Pflegefamilie, die ein Kind in Dauerpflege nimmt, ist zwar ausgebaut worden, bietet allerdings weder den Pflegeeltern noch dem Kind Bestandsgarantien. Auch für die Herkunftsfamilie ist die Rechtslage prekär. § 33 KJHG drängt daher auf rechtzeitige Klärung der Perspektive einer Vollzeitpflege. Räumt das Jugendamt seinen Bemühungen, die Erziehungsbedingungen in der Herkunftsfamilie zu verbessern, keine Chance mehr ein, so muß es darauf hinwirken, daß alsdann der familiäre Zusammenhang des Kindes mit der Pflegefamilie auf Dauer gesichert wird, wobei § 36 Abs. 1 Satz 2 KJHG zur Prüfung verpflichtet, ob die Adoption in Betracht kommt.[65]

---

63 Mikuszeit und Rummel, S. 98.

64 Lakies, Auswirkungen, S. 114 und 117/118, betont zu Recht die sozialleistungsrechtliche Funktion der Regelungen des KJHG zur Vollzeitpflege, die nicht dazu bestimmt und geeignet sind, familienrechtliche und damit in Zusammenhang stehende verfassungsrechtliche Konfliktkonstellationen zu lösen.

65 Skeptisch dazu der Achte Jugendbericht: „Adoptionen von Pflegekindern werden, auch wo sie eigentlich nahe lägen, häufig nicht vollzogen, weil damit die Bezahlung entfiele."

Solange weder die Rückkehr des Kindes in die Herkunftsfamilie noch die endgültige Zugehörigkeit zur Pflegefamilie gesichert ist, bleibt § 1632 Abs. 4 BGB die konfliktentscheidende Rechtsnorm. Wenn und solange das Kind in der Herkunftsfamilie gefährdet wäre, entscheidet das Vormundschaftsgericht über seinen Verbleib in der Pflegefamilie.

Die zwischen dem Kind und der Pflegefamilie entstandene Bindung wird inzwischen von der Rechtsprechung besonders stark gewichtet. Das BUNDESVERFASSUNGSGERICHT hat die Herausgabe des Kindes an die leiblichen Eltern, die das Kind freiwillig in Familienpflege gegeben haben, trotz deren grundsätzlichen Herausgabeanspruchs (§ 1632 Abs. 1 BGB) dann für unzulässig erklärt, wenn dies zur Schädigung des Kindes führen würde.[66] Einem Herausgabeverlangen der Eltern, mit dem nicht die Zusammenführung der Familie, sondern ein Wechsel der Pflegeeltern bezweckt wird, darf nur stattgegeben werden, wenn die Herausgabe mit hinreichender Sicherheit nicht zur Gefährdung des Kindeswohls führt.[67]

Dieser quasi familienrechtliche Schutz der Pflegeeltern-Kind-Beziehung kann zu Kollisionen mit jugendhilferechtlichen Kriterien führen, zum Beispiel, wenn das Kind wegen eines gesteigerten erzieherischen Bedarfs anderweitig untergebracht werden soll, etwa in einem heilpädagogischen Heim, die Pflegeeltern sich aber widersetzen.

Wenn das Jugendamt als Amtsvormund eine solche Veränderung anstrebt, so steht § 1632 Abs. 4 BGB seinem Wortlaut nach der Herausnahme des Kindes aus der Pflegefamilie nicht entgegen. Das Vormundschaftsgericht hat aber über seine Aufsichtsfunktion gemäß § 1837 BGB die Möglichkeit, pflichtwidrige Entscheidungen des Vormundes (Amtsvormundes) zu unterbinden. Für die Frage der Pflichtwidrigkeit wäre insbesondere wiederum der Gesichtspunkt einer Gefährdung des Kindeswohls durch die Herausnahme des Kindes maßgebend. Überdies wird aber auch die entsprechende Anwendung von § 1632 Abs. 4 BGB befürwortet.[68]

Daraus läßt sich folgern, daß die anderweitige *Gefährdung des Kindeswohls* ein wichtiges Kriterium für die Zuordnung des Kindes zur Pflegefamilie ist.

Als Indikation für die Vollzeitpflege nach § 33 KJHG im Sinne einer von der Herkunftsfamilie beanspruchten Sozialleistung scheiden aber nach der Konstruktion des KJHG gerade die Fälle aus, in denen das Wohl des Kindes oder Jugendlichen durch die Herkunftsfamilie gefährdet ist, in denen der Fremdplazierung also ein vormundschaftsgerichtlicher Eingriff ins Personensorgerecht vorausgeht. Für die im Rahmen der Hilfe zur Erziehung zu bestimmenden Kriterien desjenigen erzieherischen Bedarfs, dem Familienpflege zuzuordnen ist, kommt es nur auf die Fälle an, in denen die Herkunftsfamilie ihr Kind freiwillig

---

66 BVerfG, Beschluß vom 17. 10. 1984, 1 BvR 284/84, in: FamRZ 1985 (1), S. 39ff.

67 BVerfG, Beschluß vom 14. 04. 1987, 1 BvR 332/86, in: ZfJ (7-8), S. 409ff. Ausführlich zu dieser Problematik auch: Siedhoff, S. 616ff.

68 Salgo, Pflegekindschaft, S. 212f. mit weiteren Nachweisen.

in Familienpflege gibt. Nach der vom KJHG verwirklichten Konzeption der Hilfe zur Erziehung stellt sich dann nicht die Frage einer Gefährdung des Kindeswohls als Kriterium für die Fremdplazierung.

Somit wird die Bestimmung von *Kriterien für einen erzieherischen Bedarf unterhalb der Gefährdungsschwelle*, bei dem Vollzeitpflege im Sinne des § 33, insbesondere Dauerpflege, angezeigt ist, äußerst problematisch. Insbesondere die Vollzeitpflege durch Verwandte erscheint zuweilen weniger als das Ergebnis der Anwendung objektiver Merkmale eines spezifischen erzieherischen Bedarfs denn als private Entscheidung der Herkunftsfamilie, bei der das Jugendamt eher in die Rolle eines Entscheidungshelfers als eines Entscheidungsträgers rückt. Es beurteilt die Eignung der Pflegestelle und berät die Beteiligten.

Es ist offensichtlich, daß die Vollzeitpflege eine besonders sorgfältige, alle Beteiligten einbeziehende Vorbereitung erfordert, insbesondere die Erarbeitung eines detaillierten Hilfeplans.[69] Dem trägt das KJHG durch §§ 36 und 37 Rechnung.

Abgesehen von der nach § 36 Abs. 1 Satz 1 erforderlichen Beratung der Personensorgeberechtigten und des Kindes bzw. Jugendlichen vor ihrer Entscheidung über die Inanspruchnahme einer Hilfe zur Erziehung, bestimmen Satz 3 und 4, daß sie bei der Auswahl der Pflegestelle zu beteiligen sind und daß ihren Wünschen zu entsprechen ist, sofern dadurch keine unverhältnismäßigen Mehrkosten entstehen. Die bereits in § 8 Abs. 1 und § 9 Nr. 2 allgemein geregelte Berücksichtigung des Kindeswillens entsprechend dem Stand seiner Entwicklung wird hier nochmals ausdrücklich hervorgehoben. Angesichts der nachhaltigen Auswirkungen neuer familiärer Beziehungen auf die Persönlichkeitsentwicklung ist dies eine besonders wichtige Betonung seiner Subjektstellung.[70] Dadurch wird die Regelung des KJHG, wonach das Kind keinen eigenständigen Anspruch auf Hilfe zur Erziehung hat, in einem wichtigen Punkt zu Gunsten des Kindes abgeschwächt.

§ 37 setzt eine vom Jugendamt begleitete, enge Zusammenarbeit zwischen Herkunftsfamilie und Pflegefamilie voraus, wobei besonderes Gewicht auf die Verbesserung der Erziehungsbedingungen in der Herkunftsfamilie, somit auf die Rückkehr des Kindes, gelegt wird, sofern diese innerhalb eines vertretbaren Zeitraums möglich ist. Welcher Zeitraum vertretbar ist, muß aus der Sicht des Kindes beurteilt werden. Bei dem entsprechenden Begriff der „längeren Zeit“ in § 1632 Abs. 4 BGB geht die Rechtsprechung von zwei Jahren als Rückkehrschwelle aus.[71] Aber solche Richtwerte können nicht von einer gründlichen Prüfung des Einzelfalles freistellen.[72]

---

69 Wiesner, Pflegekindschaft, S. 104; Lakies, Auswirkungen, a.a.O., S. 115ff. Zu den Einzelpunkten siehe die Ausführungen zum Hilfeplan unten 4.3.4.

70 So auch Lakies, Tagespflege, S. 551, unter Hinweis auf die einschlägige Rechtsprechung des Bundesverfassungsgerichts.

71 Lakies, Tagespflege, S. 552.

72 Vgl. zu Bedenken gegen feste zeitliche Richtwerte: Siedhoff, a.a.O., S. 617ff.

Die Regelung der Vollzeitpflege im KJHG läßt also Entscheidungsspielraum für unterschiedliche Entwicklungen offen. Die Pflegefamilie kann, je nach den Besonderheiten des Einzelfalles, „Ergänzungsfamilie“ oder „Ersatzfamilie“ sein.[73]

4.3.3.7 Heimerziehung, sonstige betreute Wohnform (§ 34)

Als zweite Form der Hilfe zur Erziehung außerhalb der eigenen Familie regelt das KJHG die Heimerziehung (Hilfe zur Erziehung in einer Einrichtung über Tag und Nacht) und die ihr gleichgestellten Formen des betreuten Wohnens. Der Begriff der „sonstigen Wohnform“ bezeichnet „selbständige, pädagogisch betreute Jugendwohngemeinschaften sowie das sogenannte betreute Einzelwohnen“. (Reg. E. Begr.)

Gegenstand der Hilfe ist die Förderung der Entwicklung von Kindern/Jugendlichen mit dem Ziel

- der Rückkehr in die Familie oder
- der Erziehung in einer anderen Familie oder familienähnlichen Lebensform oder
- der Verselbständigung des Jugendlichen

entsprechend dem Alter und Entwicklungsstand sowie den Möglichkeiten der Verbesserung der Erziehungsbedingungen in der Herkunftsfamilie.

Als sozialpädagogische Ausgestaltung dieser Hilfe sieht das Gesetz die

- Verbindung von Alltagserleben mit pädagogischen und therapeutischen Angeboten vor,
- ergänzt durch Beratung und Unterstützung in Fragen der Lebensführung, Ausbildung und Beschäftigung.

Die bei der Vollzeitpflege erörterten, in §§ 36 und 37 KJHG geregelten Voraussetzungen der Hilfe zur Erziehung außerhalb der eigenen Familie gelten auch hier, nämlich die vorbereitende und begleitende Beratung der Personensorgeberechtigten und des Kindes bzw. Jugendlichen durch das Jugendamt, ihre Beteiligung bei der Auswahl der Einrichtung sowie die Aufstellung eines detaillierten Hilfeplans. Auch hier ist die Adoptionsmöglichkeit zu prüfen. Während des Heimaufenthaltes ist auf die Verbesserung der Erziehungsbedingungen in der Familie hinzuarbeiten.

Kommt bei einem Jugendlichen weder die Rückkehr in die Herkunftsfamilie noch die Fortsetzung der Erziehung in einer anderen Familie oder familienähnlichen Lebensform in Betracht, so ist auf die Verselbständigung des Jugendlichen hinzuarbeiten.

Wann Heimerziehung als Hilfe zur Erziehung angezeigt ist, läßt sich aus § 34 KJHG kaum entnehmen. Wie bei der Vollzeitpflege gilt auch hier, daß Gefähr-

---

[73] Gegen die Auffassung, das Gesetz betone die Rückkehroption, auch: Lakies, Tagespflege, S. 550; ders., Auswirkungen, S. 117.

dungen des Kindeswohls in der Herkunftsfamilie eine Indikation sein können, aber hier nicht Maßstab sind. Es geht hier darum, *Indikationen unterhalb der Gefährdungsschwelle* zu benennen, weil das KJHG den Gefährdungstatbestand im Rahmen der Hilfe zur Erziehung nicht kennt.[74]

Da Heimerziehung bedeutet, daß die Erziehung sowohl außerhalb der Herkunftsfamilie als auch außerhalb einer Ersatz- oder Ergänzungsfamilie (Vollzeitpflege) stattfindet, ist auf jeden Fall zu begründen,

- warum die Erziehung außerhalb der Herkunftsfamilie erforderlich ist und
- warum Vollzeitpflege nicht in Betracht kommt.

So können z.B. gestörte Familienstrukturen (Gewalt, sexueller Mißbrauch, sonstige Belastungen, die den Schutz des jungen Menschen erforderlich machen) sowie der Ausfall oder die Überforderung der Familie Gründe für die Erziehung außerhalb der Familie sein; die Vollzeitpflege kann ausscheiden, weil sie von dem jungen Menschen abgelehnt wird oder weil gleichzeitig mehrere Kinder aus einer Familie unterzubringen sind und deswegen eine Pflegefamilie nicht zur Verfügung steht.[75]

Der ACHTE JUGENDBERICHT unterscheidet zwischen allgemeinen und spezifischen Zuweisungskriterien.[76] Danach ist Heimerziehung allgemein angezeigt für Kinder und Jugendliche, „die zuhause oder in anderen Familien und in den von dort aus erreichbaren Lern- und Arbeitsmöglichkeiten nicht zu Rande kommen, die also so belastet, eingeschränkt und überfordert sind, daß sie in institutionell arrangierten und professionell gestützten Gruppen leben sollen". Zur spezifischen Differenzierung muß geklärt werden,

- ob und welche besonderen Hilfen schulischer, beruflicher, sozialer und therapeutischer Art erforderlich sind und
- ob das Kind bzw. der Jugendliche in einem durch pädagogische Beziehungen bestimmten Arrangement oder einer selbständigen Gruppe leben kann.

Die darüber hinaus genannten Merkmale betreffen die in §§ 34 und 37 KJHG vorgeschriebene Klärung der Alternative zwischen Verselbständigung oder Rückkehr in die Familie.

Die Vielgestaltigkeit der Heimerziehung läßt differenziertere Kriterienkataloge zu.[77] Es kann angesichts der spärlichen gesetzlichen Vorgaben aber keinen abschließenden Bestand an rechtlichen Zuweisungskriterien geben. Vielmehr werden pädagogische Überlegungen im Vordergrund stehen, die sich insbeson-

---

74 Selbstverständlich kommt eine Trennung des Kindes oder des Jugendlichen von seiner Familie gerade dann in Betracht, wenn eine Gefährdung von der Familie ausgeht, z.B. im Falle sexuellen Mißbrauchs. Hier erweist sich die Vermeidung des Gefährdungsbegriffs zur Begründung eines eigenständigen Hilfetatbestandes für junge Menschen als Schwachstelle des KJHG.

75 Vgl. Happe, in: Jans, Happe, Saurbier, § 34 Rn. 80ff.

76 S. 151.

77 Siehe zum Beispiel: Flosdorf, Band 1, S. 163.

dere an dem im Einzelfall angestrebten Erziehungsziel und an den zu seiner Erreichung geeigneten Methoden orientieren. Die im Einzelfall zur Entscheidung herangezogenen Kriterien sind zu benennen und zu begründen.

4.3.3.8 Intensive sozialpädagogische Einzelbetreuung (§ 35)

Adressat dieser Hilfe sind Jugendliche, die einer intensiven Unterstützung zur sozialen Integration und zu einer eigenverantwortlichen Lebensführung bedürfen.

Die Hilfe ist in der Regel auf längere Zeit angelegt und soll den individuellen Bedürfnissen des Jugendlichen Rechnung tragen.

Die Begründung zum REGIERUNGSENTWURF führt hierzu folgendes aus:

> „Seit Jahren werden z.T. auf der überörtlichen Ebene, z.T. auch auf der örtlichen Ebene Jugendliche und junge Volljährige, die sich allen anderen Hilfeangeboten entziehen und aufgrund ihrer aktuellen Lebenssituation (z.B. im Punker-, Prostituierten-, Drogen- oder Nichtseßhaftenmilieu) besonders gefährdet sind, durch spezielle Dienste betreut. Diese Dienste werden u.a. als Schutzhelfer, Aufsichtshelfer, Jugendberater oder offene Hilfen der öffentlichen Erziehung bezeichnet.
>
> Die anhaltene Diskussion über den Sinn und Nutzen der geschlossenen Unterbringung im Rahmen der Jugendhilfe nimmt nur zögernd zur Kenntnis, daß sich auch in der geschlossenen Unterbringung ebensoviele Jugendliche der Hilfe durch Entweichen entziehen wie in offenen Einrichtungen. Die Konzentration von gefährdeten Jugendlichen in Einrichtungen oder Wohngemeinschaften verhindert häufig den Aufbau tragfähiger Beziehungen zwischen dem Erzieher und dem jungen Menschen. Zudem sind solche Einrichtungen häufig ein Anziehungspunkt für Dealer und Zuhälter.
>
> Erfahrungen aus der Praxis der genannten Dienste zeigen, daß Jugendlichen in besonders gefährdenden Lebenssituationen häufig nur noch durch eine intensive sozialpädagogische Einzelbetreuung geholfen werden kann, wenn die Gesellschaft diese jungen Menschen nicht völlig aufgeben will. Die Betreuung ist sehr stark auf die individuelle Lebenssituation des jungen Menschen abzustellen und erfordert mitunter eine Präsenz bzw. Ansprechbereitschaft des Pädagogen rund um die Uhr. Seine Tätigkeit umfaßt neben der intensiven Hilfestellung bei persönlichen Problemen und Notlagen auch Hilfestellung bei der Beschaffung und dem Erhalt einer geeigneten Wohnmöglichkeit, bei der Vermittlung einer geeigneten schulischen oder beruflichen Ausbildung bzw. der Arbeitsaufnahme, bei der Verwaltung der Ausbildungs- und Arbeitsvergütung und anderer finanzieller Hilfen sowie bei der Gestaltung der Freizeit.
>
> Ein Ausbau dieser Hilfeform kann dazu beitragen, die Unterbringung älterer Jugendlicher in Heimen oder in Einrichtungen der Psychiatrie zu vermeiden.“

Im Gegensatz zur begrifflichen Unbestimmtheit des Gesetzestextes läßt die Präzision der Begründung zum REGIERUNGSENTWURF nichts zu wünschen übrig. Es geht um Jugendliche die mit einem Bündel an sozialen Schwierigkeiten beladen sind, sich anderen Hilfen zur Erziehung entziehen und für die als Alternative nur noch die geschlossene Unterbringung in Betracht käme.

Es handelt sich also um eine Sondervorschrift, deren Zielgruppe offenbar als nicht mehr verkraftbar für andere Institutionen der Jugendhilfe angesehen wird.[78] Eine jugendhilferechtliche Praxis der Stigmatisierung und Ausgrenzung dieser Zielgruppe stünde allerdings in krassem Gegensatz zum leistungsrechtlichen Anspruch des KJHG.

4.3.4 Der Hilfeplan

4.3.4.1 Hilfeplan oder Hilfeplanung?

Die in § 36 KJHG enthaltene und mit der Überschrift „Mitwirkung, Hilfeplan" versehene Vorschrift hat im bisherigen Schrifttum zum KJHG besondere Zuwendung gefunden. Es fällt auf, daß der ergebnisbezogene Begriff des „Hilfeplans" dabei weitgehend verdrängt worden ist durch den prozeßorientierten Begriff der „Hilfeplanung", den das Gesetz aber an keiner Stelle verwendet. Besondere Bedeutung für die schnelle Verbreitung des Begriffs der „Hilfeplanung" hatte wahrscheinlich auch, daß der DEUTSCHE VEREIN FÜR ÖFFENTLICHE UND PRIVATE FÜRSORGE „Empfehlungen zur *Hilfeplanung* nach § 36 KJHG" herausgegeben hat; dem Gesetzeswortlaut entspricht aber eher der Untertitel: „Vorbereitungen und Erstellung des Hilfeplans".[79]

Die sprachliche Nähe von „Hilfeplanung" zu dem in § 80 KJHG verwendeten Begriff der „Jugendhilfeplanung" trägt nicht gerade zur reibungslosen Verständigung bei.[80] Darüber hinaus gibt es *sachliche Bedenken* gegen den Begriff der „Hilfeplanung". Wird aus § 36 KJHG ein eigenständiges Verfahren der „Hilfeplanung" abgeleitet, so verstellt dies den Blick auf die bereits vorgegebenen Strukturen jugendhilferechtlicher Einzelentscheidungen. Denn Gewährung und Erbringung individueller Leistungen der Jugendhilfe sind nach den allgemeinen Regeln rechtsgebundener Entscheidungsfindung und nach den Vorschriften des SGB I und X auch ohne § 36 KJHG bereits weitgehend geregelt und strukturiert.

---

78 Ausführlich: Gintzel und Schrapper, S. 21ff. Auf die in diesem Ansatz liegende Gefahr der Ausgrenzung weist Schrapper, Einzelbetreuung, S. 107, hin.

79 NDV 1994 (9), S. 317.

80 Reizvolle Wortspiele mit beiden Begriffen enthüllen nicht ohne weiteres einen tieferen Sinn. Vgl. z.B. Bürger, S. 98: „Von der Hilfeplanung nach § 36 zur Planung der Hilfen zur Erziehung nach § 80". Die unbestreitbar vorhandenen Zusammenhänge sind alles andere als sinnfällig; sie zu erschließen, erfordert erheblichen analytischen Aufwand. Vgl. hierzu exemplarisch: Schrapper, BldW 1995 (5), S. 106ff. sowie Merchel und Schrapper, S. 88ff., „Zum Zusammenhang von individueller Hilfeplanung und Infrastrukturplanung".

Der als „Hilfeplanung“ bezeichnete Prozeß ist nur ein besonderer Anwendungsfall des allgemeinen, rechtlich gebundenen Verfahrens der Hervorbringung einzelfallbezogener Verwaltungsentscheidungen nach dem Sozialgesetzbuch. Für die Hilfe zur Erziehung - sowie für die Eingliederungshilfe für seelisch behinderte Kinder und Jugendliche (§ 35 a KJHG) und die Hilfe für junge Volljährige (§ 41 KJHG) - enthalten die Regelungen zum Hilfeplan zwar einige Ergänzungen, darüber hinaus aber insbesondere Konkretisierungen und Präzisierungen jener Vorgaben des allgemeinen Verwaltungsverfahrens.

Der Hilfeplan ist kein Verfahren, sondern ein *Dokument*, das aus dem Verfahren der Hilfegewährung hervorgeht und die Hilfeentscheidung voraussetzt.[81] Als Ergebnis eines Verwaltungsverfahrens im Sinne des § 8 SGB X kann der Hilfeplan daher auch nur vom zuständigen Träger der öffentlichen Jugendhilfe verbindlich festgelegt werden.[82]

Für jugendhilferechtliche Individualleistungen, auf die sich § 36 nicht bezieht,[83] ist ein Hilfeplan nicht gesetzlich vorgeschrieben. Da solche Leistungen aber sowohl in ihrer Zwecksetzung als auch in ihrer Abhängigkeit vom individuellen Bedarf ähnlich zu beurteilen sind, kann auch für sie die Erstellung eines Hilfeplans angezeigt sein.

4.3.4.2 Verrechtlichung als Garantie für Fachlichkeit

Mit den Vorschriften der §§ 36 und 37 hat das KJHG in umfassender Weise bisher erreichte fachliche Standards der Jugendhilfe - und der sozialen Arbeit im allgemeinen - zu einem einheitlichen, rechtlich geregelten Programm verdichtet.

„Verrechtlichung“ hat in der sozialen Arbeit eine eher negative Bedeutung, weil sie aufgefaßt wird als Erstarrung der Verhaltensmöglichkeiten und damit als

---

81 So auch: Werner, NDV 1995 (9), S. 369. - Anders Wendt, BldW 1995 (5), S. 104, der zu Recht den Hilfeplan vom „Durchführungsplan“ der die Hilfe erbringenden Einrichtung unterscheidet, daraus aber irrtümlich ableitet, der Hilfeplan gehe der Hilfeentscheidung voraus. - Der Hilfeplan ist nicht identisch mit dem von der Einrichtung zu erstellenden sozialpädagogischen Umsetzungsplan, durch den der im Hilfeplan formulierte Auftrag für den Einrichtungsalltag konkretisiert wird.

82 Die Vorstellung, „Hilfeplanung“ im Sinne der Erstellung des Hilfeplans nach § 36 KJHG könne auch Trägern der freien Jugendhilfe obliegen, wird aber z.B. von der Bundeskonferenz für Erziehungsberatung e. V. in deren Hinweisen zur Hilfeplanung nach § 36 KJHG, S. 316, vertreten. Es ist etwas völlig anderes, wenn der Deutsche Verein für öffentliche und private Fürsorge in seinen Empfehlungen zutreffend formuliert, daß der öffentliche Träger Ergebnisse fachgerechter Überlegungen eines freien Trägers inhaltlich zur Grundlage seiner Entscheidung machen kann (vgl. a.a.O. S. 321). Der Deutsche Verein läßt in seinen Empfehlungen keinen Zweifel daran, daß die Erstellung des Hilfeplans in der alleinigen Verantwortung des öffentlichen Trägers der Jugendhilfe liegt. - Insoweit abzulehnen daher auch die Feststellung bei Kunkel, NDV 1995 (11), S. 3, das in § 36 vorgesehene Verfahren sei kein Verwaltungsverfahren und setze deshalb nicht das Tätigwerden einer Behörde voraus. Dazu: Maas, NDV 1996 (1), S. 28/29.

83 Siehe oben Kap. 4.2.2.1.

unerwünschte Beschränkung des Hilfegeschehens. Dies muß aber keine zwangsläufige Folge einer umfassenderen rechtlichen Ausgestaltung des Hilfegeschehens sein. Unter rechtsstaatlichen und demokratischen Gesichtspunkten besteht ihr wichtigster Effekt darin, die Hilfe rechtlich abzusichern, die Stellung des Klienten im Hilfeprozeß zu verbessern und den Hilfeprozeß zu strukturieren, zu dokumentieren und für die Betroffenen transparent zu machen. Dies zu gewährleisten ist vom KJHG zum Bestandteil der Fachlichkeit erhoben worden.[84]

Zu einer fachlich qualifizierten Jugendhilfe gehören danach folgende Merkmale:

- Klärung des Hilfebedarfs
- Klärung der rechtlichen Grundlagen der Hilfe
- Festsetzung und regelmäßige Überprüfung des Hilfebedarfs
- Präzisierung und regelmäßige Überprüfung der Hilfeerbringung
- Dokumentation der erforderlichen Informationen und Entscheidungen
- Gleichberechtigte Kooperation aller Fachkräfte und Betroffenen
- Transparenz des Hilfeprozesses für alle Beteiligten
- Gewährleistung des Selbstbestimmungsrechtes der Betroffenen
- im Gefährdungsfall: Sicherung des Vorrangs des Kindeswohls.

Mit der Stabilisierung einer in dieser Weise strukturierten Jugendhilfe wird das Image des Jugendamtes als Fachbehörde nachhaltiger untermauert werden als mit einer durchsichtigen Werbung für ein angeblich „weichgespültes" Jugendamt, an das gerade diejenigen nicht glauben können, die angesichts belasteter Lebensumstände mit der Möglichkeit des im REGIERUNGSENTWURF sogenannten „Ernstfalles", nämlich mit Eingriffen ins Personensorgerecht, rechnen müssen.[85] In dem Maße aber, in dem die Betroffenen beim Zustandekommen der Hilfeentscheidung und bei der Durchführung und eventuellen Modifizierung der Hilfe einbezogen werden, wird die öffentliche Jugendhilfe für die Betroffenen zu einer berechenbaren Größe. Die so verstandene Verrechtlichung der Jugendhilfe führt daher nicht zur Erstarrung, sondern zur Versachlichung des Hilfegeschehens.

4.3.4.3 Hilfeplan und jugendhilferechtliche Entscheidung

§ 36 KJHG regelt die Funktionen des Hilfeplans im Einklang mit den allgemeinen Merkmalen des jugendhilferechtlichen Entscheidungsverfahrens.[86]

[84] Das Thema „Verrechtlichung" wird ausführlich behandelt unter Kap. 1.3.

[85] RegE Begr. zu KJHG § 49 Abs. 3 (= § 50 Abs. 3)

[86] Zu den Strukturmerkmalen rechtsgebundener Verwaltungsentscheidungen siehe oben Kap. 2.1. Siehe auch 1.4.

Erste Phase: Kontaktaufnahme und Beratung
Dem Verwaltungsverfahren im Sinne des § 8 SGB X, dessen Ergebnis die das jugendhilferechtliche Leistungsverhältnis begründende Entscheidung ist, geht in der Regel eine Phase der Kontaktaufnahme und Beratung voraus.

Sofern sich während dieser Phase herausstellt, daß Hilfe zur Erziehung, Eingliederungshilfe nach § 35 a KJHG oder Hilfe für junge Volljährige in Betracht kommen, mündet die Beratung insoweit in die Phasen der Vorbereitung und des Erlasses der Hilfeentscheidung.

Hinsichtlich der Rechte und Pflichten nach dem Sozialgesetzbuch besteht gemäß § 14 SGB I ein Anspruch auf Beratung durch den Leistungsträger.[87] § 36 Abs. 1 Satz 1 KJHG weitet diesen Beratungsanspruch aus. Danach sind Personensorgeberechtigte und das Kind oder der Jugendliche *vor der Entscheidung über die Inanspruchnahme einer Hilfe* (und vor einer notwendigen Änderung von Art und Umfang der Hilfe) zu beraten und auf die möglichen Folgen für die Entwicklung des Kindes oder des Jugendlichen hinzuweisen. Gemeint ist die Entscheidung der jeweiligen Anspruchsinhaber, ob sie die ihnen angebotene Hilfe in Anspruch nehmen wollen, nicht die Entscheidung des Jugendamtes über die Gewährung der Hilfe.

Wenn sie sich für die Inanspruchnahme der Hilfe entscheiden (Antragstellung), beginnt die zweite Phase.

Andere Dimensionen der Beratung (z.B. in sonstigen jugendhilferechtlichen Angelegenheiten) werden davon aber nicht betroffen. Die Beratung wird vielmehr in alle erforderlichen Richtungen fortgesetzt.

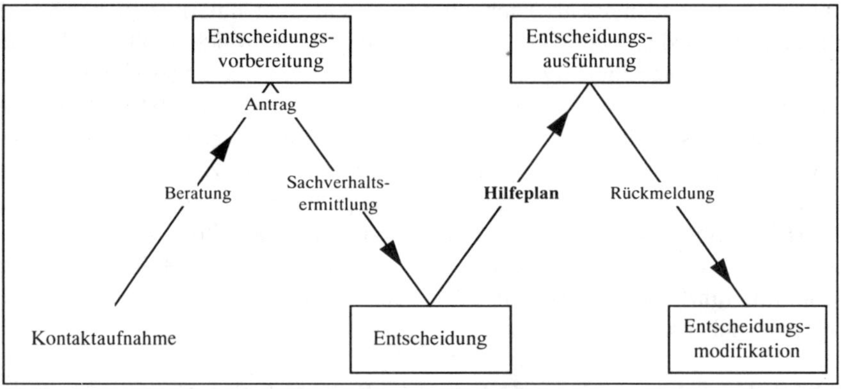

Zweite Phase: Vorbereitung und Erlaß der Hilfeentscheidung
Mit der *Antragstellung* beginnt das Verwaltungsverfahren. Es umfaßt die Prüfung der Voraussetzungen und die Vorbereitung der Hilfeentscheidung, insbesondere die Ermittlung des erzieherischen Bedarfs im einzelnen (Rechtstatbe-

87 Siehe oben Kap. 2.1.2.1.

stand) und die Auswahl der geeigneten und notwendigen Hilfe (Rechtsfolge) sowie die anschließende rechtsförmliche Entscheidung (§ 8 SGB X).

Ein wirksamer Antrag setzt die *Antragsberechtigung* des Antragstellers voraus. Es ist zu unterscheiden zwischen der allgemeinen sozialrechtlichen Handlungsfähigkeit und dem speziellen Antragsrecht hinsichtlich der Leistungen, für die nach § 36 KJHG ein Hilfeplan aufzustellen ist.

Da der Anspruch auf Hilfe zur Erziehung ausschließlich den Personensorgeberechtigten zusteht, sind nur sie befugt zu entscheiden, ob sie diese Leistung auch in Anspruch nehmen wollen. Anspruchsinhaberschaft und Antragsbefugnis sind nicht voneinander trennbar, weil andernfalls Dritte über die Geltendmachung eines Anspruchs auch ohne Wissen und Zustimmung des Anspruchsinhabers entscheiden könnten.

§ 36 Abs. 1 Satz 1 KJHG scheint hierzu zumindest nach seinem Wortlaut in Widerspruch zu stehen, denn er sagt aus, daß der Personensorgeberechtigte „und das Kind oder der Jugendliche" vor der Entscheidung über die Inanspruchnahme der Hilfe zu beraten und auf die möglichen Folgen hinzuweisen sind. Dieser Wortlaut galt auch schon in der ursprünglichen Fassung des § 36 vor Inkrafttreten des 1. ÄndGKJHG. Er bezieht sich also durchaus auch auf die Hilfe zur Erziehung, kann aber an der ausschließlichen Antragsbefugnis der Personensorgeberechtigten nichts ändern. § 36 Abs. 1 Satz 1 berücksichtigt hier lediglich die Bestimmung des § 8 Abs. 1 KJHG, wonach Kinder und Jugendliche entsprechend ihrem Entswicklungsstand an allen sie betreffenden Entscheidungen der öffentlichen Jugendhilfe zu beteiligen sind. Diese Regelung korrespondiert mit § 1626 Abs. 2 BGB, wonach Eltern in Fragen der elterlichen Sorge Einvernehmen mit dem Kind anzustreben haben. Das Kind wird damit aber nicht zum Anspruchsinhaber nach § 27 KJHG, was sich schon deshalb von selbst versteht, weil sonst die gesamte Konstruktion der Hilfe zur Erziehung als einer Hilfe bei der Wahrnehmung der Erziehungsverantwortung für das Kind gegenstandslos wäre. Seinem Zweck nach soll § 36 Abs. 1 Satz 1 KJHG nicht den § 27 KJHG modifizieren, sondern lediglich klarstellen, daß nicht nur die Personensorgeberechtigten, sondern auch die betroffenen Kinder und Jugendlichen Adressaten der Beratung durch das Jugendamt sind.

Durch das 1. KJHGÄndG ist § 35 a ins KJHG eingeführt worden. Anders als in § 27 KJHG wird hier Kindern und Jugendlichen, die seelisch behindert oder von einer solchen Behinderung bedroht sind, ein eigener Anspruch auf Eingliederungshilfe zugestanden. Deshalb sind sie auch unmittelbar antragsberechtigt, sofern sie die allgemeine sozialrechtliche Handlungsfähigkeit nach § 36 Abs. 1 SGB I haben, während ihre Personensorgeberechtigten einen entsprechenden Antrag nur in ihrer Funktion als gesetzliche Vertreter, nicht aber aus eigenem Recht stellen können.

Antragsberechtigt für Hilfen nach § 41 KJHG ist der junge Volljährige.

Der wirksam gestellte Antrag verpflichtet das Jugendamt zunächst zur *Ermittlung des leistungserheblichen Sachverhalts* (§ 20 SGB X: Untersuchungsgrundsatz). Der Sachverhalt ist die systematische Zusammenstellung der für die zu treffende Entscheidung erforderlichen Tatsachen. Welche Tatsachen erforderlich sind, richtet sich nach der für die Entscheidung maßgeblichen Rechtsgrundlage.

Die durch den Untersuchungsgrundsatz begründete Verantwortung des Jugendamtes für die Sachverhaltsaufklärung bedeutet nicht, daß sich der Leistungsberechtigte nun nicht weiter um die Sachverhaltsaufklärung zu kümmern brauche. § 21 Abs. 2 SGB X sieht die *Mitwirkung der Beteiligten* bei der Ermittlung des Sachverhalts vor, allerdings nur als eine Sollpflicht ohne Sanktionen. Eine für weitergehende Pflichten erforderliche gesetzliche Grundlage enthalten die §§ 60 bis 67 SGB I. Verletzt ein Sozialleistungsberechtigter im Sinne des Sozialgesetzbuches die dort aufgezählten Mitwirkungspflichten, so muß er mit nachteiligen Folgen rechnen, nämlich mit Leistungsverweigerung gemäß § 66 Abs. 1 SGB I.[88]

§ 36 KJHG sieht vor, daß die Personensorgeberechtigten und das Kind bzw. der Jugendliche aktiv in den Hilfeprozeß einbezogen werden. Sie sind nicht nur passive Adressaten von Beratung, vielmehr soll das Jugendamt *zusammen* mit ihnen einen Hilfeplan aufstellen. Dies kann nicht ohne Rückwirkung auf die Pflichtenstellung der Betroffenen als Leistungsempfänger geschehen. Insbesondere von den Personensorgeberechtigten als den Anspruchsinhabern ist im Sinne dieser Regelung zu fordern, daß sie bereit sind, mit dem Jugendamt zusammenzuarbeiten. So verstanden, weitet § 36 KJHG also die allgemeine verfahrensrechtliche Mitwirkungspflicht der Leistungsberechtigten zu einer umfassenderen Pflicht aus, mit dem Jugendamt und den weiteren Beteiligten bei der Ausgestaltung der Hilfe (Hilfeplan) zusammenzuwirken.

Über das allgemeine Verfahrensrecht hinaus wird damit zugleich aber auch ein Recht der Personensorgeberechtigten und des Kindes bzw. Jugendlichen begründet, in jeder Phase des Hilfeprozesses auf die Hilfegestaltung Einfluß zu nehmen. Mitwirkungspflichten und Mitwirkungsrechte der von der Entscheidung betroffenen Personen beziehen sich hier also nicht nur auf die Sachverhaltsaufklärung, sondern konkretisieren und ergänzen zugleich das allgemeine und das jugendhilferechtliche Wunsch- und Wahlrecht dieser Personen (§ 33 SGB I, § 5 und § 8 Abs. 1 KJHG).

Die durch § 36 KJHG herausgehobene aktive Stellung der Betroffenen im Prozeß der Hilfegewährung hat dazu geführt, daß dieser Prozeß in der Fachliteratur häufig als „Aushandlung“ der Hilfe begriffen wird. Diagnostische Verfahren zur Ermittlung des Hilfebedarfs seien dadurch angeblich nicht mehr erforderlich: „Weg von einer expertenbestimmten Form vermeintlich rationaler Diagno-

88 Siehe Kap. 2.3.2. - Die Leistungsverweigerung darf allerdings nicht zur Gefährdung des Wohles des jungen Menschen führen.

se und Behandlung, hin zu einem den Subjektstatus der Adressaten systematisch einbeziehenden und fördernden Prozeß mit Aushandlungscharakter."[89] Diese Formel suggeriert, es handele sich um einen Zuwachs an Demokratie. Viel eher geht es aber um Privatisierung, was nicht gleichbedeutend ist mit Demokratisierung.

Die Polarisierung *„Aushandlung statt Diagnose"*, wie MERCHEL und SCHRAPPER sie vertreten, ist überzogen. Eine Diagnose ohne aktive Beteiligung der davon betroffenen Personen und ohne deren Einfluß auf die Definition des Problems ist, wenn sie fachlich korrekt durchgeführt wird, gar nicht denkbar.[90] Das gilt nicht erst seit Inkrafttreten des KJHG. Umgekehrt kann aber die aktive Beteiligung der Betroffenen eine psychosoziale Diagnose im Sinne einer fachlichen Beurteilung ihrer Situation und eine entsprechende Bewertung des jeweiligen erzieherischen Bedarfs durch die Fachbehörde Jugendamt nicht ersetzen.[91]

Gewiß lassen sich gegen den Begriff der Diagnose wegen seiner Nähe zum medizinischen Denkmodell Einwände vorbringen, aber bedenklicher als sein Gebrauch ist die durch den Begriff der „Aushandlung" geförderte Vorstellung, eine fachlich begründete und vom Jugendamt verantwortete Feststellung des konkreten erzieherischen Bedarfs erübrige sich. In einem Aushandlungsprozeß, der nicht zugleich den Regeln der Rechtsanwendung und den materiellrechtlichen Voraussetzungen der Hilfe verpflichtet bleibt, sind die Betroffenen von Anfang an die Unterlegenen. Das gilt verstärkt in Zeiten rigider Kostenorientierung der Jugendhilfe.[92]

Auch die Empfehlungen des DEUTSCHEN VEREINS FÜR ÖFFENTLICHE UND PRIVATE FÜRSORGE zur Hilfeplanung nach § 36 KJHG sprechen von „Aushandlung" der Hilfe.[93] Aber die Empfehlungen heben zugleich deutlich hervor, daß das Jugendamt dadurch nicht aus seiner fachlichen Verantwortung für die Festsetzung der Hilfe entlassen wird.

Leider enthalten die Empfehlungen des DEUTSCHEN VEREINS an einer anderen Stelle eine mißverständliche Formulierung.[94] Es heißt dort: „Damit verlieren aufwendige Diagnose- und/oder Anamneseverfahren, wie sie in der Vergangenheit zum Teil praktiziert wurden, an Bedeutung." Aus dem Gesamtzusammen-

---

89 Merchel, Von der psychosozialen Diagnose zur Hilfeplanung, S. 45; ders. ähnlich in BlDW 1995 (5), S. 111; vgl auch Merchel und Schrapper, NDV 1995 (4), S. 151.

90 Siehe oben Kap. 1.5. - Ausführlich hierzu: Harnach-Beck, Psychosoziale Diagnostik, S. 18ff., insbesondere S. 32ff.; dies., in ZfJ 1995 (11), S. 488.

91 Ausführlich hierzu: Harnach-Beck, a.a.O.. - Auch Petermann und Schmidt (Hrsg.) betonen die große Bedeutung einer „fachlich abgesicherten Begründung", in der „die Sichtweise der jeweiligen Sachbearbeiter/-innen" zum Ausdruck kommt (S. 22/23) und der eine an „entsprechenden Diagnosesystemen" orientierte „systematische, differenzierte Problemanalyse" zugrunde liegen muß (S. 31).

92 Zu Bedenken gegen den Begriff der „Aushandlung" vgl. auch Happe, in Jans, Happe, Saurbier, § 27 Rn. 48. Auf Grenzen der Aushandlung weist auch Wiesner hin: SGB VIII, § 36 Rn. 22 und 23.

93 In NDV 1994 (9), S. 319ff.

94 S. 320. (Hervorhebung beim Zitat nicht im Original.)

hang des Absatzes wird aber deutlich, daß damit Diagnoseverfahren gemeint sind, die von der Erstellung des Hilfeplans und damit von der Einwirkungsmöglichkeit der Betroffenen auf die Diagnose losgelöst sind. Zutreffend wird nämlich im gleichen Zusammenhang ausgeführt, daß es Aufgabe der zuständigen Fachkraft ist, „*innerhalb* des Prozesses der Hilfeplanung die Lebens- und Beziehungssituation des Kindes/Jugendlichen zu beschreiben und diese Situation im Hinblick auf Problemdefinitionen zu bewerten".

Erst die diagnostisch abgesicherte Bewertung der Lebens- und Beziehungssituation des jungen Menschen ermöglicht die Bestimmung des erzieherischen Bedarfs und die diesem Bedarf entsprechenden Auswahl der Hilfeart (Subsumtion). Eine in diesem Sinne verstandene psychosoziale Diagnose ist daher notwendiger Bestandteil eines korrekt ermittelten Sachverhalts.[95] HARNACH-BECK hat einen auf die einzelnen Phasen des Hilfeprozesses abgestimmten Arbeitsplan mit den dazu gehörenden diagnostischen Einzelschritten entwickelt. Auf die dortigen Ausführungen wird verwiesen.[96]

Das Aushandlungsmodell leidet an einem weiteren Mangel: Es beschränkt die Modellbedingungen auf Fälle, in denen die Betroffenen sich auf eine aktive Rolle im Aushandlungsprozeß einlassen. Wie soll es aber in den - durchaus nicht seltenen - übrigen Fällen, in denen die Betroffenen sich zu aktiver Beteiligung nicht bereit finden, zur Erstellung eines Hilfeplans kommen? Sollen die Betroffenen in die Rolle als „gleichberechtigte" Aushandlungspartner gezwungen werden? § 36 KJHG erweitert zwar ihre Pflicht, mit dem Jugendamt und den weiteren Beteiligten bei der Ausgestaltung der Hilfe zusammenzuwirken. Diese Pflicht kann aber nicht so weit gehen, daß die Betroffenen, insbesondere die Personensorgeberechtigten, vor die Alternative gestellt werden, entweder als aktive Partei in den Aushandlungsprozeß hineinzugehen oder keine Hilfe zu erhalten, gegebenenfalls gar mit drohenden Eingriffen ins Sorgerecht konfrontiert zu werden. Auch unter diesem Gesichtspunkt erweist sich das Aushandlungsmodell als nicht besonders wirklichkeitsnah.

Es reduziert sich auf die Fälle, in denen angesichts einer bereits gewonnenen Diagnose mehrere fachlich vertretbare Hilfen in Betracht kommen und die Betroffenen die von ihnen bevorzugte Hilfe auswählen: Fachliches und von den Betroffenen subjektiv Gewolltes werden aufeinander abgestimmt, wobei das Jugendamt verantwortlich bleibt für die fachliche Vertretbarkeit des Ergebnisses.

Ist der Sachverhalt bis zur Entscheidungsreife aufgeklärt und eine sowohl von den Betroffenen als auch vom Jugendamt akzeptierte Hilfe ermittelt worden, so ergeht die rechtsförmliche *Entscheidung in Form eines Verwaltungsaktes*. Da Hilfe zur Erziehung, Eingliederungshilfe für seelisch behinderte Kinder und Jugendliche und Hilfe für junge Volljährige keine Ermessensleistungen sind, son-

[95] Siehe oben Kap. 2.1.3.1. (zur Subsumtion) und Kap. 2.2. (zum Sachverhalt).
[96] Harnach-Beck, Psychosoziale Diagnostik, Kap. 3.3., S. 107ff.

dern ein Anspruch auf diese Leistungen besteht (§ 38 SGB I), kommt nach § 53 Abs. 2 SGB X der Abschluß eines öffentlich-rechtlichen Vertrages zum Zweck der Leistungsbegründung nicht in Betracht.

Neben den nach dem allgemeinem Verfahrensrecht des SGB X für einen Verwaltungsakt geltenden Voraussetzungen stellt § 36 KJHG *besondere Anforderungen* auf, die sich zum einen auf die Begründung der getroffenen Hilfeentscheidung, zum anderen auf die Gestaltung der Hilfe beziehen.

Dem Hilfeplan kommt eine besondere *Begründungsfunktion* zu:
Nach § 35 Abs. 2 und 3 SGB X braucht die Behörde einen Verwaltungsakt nicht schriftlich zu begründen, wenn er dem Antrag entspricht, es sei denn, die Begründung würde ausdrücklich verlangt. § 35 Abs. 1 Satz 2 und 3 SGB X stellt Regeln auf für den Inhalt einer schriftlichen Begründung des Verwaltungsaktes: es sind die wesentlichen tatsächlichen und rechtlichen Gründe mitzuteilen, die die Behörde zu ihrer Entscheidung bewogen haben. Bei Ermessensentscheidungen muß die Begründung auch die Gesichtspunkte erkennen lassen, von denen die Behörde bei der Ausübung ihres Ermessens ausgegangen ist.

Nach § 36 Abs. 2 Satz 2 KJHG soll ein Hilfeplan aufgestellt werden, der Feststellungen über den Bedarf, die zu gewährende Art der Hilfe sowie die notwendigen Leistungen enthält. Diese Feststellungen über den Bedarf und die zu gewährende Art der Hilfe entsprechen den nach der Regelung des SGB X verlangten Mitteilungen der wesentlichen tatsächlichen und rechtlichen Entscheidungsgründe sowie der Gesichtspunkte, die die Ermessensausübung bestimmt haben. Bei der Gewährung der von § 36 KJHG betroffenen Hilfen hängt aber die Pflicht des Jugendamtes, seine Entscheidung zu begründen, nicht mehr davon ab, ob die Leistungsberechtigten dies verlangen. Vielmehr wird das Jugendamt von Gesetzes wegen zur Begründung seiner Entscheidung verpflichtet.

Während die Begründung die tatsächlichen und rechtlichen Voraussetzungen der Hilfentscheidung darlegt, richtet sich die *Gestaltungsfunktion* des Hilfeplans auf die Hilfeerbringung.

In § 36 Abs. 2 KJHG wird der Hilfeplan bezeichnet als „Grundlage für die Ausgestaltung der Hilfe“. Die „Ausgestaltung der Hilfe“ wird also unterschieden von der Gewährung der Hilfe, über die allein nach Maßgabe von § 27 KJHG zu entscheiden ist.

Das Jugendamt soll sich nach dem Willen des Gesetzes nicht damit begnügen, über das Bestehen eines Anspruchs auf Hilfe zu entscheiden. Es soll darüber hinaus die Ausgestaltung der Hilfe soweit konkretisieren, daß die Grundlagen der Hilfeerbringung deutlich werden. Es genügt also nicht, nur die Hilfeart zu bezeichnen und allgemeine Erziehungsziele zu formulieren. Das Jugendamt muß die im Rahmen der ausgewählten Hilfeart zu erbringenden notwendigen Leistungen einzeln benennen. In der Gestaltungsfunktion des Hilfeplans liegt somit seine besondere Bedeutung für die hilfeerbringenden Einrichtungen und Dienste.

Allerdings soll der hilfeerbringenden Stelle nicht vorgeschrieben werden, wie sie die Hilfe im erzieherischen Alltag zu realisieren hat. Dies liegt allein in der Verantwortung der jeweiligen Stelle. Insoweit umschreibt der Hilfeplan einen Rahmen, der von der hilfeerbringenden Stelle in sozialpädagogisches Realhandeln umzusetzen ist. Ob sie hierfür einen eigenen detallierteren Umsetzungsplan aufstellt, bleibt ihr überlassen.

3. Phase: Entscheidungsausführung und Entscheidungsmodifikation
Nach § 36 Abs. 2 Satz 1 im Zusammenhang mit Satz 2 ist ein Hilfeplan nur erforderlich, wenn die Hilfe *„voraussichtlich für längere Zeit"* zu leisten ist. Das folgt auch aus seinem Zweck, den Hilfeverlauf rationell, das heißt „zeit- und zielgerichtet"[97] auszugestalten und überprüfbar zu machen, um die Hilfeentscheidung entsprechend modifizieren zu können. Das Gesetz definiert nicht, was unter einer Hilfe „für längere Zeit" zu verstehen ist. Dies läßt sich aber aus dem Zweck des Gesetzes, insbesondere aus den spezifischen Eigenschaften erzieherischer Hilfen erschließen. Dabei ist nicht nur von stationären, sondern auch von ambulanten Hilfen auszugehen, denn auch für diese ist ein Hilfeplan zu erstellen, wenn sie „für längere Zeit" zu leisten sind.

Das gemeinsame zeitorientierte Merkmal erzieherischer Prozesse besteht darin, daß nicht von vorneherein bestimmbar ist, wann ihr Zweck erreicht sein wird.[98] Auf „voraussichtlich längere Zeit" angelegt sind daher alle Hilfen, die nicht von vorneherein auf eine bestimmte Hilfeart und eine bestimmten Zeitspanne beschränkt sind, sondern für deren Verlauf weitere Erfolgs- und Bedarfsüberprüfungen erforderlich und geplant sind.[99]

Aus diesem Grund wird bei bestimmten Hilfearten, die in der Regel auf kurze Dauer angelegt sind, insbesondere bei *Erziehungsberatung (§ 28),* ein Hilfeplan nicht erforderlich sein.[100]

Für alle auf längere Zeit angelegten Beratungsfälle würde die Regelung des § 36 KJHG bedeuten, daß das Jugendamt einen Hilfeplan erstellen müßte, an dem sich die in Anspruch genommene Erziehungsberatungsstelle zu orientieren hätte.

Eine solche Verfahrensweise verträgt sich aber nicht mit den Eigenheiten der Erziehungsberatung, insbesondere nicht mit ihrem diskursiven Charakter und der prinzipiellen Offenheit des Beratungsverlaufs. Gegen eine solche Verfahrensweise sind daher zu Recht massive Bedenken vorgetragen worden.[101]

Im Hinblick auf Erziehungsberatung ist an der Bestimmung des § 36 bedeutsam, daß sie als Soll-Vorschrift gestaltet ist. Damit wird für den Regelfall die

---

97 Reg. E. Begr. zu § 36.

98 Vgl. Blumenberg und Post, S. 73.

99 So auch: Stähr, in Hauck u.a., KJHG, § 36 Rn. 25; Petermann und Schmidt, S. 15.

100 So auch Schindler, S. 128. - Nach Hundsalz, S. 236, sind etwa 50% aller Erziehungsberatungsfälle nach sechs Sitzungen abgeschlossen, das heißt, etwa nach drei Monaten, 85 % noch vor Ablauf eines Jahres.

101 Vgl. z.B. die ausführliche Argumentation bei Menne, Aktuelle Probleme, S. 471.

Befolgung der Vorschrift verlangt, nicht aber für den Ausnahmefall, den sogenannten „atypischen Fall“.[102]

Daß Erziehungsberatung nicht im Kernbereich der Hilfe zur Erziehung liegt, sondern in vieler Hinsicht Besonderheiten gegenüber den anderen in den §§ 29 - 35 aufgezählten Hilfen aufweist, die sie zu einem „atypischen Fall“ innerhalb der Hilfe zur Erziehung machen, ist herrschende Meinung. Es bestehen also rechtlich keine Bedenken, für Erziehungsberatung in der Regel auf die Erstellung eines Hilfeplanes zu verzichten.[103] Ein Hilfeplan kann aber auch hier in Einzelfällen angezeigt sein, z.B. wenn parallel zu einer Heimerziehung begleitende Elternarbeit gemacht wird oder wenn eine andere Hilfe in Erziehungsberatung mündet.[104]

Die *regelmäßige Prüfung* soll sicherstellen, daß die gewählte Hilfeart weiterhin geeignet und notwendig ist. Bei Hilfen, die nicht vom Jugendamt selbst durchgeführt werden, muß also die jeweilige Stelle, die mit der Durchführung der Hilfe beauftragt ist, das Jugendamt regelmäßig über den Verlauf und das erreichte Ergebnis der Hilfe informieren, damit dieses überprüfen kann, ob die gewählte Hilfeart weiterhin geeignet und notwendig ist.

Für Pflegefamilien gilt nach § 37 Abs. 3 Satz 2 nur die Pflicht, das Jugendamt über wichtige Ereignisse zu unterrichten, die das Wohl des Kindes bzw. des Jugendlichen betreffen. Nach Satz 1 dieser Vorschrift soll das Jugendamt den Erfordernissen des Einzelfalls entsprechend auch an Ort und Stelle überprüfen, ob die Pflegeperson eine dem Wohl des Kindes oder des Jugendlichen förderliche Erziehung gewährleistet.[105]

Als übliche Form der regelmäßigen Information des Jugendamtes kommt der *Entwicklungsbericht* in Betracht. Er entspricht dem Prinzip der Aktenführung am besten, zwingt zur Präzision bei der Datenauswahl und erleichtert auch den Betroffenen die Einsicht in die über sie dokumentierten Vorgänge. Dem Jugendamt bleiben allerdings auch andere Formen als der Bericht vorbehalten, um sich über den Hilfeverlauf zu informieren. In jedem Fall sind die festgestellten Sachverhalte aber aktenkundig zu dokumentieren.

4.3.4.4 Die Erstellung des Hilfeplans

Gemäß § 36 Abs. 2 Sätze 1 und 2 KJHG sollen bei der Entscheidung über eine voraussichtlich für längere Zeit zu gewährende Hilfe und bei der Erstellung des entsprechenden Hilfeplans mehrere Fachkräfte zusammenwirken. Damit greift

---

102 Vgl. Happe, a.a.O. § 1 Rn. 103.

103 Vgl. auch die ausführliche Begründung bei Happe, a.a.O., § 28 Rn. 26ff. und § 27 Rn. 33ff.

104 Vgl. auch Schindler, a.a.O., S. 129.

105 Vgl. auch § 44 Abs. 3 und 4 (Überprüfung der Pflegeerlaubnis außerhalb der Hilfe zur Erziehung) und §§ 46 und 47 (Überprüfung der Betriebserlaubnis). Beides ist von der Überprüfung der Voraussetzungen und des Verlaufs der Hilfe zur Erziehung strikt zu unterscheiden.

das Gesetz den bereits 1975 von der KOMMUNALEN GEMEINSCHAFTSSTELLE FÜR VERWALTUNGSVEREINFACHUNG (KGST) befürworteten Grundsatz der *Teamentscheidung* auf:

> „Eine Beratung in der Gruppe sollte erfolgen, wenn ein Mitarbeiter des Allgemeinen Sozialdienstes die von ihm zu leistende Information bzw. Beratung für nicht mehr ausreichend hält und weitergehende Maßnahmen vorschlägt. Dies ist beispielsweise der Fall, wenn die Einleitung einer Erziehungsbeistandschaft erwogen wird, die Unterbringung des Kindes außerhalb des Elternhauses erforderlich scheint oder insgesamt eine Entziehung des elterlichen Sorgerechts in Betracht kommt. Bei allen diesen Maßnahmen handelt es sich um ein Eintreten Dritter in den persönlichen Bereich der Familie. Wegen der damit verbundenen Konsequenzen für das Zusammenleben der Familie und die Erziehung des Kindes bzw. Jugendlichen sollte eine solche Entscheidung nicht von einem einzelnen vorbereitet werden, sondern zur Erhöhung ihrer Richtigkeit im Rahmen einer Gruppenarbeit. Hinzu kommt, daß bei solchen Entscheidungen unterschiedliche fachliche Aspekte berücksichtigt werden müssen, die nicht sämtlich von einem Mitarbeiter des Allgemeinen Sozialdienstes beherrscht werden können, sondern unterschiedliche Vertiefungsgebiete darstellen."[106]

Auf die Funktion der Teamentscheidung zur Verbesserung der Fachlichkeit und zur Harmonisierung unterschiedlicher Bewertungsmaßstäbe weisen auch die Empfehlungen des DEUTSCHEN VEREINS FÜR ÖFFENTLICHE UND PRIVATE FÜRSORGE zur Organisation des kommunalen Allgemeinen Sozialdienstes sowie zur Teamarbeit in sozialen Diensten hin.[107]

§ 36 Abs. 2 Satz 3 KJHG sieht bei der Erstellung und Überprüfung des Hilfeplans außerdem die *Beteiligung von Personen, Diensten oder Einrichtungen* vor, die bei der Durchführung der Hilfe tätig werden. Welche rechtliche Stellung die in Satz 3 genannten Beteiligten bei der Aufstellung und Überprüfung des Hilfeplans haben, wird im Gesetz nicht näher bestimmt. Offenbar werden sie aber nicht Verfahrensbeteiligte im Sinne von § 12 SGB X. Das Verfahrensrecht gibt den Verfahrensbeteiligten eine Reihe von Rechten und Pflichten, die sie in die Lage versetzen sollen, ihre Interessen selbständig zu vertreten bzw. vertreten zu lassen, insbesondere Anträge zur Sache und zum Verfahren zu stellen.[108] Die Regelungen des § 36 über die Aufstellung des Hilfeplans dienen nicht der Interessenwahrnehmung der an der Hilfedurchführung beteiligten Personen, Dienste und Einrichtungen, sondern der Sicherung fachlich tragfähiger Entscheidungen und ihrer adäquaten Umsetzung.

Beteiligung im Sinne des § 36 Abs. 2 KJHG bedeutet also, daß die mit der Durchführung von Hilfen betrauten Stellen oder Personen über diese Funktion

---

106 KGSt-Bericht Nr. 6/1975, S. 14ff., 16.

107 Organisation: S. 19, Nr. 3.42, Erläuterungen, S. 113, Rn. 7 mit weiteren Nachweisen; Teamarbeit: S. 15ff., Erläuterungen, S. 38ff., Rn. 16 und 17.

108 Stelkens u.a., § 13 Rn. 2. - Vgl. z.B.: §§ 13, 14, 15, 16, 17, 20, 21, 24, 25 SGB X!

hinaus auch bei der Entscheidungsfindung fachlich mitwirken. Die Beteiligten erhalten dadurch aber keine verfahrensrechtlichen Instrumente, um ihren Vorstellungen bei der Entscheidungsfindung Geltung zu verschaffen.[109]

Eine ähnliche Funktion hat die Beteiligung der in § 36 Abs. 3 aufgezählten Personen und Stellen. Bei Hilfen nach § 35 a KJHG soll durch die Mitwirkung eines Arztes die korrekte fachliche Ermittlung des Bedarfs nach Eingliederungshilfe und die korrekte Durchführung dieser Hilfe sichergestellt werden.[110] Bei Maßnahmen der beruflichen Eingliederung werden die Stellen der Bundesanstalt für Arbeit entsprechend beteiligt.

Das in § 36 KJHG vorgesehene Erstellen des Hilfeplans im Zusammenwirken mehrerer Fachkräfte und unter Beteiligung von hilfeerbringenden Personen, Diensten oder Einrichtungen hat den DEUTSCHEN VEREINS veranlaßt, eine *institutionalisierte Teamkonferenz für das Regelverfahren* zu empfehlen.[111] Diese Teamkonferenz soll aus einem im Kern festen Teilnehmerkreis bestehen und zuständig sein bei Gewährung von Sozialpädagogischer Familienhilfe (§ 31), Erziehung in der Tagesgruppe (§ 32), Vollzeitpflege (§ 33), Heimerziehung und sonstige betreute Wohnform (§ 34) sowie bei Intensiver sozialpädagogische Einzelbetreuung (§ 35). Bei den übrigen Hilfen, nämlich Erziehungsberatung (§ 28), Soziale Gruppenarbeit (§ 29) und Erziehungsbeistand/Betreuungshelfer (§ 30), soll ein *vereinfachtes Verfahren*, eine „Beratung im kollegialen Netz des Sachgebietes des Jugendamtes/der hilfedurchführenden Stelle", ausreichen.

Das Gesetz steht einer solchen Lösung nicht entgegen, läßt aber auch nicht erkennen, warum es erforderlich sein sollte, eine Hilfeplankonferenz mit einem im Kern festen Teilnehmerkreis als Regelverfahren zu institutionalisieren. Ein solches Verfahren mag in manchen Jugendamtsbezirken sinnvoll sein, z.B. bei einem großen städtischen Jugendamt mit hoher Einrichtungsdichte im unmittelbaren räumlichen Umfeld. Bei anders geprägten Jugendämtern, z.B. solchen mit verschiedenen Außenstellen in einem Landkreis und mit weit entfernten und in der Region verstreuten Einrichtungen wäre ein solches Regelverfahren schwerfällig und unproduktiv.

Die in § 36 KJHG aufgestellten Bedingungen lassen *viele Gestaltungsmöglichkeiten* zu, insbesondere verlangen sie keine Konferenz im Sinne einer gleichzeitigen Anwesenheit aller Mitwirkenden an ein und demselben Ort. Sofern die Mitwirkungserfordernisse beachtet werden, ist das Verfahren nicht an weitere Formalien gebunden, sondern in Übereinstimmung mit § 9 SGB X *einfach und zweckmäßig durchzuführen.*

Eine institutionalisierte Hilfeplankonferenz birgt sogar die Gefahr, daß die vom Gesetz für jede Phase des Verfahrens verlangte Einbeziehung der Betroffenen

[109] Bestätigend: Stähr, in Hauck u.a., KJHG, § 36 Rn. 38.
[110] Siehe Kap. 4.4.1. Zur Ermittlung des Bedarfs nach Eingliederungshilfe vgl. auch Harnach-Beck, Eingliederungshilfe.
[111] Vgl. Empfehlungen zur Hilfeplanung nach § 36 KJHG, a.a.O., S. 323/324 und 325. - Im Anschluß daran auch Happe, in Jans, Happe, Saurbier, § 27 Rn. 32.

verkürzt wird auf die Bekanntgabe des Beratungsergebnisses. Den Betroffenen könnte eine solche Institution, hinter deren Kulissen über sie verhandelt wird, leicht als übermächtig und undurchsichtig erscheinen, und dies stünde in krassem Gegensatz zu dem als partnerschaftlich vorgestellten Aushandlungsmodell.[112]

Der in § 9 SGB X beschriebene Grundsatz der Nichtförmlichkeit des Verwaltungsverfahrens legitimiert nicht dazu, die Verantwortung für die Erstellung des Hilfeplans aus dem Jugendamt hinauszuverlagern und einem Träger der freien Jugendhilfe zu übertragen. Das Jugendamt kann allenfalls Ergebnisse des vorangegangenen Wirkens eines freien Trägers, der schon vor dem Tätigwerden des Jugendamtes mit den Betroffenen gearbeitet hat, in seine Hilfeentscheidung einbeziehen, wenn es von deren Richtigkeit überzeugt ist. Es bleibt aber selbst voll für den Hilfeplan als Teil eines Verwaltungsverfahrens verantwortlich.[113]

4.3.4.5 Der Inhalt des Hilfeplans

Gemäß § 36 Abs. 2 Satz 2 KJHG enthält der Hilfeplan Feststellungen

- über den erzieherischen Bedarf
- die zu gewährende Art der Hilfe und
- die notwendigen Leistungen.

Zu jedem dieser Kriterien, vor allem zum erzieherischen Bedarf und zur Auswahl der Hilfeart, ist eine Konkretisierung im Sinne der Rechtsanwendungsregeln erforderlich.[114] Dabei sind zwei Darstellungsebenen zu unterscheiden:

1. Der *Sachverhalt*

- mit den tatsächlichen Feststellungen (Datenbedarf)
- und deren sozialwissenschaftlicher, insbesondere verhaltenswissenschaftlicher Bewertung (psychosoziale Diagnose).

2. Die *rechtliche Bewertung* des Sachverhalts im Hinblick auf die genannten Kriterien: Subsumtion.

---

[112] Vgl. in diesem Sinn: Frings, S. 111.

[113] So im Ergebnis auch die Empfehlungen des Deutschen Vereins, a.a.O., S. 321. Siehe auch oben Kap. 4.3.4.1.

[114] Siehe oben Kap. 2.1.3.

Daraus ergibt sich das folgende *Strukturierungsschema:*[115]:

1. Feststellungen über den erzieherischen Bedarf Die Prüffrage lautet: Welcher erzieherischen Aufgabe wird die Familie ohne Hilfe zur Erziehung nicht mehr gerecht? Hierzu sind erforderlich: – Angaben über das tatsächliche Verhalten des jungen Menschen und über sein engeres soziales Umfeld (§ 27 Abs. 2), die relevant sind für – die Begründung des erzieherischen Bedarfs und Auswahl der in Betracht kommenden Hilfearten.
2. Feststellungen über die zu gewährende Art der Hilfe Die Prüffrage lautet: Welche Hilfeart ist angesichts des spezifischen Bedarfs geeignet und notwendig? Hier sind die Gründe anzugeben, die maßgebend sind für die (vorläufige) Festlegung einer bestimmten Hilfeart. Ist die Hilfe außerhalb der eigenen Familie zu leisten, so verlangt § 37 KJHG Ausführungen zur Rückkehr in die eigene Familie oder zur Perspektive einer Verselbständigung.
3. Feststellungen über die notwendigen Leistungen Die Prüffrage lautet: In welchem Umfang ist Hilfe erforderlich und wie soll sie gestaltet werden? Dies umfaßt u.a. folgende Einzelaspekte: – die Bestimmung der hilfeerbringenden Stelle (Dienst oder der Einrichtung), – den Beginn der Hilfe, – die voraussichtliche Dauer der Hilfe, – das anzustrebende Ziel der Hilfe, – die besonderen Schwerpunkte der Hilfe, – den Zeitpunkt der Rückmeldung über Verlauf und Stand der Hilfe (Entwicklungsbericht).

4.3.4.6 Zur Rechtsnatur des Hilfeplans

Die Besonderheit des Hilfeplans besteht zunächst darin, daß die Personensorgeberechtigten in der Regel einen Anspruch auf ihn haben. Sie können ihn also mit Rechtsmitteln erzwingen, denn solange er fehlt, verstößt der Bewilligungsbescheid gegen Verfahrensrecht. Andererseits ist kein Interesse der Personen-

[115] Erläuternde Beispiele zu den einzelnen Arbeitsschritten bei Krieger, S. 150ff. - Ein Fallbeispiel zum Hilfeplan gibt Harnach-Beck, Psychosoziale Diagnostik, S. 134ff. - Vgl. auch die Strukturierungsvorschläge in: Bayerisches Landesjugendamt, Vorschlag zum Hilfeplan, Anhang nach S. 82; Landesjugendamt Baden, Arbeitshilfe für eine planvolle Hilfegestaltung nach dem KJHG, S. 9ff.

sorgeberechtigten daran zu erkennen, den vorhandenen Hilfeplan anzugreifen, ohne den Bewilligungsbescheid mit einzubeziehen. Denn die Anfechtung des Hilfeplans bedeutet zwangsläufig, daß die Hilfeberechtigten mit der gewährten Hilfe nicht einverstanden sind.[116] Ist das Jugendamt zur Änderung des Hilfeplans nicht bereit, so wie es von den bei der Erstellung des Hilfeplans mitwirkenden Personensorgeberechtigten verlangt wird, dann muß die Hilfegewährung als solche eingefordert werden. Als eigenständigen Verwaltungsakt neben der Hilfebewilligung wird man den Hilfeplan also nicht bezeichnen können.[117]

Die Hilfebewilligung ist der anspruchsbegründende Verwaltungsakt. Andererseits ist der Hilfeplan aber nicht ohne rechtliche Bedeutung für die Betroffenen, denn er legt ihren Anspruch auf Hilfe zur Erziehung zumindest vorläufig auf eine bestimmte Hilfeart und deren nähere Ausgestaltung fest. Entfällt aber die Gewährung, so wird die Regelung der Hilfegestaltung gegenstandslos. Der Hilfeplan ist also keine eigenständige rechtliche Regelung, sondern eine an die Hilfegewährung gekoppelte Regelung. Somit dient der Hilfeplan dazu, die Zweckerreichung des die Hilfe bewilligenden Verwaltungsaktes sicherzustellen.

In dieser Funktion ist der Hilfeplan der aus dem allgemeinen Verwaltungsrecht bekannten und in § 32 SGB X geregelten Rechtsfigur der Nebenbestimmung zum Verwaltungsakt vergleichbar. Nebenbestimmungen zu einem begünstigenden Verwaltungsakt dienen dazu sicherzustellen, daß der angestrebte Zweck aus der Sicht der Verwaltung optimal verwirklicht wird. Nebenbestimmungen sind also einerseits Regelungen eines bestimmten Sachverhalts, andererseits sind sie aber vom Bestand des Verwaltungsaktes abhängig, auf den sie sich beziehen.

Gegen diesen Vergleich ist aber eingewandt worden, er werde der erheblichen Bedeutung des Hilfeplans im gesamten Hilfeprozeß nicht wirklich gerecht, insbesondere auch im Hinblick auf die Funktion des Hilfeplans für die hilfeerbringenden Einrichtungen und Dienste.[118] Dieser Einwand ist annehmbar, allerdings mit der Klarstellung, daß der Hilfeplan jedenfalls kein eigenständiger Verwaltungsakt neben der Hilfebewilligung, sondern Bestandteil der Hilfebewilligung ist.

---

[116] Wünsche der Betroffenen nach Berichtigungen oder Veränderungen in der Darstellung des Sachverhalts stellen in der Regel keine Anfechtung des Hilfeplans als ganzem dar.

[117] So auch: Friedrichs, ZfSH/SGB 1991 (1), S. 20; Happe, a.a.O., § 27 Rn. 52; Stähr, a.a.O., § 36 Rn. 40.

[118] So die Argumentation im Fachausschuß II des Deutschen Vereins bei der Beratung der Empfehlungen zur Hilfeplanung.

4.4 Sonstige jugendhilferechtliche Individualleistungen

4.4.1 Eingliederungshilfe für seelisch behinderte Kinder und Jugendliche (§ 35a)

Durch das 1. KJHGÄndG von 1993 ist mit § 35a KJHG ein eigenständiger jugendhilferechtlicher Anspruch auf Eingliederungshilfe für seelisch behinderte oder von einer solchen Behinderung bedrohte Kinder und Jugendliche geschaffen worden. Sie sind also, anders als bei der Hilfe zur Erziehung, unmittelbare Anspruchsinhaber. Der Anspruch steht auch jungen Volljährigen zu.[119] Kinder- und Jugendliche, die körperlich oder geistig behindert oder von einer solchen Behinderung bedroht sind, haben einen eigenständigen Anspruch auf Eingliederungshilfe nach § 39 BSHG.

§ 10 Abs. 2 Satz 1 KJHG stellt klar, daß bei seelischer Behinderung der jugendhilferechtliche Eingliederungsanspruch nach § 35a KJHG Vorrang hat vor § 39 BSHG. § 10 Abs. 2 Satz 2 KJHG stellt klar, daß im übrigen, also bei körperlicher oder geistiger Behinderung, 39 BSHG gilt.

Anders als bei dem Eingliederungsanspruch für seelische behinderte oder von einer solchen Behinderung bedrohte Erwachsene nach § 39 BSHG hängt somit der Anspruch gemäß dem Wortlaut des § 35a KJHG nicht davon ab, ob es sich um eine „wesentliche" und um eine „nicht nur vorübergehende" Behinderung handelt. Bestehen bleiben aber Abgrenzungsschwierigkeiten zwischen seelischer und geistiger Behinderung, insbesondere im Kindesalter, sowie zwischen seelischer Behinderung im Sinne des § 35a und Verhaltensauffälligkeiten, die im Rahmen der Hilfe zur Erziehung einen erzieherischen Bedarf begründen.[120] Liegen nur unwesentliche und vorübergehende Beeinträchtigungen vor, so spricht dies nicht für einen Anspruch nach § 35a.[121] Es bleibt dann zu prüfen, ob die Voraussetzungen für einen Anspruch auf Hilfe zur Erziehung erfüllt sind.

Die Regelung des § 35a befreit einerseits zwar von der Notwendigkeit, Mängel im erzieherischen Bereich als Voraussetzung eines erzieherischen Bedarfs festzustellen, andererseits zwingt sie aber dazu, dem jungen Menschen, der seinen Anspruch geltend macht, eine drohende oder bereits eingetretene seelische Behinderung zu bescheinigen und dies angesichts offener und zudem umstrittener Kriterien für die Feststellung einer seelischen Behinderung.[122]

§ 35 a definiert nicht näher, was bei Kindern und Jugendlichen als *seelische Behinderung* anzusehen ist, sondern verweist auf die Definition der - eher auf Erwachsene bezogenen - Eingliederungshilfeverordnung nach § 47 BSHG. § 3

---

[119] Gemäß § 41 Abs. 1 KJHG als Soll-Leistung. - Siehe auch Kap. 4.4.2.
[120] Vgl. hierzu Fegert, S. 18ff. und S. 38ff.; Lempp, Seelische Behinderung, S. 12ff.
[121] Vgl. Harnach-Beck, Eingliederungshilfe, Kap. 2.1, mit weiteren Nachweisen.
[122] Kritisch hierzu: Harnach-Beck, a.a.O., Kap. 2.3.

bei Harnach-Beck → seel. beh. auch Legastheniker

dieser Verordnung definiert, wer „seelisch wesentlich behindert" ist, wobei auf zwei Kriterien abgestellt wird, nämlich

- auf das Vorliegen seelischen Störungen als *Ursache*,
- die zur *Folge* haben, daß die Fähigkeit zur Eingliederung in die Gesellschaft in erheblichem Umfange beeinträchtigt ist.

Als seelische Störungen, die zu der genannten Folge führen können, werden genannt:

- Körperlich nicht begründbare Psychosen,
- seelische Störungen als Folge von Krankheiten oder Verletzungen des Gehirns, von Anfallsleiden oder von anderen Krankheiten oder körperlichen Beeinträchtigungen,
- Suchtkrankheiten,
- Neurosen und Persönlichkeitsstörungen.

Gemäß § 35a Abs. 1 Satz 2 richtet sich die Hilfe nach dem „Bedarf im Einzelfall". Das Jugendamt muß also den je spezifischen Bedarf nach Eingliederungshilfe festsetzen. Es hat damit sowohl die Verantwortung für eine korrekte Ermittlung der leistungserheblichen Informationen und ihre fachwissenschaftliche Bewertung (Sachverhaltsermittlung gemäß § 20 SGB X), als auch für die rechtliche Richtigkeit der Entscheidung, aber es wird diese Aufgabe dennoch nicht allein seinen sozialarbeiterischen Fachkräften überlassen können, sondern psychologische oder psychiatrische Fachkräfte beteiligen.[123] Ausdrücklich sieht § 36 Abs. 3 KJHG die Beteiligung eines Arztes vor, der über besondere Erfahrungen in der Hilfe für Behinderte verfügt. Die endgültige Entscheidungsverantwortung des Jugendamtes wird dadurch aber nicht aufgehoben.

Über die der Jugendhilfe durch § 35a gestellte Aufgabe bestehen in vieler Hinsicht noch Unklarheiten und kontroverse Auffassungen sowohl zwischen den drei unterschiedlichen Bereichen Jugendhilfe, Kinder- und Jugendpsychiatrie und Psychologie als auch innerhalb dieser Disziplinen. Zu Einzelheiten wird auf die zahlreichen Veröffentlichungen zu diesem Spezialbereich verwiesen.[124]

4.4.2 Hilfe für junge Volljährige (§ 41)

Einem jungen Volljährigen, das ist gemäß § 7 Abs. 1 Nr. 3 KJHG ein junger Mensch zwischen 18 und 27 Jahren, soll Hilfe für die Persönlichkeitsentwick-

---

[123] Zu den einzelnen fachdiagnostische Schritten vgl. Harnach-Beck, a.a.O., Kap. 3.2..

[124] Außer der bereits genannten Fachliteratur und den KJHG-Kommentaren vgl. z.B. die Beiträge auf der Fachtagung vom 06. - 08. 09. 1993, Seelisch behinderte junge Menschen, herausgegeben vom Deutschen Paritätischen Wohlfahrtsverband, sowie die Beiträge auf der Fachtagung am 30./31. 03. 1995, Die Eingliederung seelisch behinderter Kinder und Jugendlicher, herausgegeben vom Verein für Kommunalwissenschaften e. V.

lung und zu einer eigenverantwortlichen Lebensführung gewährt werden, wenn und solange die Hilfe aufgrund der individuellen Situation des jungen Menschen notwendig ist.

Die Hilfe wird in der Regel nur bis zur Vollendung des 21. Lebensjahres gewährt; in begründeten Einzelfällen soll sie für einen begrenzten Zeitraum darüber hinaus fortgesetzt werden.

Für die Gestaltung der Hilfe kommen in Betracht: Erziehungsberatung, Soziale Gruppenarbeit, Erziehungsbeistand/Betreuungshelfer, Vollzeitpflege, Heimerziehung und Intensivbetreuung. Das sind alle Kataloghilfen nach §§ 28ff. außer Sozialpädagogischer Familienhilfe und Erziehung in der Tagesgruppe. Die Eingliederungshilfe für seelisch behinderte Kinder- und Jugendliche gilt auch für junge Volljährige, denn § 35a gehört zu den Vorschriften, auf die § 41 Abs. 2 verweist.[125]

Zwei formalrechtliche Gründe sind entscheidend dafür, daß Hilfe für junge Volljährige nicht zusammen mit der Hilfe zur Erziehung geregelt werden konnte. Da die Personensorgeberechtigten Anspruchsinhaber der Hilfe zur Erziehung sind, verlieren sie mit der Volljährigkeit ihres Kindes bzw. Mündels die Rechtszuständigkeit für die Inanspruchnahme der Hilfe. Zugleich endet ihr Erziehungsrecht gegenüber dem Jugendlichen.

Infolgedessen kann für junge Volljährige kein „erzieherischer Bedarf" im Sinne des § 27 KJHG definiert werden. Für sie kommt ein *Bedarf nach Persönlichkeitsentwicklung* und nach Förderung eigenverantwortlicher Lebensführung in Betracht. Je nach der spezifischen Qualität dieses Bedarfs im Einzelfall soll dem jungen Volljährigen die nach seiner individuellen Situation notwendige Hilfe gewährt werden, insbesondere unter analoger Anwendung der jeweils heranzuziehenden Hilfe nach §§ 28ff. (§ 41 Abs. 2). Für die Zuweisungskriterien gilt das dort Ausgeführte entsprechend.

Mit dieser Regelung trägt das KJHG der Tatsache Rechnung, daß der Entwicklungsprozeß eines jungen Menschen bei Erreichen der formalen Volljährigkeitsgrenze in der Regel nicht abgeschlossen ist. Ähnlich berücksichtigt auch das Jugendgerichtsgesetz die noch nicht abgeschlossene Entwicklung Heranwachsender, also junger Menschen zwischen 18 und 21 Jahren, und privilegiert sie gegenüber erwachsenen Straftätern, indem es die Anwendung des Jugendstrafrechts ermöglicht (§§ 105ff. JGG).

Im Verhältnis zum JWG bedeutet die Regelung des KJHG einen großen Fortschritt, weil sie nicht mehr voraussetzt, daß bereits vor Erreichen der Volljährigkeit Hilfe zur Erziehung erbracht wurde und weil sie nicht mehr bloß auf die Sicherung des Schul- bzw. Ausbildungsabschlusses beschränkt ist (vgl. §§ 6 Abs. 3 und § 75 a JWG). Der Anspruch auf Gewährung der Hilfe für junge Volljährige besteht „in der Regel" bis zur Vollendung des 21. Lebensjahres.

[125] Die Vorschrift ist durch das 1. KJHGÄndG neu gefaßt worden.

Darüber hinaus soll sie nur in begründeten Einzelfällen fortgesetzt werden. In jedem Fall endet sie mit dem 27. Geburtstag (§ 7 Abs. 1 Nr. 3 KJHG).

Die Hilfe muß den besonderen Problemen bei der Verselbständigung des jungen Volljährigen gerecht werden. Es darf sich aber nicht um Probleme handeln, die im Durchschnitt für junge Menschen dieser Altersgruppe gelten, sondern es muß ein gegenüber dem Durchschnittsbedarf gesteigerter Bedarf zu ermitteln sein. Dies folgt aus der Parallelität dieser Hilfe mit der Hilfe zur Erziehung. So wie der dort maßgebliche erzieherische Bedarf eine spezifische Mängellage bezeichnet, liegt ein besonderer Bedarf im Sinne des § 41 auch nur dann vor, wenn der betreffende junge Volljährige mit der Bewältigung seiner individuellen Lebenssituation überfordert ist. Die Art dieses Bedarfs kann analog zu den Bedarsfgruppen ermittelt werden, die zu den Hilfen nach §§ 28ff. führen. Die Spannweite reicht also vom Bedarf nach Beratung bis hin zum Bedarf nach intensiver sozialpädagogischer Einzelbetreuung, bei seelischer Behinderung ist der Bedarf nach Maßgabe des § 35a zu bestimmen. Die Intensität des Bedarfs und damit der Hilfe ist im Einzelfall zu ermitteln.

Mit § 72 BSHG kommt es zu Überschneidungen. § 41 KJHG hat Vorrang vor § 6 der Verordnung zur Durchführung des § 72 BSHG (vgl. § 10 Abs. 2 Satz 1 KJHG).

4.4.3 Individuelle Hilfen im Rahmen der Förderung der Erziehung in der Familie (§§ 19, 20, 21)

Das KJHG widmet der Familienförderung einen eigenen Abschnitt. In der Begründung des REGIERUNGSENTWURFS heißt es unter Bezug auf den 7. Jugendbericht: „Zur Wahrnehmung ihrer Verantwortung für Kinder und Jugendliche brauchen Familien heute, und zwar unabhängig von Schichtzugehörigkeit und besonderen Problemlagen, gelegentlich oder über einen längeren Zeitraum Unterstützung von außen.“ Das Gesetz stellt dabei nicht auf einen bestimmten Familientyp ab, sondern meint „unterschiedliche familiale Lebenslagen“, also nicht nur das verheiratete Ehepaar mit Kindern, sondern ebenso die Ein-Eltern-Familie, unverheiratete Paare mit Kindern, usw.

Die Angebote umfassen nach § 16 als allgemeine Förderung u.a. Familienbildung, allgemeine Familienberatung, Familienfreizeit und -erholung sowie nach §§ 17 und 18 spezielle Arten der Beratung, nach § 19 die Aufnahme Alleinerziehender in eine Einrichtung, wenn und solange sie aufgrund ihrer Persönlichkeitsentwicklung dieser Hilfe bei der Pflege und Erziehung ihres Kindes bedürfen. Weiterhin kommt nach § 20 die vorübergehende Betreuung und Versorgung eines im Haushalt lebenden Kindes in Betracht, wenn der das Kind überwiegend betreuende Elternteil aus gesundheitlichen oder anderen Gründen ausfällt. § 21 sieht für Eltern, die aus beruflichen Gründen ständig ihren Aufenthalt wechseln (z.B. Binnenschiffer, Schausteller etc.) und ihre Kinder zur Erfüllung der Schulpflicht deshalb anderweitig unterbringen müssen, einen Anspruch auf Beratung und Unterstützung vor. Außerdem können nicht zumutbare Kosten der Unterbringung durch das Jugendamt übernommen werden.

Die in den §§ 19, 20 und 21 geregelten individuellen Leistungen der Jugendhilfe nehmen eine Sonderstellung ein. Sie sind zwar nach der Systematik des KJHG nicht der Hilfe zur Erziehung bzw. der Hilfe für junge Volljährige zugeordnet, dennoch sind sie von einem individuellen Bedarf und damit von einer Bedarfsermittlung im Einzelfall abhängig.

Für die Aufnahme in eine *Vater-/Mutter-Kind-Einrichtung nach § 19* müssen folgende Kriterien erfüllt sein:

- Alleinerziehende,
- die für ein Kind unter sechs Jahren zu sorgen haben
- und die aufgrund ihrer Persönlichkeitsentwicklung dieser Form der Unterstützung bei der Pflege und Erziehung des Kindes bedürfen.

Hier geht es also nicht um einen erzieherischen Bedarf im Sinne der Hilfe zur Erziehung, weil auf die Persönlichkeitsentwicklung des Alleinerziehenden und nicht des Kindes abgestellt wird. Andererseits geht es natürlich um die Sicherung der Erziehung des Kindes. Die spezifische Form dieser Hilfe für die Mutter oder den Vater dient der Erziehung des Kindes. Zugleich dient sie aber auch den Interessen der Mutter oder des Vaters, beispielsweise der Sicherung ihres Schul- bzw. Ausbildungsabschlusses.

Nach *§ 20* ist die *Betreuung und Versorgung des Kindes in Notsituationen* von folgenden Einzelvoraussetzungen abhängig:

- Ein Elternteil, der die überwiegende Betreuung des im Haushalt lebenden Kindes übernommen hat,
- fällt für die Wahrnehmung dieser Aufgabe aus gesundheitlichen oder anderen zwingenden Gründen aus
- während der andere Elternteil wegen berufsbedingter Abwesenheit nicht in der Lage ist, das Kind zu betreuen,
- Angebote der Förderung des Kindes in Tageseinrichtungen oder in Tagespflege nicht ausreichen
- und die Hilfe erforderlich ist, um das Wohl des Kindes zu gewährleisten.

Fallen beide Elternteile oder ein alleinerziehender Elternteil aus gesundheitlichen oder anderen zwingenden Gründen aus, so wird die Hilfe nach Abs. 2 ebenfalls davon abhängig gemacht, ob sie für das Kindeswohl erforderlich ist.

Hier wird ein individuelle Mangellage detailliert beschrieben. Bei Vorliegen der anderen Voraussetzungen besteht Hilfebedarf. Zu prüfen bleibt lediglich die

Erforderlichkeit dieser Hilfe als Mittel der Bedarfsbefriedigung, also ihre Notwendigkeit und Geeignetheit.[126]

Einen spezifischen individuellen Bedarf definiert auch *§ 21*. Die Vorschrift soll die *Unterbringung von Kindern und Jugendlichen zur Erfüllung der Schulpflicht* sicherstellen, wenn bei deren Personensorgeberechtigten die berufliche Tätigkeit mit ständigem Ortswechsel verbunden ist. Dies gilt z.B. für Schausteller und Binnenschiffer.

4.4.4 Tagespflege als individuelle Hilfe (§ 23)

Die Begründung zum REGIERUNGSENTWURF (hier § 22) führt aus:

„Aus der Sicht des Kindes ist nicht einzusehen, weshalb bei entsprechendem *erzieherischem Bedarf* nur die Betreuung in einem anderen Haushalt durch die öffentliche Jugendhilfe förderungswürdig sein soll, die Betreuung im eigenen Haushalt aber ausgeschlossen bleibt." (Im Original nicht hervorgehoben.)

Durch die ausdrückliche Bezugnahme auf einen bestimmten „erzieherischen Bedarf" läßt die Begründung erkennen, daß die Tagespflege im Sinne des § 23 systematisch nicht zu den Angeboten der allgemeinen Förderung gehört, sondern zu den individuellen Hilfen.

§ 23 Abs. 3 macht folgerichtig den Ersatz der Aufwendungen und Kosten davon abhängig, ob die Tagespflege für das Wohl des Kindes im Einzelfall geeignet und erforderlich ist. Wenn hier auch von „Erziehung" die Rede ist, so liegt doch der Schwerpunkt der Hilfe auf der *Betreuung insbesondere kleinerer Kinder*. Der individuelle Bedarf ist also im wesentlichen Betreuungsbedarf.[127]

4.4.5 Exkurs: Der Anspruch auf einen Kindergartenplatz (§ 24 Abs. 1)

In der ursprünglichen Fassung des KJHG von 1990 hatte § 24 die Förderung von Kindern in Tageseinrichtungen vorgesehen, dafür allerdings eine individuelle Voraussetzung aufgestellt: Alle Kinder, für deren Wohl diese Förderung erforderlich ist. Die Verwirklichung dieses Grundsatzes sollte durch Landesrecht geregelt werden.

Durch das Schwangeren- und Familienhilfegesetz von 1992 wurde für jedes Kind vom vollendeten dritten Lebensjahr an ein ab 1996 geltender Anspruch auf den Besuch eines Kindergartens vorgesehen und § 24 KJHG entsprechend geändert. Inzwischen ist der Zeitpunkt für das Inkraftreten dieser Regelung durch das 2. Gesetz zur Änderung des 8. Buches Sozialgesetzbuch vom 23./24.

---

126 Vgl. auch: Brandt.

127 Vgl. Mrozynski, Kinder- und Jugendhilfegesetz, § 23 Nr. 1 a und 3, sowie ausführlich: Werner, Tagespflege.

11. 1995 (§ 24a KJHG) aufgehoben worden und kann nun durch Landesrecht bis 31. 12. 1998 verschoben werden.[128]

Die Besonderheit dieser Regelung liegt darin, daß sie einen *individuellen Anspruch ohne individuelle Bedarfsprüfung* vorsieht. Somit besteht ein Unterschied sowohl zu den Leistungen der allgemeinen Förderung, die bloß ein individuell nicht einklagbares Angebot enthalten, als auch zu den jugendhilferechtlichen Individualleistungen, die vom Nachweis eines individuellen Einzelfallbedarfs abhängen. Eine individualisierende Bedarfsprüfung erübrigt sich, weil das Gesetz davon ausgeht, daß der individuelle Bedarf für jedes Kind von der Vollendung des dritten Lebensjahres bis bis zum Schuleintritt vorhanden ist.

Da der Anspruch dem Kind zuerkannt wird und nicht, wie bei der Hilfe zur Erziehung, den Personensorgeberechtigten, ist davon auszugehen, daß das Gesetz nicht in erster Linie auf die Unterstützung der elterlichen Erziehungsaufgaben abstellt. Es erkennt vielmehr einen außerfamiliären Sozialisationsbereich als wesentlich für die Entwicklung des Kindes an.

4.5 Aufgaben des Jugendamtes bei Gefährdung des Wohls von Kindern und Jugendlichen

Im Unterschied zum JWG knüpft das KJHG erzieherische Hilfen nicht an den Tatbestand einer Gefährdung des Kindeswohls an. In der Systematik des KJHG gehören Interventionen bei Gefährdung des Wohls von Kindern und Jugendlichen zu den „anderen Aufgaben“ der Jugendhilfe. Der Gefährdungsbegriff taucht auf in § 42 Abs. 3 Satz 1 und 2 (Inobhutnahme), § 43 Abs. 1 Satz 1 (Herausnahme), in § 44 Abs. 3 Satz 2 (Pflegeerlaubnis), § 45 Abs. 2 Satz 3 (Betriebserlaubnis), § 50 Abs. 3 (Anrufung des Vormundschaftsgerichts) und § 65 Abs. 1 Nr. 2 (Weitergabe anvertrauter Daten).

§ 50 Abs. 3 ist die gesetzliche Grundlage für das Jugendamt, um Eingriffe ins Personensorgerecht einzuleiten, wenn es dies für erforderlich hält. § 65 Abs. 1 Nr. 2 bezieht sich auf § 50 Abs. 3 und gestattet die zur Abwendung der Gefährdung erforderlichen Mitteilungen an das Vormundschafts- bzw. Familiengericht. Die §§ 42 Abs. 3 und 43 Abs. 1 geben dem Jugendamt die gesetzliche Grundlage, um gefährdeten Kindern und Jugendlichen vorläufigen Schutz zu gewähren, bevor gegebenenfalls eine endgültige Entscheidung des Vormundschaftsgerichts herbeigeführt werden kann. Die hier genannten Gefährdungslagen stehen somit alle in einem Bezug zu vormundschafts- bzw. familiengerichtlichen Entscheidungen über das Personensorgerecht.

Anders verhält es sich bei den Gefährdungsfällen im Zusammenhang mit der Pflege- bzw. Betriebserlaubnis (§ 44 Abs. 3 Satz 2 und § 45 Abs. 2 Satz 3).

[128] Ausführlich zur Entstehungsgeschichte: Happe, a.a.O., § 24 mit Gesetzesmaterialien; Grube, in Hauck u.a., KJHG, § 24 Rn. 10ff.

Hier ist das Vormundschaftsgericht nicht einzuschalten, weil keine Entscheidung gegenüber Personensorgeberechtigten zu treffen ist. Vielmehr entscheidet das Jugendamt bzw. das Landesjugendamt (gemäß § 89 Abs. 2 Nr. 6 im Falle der Betriebserlaubnis) eigenständig durch Verwaltungsakt im Rahmen eines Verwaltungsverfahrens nach SGB X. Das Jugendamt bzw. Landesjugendamt wird vom Gesetz verpflichtet, die Erlaubnis zurückzunehmen oder zu widerrufen, wenn das Wohl des Kindes oder des Jugendlichen in der Pflegestelle bzw. in der Einrichtung gefährdet ist und die Pflegeperson bzw. der Träger nicht bereit oder in der Lage sind, die Gefährdung abzuwenden.

4.5.1 Die Anrufung des Vormundschaftsgerichts bei Gefährdung des Wohls von Kindern und Jugendlichen[129]

Das KJHG sieht keine Befugnis des Jugendamtes zu Eingriffen ins Personensorgerecht vor. Auch nach dem JWG hatte das Jugendamt keine derartige Befugnis. Eingriffe ins Personensorgerecht waren und sind dem Vormundschaftsgericht vorbehalten. Das Jugendamt bestimmt jedoch, wann es das Vormundschaftsgericht einschaltet.

Nach § 50 Abs. 3 entscheidet das Jugendamt,

1. ob es das Kindeswohl für gefährdet hält,
2. ob es zur Abwendung der Gefährdung das Tätigwerden des Gerichts für erforderlich hält.

Die Begründung zu § 50 Abs. 3 (=§ 49 Abs. 3) des Regierungsentwurfes lautet:

> „Die Vorschrift normiert die Verpflichtung des Jugendamtes, Kindern und Jugendlichen im 'Ernstfall' auch dadurch zu helfen, daß es bei einer Gefährdung des Wohles des Kindes oder des Jugendlichen das zuständige Gericht anzurufen hat, wenn es dies für erforderlich hält, insbesondere weil die Leistungen der Jugendhilfe nicht mehr geeignet erscheinen, die Gefährdung abzuwenden."

Nur wenn das Jugendamt zu der Überzeugung gelangt ist, daß beide Voraussetzungen erfüllt sind, muß es das Gericht anrufen. Es braucht trotz bestehender Gefährdung das Gericht nicht anzurufen, wenn es die ihm zur Verfügung stehenden erzieherischen Hilfen für ausreichend hält, um die Gefährdung abzuwenden.

Da es im KJHG keine erzieherischen Hilfen mehr gibt, die an eine Gefährdung des Kindes oder Jugendlichen gekoppelt sind, besteht somit in der Regel erst dann Anlaß, die Gefährdung des Kindeswohls zu benennen, wenn die Perso-

---

[129] Nach dem von der Bundesregierung vorgelegten Entwurf eines Gesetzes zur Reform des Kindschaftsrechts vom 22. 03. 1996 (BRDrS. 180/96) soll für Eingriffe ins Sorgerecht zukünfig das Familiengericht zuständig sein.

nensorgeberechtigten nicht bereit sind, Hilfe zur Erziehung in Anspruch zu nehmen. Auf die tatsächlichen Hintergründe ihrer fehlenden Bereitschaft, Hilfe zur Erziehung in Anspruch zu nehmen, kommt es dabei nicht an.

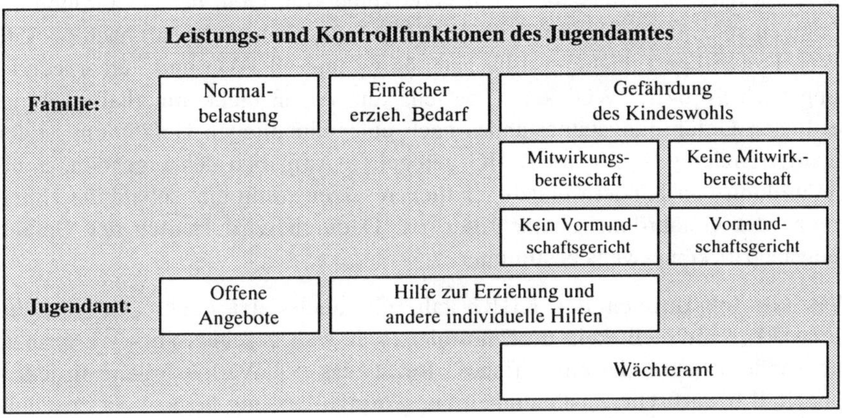

Will das Jugendamt den Eltern den Entzug des Personensorgerechts und gegebenenfalls weitere Maßnahmen nach §§ 1666/1666a BGB ersparen, so muß es sie jedenfalls auch auf die mögliche Anrufung des Vormundschaftsgerichts hinweisen. Die Drohung mit dem Eingriff in die elterlichen Rechte bleibt also, nicht anders als im JWG, auch im KJHG erhalten, was dem angestrebten Ziel, das KJHG als reines Leistungsrecht zu gestalten, widerspricht.

Die Grenze zwischen Leistung und Eingriff wird durch den Wegfall eines der FEH entsprechenden Instrumentes sogar härter. Fehlt es an der Mitwirkungsbereitschaft der Eltern, so kommt es nun erstmals im gesamten Hilfeverlauf zur Feststellung einer Gefährdung des Kindes/Jugendlichen. Die fehlende Mitwirkungsbereitschaft der Eltern wird also zum Anlaß dafür, das Kindeswohl als gefährdet zu definieren: Das Kind/der Jugendliche muß als gefährdet definiert werden, weil die Eltern „sich" nicht helfen lassen wollen.

Was immer die Eltern für Gründe haben mögen, nicht mit dem Jugendamt zusammenzuarbeiten: Soll die Hilfeleistung zugunsten des Minderjährigen erfolgen, so muß das Jugendamt die Gefährdung nun auch der mangelnden Mitwirkungsbereitschaft der Eltern zuschreiben und sie damit persönlich verantwortlich machen. Auf diese Weise erhält § 1666 BGB Merkmale einer persönlichen Schuldzuschreibung an die Eltern zurück, die durch seine Neufassung im Jahre 1980 gerade beseitigt worden waren.

Der Versuch, den Gefährdungsbegriff aus dem Milieu der erzieherischen Hilfen zu verdrängen, erweist sich somit als gescheitert. In Anbetracht der in § 36 Abs. 1 Satz 1 KJHG vorgeschriebenen Beratung und Aufklärung der Personensorgeberechtigten, aber auch aus fachlicher Sicht, wäre es unverantwortlich, trotz Vorliegens entsprechender Tatsachen den Gefährdungsbegriff krampfhaft zu vermeiden. Es ist im Gegenteil dringend geboten, die Familie über eine diagnostische Einschätzung zu informieren, die qualitativ einer Gefährdung im Sinne des § 1666 BGB entspricht.

Da das KJHG im Unterschied zum JWG keine vom Grad der Gefährdung abhängigen spezifischen Hilfetatbestände (Erziehungsbeistandschaft nach §§ 55ff. JWG, Freiwillige Erziehungshilfe nach §§ 62 und 63 JWG und Fürsorgeerziehung nach §§ 64ff. JWG) kennt, besteht kein Anlaß mehr, innerhalb des einheitlichen Gefährdungstatbestandes nach unterschiedlichen Gefährdungsstufen zu differenzieren.[130] Die im KJHG geregelten Aufgaben des Jugendamtes bei Gefährdung von Kindern und Jugendlichen setzen somit ein, sobald die Untergrenze der Gefährdung überschritten ist. Dadurch wird freilich der Gefährdungsbegriff keineswegs bestimmter.

Was vor Inkrafttreten des KJHG galt, gilt auch jetzt noch: „Der Gefährdungstatbestand stellt kein durchnormiertes, in sich geschlossenes Wertprinzip dar, sondern begründet ein „offenes“ Recht, das der Wertausfüllung in jedem Einzelfall bedarf. Die Zuständigkeit zur Normvollendung liegt in der zuständigen Entscheidungsinstanz, der sich diese Aufgabe in jedem Einzelfall neu stellt.“[131]

Daraus folgt zunächst, daß die rechtliche Anwendung des Gefährdungsbegriffs auch weiterhin eine Aufgabe des Jugendamtes ist. Es hat den gesetzlichen Auftrag, in den vom KJHG normierten Gefährdungsfällen den Gefährdungsbegriff eigenverantwortlich zu konkretisieren. Der sozialen Arbeit obliegt es dabei, „die Auslegung an fachlichen, professionellen Standards zu orientieren“[132].

Selbstverständlich wird diese dem Jugendamt und der sozialen Arbeit aufgetragene Wertkonkretisierung von der Rechtsordnung vorgeprägt. Die in der bisherigen Rechtsprechung entwickelte Kasuistik zur Gefährdung des Kindeswohls liefert nach wie vor die entscheidungsleitenden rechtlichen Gesichtspunkte.

4.5.2 Vormundschaftsgerichtliche Eingriffe ins Personensorgerecht

§ 1666 Abs. 1 BGB unterscheidet zwischen der Gefährdung des leiblichen, geistigen und seelischen Wohls des Kindes, die auf vierfache Weise verursacht sein kann:

- durch mißbräuchliche Ausübung der elterlichen Sorge
- durch Vernachlässigung des Kindes

---

[130] Zur Unterscheidung von Gefährdungsstufen innerhalb des einheitlichen Gefährdungstatbestandes im JWG: Sturm, Entscheidungsfreiräume, S. 488ff.

[131] Sturm, Weisungsgebundenheit, S. 242.

[132] Sturm, a.a.O., S. 244. - Zum Zusammenhang zwischen verhaltenswissenschaftlicher und rechtlicher Beurteilung der Gefährdung: Gärtner-Harnach und Maas, S. 15ff. und 18 - 44; Harnach-Beck, Gefährdung, S. 374/375.

– durch unverschuldetes Versagen der Eltern oder

– durch das Verhalten eines Dritten.

Eine dadurch begründete Gefährdung berechtigt aber nur dann zu Eingriffen ins Personensorgerecht, wenn die Eltern nicht gewillt oder nicht in der Lage sind, die Gefahr abzuwenden.

Der *Sorgerechtsmißbrauch* ist definiert als das Ausnutzen der elterlichen Sorge zum Schaden des Kindes.[133] Es handelt sich um einen speziellen Fall des Rechtsmißbrauchs, der schon nach allgemeinen Rechtsgrundsätzen zur Verwirkung des Rechts führt.

Die Rechtsprechung hat u.a. folgende Sachverhalte als Sorgerechtsmißbrauch angesehen:[134]

– die körperliche Mißhandlung des Kindes

– die Verweigerung notwendiger medizinischer Behandlung, zum Beispiel einer Impfung, Operation, Bluttransfusion, psychiatrischen Behandlung, Medikamentierung, etc.

– die Ausbeutung der kindlichen Arbeitskraft

– das Anhalten des Kindes zu strafbaren Handlungen oder zur Unzucht

– der sexuelle Mißbrauch des Kindes

– die Verweigerung des Schulbesuchs

– mißbräuchliche Umgangsverbote, zum Beispiel die Verhinderung des Umgangs mit dem anderen Elternteil, mit Geschwistern, Großeltern etc.

– das erstickende Erziehungsverhalten (over-protection)

– die unzulässige Wegnahme des Kindes von den Pflegeeltern.

Als *Vernachlässigung* des Kindes wurde u.a. erachtet:[135]

– mangelhafte Ernährung und Pflege

– Unterlassen ärztlicher Behandlung

– mangelhafte Beaufsichtigung des Schulbesuchs

– Duldung des Herumtreibens

– schleppende Unterhaltszahlung.

Das *unverschuldete Versagen* der Eltern ist als Auffangtatbestand zu verstehen und betrifft im wesentlichen die Fälle, die bei Verschulden als Sorgerechtsmiß-

---

[133] Palandt, § 1666, Rn. 7.

[134] Entscheidungsnachweise bei: Palandt, a.a.O., Rn. 7 - 10; Finger, S 181ff.

[135] Palandt, a.a.O., Rn. 13; Finger, S 186ff.

brauch anzusehen wären. Hierzu hat die Rechtsprechung u.a. folgende Fälle gezählt:[136]

- Verwendung der Einkünfte des Kindes durch die geistesgestörte und alkoholabhängige Mutter zu anderen Zwecken als zu dessen Unterhalt
- Verwahrlosung des Kindes infolge langjähriger Heroinsucht der alleinerziehenden Mutter
- Verweigerung einer lebensnotwendigen Bluttransfusion aus religiösen Gründen.

Die Tatbestandsalternative der Gefährdung des Kindeswohls durch das *Verhalten eines Dritten* ist inhaltlich unspezifisch. Ihre Funktion ist es, Maßnahmen des Vormundschaftsgerichts mit Wirkung gegen einen Dritten gemäß § 1666 Abs. 1 Satz 2 BGB zu begründen, insbesondere Umgangsverbote, um den Einfluß des Dritten auf das Kind zu unterbinden.[137]

Für das Jugendamt ist entscheidend, ob die Eltern gewillt und in der Lage sind, die Gefährdung des Kindeswohls abzuwenden, insbesondere auch durch Inanspruchnahme von Hilfe zur Erziehung. Sind die Eltern dazu bereit und in der Lage und kann mit Hilfe des Jugenamtes die Gefährdung abgewendet werden, so sind die Voraussetzungen eines vormundschaftsgerichtlichen Eingriffs nicht gegeben. Gemäß § 50 Abs. 3 KJHG ruft das Jugendamt das Vormundschaftsgericht dann nicht an.

Ist aber das Vormundschaftsgericht einzuschalten, so muß das Jugendamt die von ihm behauptete Gefährdung des Kindeswohls begründen. Der für diese Begründung erforderliche Datenbedarf richtet sich nach dem rechtlichen Typus der Gefährdung, den das Jugendamt für gegeben hält. Stützt es seine Begründung im wesentlichen auf den Typus des Sorgerechtsmißbrauchs, so wird der Datenbedarf auf die hierfür erforderlichen Angaben beschränkt.

Wird die Begründung des Sorgerechtsmißbrauchs beispielsweise auf körperliche Mißhandlung gestützt, so sind nur diejenigen Tatsachen mitzuteilen, die sich auf die körperliche Mißhandlung beziehen. Selbstverständlich sind damit nicht nur die den unmittelbaren Vorgang der Mißhandlung betreffenden Tatsachen gemeint, sondern auch diejenigen Angaben, die Aufschluß geben über Anlaß und Ursachen der Mißhandlung, sowohl in der Persönlichkeit der Beteiligten als auch in ihrem sozialen Umfeld. Dieser erweiterte Informationsrahmen muß aber Erklärungswert für die bezweckte Begründung haben.

Zur Begründung der Gefährdung reicht es auch nicht aus, den von der Rechtsprechung anerkannten Gefährdungstypus zu benennen und hierzu Tatsachen zu akkumulieren. Das Jugendamt muß eine eigenständige Einzelfallbegründung abgeben, die außer den erforderlichen Tatsachen auch deren verhaltenswissen-

[136] Palandt, a.a.O., Rn. 14 und 15; Finger, S. 187ff.
[137] Palandt, a.a.O., Rn. 16 und 17; Finger, S. 188.

schaftliche Bewertung im Hinblick auf den rechtlichen Gefährdungstypus enthält.[138]

Als *Beispiel* für eine solche diagnostische Einschätzung werden folgende Auszüge aus einem Schreiben eines Allgemeinen Sozialdienstes an das Vormundschaftsgericht wiedergeben:[139]

„1. Lebenssituation der Familie:

Wird im Original näher geschildert!

2. Die Verhaltensauffälligkeiten und Entwicklungsstörungen der Kinder im einzelnen:

a) G. (die Älteste der Geschwister, 5 Jahre und 11 Monate):

Wie zu Hause, vor der Unterbringung, näßte G. auch im ...heim ein. Im Gegensatz zu daheim, versuchte G. dieses jedoch zu verbergen. Von der Heimerziehung wurde die Vermutung geäußert, G. werde von den Größeren der Gruppe wegen dieser Störung ausgelacht, und G. schäme sich wegen ihres Einnässens sehr.

Als bemerkenswert erachten wir auch, daß G. sich anfänglich sehr stark um ihre Geschwister gekümmert hat. Sie fühlte sich für diese verantwortlich. Auch sprach sie nie für sich selbst, sondern nur für ihre Schwestern. Sobald sie aus dem Kindergarten ins Heim zurückgekehrt war, fragte sie nach den Schwestern. Auch achtete sie stets beim Essen darauf, daß ihre Schwestern auch versorgt waren. Erst in der letzten Zeit konnte G. etwas Verantwortung für ihre Schwestern an die Erzieher abgeben.

An G.'s Verhalten wird besonders ihre Rolle der Ersatzmutter als Überlebensmuster deutlich, die sie in ihrer Familie übernehmen mußte oder unbewußt übernahm. In Alkoholikerfamilien bleibt dem ältesten Kind meist gar nichts anders übrig, als sich sehr viel Verantwortung für die Geschwister aufzubürden. Diese Kinder haben als Älteste unter den Geschwistern oft keine andere Wahl, als die Jüngeren zu schützen, die Mutter zu verteidigen oder für sie im Haushalt einzuspringen.

Laut Angaben der Mutter hatte G. bereits trotz ihres kindlichen Alters Pflichten und Arbeiten im Haushalt oder bei der Betreuung der Kleineren übernommen. Solche Kinder verlassen sich sehr stark auf sich selbst; Vertrauen in andere Menschen erscheint ihnen zu gefährlich. Ihre Anpassung an das innere und äußere Chaos zu Hause besteht unseres Erachtens darin, die Dinge selbst in die Hand zu nehmen, sich selber die Verantwortung zu ge-

---

138 Siehe oben 2.2.2.3 und 3.2.1. - Auch: Gärtner-Harnach und Maas, S. 18ff. Ausführlich: Harnach-Beck, Psychosoziale Diagnostik, S. 219ff.

139 Es handelt sich um Auszüge, die lediglich anonymisiert wurden. Unebenheiten wurden bewußt nicht geebnet, um den authentischen Charakter des Schreibens nicht zu verfälschen. Das Beispiel beansprucht also nicht Mustergültigkeit, sondern realitätsnahe Korrektheit.

ben, um nicht mehr hilflos dem, was zu Hause passiert, ausgeliefert zu sein. Kinder, die man aus dieser rigiden, engen Rolle herausholen möchte, brauchen Menschen, bei denen sie angenommen werden, ohne Angst haben zu müssen, sich ihnen auszuliefern. (Vgl. Lambrou, Ursula. Familienkrankheit Alkoholismus, Reinbek bei Hamburg. 1990 Seite 19f., 131f.).

Das heißt, daß G. nur dann die Verantwortung für ihre Geschwister abgeben kann, wenn sie gelernt hat, in anderen Menschen Vertrauen zu setzten, was sich allmählich durch die intensive Hilfe der Heimerzieher zeigt. Nur, wenn G. bei den jüngeren Geschwistern bleibt, kann sie aus dieser Rolle herausgelöst werden. Durch die sich selbst gestellte Aufgabe, die Mutter ersetzen zu müssen, ist G. sehr belastet. Wird G. zum jetzigen Zeitpunkt von den Schwestern getrennt, wird sie sich aufgrund ihres großen Verantwortungsgefühls für die Schwestern hilflos fühlen, weil sie nichts für die abwesenden Schwestern tun kann.

Diesen Punkt erachten wir als besonders wichtig, da sich die Mutter gegenwärtig mit dem Gedanken trägt, zumindest die beiden Großen nach Hause zu holen. Gerade Kinder, die in ihrer Familie selbst frühzeitig die Erwachsenenrolle übernehmen mußten, sich um Geschwister und häufig auch um die Eltern kümmerten, tragen schwer an den Folgen und die Gefahr der Entwicklung einer neurotischen Persönlichkeitsstruktur ist bei G. gegeben, sollte sie nicht ausreichend schnelle therapeutische Hilfe erfahren.

G.'s Einnässen zu Hause und ihre Trennungsangst von der Mutter sind u. E. Ausdruck von mangelnder emotionaler Zuwendung und emotionaler Unterversorgung des Kindes. Als Älteste der Geschwister konnte sie bedingt durch ihre Rangfolge, durch die rasch aufeinanderfolgenden Schwangerschaften der Mutter sowie durch den Zeitmangel, der die Betreuung und Versorgung der jüngeren Geschwister erforderte, nie ausreichend Kind sein.

G.'s Einnässen im ...heim werten wir als Reaktion auf das bewußte Wahrnehmen der familiären Problematik und die Trennung von den Eltern.

b) (Die Ausführungen zum zweitältesten Kind wurden hier nicht aufgenommen!)

c) Die beiden Kleinsten (K. 2 Jahre, 11 Monate und M. 1 Jahr, 9 Monate) zeigen die auffälligsten Behinderungen.

K. und M. können ohne Schaukeln nicht einschlafen. Auch auf Ablenkung reagieren die beiden nicht. K. setzt ihr Schaukeln bewußt ein bei Mangel an Zuwendung. Beim Einschlafen erträgt sie keine menschliche Nähe. Beide Kinder können sich nicht alleine beschäftigen und bedürfen der ständigen Anwesenheit Erwachsener. M. kann sich kaum für etwas anderes als Schaukeln interessieren.

Die fast 2jährige K. sprach bei Beginn der Unterbringung noch gar nicht. Langsam entwickelt sich ihre Sprache von Zweiwortsätzen zu Drei- und

Vierwortsätzen. M. hat in den ersten Tagen des Aufenthaltes im ...heim gehen gelernt.

Auch bei diesen Kindern liegt offensichtlich unter anderem eine Vernachlässigung ihrer Bedürfniserfüllung vor. Hinweis auf die emotionale Mangelsituation der Kinder durch ungenügende Betreuung und unbefriedigenden Kontakt mit den Bezugspersonen sind:

- Die motorische Entwicklungsverlangsamung (die Kinder erlernten das Sitzen, Stehen und Laufen erst mit erheblicher Verzögerung);
- Die neurotische Erscheinungen wie die automatenhaften Schaukelbewegungen und das Einnässen;
- die erhöhte Infektanfälligkeit;
- die sehr späte Beherrschung der Schließmuskelfunktion.

Nach Nissen, Gerhard „Deprivationssyndrom" in Kinder und Jugendpsychiatrie, 5. Auflage Berlin und Heidelberg 1989 Seite 91-104 (100) scheint sicher zu sein, daß solche fortdauernden psychischen Mangelsituationen begünstigend für die Entwicklung schwerer Neurosen mit Symptomen einer Kontaktstörung und psychischen Labilität, zu aggresiv-protestierenden Dauereinstellungen oder Liebes- und Hingabeunfähigkeit führen können.

Bei K. sind auffallend ihre fehlende Fremdenangst, übermäßige Zutraulichkeit und Distanzlosigkeit sowie ihre extreme Kontaktsüchtigkeit. Sobald sie einer Pflegeperson oder eines Besuchers gewahr wird, versucht sie, diesen für sich zu okkupieren, indem sie die Person bestürmt und bedrängt. Im späteren Lebensalter kann dieses Verhalten zu vermehrter Verführbarkeit und mangelnder Distanziertheit bei neuen sozialen Situationen führen. Diese anhaltende häusliche Deprivation besonders im ersten Lebenjahr soll nach Nissen (dto Seite 95) sogar teilweise zu irreversiblen Schädigungen führen. Es besteht kein Zweifel, daß eine seelische Vernachlässigung des Kindes während der Säuglingszeit und frühen Kindheit negative Folgen für die Entwicklung hat, sowohl während des Erlebnisses der Deprivation, als auch für längere oder kürzere Zeit nach ihrer Überwindung, und daß in einigen Fällen eine schwere Deprivation ernste Schädigungen hervorrufen kann, die nicht mehr zu korrigieren sind. Diese negativen Folgen sind in ihrer Art, Stärke, Dauer unterschiedlich und diese Unterschiede wiederum sind ihrerseits von der Art und Intensität der Deprivationserfahrung abhängig.

3. Zusammenfassende Beurteilung der psychosozialen Situation der Kinder:

Die Vorgeschichte und die oben genannten Verhaltensauffälligkeiten sowie die Entwicklungsrückstände der Kinder machen deutlich, daß alle vier Kinder sowohl hinsichtlich ihres körperlichen als auch seelisch geistigen Wohls, bedingt durch die vernachlässigende Haltung der Mutter, gefährdet sind.

Solange Frau X. nicht erfolgreich eine stationäre Therapie durchlaufen hat, ist sie unserer Einschätzung nach nicht in der Lage, die Gefahrensituation für die Kinder zu beseitigen.

Zudem erscheint es sehr fraglich, inwieweit die Mutter es nach erfolgreicher Kur schaffen kann, zwei, eventuell sogar drei schwergeschädigte Kleinkinder zu versorgen, die zum einen mehr Zuwendung auf emotionaler Ebene als „normal“ entwickelte Kinder bedürfen und zum anderen der Zeitaufwand durch Artzbesuche etc. ebenfalls zu berücksichtigen ist. Dieser Problematik ist sich die Mutter wohl bewußt. Bei der Diskussion, ob es zu verantworten sei, die Kinder nach Hause zurückkehren zu lassen, war sie jedoch nicht in der Lage darzulegen, wie sie sich die Betreuung und Erziehung von fünf Kindern vorstellt.

Danach halten wir es für richtig, eine mehrmonatige Stabilisierungsphase (ca. drei Monate) nach der Entlassung aus der Entzugsbehandlung einzuschalten, Besuchskontakte herzustellen und die Reaktion der Kinder auf das erneute veränderte Beziehungsangebot der Mutter abzuwarten.“

Stellt das Vormundschaftsgericht fest, daß der Gefährdungstatbestand erfüllt ist, so entscheidet es über *die zur Abwendung der Gefahr erforderlichen Maßnahmen*, bei Eingriffen ins Personensorgerecht insbesondere darüber, in welchem Umfang das Sorgerecht der Eltern eingeschränkt werden muß. In dieser Frage gehen die Meinungen der Jugendämter und der Vormundschaftsgerichte oft weit auseinander.

Ist es erforderlich, das Kind oder den Jugendlichen gemäß § 1666a BGB aus seiner Herkunftsfamilie herauszunehmen, so neigen Vormundschaftsgerichte häufig dazu, unter Berufung auf den Grundsatz der Verhältnismäßigkeit den Eltern lediglich das *Aufenthaltsbestimmungsrecht* zu entziehen. Viele Gerichte halten dies für den geringstmöglichen und zugleich ausreichenden Eingriff in das Personensorgerecht. Das Aufenthaltsbestimmungsrecht des Pflegers oder Amtspflegers (= Jugendamt) reicht aber nicht aus, um notwendige Leistungen der Jugendhilfe rechtswirksam herbeizuführen. FRICKE hat daher folgenden Lösungsvorschlag gemacht: „Entzug des Aufenthaltsbestimmungsrechts sowie der Befugnis, im Rahmen von Hilfe zu Erziehung nach dem KJHG auch zum Zwecke der Unterbringung des Kindes/Jugendlichen mitzuwirken.“[140] Dieser Vorschlag ist von der höchstsrichterlichen Rechtsprechung bereits aufgegriffen worden.[141]

Zutreffend weist FRICKE in diesem Zusammenhang darauf hin, „daß die *endgültige* Entscheidung über die Unterbringung (Verwaltungsakt über Hilfe zur Erziehung) erst in Anschluß an das vormundschaftsgerichtliche Verfahren vor dem Jugendhilfeträger (Jugendamt) nach der Teamentscheidung gem. §§ 27, 36

---

140 In: ZfJ 1993, (6), S. 287.

141 BayObLG, Beschluß vom 27. 04. 1995, 1Z BR 1/95, in: FamRZ 1995 (22), 1437 - 1438.

KJHG getroffen werden kann".[142] Die gegenteilige Auffassung des Landgerichts und des Oberlandesgerichts Frankfurt, wonach das Vormundschaftsgericht selbst die im Einzelfall angezeigte Hilfe zur Erziehung anordnen könne,[143] ist zu Recht auf heftige Kritik gestoßen.[144] Dem Gericht steht diese Kompetenz in Anbetracht des verfassungsrechtlichen Grundsatzes der Gewaltenteilung und der bei der Entscheidung über Hilfe zur Erziehung gesetzlich garantierten Verfahrens- und Beteiligungsregelungen u.a. des § 36 KJHG nicht zu.

4.5.3 Vorläufige Maßnahmen zum Schutz von Kindern und Jugendlichen

Als vorläufige Maßnahmen zum Schutz von Kindern und Jugendlichen regelt das KJHG die Inobhutnahme (§ 42) und die Herausnahme (§ 43).

Es stellt mit dieser bundeseinheitlichen Regelung klar, daß die hier beschriebenen Maßnahmen zum Aufgabenbereich der Jugendhilfe gehören. Sie werden zwar nicht den „Leistungen", sondern den „anderen Aufgaben" der Jugendhilfe zugerechnet, sind aber rechtssystematisch als individuelle Akuthilfen für Kinder und Jugendliche anzusehen.[145]

Die beiden folgenden Schaubilder, ergänzt durch eine Zusammenstellung der einzelnen Rechtsfolgen, verdeutlichen die Struktur und den wesentlichen Inhalt der Regelungen.

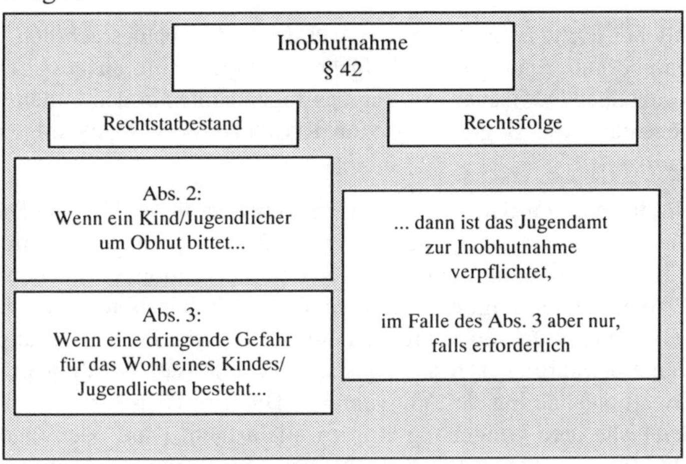

---

142 A.a.O.

143 LG Frankfurt a.M., Beschluß vom 03. 11. 1992, T 807/92, bestätigt durch OLG Frankfurt a. M., Beschluß vom 04. 08 1993, 20 W 71/93, in Jugendwohl 1994 (2), 94, = FamRZ 1994 (6), 392, = DAVorm 1993, 943ff. - Siehe auch oben Kap. 4.2.2.1.

144 Happe, in Jugendwohl 1994 (2), 94 - 97; ders. in Jans, Happe, Saurbier, § 27 Rn. 12; Werner, Erziehungshilfe, S. 369; Diedrichs-Michel, S. 43ff., 54ff. - Siehe auch oben Kap. 4.2.2.1.

145 Reg. E. Begr. (zu § 41); BAGLJÄ, Empfehlungen zur Inobhutnahme gemäß § 42 SGB VIII vom 31. 08. 1995. - Vgl. auch Busch, S. 131; Münder, Rechtsgutachten, S. 19.

Die Regelung unterscheidet zwei verschiedene Tatbestände, zum einen die Bitte des Kindes oder Jugendlichen um Inobhutnahme (Abs. 2), zum anderen die Inobhutnahme von Amts wegen (Abs. 3).[146]

Die Inobhutnahme löst eine Reihe einzelner *Rechtsfolgen* aus:

1. Vorläufige Unterbringung bei einer geeigneten Person, in einer Einrichtung oder in einer sonstigen betreuten Wohnform.
2. Ausübung des Personensorgerechts durch das Jugendamt.
3. Beratungs- und Hilfepflicht des Jugendamtes.
4. Recht des Kindes/Jugendlichen, eine Vertrauensperson zu benachrichtigen.
5. Pflicht des Jugendamtes, den Personensorge- oder Erziehungsberechtigten zu unterrichten.
6. Falls dieser widerspricht: Herausgabepflicht des Jugendamtes oder Entscheidung des Vormundschaftsgerichts.[147]
7. Falls Personensorge- oder Erziehungsberechtigter nicht erreichbar: Entscheidung des Vormundschaftsgerichts.
8. Freiheitsentzug nur bei Gefahr für Leib oder Leben und nur bis zum Ablauf des folgenden Tages. Anschließend nur nach gerichtlicher Entscheidung.

Aus fachlicher Sicht ist zu begrüßen, daß die bisher landesrechtlich geregelte Inobhutnahme nun eindeutig als Aufgabe der Jugendhilfe ausgestaltet worden ist. Zum sozialpädagogischen Auftrag des Jugendamtes in den Fällen der Inobhutnahme enthält die Begründung zum REGIERUNGSENTWURF folgende Ausführungen:

> „Inobhutnahme von Kindern und Jugendlichen ist in der Vergangenheit häufig als Einschließen, als sicheres Verwahren und nicht als sozialpädagogisches Hilfeangebot im Sinne einer Krisenintervention verstanden worden. Als Erfolg galten möglichst geringe Entweichungsquoten. Die baulichen Voraussetzungen der Einrichtungen entsprachen diesen Vorstellungen einer sicheren Verwahrung. Der sozialpädagogische Ansatz wurde geprägt durch die Erwartungshaltung der Verwahrung. Die Ursachen für das Entweichen aus der bisherigen Umgebung wurden allein beim Kind oder Jugendlichen gesucht. Ihnen sollte mit entsprechenden repressiven Maßnahmen für die Zukunft begegnet werden ... Es verwundert nicht, daß unter solchen Umständen Kinder und Jugendliche selten von sich aus kamen, sondern meist durch die Polizei ‘abgeliefert’ wurden, um alsbald wieder ‘zu entweichen’.

---

[146] Zur Unterscheidung dieser beiden Formen wird auf die Ausführungen unter Kap. 2.1.3.3 verwiesen.

[147] Der von der Bundesregierung vorgelegte Entwurf eines Gesetzes zur Reform des Kindschaftsrechts vom 22. 03. 1996 (BRDrS. 180/96) sieht die Zuständigkeit des Familiengerichts vor.

Insbesondere den Jugendämtern von Großstädten (...) kommt mehr und mehr die Aufgabe zu, entsprechend der Vielfalt der Probleme der Hilfesuchenden (Ausreißer, Trebegänger, junge Nichtseßhafte, Obdachlose etc.) ausreichende Hilfeangebote zu schaffen ... Das Ziel einer möglichst kurzen Verweildauer in der Aufnahmeeinrichtung heißt für die pädagogische Arbeit: intensive pädagogische Hilfestellung für den betroffenen Jugendlichen, um die Ursache seines 'Ausreißens' herauszufinden und Ansätze für mögliche Perspektiven zu entwickeln."

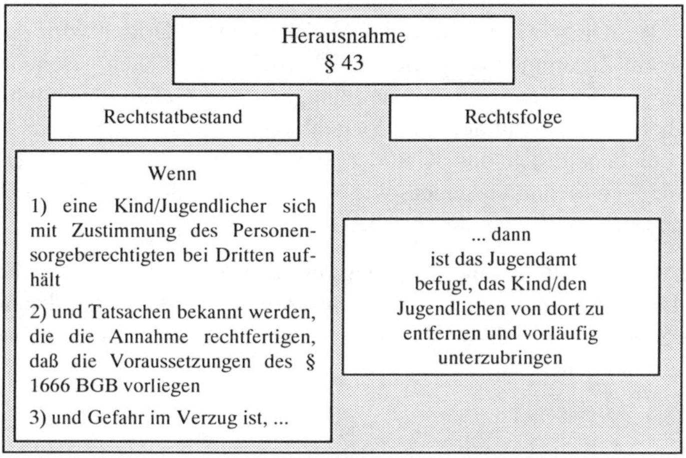

Im einzelnen löst die Herausnahme die nachstehenden *Rechtsfolgen* aus:

1. Vorläufige Unterbringung bei einer geeigneten Person, in einer Einrichtung oder in einer sonstigen betreuten Wohnform.

2. Ausübung des Personensorgerechts durch das Jugendamt.

3. Beratungs- und Hilfepflicht des Jugendamtes.

4. Recht des Kindes/Jugendlichen, eine Vertrauensperson zu benachrichtigen.

5. Pflicht des Jugendamtes, den Personensorge- oder Erziehungsberechtigten zu unterrichten.

6. Stimmt der Personensorgeberechtigte nicht zu: Entscheidung des Vormundschaftsgerichts.[148]

Nach der Begründung zu § 43 (= § 42 Reg. E.) sollen die gesetzlichen Voraussetzungen der Jugendhilfe bei Gefahr im Verzug geschaffen werden. Gedacht ist an „Eilmaßnahmen in der Nacht oder am Wochenende, etwa bei schwerer Kindesmißhandlung". Anwendbar ist § 43, wenn sich ein Kind oder ein Jugendlicher mit Zustimmung des Personensorgeberechtigten bei Dritten (auch in Einrichtungen) aufhält. Es soll also offenbar die gesetzliche Grundlage für das

[148] Nach dem Gesetzentwurf zur Reform des Kindschaftsrechts ist - wie bei der Inobhutnahme - die Zuständigkeit des Familiengerichts vorgesehen (siehe oben).

Eingreifen des Jugendamtes geschaffen werden für den Fall, daß weder die Personensorgeberechtigten noch das Vormundschaftsgericht rechtzeitig erreicht werden können.

Der Verweis auf die Tatbestandsvoraussetzungen des § 1666 BGB „... und werden Tatsachen bekannt, die die Annahme rechtfertigen, daß die Voraussetzungen des § 1666 BGB vorliegen“, ist mißverständlich. § 1666 BGB regelt Gefährdungen des Kindeswohls durch die Personensorgeberechtigten, worum es aber hier gerade nicht geht. Die in § 1666 BGB allerdings auch genannte Gefährdung des Kindeswohls durch das Verhalten eines Dritten wird dort durchaus in engem Zusammenhang mit dem elterlichen Verhalten gesehen, z.B. mit deren mangelnder Bereitschaft oder Fähigkeit zur Gefahrabwendung. Dieser Fall ist aber in § 43 nicht gemeint. Es geht offenbar um die Fälle, in denen von Dritten, bei denen sich das Kind/der Jugendliche aufhält, Gefahren für das Kind/den Jugendlichen ausgehen, wie sie in § 1666 BGB im Hinblick auf die Personensorgeberechtigten beschrieben sind.

§ 43 schafft eine allgemeine Regelung, die den § 33 JWG einbezieht - so die Reg. E. Begr. - darüber hinaus aber auch für andere Fälle gilt, in denen die Personensorgeberechtigten bzw. das Vormundschaftsgericht nicht rechtzeitig erreicht werden können.

4.6 Die Mitwirkung des Jugendamtes in Verfahren vor den Vormundschafts- und Familiengerichten

Die Mitwirkung des Jugendamtes in gerichtlichen Verfahren gehört zu den „anderen Aufgaben“ der Jugendhilfe und ist, anders als im JWG, auch systematisch deutlich ausgestaltet worden als eigenständige gesetzliche Aufgabe des Jugendamtes. Damit ist klargestellt, daß das Jugendamt nicht Hilfsfunktionen für das Gericht erfüllt, sondern eigene, in seiner Stellung als Fachbehörde der Jugendhilfe begründete Funktionen hat, wenn Kinder und Jugendliche durch gerichtliche Entscheidungen betroffen sind.

Die eigenständige Stellung des Jugendamtes im gerichtlichen Verfahren kommt insbesondere darin zum Ausdruck, daß es den Umfang seiner in das gerichtliche Verfahren eingebrachten Informationen nicht an einem jeweils vom Gericht definierten Informationsinteresse auszurichten hat, sondern an seinem eigenen gesetzlichen Auftrag. Dies wird ausdrücklich auch durch die Datenschutzregelungen des KJHG abgesichert. (Vgl. insbesondere §§ 64 und 65!)[149]

Unter die Mitwirkung in gerichtlichen Verfahren hat das KJHG auch die Anrufung des Vormundschaftsgerichts bei Gefährdung des Kindeswohls eingeordnet: § 50 Abs. 3. Dieser Systematik wurde hier nicht gefolgt. § 50 Abs. 3 ersetzt

---

[149] So auch: Mörsberger, Perspektive, S. 370.

die Gefährdungstatbestände des JWG und ist deshalb in der vorliegenden Darstellung den individuellen Hilfen zugeordnet worden.[150]

Wegen der besonderen Aufgaben des Jugendamtes im Zusammenhang mit der Sorgerechtsregelung bei Trennung und Scheidung und mit der Adoption wird diesen beiden Themen ein eigenes Kapitel gewidmet.

4.6.1 Allgemeine Regeln für die Anhörung des Jugendamtes durch das Vormundschafts- oder das Familiengericht

Das Jugendamt unterstützt nach § 50 Abs. 1 Satz 1 KJHG das Vormundschafts- und das Familiengericht bei allen Maßnahmen, die die Sorge für die Person von Kindern und Jugendlichen betreffen. Diese Aufgabe wird in § 50 Abs. 1 Satz 2 und Abs. 2 konkretisiert. Verfahrensrechtlich besteht eine Pflicht und zugleich ein Recht des Jugendamtes, vom Vormundschafts- und vom Familiengericht zu den in § 49 und § 49 a FGG aufgezählten Angelegenheiten angehört zu werden.[151]

Die Anhörung des Jugendamtes (§§ 49 und 49 a FGG)

1. Materielles Recht

Vormundschaftsgericht: § 49 FGG

Das Vormundschaftsgericht hört das Jugendamt vor folgenden Entscheidungen:

Absatz 1:

Nr. 1 a:	§ 1597 I, III in V. m. § 1600 k I S. 2, II, III BGB: Anfechtung der Ehelichkeit und der Anerkennung
Nr. 1 b:	§ 1630 III BGB: Übertragung elterlicher Sorge auf Pflegeperson
Nr. 1 c:	§ 1631 III BGB: Unterstützung der Eltern bei Personensorge
Nr. 1 d:	§ 1631 b, § 1705, § 1800, § 1915 BGB: Unterbringung mit Freiheitsentziehung
Nr. 1 e:	§ 1632 BGB: Umgang und Herausgabe des Kindes
Nr. 1 f:	§§ 1666, 1666 a BGB: Gefährdung des Kindeswohls
Nr. 1 g:	§ 1678 II BGB: Ruhen der elterlichen Sorge
Nr. 1 h:	§ 1680 BGB: Entziehung der elterlichen Sorge
Nr. 1 i:	§ 1681 BGB: Elterliche Sorge nach Tod eines Elternteils
Nr. 1 j:	§ 1707 BGB: Nichteintritt, Aufhebung, Beschränkung der gesetzlichen Amtspflegschaft

[150] Zu den Aufgaben des Jugendamtes bei Gefährdung des Kindeswohls im Zusammenhang mit §§ 1666 und 1666 a BGB siehe Kap. 4.5.1. und 4.5.2.

[151] Der von der Bundesregierung vorgelegte Entwurf eines Gesetzes zur Reform des Kindschaftsrechts vom 22. 03. 1996 (BRDrS. 180/96) sieht eine weitgehende Verlagerung von Zuständigkeiten des Vormundschaftsgerichts auf das Familiengericht vor.

Nr. 1 k: § 1711 II BGB: Umgangsregelung für Vater nichtehelicher Kinder

Nr. 1 l: §§ 1723, 1727, 1738 II, 1740 a BGB: Ehelicherklärung

Nr. 1 m: § 1741 BGB: Adoption §§ 1760, 1763 BGB: Adoptionsaufhebung. §§ 1751 III, 1764 IV BGB: Rückübertragung der elterlichen Sorge

Absatz 1 Nr. 2

§ 1 II EheG: Ehemündigkeit

§ 3 III EheG: Einwilligung zur Eheschließung

Familiengericht: § 49 a Abs. 1 FGG

Das Familiengericht hört das Jugendamt vor folgenden Entscheidungen:

Nr. 1: § 1634 II, IV BGB: Umgangsregelung für Eltern ehelicher Kinder

Nr. 2: §§ 1671, 1672 BGB: Elterl. Sorge bei Scheidung und Getrenntleben

Nr. 3: § 1678 II: Ruhen der elterlichen Sorge

2. Organisation/Zuständigkeit und Verfahrensrecht

VormG: § 49 FGG: *FamG: § 49 a FGG:*

- Pflicht zu Anhörung des Jugendamtes
- Einstweilige Anordnung schon vor Anhörung
- Pflicht zur Bekanntgabe der Gerichtsentscheidungen ans Jugendamt

§ 1696 BGB: Änderung, Aufhebung und Überprüfung von gerichtlichen Anordnungen

§§ 35ff. FGG § 64 III FGG/§ 621 a ZPO

Inhaltlich verlangt die Mitwirkungspflicht, daß das Jugendamt insbesondere

- über angebotene und erbrachte Leistungen unterrichtet,
- erzieherische und soziale Gesichtspunkte zur Entwicklung des Kindes oder des Jugendlichen einbringt und
- auf weitere Möglichkeiten der Hilfe hinweist.

Durch die beträchtliche Zunahme der Ehescheidungen[152] hat die Anhörung des Jugendamtes bei der Regelung der elterlichen Sorge im Scheidungsverfahren eine große praktische Bedeutung erlangt. Sie wird hier eingehender behandelt.

[152] Bis Ende 1989 fast eine Verdreifachung im Verhältnis zu 1960. Nach dem gegenwärtigen Trend werden etwa 30% der Ehen wieder geschieden. Zur Entwicklung im einzelnen: Proksch, Streitentscheidung, S. 72ff.; Deutscher Verein, Empfehlungen zur Beratung in Fragen der Trennung und Scheidung, S. 148. Siehe auch: Statistisches Bundesamt, Datenreport 1994, S. 33ff.

4.6.2 Die Anhörung des Jugendamtes zur Regelung der elterlichen Sorge bei Trennung und Scheidung[153]

4.6.2.1 Gegenstand der Anhörung

Im Scheidungsverfahren und bei Getrenntleben der Eltern gibt das Jugendamt eine *gutachtliche Stellungnahme* zur Sorgerechtsregelung ab. Dieser Auftrag folgt aus § 50 Abs. 1 und 2 KJHG in Verb. mit § 49 a FGG, wird aber im Schrifttum von einzelnen Stimmen beharrlich in Frage gestellt.[154]

Es geht dabei um die Bedeutung der Begriffe „unterstützen" (§ 50 Abs. 1 Satz 1 KJHG), „mitwirken" (§ 50 Abs. 1 Satz 2 KJHG) und „anhören" (§§ 49/49 a FGG). Unstreitig ist, daß das Jugendamt seiner Pflicht zur Mitwirkung im Rahmen der Anhörung durch das Gericht nachkommt und daß das Jugendamt dabei eine eigene Aufgabe erfüllt, also nicht als Hilfsorgan des Gerichts tätig wird. Bezweifelt wird aber, ob das Jugendamt zur Abgabe einer gutachtlichen Stellungnahme verpflichtet, ja überhaupt in der Lage sei.

Das Jugendamt solle sich nicht „wertend" zu Entscheidungkriterien bei der Sorgerechtsregelung äußern, sondern sich im wesentlichen darauf beschränken, seine Hilfeangebote und -möglichkeiten darzulegen. Darüber hinausgehende gutachtliche Stellungnahmen seien vor allem deshalb bedenklich, weil die in sie einfließenden persönlichen Wertvorstellungen und Alltagstheorien der Fachkräfte leicht zu Fehlbeurteilungen führten.[155]

Diese Position nimmt also Zweifel an der Qualifikation von Fachkräften des Jugendamtes zum Anlaß, die Selbstbeschränkung des Jugendamtes zu fordern, anstatt aus der im KJHG deutlich betonten Eigenständigkeit des Jugendamtes die naheliegende Folgerung zu ziehen, daß die Fachkräfte entsprechend zu qualifizieren sind. Träfe die Behauptung zu, daß „dafür das wissenschaftliche Instrumentarium nicht zur Verfügung steht", dann hätte das Gericht vom Jugendamt in der Tat wenig zu erwarten.[156] Der sozialen Arbeit wird damit eine

---

[153] Nach dem von Bundesregierung vorgelegten Entwurf eines Gesetzes zur Reform des Kindschaftsrechts vom 22. 03. 1996 (BRDrS. 180/96) sind in diesem Bereich weitgehende Änderungen vorgesehen. In der Begründung zum Regierungsentwurf (a.a.O., S. 71) wird hierzu folgendes ausgeführt: „Die heute bestehende zwingende Notwendigkeit einer Entscheidung des Familiengerichts über die elterliche Sorge im Scheidungsverfahren ('Zwangsverbund') soll entfallen ... (und es soll) zu einem Verfahren über die elterliche Sorge nur noch in den Fällen kommen, in denen ein Elternteil einen Antrag auf Zuweisung der Alleinsorge stellt. Ist dies nicht der Fall, soll es ... bei der gemeinsamen elterlichen Sorge bleiben."

[154] Vgl. insbesondere Mörsberger, in Wiesner u.a., SGB VIII, § 50 Rn. 28ff.; Münder u.a., Frankfurter Kommentar, § 50 Rn. 8 und 12.

[155] Mörsberger, a.a.O., Rn. 45ff.; vgl. auch: ders., Perspektive, S. 370; ders., Datenschutzbestimmungen, S. 366.

[156] Zitat aus Mörsberger, in Wiesner u.a., SGB VIII, § 50 Rn. 46. - Daß bei Sozialarbeitern und Sozialpädagogen hier gegenwärtig erheblicher Qualifizierungsbedarf besteht, ist in einer von Erben und Schade durchgeführten empirischen Untersuchung ermittelt worden, vgl. ZfJ 1994 (5), S. 209ff.

auf nicht-wissenschaftlichem Niveau angesiedelte Berufsrolle attestiert, die sich im wesentlichen auf wertungsneutrale Beratungsfunktionen (im Rahmen von Alltagstheorien?) zu beschränken hätte. Es ist aber falsch, aus vorhandenen Mängeln den Schluß zu ziehen, die Bewältigung der Aufgabe sei dem Jugendamt prinzipiell unmöglich. Der mit dem KJHG anspruchsvoller gewordene gesetzliche Auftrag professioneller Sozialarbeit und Sozialpädagogik sollte vielmehr Grund genug sein, die Hochschulausbildung und die Fortbildung der Mitarbeiter entsprechend bessser zu fördern und die Bezahlung höher qualifizierter Fachkräfte der gestiegenen Verantwortung anzupassen.

Gänzlich ungeeignet sind die vorgetragenen Zweifel an der fachlichen Kompetenz des Jugendamtes aber für die Beantwortung der Frage, wie das Gesetz auszulegen sei. Selbst die nachgewiesene Unfähigkeit einer Verwaltungsbehörde, ein Gesetz korrekt anzuwenden, sagt nichts über den Inhalt des Gesetzes aus und befreit somit auch nicht von seiner Beachtung.

Die gesetzlich vorgesehene Mitwirkung des Jugendamtes in gerichtlichen Verfahren ist eine eigenständige Aufgabe neben seiner Funktion, Leistungen der Jugendhilfe zu gewähren. Deshalb ist auch die Mitwirkung in gerichtlichen Verfahren nicht auf die Unterrichtung des Gerichts nach § 50 Abs. 2 KJHG über angebotene und erbrachte Leistungen und andere Hilfemöglichkeiten beschränkt. Die Mitwirkung erstreckt sich vielmehr auch darauf, *die Entscheidungsfindung des Gerichts durch die fachliche Wertungskompetenz des Jugendamtes zu unterstützen.*[157]

Das Gericht hat bei der Anwendung des Gesetzes die seiner Entscheidung vorgegebenen unbestimmten Gesetzesbegriffe auszufüllen und zu konkretisieren. Dabei ist es auch auf außerrechtliche fachliche Kriterien angewiesen. Diese hat das Jugendamt im Rahmen seiner Mitwirkungspflicht durch seine gutachtliche Stellungnahme einzubringen. Selbstverständlich wird das Gericht dadurch nicht von seiner eigenen Ermittlungs- und Entscheidungsverantwortung befreit und es darf sich selbstverständlich auch anderer Quellen zur Absicherung seiner Wertungen bedienen. Aber es muß in jedem Fall auch dem Jugendamt die Möglichkeit einer Stellungnahme aus dessen Sicht gewähren und das Jugendamt muß dieser Aufgabe in eigener Verantwortung nachkommen.

4.6.2.2 Kriterien für die Stellungnahme des Jugendamtes

Zur Bestimmung des *Datenbedarfs* für die Stellungnahme des Jugendamtes enthält § 1671 BGB als gesetzliche Entscheidungsgrundlage (bei getrenntlebenden Eltern in Verbindung mit §1672) nur sehr wenige und zudem in ihrem begrifflichen Gehalt unbestimmte Kriterien:

Der *Grundsatz* lautet, daß diejenige Regelung Vorrang hat, die dem *„Wohl des Kindes“* am besten entspricht. (§ 1671 Abs. 2)

---

[157] So auch: Mainberger, in Hauck, SGB VIII, § 50 Rn. 11; Mrozynski, Kinder- und Jugendhilfegesetz, § 50 Nr. 1 b; Kunkel, Familiengerichtshilfe, S. 506. - Vgl. auch Oelkers, S. 1098, mit Nachweisen zu einschlägiger Rechtsprechung.

Wegweisend sind aber die Vorschläge der Betroffenen. Ein übereinstimmender Vorschlag der Eltern *und* des Kindes ist die optimale Ausgangsbasis. § 1671 Abs. 3 Satz 1 BGB stellt allerdings lediglich auf den übereinstimmenden Vorschlag der *Eltern* ab. Der übereinstimmende Elternvorschlag hat für das Gericht zwar keine formelle Bindungswirkung, aber der Richter darf sich über den Vorschlag nur hinwegsetzen, wenn dies zum Wohl des Kindes *erforderlich* ist.

Die Auffassung, der Vorschlag sei allenfalls „eine gewisse Arbeitserleichterung für den Richter“[158], ist angesichts der in Art. 6 Abs. 2 GG garantierten elterlichen Erziehungsautonomie äußerst fragwürdig und entspricht längst nicht mehr der heutigen Einsicht, daß die gemeinsame Verantwortung der Eltern für ihre Kinder durch die Scheidung nicht beendet wird. Wie sollte sie aber nach der Scheidung gefördert werden, wenn der Staat sie schon vorher nicht ernst nimmt? Das Grundgesetz enthält jedenfalls keine Aussage, daß die Scheidung als solche staatliche Eingriffe in das Elternrecht legitimiert.[159] Grundlage für dessen Einschränkung kann nur das staatliche Wächteramt sein. Es muß danach also ein Sachverhalt vorliegen, der die Annahme einer *Gefährdung des Kindeswohls* im Sinne des § 1666 BGB rechtfertigt, wenn dem gemeinsamen Vorschlag der Eltern gefolgt würde. Nur dann ist es zum Wohl des Kindes erforderlich und gerechtfertigt, den gemeinsamen elterlichen Vorschlag nicht zu beachten.[160]

Dieser Argumentation könnte entgegengehalten werden, sie berücksichtige nur die Elternperspektive, nicht aber das im Scheidungskonflikt von den Eltern möglicherweise gänzlich übergangene Eigeninteresse des Kindes. Die Scheidung ist, ganz unabhängig von der Gestaltung der Sorgerechtsregelung, in der Regel eine nachhaltige Belastung der Entwicklung eines Kindes oder Jugendlichen.[161] Dadurch allein ist aber ein staatlicher Eingriff ins Elternrecht nicht gerechtfertigt. Die elterliche Autonomie ist auch im Scheidungsfalle bis zur Gefährdungsgrenze zu respektieren.

Weicht der Vorschlag eines mindestens 14 Jahre alten Kindes allerdings von dem übereinstimmenden Vorschlag der Eltern ab, so entfällt gemäß § 1671 Abs. 3 Satz 2 die Erforderlichkeitssperre des Satzes 1. Es gilt wieder der Grundsatz des § 1671 Abs. 2. Widerspricht ein Kind, das noch nicht 14 Jahre alt ist, dem elterlichen Vorschlag, so ist zu prüfen, ob die Eltern sich unter Mißbrauch ihres

---

[158] Palandt, § 1671, Rn. 24. Zurückhaltend gegenüber einem Vorrang der Elterneinigung auch: Coester, Kindeswohl, S. 302ff. und offenbar Kropholler, S. 272, die beide auf die vom Richter zu überprüfende „Bonität“ (Coester) des Elternvorschlags abstellen.

[159] BVerfG, Urteil vom 03. 11. 1982, BVerfGE 61, S. 358ff., 372ff.

[160] Kritisch auch: Müller-Alten, S. 446ff.; Proksch, a.a.O., S. 75 und S. 93. Im Ergebnis ebenso Jopt, S. 289ff., allerdings mit der umfassenderen Begründung, daß dem Umgangsrecht die eigentliche Bedeutung zukomme und staatliche Bemühungen sich bevorzugt hierauf zu richten hätten, was durch „Verzicht auf eine gesetzliche Regelungsautomatik“ (S. 293) eher erreicht würde.

[161] Ausführlich zu den Trennungsfolgen: Harnach-Beck, Psychosoziale Diagnostik, S. 154ff. - Siehe auch: Fthenakis, Beiträge, S. 202ff.

Sorgerechts über ihre Pflicht hinweggesetzt haben, die wachsende Fähigkeit und das wachsende Bedürfnis des Kindes zu selbständigem verantwortungsbewußtem Handeln zu berücksichtigen (§ 1626 Abs. 2 BGB). Dies könnte beispielsweise der Fall sein, wenn ihr Vorschlag dazu führen würde, Geschwister, die enge Bindungen aneinander haben, gegen deren Willen auseinanderzureißen. In diesem Fall könnte das Gericht den Vorschlag der Eltern wegen Gefährdung des Kindeswohls unbeachtet lassen.

Für die Mitwirkung des Jugendamtes folgt daraus, daß dessen gutachtliche Äußerung sich bei einem übereinstimmenden elterlichen Vorschlag auf die Feststellung zu beschränken hat, ob die vorgeschlagenen Lösung eine Gefährdung des Kindeswohls zur Folge hat. Nur wenn dies der Fall ist, wird eine Stellungnahme zur Frage der Gefährdung nach Maßgabe der Kriterien des § 1666 BGB erforderlich. Ansonsten wäre die Äußerung eine vom Wächteramt des Staates nicht gedeckte Einmischung in die elterliche Erziehungsautonomie.[162]

Zu einer detaillierten Stellungnahme des Jugendamtes besteht also nur dann Anlaß, wenn *kein übereinstimmender Elternvorschlag* vorliegt.

Bei der Bestimmung derjenigen Regelung, die dem Wohl des Kindes am besten entspricht, verlangt das Gesetz, daß die *Bindungen des Kindes* an seine Eltern und Geschwister besonders zu berücksichtigen sind. (§ 1671 Abs. 2, zweiter Halbsatz).

Die Rechtsprechung hat außerdem auf die Fragen abgestellt,

- von welchem Elternteil die meiste persönliche Unterstützung für die Entwicklung des Kindes zu erwarten ist, *(Erziehungsfähigkeit: „Förderungsprinzip")*,
- wobei insbesondere bei jüngeren Kindern Pflege, Versorgung und Aufsicht gewährleistet sein müssen *(Betreuungssituation)*,
- welche Lösung die Einheitlichkeit und Gleichmäßigkeit der Erziehung am wenigsten stört *(„Kontinuitätsprinzip")* und
- welche Neigungen und Wünsche das Kind selbst äußert *(Kindeswille)*.[163]

Damit werden die rechtlichen Vorgaben zur Bestimmung der für das Sorgerechtsgutachten erforderlichen Daten weit geöffnet für *außerrechtliche Kategorien*, namentlich für Erkenntnisse der Verhaltenswissenschaften, insbesondere der Psychologie und Pädagogik. Die Literatur zu dieser Frage ist außerge-

---

[162] Zu Recht kritisiert Kaufmann, Jugendamt, S. 19ff., die bisher übliche umfassende Ermittlungspraxis vieler Jugendämter. Er sieht in § 50 Abs. 2 KJHG die Klarstellung, „daß Eltern *selbst* die Grundlage für die richterliche Entscheidung erarbeiten", wobei sie vom Jugendamt gemäß § 17 Abs. 2 KJHG beratend unterstützt werden (S. 20/21). Die Beschränkung des Jugendamtes auf den Gefährdungsaspekt dürfte im Sinne dieser Kritik sein.

[163] Harnach-Beck, Psychosoziale Diagnostik, S. 186ff.; Palandt, a.a.O., Rn. 14 und 15; Oelkers, S. 1098ff.

wöhnlich umfangreich. Die besonderen Aufgaben der Fachkräfte sozialer Arbeit bei der Stellungnahme des Jugendamtes werden von HARNACH-BECK ausführlich behandelt.[164] Zu einer besonderen Bereicherung für das Problembewußtsein hat die Kontroverse zwischen FTHENAKIS und LEMPP beigetragen.[165] Im Mittelpunkt steht dabei die von FTHENAKIS vorgebrachte Kritik an der „Bindungstheorie", insbesondere an der Überbetonung der Mutter-Kind-Beziehung, womit zugleich der Rolle des Vaters größere Aufmerksamkeit zukommt.

Als Faustregel für die Grundrichtung, um die es bei der Kindeswohlentscheidung geht, hat sich die Formulierung von GOLDSTEIN u.a. durchgesetzt, wonach *„die am wenigsten schädliche Alternative"* anzustreben ist.[166] Darin ist eine Absage an Herangehensweisen zu sehen, die das Kindeswohl nach festen Größen oder gar nach mustergültigen Erziehungsvorstellungen bestimmen wollen. In den meisten Fällen kann eine realistische Lösung nur darin bestehen, „soviel wie möglich in einer unbefriedigenden Situation zu retten".[167]

4.6.2.3 Datenschutzrechtliche Fragen

In den Fällen, in denen das Jugendamt im Rahmen der Anhörung eine gutachtliche Stellungnahme abgibt, weil zwischen den Beteiligten keine Einigkeit über die Sorgerechtsregelung besteht, können sich schwierige datenschutzrechtliche Fragen stellen, sowohl hinsichtlich der Datenerhebung als auch hinsichtlich der Datenweitergabe.

Das *Verfahren der Datenerhebung* für die gutachtliche Stellungnahme des Jugendamtes richtet sich nach den Vorschriften des KJHG, denn die gutachtliche Stellungnahme im Rahmen der Mitwirkung nach § 50 Abs. 1 und 2 KJHG in Verb. mit § 49 a FGG ist eine Aufgabe der Jugendhilfe im Sinne des § 2 Abs. 3 KJHG. Nach § 62 Abs. 2 Satz 1 KJHG sind personenbezogene Daten beim Betroffenen zu erheben. Dies setzt voraus, daß der Betroffene mitwirkungsbereit ist. Sind die Eltern nicht bereit, mit dem Jugendamt zusammenzuarbeiten, so kann dies die benötigten Daten nur erheben, wenn die in § 62 Abs. 3 geregelten Voraussetzungen erfüllt sind.

§ 62 Abs. 3 Nr. 1 gestattet die Erhebung personenbezogener Daten ohne Mitwirkung des Betroffenen, wenn eine gesetzliche Bestimmung dies vorschreibt oder erlaubt. Danach ist die Datenerhebung für gesetzlich zulässige Rechtseingriffe erlaubt, auch wenn der Betroffene nicht eingewilligt hat. Liegen dem Jugendamt begründete Anhaltspunkte für eine Gefährdung des Kindeswohls vor, so ist es schon wegen seiner Wächterfunktion zur Sachverhaltsaufklärung von

---

164 A.a.O.. - Übersichtliche Zusammenfassungen und Beispiele für Gutachten auch bei: Arndt, Oberloskamp, Balloff, S. 113ff. und S. 192ff.; Blume-Banniza und Gros, S. 21ff. und S. 73ff. - Vgl. auch: Coester, Kindeswohl; Fthenakis, Kindeswohl; Goldstein u.a., Jenseits; Kaltenborn.

165 Lempp, S. 741ff.; Fthenakis, Stellenwert, S. 662ff.

166 Jenseits, S. 49ff.

167 Goldstein u.a., a.a.O., S. 56.

Amts wegen verpflichtet. Selbstverständlich muß es zunächst versuchen, die Aufklärung in Zusammenarbeit mit den Betroffenen zu erreichen. Stellt sich dies aber als aussichtslos heraus, so darf es zur Erfüllung seiner Pflicht, gegebenenfalls eine richterliche Entscheidung herbeizuführen (§ 50 Abs. 3 KJHG), die erforderlichen Ermittlungen zur Sachverhaltsklärung auch ohne Mitwirkung der Betroffenen durchführen.[168] Dies gilt auch im familiengerichtlichen Verfahren, wenn die gutachtliche Stellungnahme des Jugendamtes eine Gefährdung des Kindeswohls zum Gegenstand hat.

Die Rechtslage ist aber anders zu beurteilen, wenn eine Gefährdung des Kindeswohls nicht in Betracht kommt. Sofern ein übereinstimmender Elternvorschlag nicht vorhanden ist, besteht durchaus die Pflicht und das Recht des Jugendamtes, im familiengerichtlichen Verfahren zur Sorgerechtsregelung Stellung zu nehmen. Die hierzu erforderlichen Informationen darf sich das Jugendamt aber nicht gegen den Willen der Betroffenen beschaffen.

Die Mitwirkungspflicht des Jugendamtes gegenüber dem Familiengericht gemäß § 50 Abs. 1 KJHG begründet keine Duldungspflicht der betroffenen Familie gegenüber dem Jugendamt. Eine solche Pflicht der einzelnen Familienmitglieder, Datenerhebungen des Jugendamtes zu dulden, bedürfte als Einschränkung des Grundrechts auf informationelle Selbstbestimmung einer ausdrücklichen gesetzlichen Grundlage. Diese ist weder vorhanden noch würde sie der vom Bundesverfassungsgericht für solche Eingriffsermächtigungen verlangten Verhältnismäßigkeit entsprechen. Ermittlungen des Jugendamtes, beispielsweise in der Nachbarschaft, „hinter dem Rücken“ der in Scheidung lebenden Eltern, könnte diese erheblichen Diskriminierungen aussetzen. Wie oben bereits ausgeführt wurde, kann die Scheidung als solche nicht angesehen werden als eine staatliche Eingriffe legitimierende Gefährdung des Kindeswohls. Somit kann sie auch staatliche Eingriffe ins Grundrecht auf informationelle Selbstbestimmung nicht rechtfertigen.

§ 62 Abs. 3 Nr. 1 scheidet somit als Rechtsgrundlage für Datenerhebungen ohne Mitwirkung der Betroffenen aus. Daß die übrigen Alternativen des Abs. 3 nicht in Betracht kommen, bedarf keiner weiteren Begründung. Somit kann das Jugendamt in allen Fällen, in denen es nicht um eine Gefährdung des Kindeswohls geht, die zur Abgabe einer gutachtlichen Stellungnahme erforderlichen Daten nur erheben, wenn die Betroffenen einwilligen.[169]

Möglicherweise verfügt das Jugendamt aber bereits über erforderliche Informationen, die es in anderem Zusammenhang, beispielsweise im Rahmen der Trennungs- und Scheidungsberatung nach § 17 oder nach § 28 KJHG erhoben hat. Die Verwendung dieser Informationen für den Zweck der gutachtlichen Stellungnahme im familiengerichtlichen Verfahren wäre allerdings eine *Datenübermittlung* im Sinne des § 64 KJHG. Müßten Eltern davon ausgehen, daß die

168 Siehe im einzelnen hierzu oben Kap. 3.2.4. mit weiteren Nachweisen.
169 Im Ergebnis ebenso: Mörsberger, Perspektive, S. 367.

im Beratungszusammenhang freiwillig preisgegebenen Informationen später auch gegen ihren Willen zu anderen Zwecken weiterverwendet werden dürfen, so wäre die Beratungsleistung von vorneherein in Frage gestellt. Um dies zu verhindern und die Inanspruchnahme der Beratungsangebote und sonstigen Hilfen des Jugendamtes rechtlich abzusichern, verbietet § 64 Abs. 2 KJHG die Übermittlung dieser Daten ohne Einwilligung des Betroffenen. Hinzu kommt die Sperrwirkung des § 65 KJHG. Die im Beratungszusammenhang offenbarten Daten sind in der Regel auch im Sinne dieser Vorschrift „anvertraut" worden.

Das Jugendamt hat somit keine rechtliche Möglichkeit, für die gutachtliche Stellungnahme im familiengerichtlichen Verfahren auf personenbezogene Daten zurückzugreifen, die ihm im Rahmen freiwilliger Inanspruchnahme seiner Leistungen und Angebote zugänglich geworden sind.[170]

Das Gericht kann auch nicht mit prozeßrechtlichen Mitteln auf diese Daten zugreifen, denn gemäß § 35 Abs. 3 SGB I besteht für das Jugendamt keine Auskunftspflicht, keine Zeugnispflicht und keine Pflicht zur Vorlegung oder Auslieferung von Schriftstücken, Akten, Dateien und sonstigen Datenträgern. Überdies hat die einzelne Fachkraft bezüglich ihrer aus dem Beratungszusammenhang erworbenen Kenntnisse ein *Zeugnisverweigerungsrecht* gemäß § 383 Abs. 1 Nr. 6 ZPO, im Verfahren der freiwilligen Gerichtsbarkeit in Verb. mit § 15 FGG.[171] Zur Aussage verpflichtet ist sie nur, wenn der Betroffene sie von der Verschwiegenheitspflicht entbunden (§ 385 Abs. 2 ZPO) und der Dienstherr die Aussagegenehmigung erteilt hat (§ 376 ZPO).

Dieses Ergebnis entspricht der vom KJHG untermauerten Eigenständigkeit des Jugendamtes. Im Mittelpunkt steht seine Leistungsfunktion für die Familie und den jungen Menschen. Diese hat Vorrang. Sie setzt die auf Freiwilligkeit gegründete Zusammenarbeit mit den Klienten voraus. Nur im Falle der Gefährdung des Wohles von Kindern und Jugendlichen bekommt deren Schutz Vorrang vor dem Freiwilligkeitsprinzip. Solange sich die Frage einer solchen Gefährdung aber nicht stellt, kann das Jugendamt seine Aufgaben nur im Einvernehmen mit den Betroffenen wahrnehmen.

4.6.3 Die gutachtliche Äußerung zur Adoption und die Anhörung im Adoptionsverfahren

4.6.3.1 Gesetzliche Grundlagen

Im Zusammenhang mit der Adoption werden Jugendbehörden aufgrund folgender Gesetze tätig:

- Adoptionsgesetz vom 2.7.1976 = BGB: §§ 1741ff. mit EGBGB (IPR): § 22,

[170] Ebenso: Deutscher Verein, Empfehlungen zur Beratung in Fragen der Trennung und Scheidung, S. 150ff. - Im Ergebnis auch: Mörsberger, Perspektive, S. 370; ders., Datenschutzbestimmungen, S. 366.

[171] So auch: Deutscher Verein, a.a.O., S. 151.

- Adoptionsvermittlungsgesetz vom 2.7.1976, Neufassung vom 27. 11. 1989[172],
- FGG: §§ 49 und 56d - 56f., geändert durch Art. 7 KJHG vom 26. 6. 1990,
- KJHG: §§ 50 und 51.

Adoptionsvermittlungsstellen und Jugendbehörden haben bei der Adoption Minderjähriger u.a. die Aufgabe, sich zu bestimmten gesetzlichen Voraussetzungen der Adoption zu äußern. Diese Äußerungen sind abzugeben:

gemäß § 56 d FGG

- von der Adoptionsvermittlungsstelle, die das Kind vermittelt hat,
- wenn keine Vermittlungsstelle tätig geworden ist: vom Jugendamt oder von einer durch das Gericht bestimmten Adoptionsvermittlungsstelle;

gemäß § 49 Abs. 1 Nr. 1 m FGG

- vom Jugendamt, sofern es sich nicht schon gemäß § 56 d FGG geäußert hat,

gemäß § 49 Abs. 2 FGG

- von der zentralen Adoptionsstelle des Landesjugendamtes, wenn diese gemäß § 11 Abs. 1 Nr. 2 und 3 AdVermG tätig geworden ist, nämlich bei Adoptionen mit Auslandsberührung.

Im einzelnen spricht § 56 d von einer „gutachtlichen Äußerung“, § 49 FGG von „Anhörung“ (das Vormundschaftsgericht „hört“ das Jugendamt...).

4.6.3.2 Zum gesetzlichen Zweck der gutachtlichen Äußerung bzw. Anhörung im Adoptionsverfahren

§ 56 d FGG will in erster Linie sicherstellen, daß diejenige Adotionsvermittlungsstelle sich gutachtlich äußert, die das Kind vermittelt hat, denn sie ist durch ihre bisherige Tätigkeit mit dem Sachverhalt besonders gut vertraut.

§ 49 Abs. 1 Nr. 1 m FGG will in erster Linie sicherstellen, daß außer der Adoptionsvermittlungsstelle, die das Kind vermittelt hat, auch das Jugendamt als Jugendhilfeinstanz sich zur Adoption äußert. In diesem Punkt überlappt diese Vorschrift mit § 56 d Satz 2, 1. Alternative FGG.

Hat sich das Jugendamt allerdings bereits nach § 56 d FGG geäußert, sei es, weil seine Adoptionsvermittlungsstelle tätig war, sei es, weil es vom Vormundschaftgericht dazu aufgefordert wurde, so besteht kein Anlaß mehr zu einer Anhörung des Jugendamtes nach § 49 FGG. Das ist dort mit dem Hinweis auf § 56 d FGG gemeint. Es geht also in § 56 d FGG und in § 49 FGG nicht um unterschiedliche Jugendämter, z.B. wegen unterschiedlicher örtlicher Zuständigkeit, sondern es geht darum, sicherzustellen, daß das Jugendamt als Institution sich

---

[172] Gemäß Art. 2 Nr. 3 KJHG gilt das AdVermG nun als Teil des SGB: siehe SGB I Art. 2 § 1 Nr. 16. Es ist aber nicht Bestandteil des KJHG.

in jedem Fall zur Adoption äußert. Es tut dies entweder zusätzlich zur Adoptionsvermittlungsstelle eines freien Trägers oder allein.

Offensichtlich dient die gutachtliche Äußerung der Adoptionsvermittlungsstelle, auch wenn diese einem freien Träger zugeordnet ist, dem gleichen Zweck wie die Äußerung des Jugendamtes. Es geht in beiden Fällen darum, im Rahmen des gerichtlichen Adoptionsverfahrens die fachlichen Aspekte zur Geltung zu bringen, die speziell bei der Adoption Minderjähriger eine Rolle spielen. Deshalb ist es gerechtfertigt, einen einheitlichen Begriff für diese fachliche Äußerung zu gebrauchen, unabhängig davon, ob sie von einer Jugendbehörde oder von der Adoptionsvermittlungsstelle eines freien Trägers abgegeben wird. Hierfür soll der Begriff des „Adoptionsberichts" verwendet werden.

§ 49 Abs. 2 FGG will sicherstellen, daß die zentrale Adoptionsstelle bzw. das Landesjugendamt sich zur Adoption äußern, wenn es sich um einen der in § 11 Abs. 1 Nr. 2 und 3 AdVermG genannten Fälle handelt, nämlich um Adoptionen mit Auslandsberührung. Der Zweck der Stellungnahme ist auch hier, die fachlichen Aspekte bei der Adoption Minderjähriger zur Geltung zu bringen, allerdings unter Beachtung der Besonderheiten einer Adoption mit Auslandsberührung.

4.6.3.3 Zum verfahrensrechtlichen Rahmen

Die verfahrensrechtliche Einordnung des Adoptionsberichts macht gewisse Schwierigkeiten. Die Anhörung des Jugendamtes nach § 50 Abs. 1 KJHG in Verb. mit § 49 Abs. 1 Nr. 1 m FGG könnte Anlaß geben, dessen Tätigkeit als Verwaltungsverfahren im Sinne des SGB X zu beurteilen, weil das KJHG Bestandteil des Sozialgesetzbuchs ist. Indessen ist der Begriff des Verwaltungsverfahrens im Rahmen des Sozialgesetzbuches durch § 8 SGB X begrenzt auf den Erlaß von Verwaltungakten bzw. den Abschluß öffentlich-rechtlicher Verträge. Auf die Abgabe des Adoptionsberichts trifft das nicht zu. Das SGB X scheidet daher als verfahrensrechtliche Grundlage aus.[173]

Anderer Auffassung zu dieser Frage ist allerdings die BUNDESARBEITSGEMEINSCHAFT DER LANDESJUGENDÄMTER.[174] Sie geht davon aus, daß die Ermittlungen der Adoptionsvermittlungsstelle nach § 7 AdVermG ein Verwaltungsverfahren darstellen und in einer Entscheidung, und zwar einem Verwaltungsakt, münden, der die Eignung oder Nichteignung der Adoptionsbewerber feststellt. Da aber nach § 7 AdVermG auch die Adoptionsvermittlungsstelle eines freien Trägers tätig werden kann, bestehen schon deshalb Zweifel an dieser Sichtweise.

Ebensowenig wird aber ein Verwaltungsakt erlassen, wenn die Adoptionsvermittlungsstelle eines Jugendamtes nach § 7 AdVermG tätig wird. Andernfalls würde dies ja bedeuten, daß das Vormundschaftsgericht nicht allein zu-

---

173 So auch Arndt, Oberloskamp, Balloff, S. 134.
174 BAGLJÄ, Empfehlungen zur Adoptionsvermittlung, Anm. 10.

ständig wäre für die Adoptionsentscheidung, sondern auch das Jugendamt, letzteres aber nur in den Fällen, in denen es die Adoption vermittelt hat. Das wäre ein widersprüchliches Ergebnis.

Abgesehen davon wäre eine von der Adoptionsentscheidung des Gerichts unabhängige, eigenständige Verwaltungsentscheidung der Adoptionsvermittlungsstelle über die Eignung oder Nichteignung von Bewerbern gegenstandslos, denn die gesetzliche Aufgabe der Adoptionsvermittlung bezieht sich immer darauf, einem konkreten Kind geeignete Eltern zu vermitteln und nicht, für adoptionswillige, mit einer amtlichen Eignungsbescheinigung ausgestattete Eltern geeignete Kinder zu suchen. Die Adoptionsvermittlungsstelle hat sich gutachtlich zu äußern, ob und warum sie Eltern im Hinblick auf ein bestimmtes Kind für geeignet oder ungeeignet hält. Die Entscheidung über die Adoption und damit über die Eignung der Adoptiveltern trifft aber allein das Vormundschaftsgericht in eigener Verantwortung: § 1752 I BGB.

Ungeachtet dessen sind die Aufgaben der Adoptionsvermittlungsstelle und Jugendbehörde im Rahmen des vormundschaftsgerichtlichen Verfahrens eigenständige gesetzliche Aufgaben.

Die gutachtliche Äußerung der Jugendbehörde oder der Adoptionsvermittlungsstelle eines freien Trägers ist Bestandteil des Adoptionsverfahrens. Das folgt hinsichtlich des Jugendamtes aus § 50 Abs. 1 Satz 2 KJHG, im übrigen aus § 56 d FGG. Als vormundschaftsgerichtliches Verfahren ist dieses im FGG geregelt. Nach § 12 FGG hat das Gericht von Amts wegen die erforderlichen Ermittlungen durchzuführen. Demnach ist die Sachverhaltsermittlung nicht Aufgabe des Jugendamtes bzw. der Adoptionsvermittlungsstelle. Wenn letztere nach § 7 AdVermG verpflichtet ist, „die sachdienlichen Ermittlungen durchzuführen“, so ist hiermit eine Tätigkeit gemeint, die der unmittelbaren Aufgabenerfüllung der Adoptionsvermittlungsstelle dient, u.a. nämlich einen Adoptionsbericht abzugeben. Die Ermittlungen der Adoptionsvermittlungsstelle oder der Jugendbehörde sind also auch nicht stellvertretende richterliche Sachverhaltsaufklärung, sondern eine eigenständige Tätigkeit, auf die das FGG nicht anzuwenden ist.

Demzufolge ist die gutachtliche Äußerung zwar Bestandteil des vormundschaftsgerichtlichen Verfahrens. Das Zustandekommen des Adoptionsberichts richtet sich aber nicht nach FGG.

Für die Tätigkeit der Adoptionsvermittlungsstellen enthält § 7 Abs. 1 AdVermG Verfahrensregeln. Die Adoptionsvermittlungsstelle hat danach die zur Vorbereitung der Vermittlung sachdienlichen Ermittlungen anzustellen

- bei den Adoptionsbewerbern und
- bei dem Kind und seiner Familie.

Bei Adoptionen mit Auslandsberührung hat sie gemäß § 11 Abs 2 AdVermG die zentrale Adoptionsstelle des Landesjugendamtes zu beteiligen.

Zum Problem könnte bei dieser verfahrensrechtlichen Lage die Mitwirkungspflicht der Beteiligten (leibliche Eltern, Kind, Adoptiveltern) werden. Eine Mitwirkungspflicht nach §§ 60ff. SGB I ist nicht anzunehmen, weil diese im engen Zusammenhang mit dem hier nicht anwendbaren Verfahren nach SGB X steht. Eine Mitwirkungspflicht ist aber zu begründen aus dem engen Sachzusammenhang zwischen der angestrebten Adoption und den vom Gesetz zu ihrem Zustandekommen geregelten Voraussetzungen, zu denen auch der Adoptionsbericht gehört.[175]

Für die Bestimmung der anzuwendenden *datenschutzrechtlichen Vorschriften* gilt folgende Alternative:

- Sobald das Jugendamt nach § 50 KJHG in Verb. mit § 49 FGG tätig wird, erfüllt es eine Aufgabe nach dem KJHG. Alsdann gelten die jugendhilferechtlichen Datenschutzvorschriften der §§ 61ff. KJHG.
- Solange das Jugendamt lediglich im Bereich der Adoptionsvermittlung nach dem AdVermiG tätig ist, erfüllt es keine Aufgabe nach dem KJHG, es gelten aber § 35 SGB I und §§ 67ff. SGB X, weil das AdVermG zum Geltungsbereich des SGB gehört.[176]

4.6.3.4 Voraussetzungen der Adoption nach dem BGB (Adoptionsgesetz)

Formalisierte Voraussetzungen sind:

- Alterserfordernisse.
  - § 1743 Abs. 1 BGB: Bei Annahme durch ein Ehepaar muß ein Ehegatte mindestens 25 Jahre, der andere mindestens 21 Jahre alt sein.
  - § 1743 Abs. 2 BGB: Wer ein Kind allein annimmt, muß mindestens 25 Jahre alt sein.
  - § 1743 Abs. 3 BGB: Wer sein nicht-eheliches Kind oder ein Kind seines Ehegatten annehmen will, muß mindestens 21 Jahre alt sein.
- Unbeschränkte Geschäftsfähigkeit des/der Annehmenden: § 1743 Abs. 4 BGB.
- Einwilligung des anderen Ehegatten bei einseitiger Adoption: § 1749 BGB.
- Probezeit: Der Annehmende soll das Kind eine angemessene Zeit in Pflege gehabt haben (§ 1744 BGB).
- Einwilligung des Kindes: § 1746 BGB.
- Einwilligung der Eltern bzw. der Mutter des Kindes: §§ 1747 und 1748 BGB.

Voraussetzungen mit sozialpädagogischem Inhalt sind:

- Kindeswohl: Die Annahme ist nur zulässig, wenn sie dem Wohl des Kindes dient (§ 1741 Abs. 1 BGB).
- Eltern-Kind-Verhältnis: Die Annahme ist nur zulässig, wenn zu erwarten ist, daß zwischen Annehmenden und Kind ein Eltern-Kind-Verhältnis entsteht (§ 1741 Abs. 1 BGB).

---

175 Eine ähnliche Begründung geben Arndt, Oberloskamp, Balloff, S. 139.

176 Siehe oben.

- Keine Interessenkollision mit Kindern der Beteiligten (§ 1745 BGB): Die Annahme ist unzulässig,
  - wenn ihr überwiegende Interessen der Kinder des/der Annehmenden entgegenstehen,
  - wenn ihr überwiegende Interessen der Kinder des anzunehmenden Kindes entgegenstehen,
  - wenn Interessen des Anzunehmenden durch Kinder des/der Annehmenden gefährdet werden.

4.6.3.5 Auswahl der Kriterien für Adoptionsberichte

Für die Feststellung, ob die rechtlichen Voraussetzungen der Adoption vorliegen, ist das Vormundschaftsgericht verantwortlich. Sache der Adoptionsvermittlungsstelle bzw. des Jugendamtes ist es, zu denjenigen Voraussetzungen der Adoption Angaben zu machen, die bei Minderjährigen bedeutsam sind. Gemäß § 56 d FGG hat sich die gutachtliche Äußerung darauf zu beziehen:

- ob das Kind für die Annahme geeignet ist,
- ob die Familie des Annehmenden für die Annahme geeignet ist.

Die „Eignung des Kindes für die Annahme“ muß interpretiert werden im Sinne des § 1741 Abs. 1 BGB, das heißt, die Annahme ist nur zulässig, wenn sie dem Wohl des Kindes dient. Es dürfen aber nicht besondere Eigenschaften des angenommenen Kindes verlangt werden.[177]

Auch die „Eignung der annehmenden Familie“ ist ausschließlich nach Maßgabe der Voraussetzungen des BGB zu beurteilen.

Ergebnis:
§ 56 d FGG stellt keine eigenständigen Kriterien neben denen des BGB auf. Er begründet lediglich auf der Ebene des Verfahrensrechts die Notwendigkeit der gutachtlichen Äußerung der Adoptionsvermittlungsstelle bzw. des Jugendamtes bei einer Adoption Minderjähriger.

Damit verweist § 56 d auf die oben genannten Voraussetzungen der Adoption.

Das gleiche gilt, wenn das Jugendamt lediglich gemäß § 49 Abs. 1 Nr. 1 m FGG Stellung nimmt.[178]

§ 49 Abs. 1 Nr. 1 m FGG bestimmt: Hat das Jugendamt keine gutachtliche Äußerung nach § 56 d FGG abgegeben, so ist es vom Vormundschaftsgericht gemäß § 49 Abs. 1 Nr. 1 m FGG anzuhören. § 49 Abs. 2 FGG schreibt die Anhörung der zentralen Adoptionsstelle des Landesjugendamtes vor, wenn diese nach § 11 AdVermG tätig geworden ist. Gegenstand der Anhörung in beiden Fällen sind die Voraussetzungen der Annahme aus der Sicht des Jugendamtes

---

[177] Palandt, § 1741, Anm. 2 c.
[178] Vgl. Jans-Happe-Saurbier, analog zu JWG § 48 a, K.Nr. 10, b.

bzw. des Landesjugendamtes als Fachbehörde, das heißt: nicht nur rechtliche und tatsächliche Äußerungen, sondern auch fachliche.[179]

Demnach kommt es gerade auf die pädagogischen, insbesondere sozialpädagogischen Fachkenntnisse des Jugendamtes an.

Weitere Hinweise auf den gesetzlich vorgeschriebenen Inhalt des Adoptionsgutachtens gibt § 7 Abs. 1 AdVermG. Die Adoptionsvermittlungsstelle hat danach die zur Vorbereitung der Vermittlung sachdienlichen Ermittlungen anzustellen:

- bei den Adoptionsbewerbern,
- bei dem Kind und seiner Familie.

Gegenstand dieser Ermittlungen soll („insbesondere") sein: die Eignung der Adoptionsbewerber unter Berücksichtigung

- der Persönlichkeit des Kindes,
- der besonderen Bedürfnisse des Kindes.

Auch hiermit werden keine zusätzlichen Kriterien aufgestellt. Vielmehr werden hier zwei Aspekte des Kriteriums „Kindeswohl" näher bezeichnet, seine allgemeine Persönlichkeitsentwicklung und seine besonderen Bedürfnisse.

Demnach ist der Begriff des Kindeswohls durch Angaben zu konkretisieren, die folgende Aspekte betreffen:

- die Persönlichkeit des Kindes,
- die besonderen Bedürfnisse des Kindes,

jeweils unter Berücksichtigung seiner Entwicklungsbedingungen in seiner bisherigen Familie;

- die Eignung der Adoptionsbewerber im Hinblick auf die Persönlichkeit des Kindes und auf dessen besondere Bedürfnisse.[180]

Einen weiteren Hinweis zur Konkretisierung des Kindeswohls gibt § 1741 Abs. 1 BGB, indem er verlangt, daß zwischen dem Annehmenden und dem Kind ein Eltern-Kind-Verhältnis entsteht. Rein äußerlich betrachtet wird hiermit ein zweites Tatbestandsmerkmal neben dem Wohl des Kindes aufgestellt. Die am Zweck der Regelung orientierte Auslegung führt aber zu dem Ergebnis, daß die Entstehung eines Eltern-Kind-Verhältnisses im Interesse des Kindeswohls verlangt wird. § 1741 Abs. 1 BGB wäre demnach wie folgt zu lesen: Die Annahme als Kind ist zulässig, wenn sie dem Wohl des Kindes dient. Dies ist insbesondere dann der Fall, wenn zu erwarten ist, daß ein Eltern-Kind-Verhältnis entsteht.

Selbstverständlich ist hier nicht die natürliche Elternschaft gemeint. Gemeint ist die dem Auftrag des Grundgesetzes entsprechende „natürliche" Funktion leibli-

---

[179] Vgl. Jans-Happe-Saurbier, analog zu JWG § 48 a Anm. 2 A c.

[180] Die verbreitete Praxis, allgemeine Eignungsgutachten ohne Bezug auf ein bestimmtes zu vermittelndes Kind zu erstellen, steht hierzu in Widerspruch.

cher Eltern für ihr Kind: nämlich Pflege und Erziehung des Kindes in der Weise, wie die Gesellschaft das auch von den leiblichen Eltern erwartet (soziale Elternschaft). Eben diese Erwartung wird an die Adoptiveltern gerichtet. § 1741 Abs. 1 BGB verlangt daher die begründete, also die zur Überzeugung des Gerichts feststehende Prognose, daß die Adoptiveltern das angenommene Kind wie ein leibliches Kind pflegen und erziehen werden, wobei die Maßstäbe der §§ 1626ff. BGB anzulegen sind. Es genügt also nicht, daß die zukünftigen Eltern den Wunsch oder die Hoffnung haben, es möge eine solche Eltern-Kind-Beziehung entstehen. Die Prognose muß vielmehr objektiv gerechtfertigt sein. Zur Absicherung einer solchen Prognose dient die von § 1744 BGB vorgeschriebene Probezeit vor der Annahme. Sie soll es ermöglichen, die Prognose auf Erfahrungswerte zu stützen, die während der Probezeit gewonnen werden.

Demnach sind bei der gutachtlichen Stellungnahme zum Eltern-Kind-Verhältnis folgende Angaben zu unterscheiden:
- Tatsächliche Angaben (Tatsachen) zur Eltern-Kind-Beziehung während der Probezeit,
- fachliche Bewertung dieser Angaben im Hinblick auf die Fähigkeit und Bereitschaft der Adoptiveltern, das Kind wie ein leibliches Kind zu behandeln,
- Begründung dafür, daß sich aus den Erfahrungen der Probezeit eine Prognose für ein dauerhaftes Eltern-Kind-Verhältnis rechtfertigen läßt.

Übersicht zu den gesetzlichen Kriterien für Adoptionsberichte

Kindeswohl:
- Entwicklungsbedingungen und Persönlichkeitsentwicklung des Kindes in seiner bisherigen Familie: Tatsachen und deren Bewertung.
- Besondere Bedürfnisse des Kindes angesichts seiner bisherigen Entwicklung.
- Eignung des/der Adoptionsbewerber(s) für die weitere Persönlichkeitsentwicklung des Kindes, auch hinsichtlich seiner besonderen Bedürfnisse: Tatsachen und deren Bewertung.

Eltern-Kind-Verhältnis:
- (Falls Probezeit gegeben): Entwicklungsbedingungen und Persönlichkeitsentwicklung des Kindes während der Probezeit: Tatsachen und deren Bewertung im Hinblick auf die Fähigkeit und Bereitschaft des/der Adoptierenden, das Kind wie ein leibliches zu behandeln.
- Begründung der Prognose für die Entstehung es dauerhaften Eltern-Kind-Verhältnisses. Erfahrungen der Probezeit und/oder sonstige Tatsachen und deren Bewertung.

Keine Interessenkollision mit Kindern der Beteiligten:
- Angaben dazu, ob der Adoption überwiegende Interessen der Kinder des/der Annehmenden entgegenstehen.
- Angaben dazu, ob durch die Adoption Interessen des anzunehmenden Kindes durch Kinder des/der Annehmenden gefährdet werden.

Innerhalb dieser drei Kriterien können nochmals Einzelaspekte unterschieden werden, die sich aus den Regelungen des BGB (§§ 1626ff.) über die elterliche Sorge für eheliche Kinder ergeben. In Anbetracht der fachlichen Funktionen, derentwegen der Adoptionsbericht zu erstatten ist, stehen die Regelungen über die Personensorge im Vordergrund. Erforderlich sind daher insbesondere Angaben, die die körperliche, geistige und seelische Entwicklung des Kindes betreffen (Kriterium nach § 1666 BGB), sowie seine Fähigkeit und sein Bedürfnis zu selbständigem verantwortungsbewußtem Handeln (Kriterium nach § 1626 Abs. 2 BGB = „eigenverantwortliche und gemeinschaftsfähige Persönlichkeit" nach § 1 Abs. 1 KJHG).

Bei der Frage nach einer möglichen Interessenkollision (§ 1745 BGB) ist zu beachten, daß neben den die Person betreffenden Interessen auch Vermögensinteressen berücksichtigt werden. Vom fachlichen Auftrag her sind diese aber nicht Gegenstand des Adoptionsberichts.

Die formalisierten Voraussetzungen bedürfen keiner weiteren Kommentierung. Besondere Ausführungen sind hier allenfalls erforderlich, wenn begründete Bedenken hinsichtlich der Einwilligung insbesondere des Kindes vorliegen.

4.7 Jugendgerichtshilfe

Auch unter dem KJHG bleiben Stellung und Aufgaben der Jugendgerichtshilfe umstritten. Der Strafanspruch des Staates einerseits und der nach dem KJHG an der Klientenautonomie orientierte Hilfeauftrag des Jugendamtes andererseits prallen aufeinander. Jede Seite behauptet ihren Vorrang gegenüber der anderen.[181] Wo immer es im KJHG um das Verhältnis Jugendamt und Strafjustiz geht, werden Systembrüche erkennbar.[182] Sie verbergen sich allerdings hinter manchen undeutlichen Regelungen. Hieran hat das Erste Gesetz zur Änderung des Achten Buches Sozialgesetzbuch - KJHG - (1. ÄndGKJHG), das am 1. April 1993 in Kraft getreten ist, einiges verbessert, aber durch eine datenschutzrechtliche Sonderregelung für die Jugendgerichtshilfe (§ 61 Abs. 3 KJHG) auch zu weiteren Unklarheiten beigetragen.

Klärung ist daher vom Gesetzeswortlaut allein nicht zu erwarten, sondern hauptsächlich von einer vertieften rechtssystematischen Aufarbeitung der gesetzlichen Regelungen.

---

181 Vgl. Arbeitsgruppe Jugendgerichtshilfe in der DVJJ, S. 557ff. Sehr umfassend: Symposium „Jugendgerichtshilfe - Quo vadis?" vom 2. bis 5. Juli 1990 in Frankfurt, hierzu Bericht von Trenczek und Mörsberger, S. 565ff. Außerdem: Ostendorf, Jugendgerichtshilfe; Schlink, Jugendgerichtshilfe. Alle Beiträge dieser Veranstaltung veröffentlicht in: „Reihe Recht" des Bundesministeriums der Justiz.

182 Siehe z.B. oben 4.3.3.3.

4.7.1 Grundlagen für die Bestimmung des Verhältnisses von Jugendhilfe und Jugendstrafjustiz

Es gibt drei offensichtliche Kriterien, die die Verbindungs- oder besser Trennungslinie von Jugendhilfe und Strafjustiz markieren:

- Jugendhilfe und Strafjustiz gehören zwei unterschiedlichen Staatsgewalten an, die Jugendhilfe gehört zur vollziehenden Gewalt, die Strafjustiz zur rechtsprechenden Gewalt.
- Innerhalb der vollziehenden Gewalt gehört die Jugendhilfe zum kommunalen Bereich, der gegenüber den staatlichen Instanzen mit der besonderen Garantie der kommunalen Selbstverwaltung ausgestattet ist.
- Jugendhilfe ist Hilfe für den Jugendlichen, Leistungen der Jugendhilfe setzen daher Freiwilligkeit auf der Seite des Hilfeberechtigten und des Hilfeempfängers voraus. Jugendstrafjustiz ist Strafjustiz und stützt sich daher gewiß nicht auf das Freiwilligkeitsmodell.

Die gesetzliche Regelung des Verhältnisses von Jugendhilfe und Strafjustiz ist mit recht widersprüchlichen Wertungen versehen worden. So spricht WIESNER von „mangelnder Harmonisierung", ein andermal aber von „Verzahnung, die die jeweiligen Kompetenzen wahrt".[183] Durch das 1. ÄndGKJHG sind die Merkmale von Jugendhilfe und Strafjustiz klarer herausgestellt worden, eine Harmonisierung oder Verzahnung dieser beiden Funktionen ist aber weder angestrebt worden noch zu erwarten.

Grundlage für die Funktionsbestimmung der Jugendstrafjustiz ist das Jugendgerichtsgesetz. Seine Zwecksetzung ist die Sanktionierung von Straftaten Jugendlicher oder Heranwachsender (§ 1 Abs. 1 JGG). Grundlage für die Funktionsbestimmung der Jugendhilfe ist das Kinder- und Jugendhilfegesetz. Seine Zwecksetzung ist die Hilfe für Kinder, Jugendliche und junge Volljährige. Was beide Gesetze zu verbinden scheint, ist die Möglichkeit des Jugendgerichts, im Einzelfall von Strafe abzusehen und dem Erziehungszweck Vorrang zu geben. Was beide Gesetze aber klar trennt, ist die Unzulässigkeit des umgekehrten Weges: Die Jugendhilfe hat nicht das Recht, von Hilfe abzusehen, um Strafe zu ermöglichen.

Gemäß § 2 Abs. 3 Nr. 8 KJHG ist die Mitwirkung im Verfahren nach dem Jugendgerichtsgesetz eine Aufgabe der Jugendhilfe, die in § 52 KJHG näher definiert ist. Abs. 1 dieser Vorschrift begründet zunächst die institutionelle Verpflichtung des Jugendamtes, als für die Jugendhilfe zuständige Behörde im Verfahren nach dem Jugendgerichtsgesetz mitzuwirken. Abs. 3 dieser Vorschrift definiert alsdann Zweck und Inhalt dieser Verpflichtung. Sie besteht darin, den jungen Menschen während des gesamten jugendgerichtlichen Verfahrens zu betreuen. Jugendgerichtshilfe ist also zu definieren als *Betreuungs-*

[183] Wiesner, Änderungen im Kinder- und Jugendhilferecht, S. 500 und 501.

pflicht gegenüber dem jungen Menschen. Es handelt sich demnach um eine Hilfe für den jungen Menschen.

Da die Jugendgerichtshilfe keine Leistung der Jugendhilfe ist, ist sie auch nicht davon abhängig, ob diese Hilfe vom Hilfempfänger gewünscht wird. Sie ist andererseits aber kein Rechtseingriff, wie der Eingriff ins Sorgerecht. Sie ist also weder das eine noch das andere, sondern etwas Drittes, nämlich eine von Gesetzes wegen erforderliche, von irgendwelchen persönlichen Willensentschließungen völlig unabhängige, somit eine *institutionelle Aufgabe des Jugendamtes.*[184]

Das Jugendamt ist demnach verpflichtet, im jugendrichterlichen Verfahren mitzuwirken. Das KJHG erteilt Vorstellungen eine Absage, wonach Jugendgerichtshilfe eine Leistung im Rahmen der Jugendhilfe sei, die das Jugendamt nur dann erbringen könne, wenn der Jugendliche dies wolle.[185] Daraus ist aber keineswegs zu schließen, Jugendgerichtshilfe sei eine Art Amtshilfe für die Strafjustiz. Die Regelung in § 2 Abs. 3 Nr. 8 KJHG schließt jeden Zweifel daran aus: Die Mitwirkung in Verfahren nach dem Jugendgerichtsgesetz *ist* Jugendhilfe.[186]

Das KJHG läßt damit auch keinen Raum mehr für die in den beiden genannten Urteilen zum Ausdruck kommende und häufig noch auf der Seite der Justiz vertretene Auffassung, die Jugendgerichtshilfe sei ein zur freien Verfügung des Gerichts stehendes Instrument der Sachverhaltsaufklärung. Gewiß *wirkt sie mit* bei der Sachverhaltsaufklärung im gerichtlichen Verfahren. Aber hierbei hat sie gesetzlich präzise definierte Aufgaben und einen ihrem jugendhilferechtlichen Auftrag entsprechenden Handlungsrahmen. Diesen kann der Richter nicht nach seinem Ermessen der jeweiligen Prozeßlage entsprechend abstecken, wie dies vom OBERLANDESGERICHT KÖLN in der genannten Entscheidung vertreten wird.

Dort heißt es:

> „Der Jugendgerichtshelfer ist zwar in der Regel kein Beweismittel. Jedoch können sowohl durch seine Zeugenaussage (insoweit besteht kein Zeugnisverweigerungsrecht: BVerfG ZblJugR 1973/26 = DAVorm 1972/484 (LS) = NJW 1972, 2214 m. w. N.) als auch durch den - verlesenen - Bericht Tatsachen in die Verhandlung eingeführt werden, die für die Persönlichkeitsermittlung und damit für die Auswahl der erzieherisch zweckmäßigen Rechtsfolge entscheidende Bedeutung haben können ... Die Vorschrift des § 35 SGB I, wonach Tatsachen, die der Berechtigte der Sozialverwaltung zur Verwirklichung seines Anspruchs auf Sozialleistungen anvertrauen muß, an

---

184 Ähnlich: Mrozynski, Kinder- und Jugendhilfegesetz, § 52 Nr. 1 b.

185 Diese Auffassung eines Jugendamtes wurde in zwei gerichtlichen Entscheidungen (erst- und zweitinstanzlich) zurückgewiesen: LG Bonn, Beschluß vom 28. 08. 1985, 32 Qs 59/85, in: ZfJ 1986 (2), S. 67 - 69; OLG Köln, Urteil vom 24. 06. 1986, Ss 236/86, in: ZfJ 1987 (4), S. 182 - 185.

186 So auch: Schwenkel-Omar, S. 493.

deren Geheimhaltung er aber andererseits ein schutzwürdiges Interesse hat, von der Verwaltung nicht unbefugt offenbart werden dürfen, gilt nicht für das Verhältnis zwischen dem Gericht und der JGH. Denn es wäre in der Tat widersinnig, wenn der Jugendliche/Heranwachsende einerseits nach den Bestimmungen des JGG verpflichtet wäre, die Erhebung von Daten durch die JGH im Hinblick auf das bevorstehende Verfahren im Interesse einer Durchführung dieses Verfahrens hinzunehmen, andererseits aber nach den Vorschriften des SGB das Recht hätte, ihre bestimmungsgemäße Verwendung zu verhindern ... Ein (Jugendamt), das im Hinblick auf die Weigerung des Angeklagten trotz entsprechenden gerichtlichen Hinweises ein Tätigwerden im Wege der JGH grundsätzlich ablehnt, handelt hiernach rechtswidrig. Diesem rechtswidrigen Verhalten des (Jugendamtes) kann und muß das Jugendgericht in Fällen, in denen es nach pflichtgemäßem Ermessen im Rahmen seiner Aufklärungspflicht auf die Mitwirkung der JGH nicht verzichten zu können glaubt, durch geeignete Maßnahmen (Beschlagnahme von Unterlagen, Ladung des zuständigen Beamten als Zeugen, Dienstaufsichtsbeschwerden oder die bereits erwähnte Kostenauferlegung) entgegenwirken."[187]

Dieser gerichtlichen Argumentation ist jugendhilferechtliches Denken fremd. Trotz der richtigen Erkenntnis, daß es Aufgabe der Jugendgerichtshilfe ist, „aufgrund ihrer besonderen Fachkenntnisse zu beurteilen, welche positiven und negativen Merkmale aus dem Umfeld und der Entwicklung des jugendlichen bzw. heranwachsenden Angeklagten auf diesen eingewirkt haben,"[188] bleibt dem Gericht die umfassendere Einsicht verschlossen, daß einem jugendlichen bzw. heranwachsenden Angeklagten Jugendhilfe nur zuteil werden kann, wenn er zur Zusammenarbeit mit der Jugendhilfe bereit ist. Ist er dies nicht, so bleibt ihm das Jugendhilfesystem verwehrt und er nimmt dann in Kauf, alleine nach Maßstäben des Jugendstrafrechts behandelt zu werden.

Der Systemzweck der Jugendhilfe, nämlich die Verwirklichung des Wohles des jungen Menschen, kann dem Systemzweck der Jugendstrafjustiz, nämlich die Sanktionierung der Straftat durch Strafe und Erziehung, nicht untergeordnet werden, ohne seine Substanz zu verlieren. Denn das Hilfesystem der Jugendhilfe könnte seinen Adressaten keinen nach bestandskräftigen Regeln funktionierenden Rahmen mehr anbieten, sondern müßte bei jeder Hilfeleistung von vorneherein klarstellen, daß der Adressat nur solange auf die Eingangsregeln vertrauen kann, solange er keine Straftat begeht. Diese nämlich würde das Jugendhilfesystem mit seinem gesamten bisherigen Wissen über den jungen Menschen umfunktionieren zu einem Teilsystem der Jugendstrafjustiz, für das nun neue Regeln gelten würden, nämlich die Regeln der Strafjustiz.

Deshalb heißt es in der Begründung des REGIERUNGSENTWURFS zu Art. 6 (Änderung des JGG): „Aus der Sicht des Jugendstrafrechts muß die Struktur

---

187 A.a.O., S. 183 und 184.
188 A.a.O., S. 184.

des Kinder- und Jugendhilferechts als pädagogisch intendiertem Angebote akzeptiert und demgemäß vermieden werden, straf- und ordnungsrechtliche Gesichtspunkte in das Kinder- und Jugendhilferecht hineinzutragen, die dessen Charakter zwangsläufig verändern müßten."

Alle weiteren Vorschriften zur Jugendgerichtshilfe sind nach Maßgabe dieser Zweckbestimmung zu interpretieren.

4.7.2 Die Prüfungs- und Unterrichtungspflicht des Jugendamtes nach § 52 Abs. 2 KJHG

§ 52 Abs. 2 lautet: „Das Jugendamt hat frühzeitig zu *prüfen*, ob für den Jugendlichen oder den jungen Volljährigen Leistungen der Jugendhilfe in Betracht kommen. Ist dies der Fall oder ist eine geeignete Leistung bereits eingeleitet oder gewährt worden, so hat das Jugendamt den Staatsanwalt oder den Richter umgehend davon zu *unterrichten*, damit geprüft werden kann, ob diese Leistung ein Absehen von der Verfolgung (§ 45 JGG) oder eine Einstellung des Verfahrens (§ 47 JGG) ermöglicht."

Dies ist die Regelung, die von WIESNER als „Verzahnung" zwischen Jugendhilfe und Jugendstrafrecht bezeichnet wird. Verzahnung heißt, daß zwei Systeme so ineinandergreifen, daß sie gemeinsam nach einem einheitlichen Prinzip funktionieren. So etwas ist hier aber nicht geregelt. Beide Systeme, das Jugendhilfesystem und das Strafsystem bleiben selbständig nebeneinander bestehen. Das Strafsystem verarbeitet lediglich bestimmte Informationen aus dem Jugendhilfesystem. Diese Verarbeitung erfolgt aber nach den Regeln des Strafsystems.

Das 1. ÄndGKJHG hat diese klare Systemtrennung bestätigt, indem es § 41 Abs. 2 KJHG in der ursprünglichen Fassung beseitigt hat. Diese Bestimmung hatte nämlich vorgesehen, daß eine Hilfe für junge Volljährige, für die zugleich in einem jugenstrafrechtlichen Verfahren Diversion möglich wäre, von der Zustimmung des Staatsanwalts bzw. Richters abhängig war. Dies war ein Systemverstoß. Dem Richter steht es nicht zu, über die Gewährung von Jugendhilfe zu entscheiden. Dies wäre sowohl eine Einmischung in die Aufgaben der vollziehenden Gewalt als auch in die kommunale Selbstverwaltung. Für die Gewährung von Leistungen der Jugendhilfe ist allein das Jugendamt zuständig. Diesen Gesichtspunkt hat im übrigen die Bundesregierung während des Gesetzgebungsverfahrens ausdrücklich hervorgehoben.[189]

Zu den Regeln des Strafsystems gehört es nun, auch *von Strafe absehen zu können: Diversion (§§ 45 und 47 JGG)*. Die Entscheidung darüber trifft der Staatsanwalt bzw. der Richter. Es handelt sich um eine Justizentscheidung. Das Ju-

---

[189] Gegenäußerung der Bundesregierung zur Stellungnahme des Bundesrates. Drucksache 12/2866 vom 21. 04. 1992, S. 41.

gendhilfesystem liefert lediglich die dafür vom Gesetz vorgesehenen Informationen, nämlich

- ob für den Jugendlichen oder den jungen Volljährigen Leistungen der Jugendhilfe in Betracht kommen
- oder ob eine geeignete Leistung bereits eingeleitet oder gewährt worden ist.

Die Folgerung daraus ist einfach:
Kann das Jugendamt diese Informationen, aus welchem Grund auch immer, nicht liefern, so kann der Richter bzw. Staatsanwalt von der Möglichkeit einer Diversion keinen Gebrauch machen.

Das Jugendamt hat kein Recht zu beurteilen, ob es sinnvoll ist, von der Möglichkeit der Diversion Gebrauch zu machen und ob es, falls es dies nicht für sinnvoll hält, von einer Information an das Jugendgericht absieht. Dies würde seiner institutionellen, von Gesetz wegen begründeten Pflicht zuwiderlaufen. Die Frage aber, wie es sich diese Informationen beschaffen darf und unter welchen Voraussetzungen es sie an das Jugendgericht weiterleiten darf, ist damit nicht schon entschieden. Hierfür gelten spezielle datenschutzrechtliche Regeln.

4.7.3 Die Aufgaben der Jugendgerichtshilfe nach § 38 JGG

Nach § 38 Abs. 2 Satz 1 und 2 JGG hat die Jugendgerichtshilfe im Verfahren vor den Jugendgerichten folgende Aufgaben:

Sie bringt die
- erzieherischen,
- sozialen und
- fürsorgerischen

Gesichtspunkte zur Geltung.

Zu diesem Zweck erforscht sie
- die Persönlichkeit,
- die Entwicklung und
- die Umwelt

des Beschuldigten.

Sie äußert sich zu den Maßnahmen, die zu ergreifen sind.

Nach Abs. 3 Satz 1 ist sie im gesamten Verfahren heranzuziehen. Nach § 50 Abs. 3 Satz 2 JGG erhält sie auf Verlangen das Wort.

Die in § 52 Abs. 1 Satz 1 KJHG vorgeschriebene Mitwirkung des Jugendamtes im jugendgerichtlichen Verfahren erfolgt also zu dem Zweck, die erzieherischen, sozialen und fürsorgerischen Gesichtspunkte in die richterliche Entscheidungsfindung einzubringen. Die Jugendgerichtshilfe wird somit nicht zur Tataufklärung im engeren Sinn herangezogen, sondern zum Zweck der Täterbeurteilung. Ihre Fragestellung lautet: Welche erzieherischen, sozialen und fürsorgerischen Gesichtspunkte in der Entwicklung und Umwelt des jugendlichen Täters haben auf seine Persönlichkeit eingewirkt? Eine wichtige Rolle spielt dabei auch die Frage der persönlichen Verantwortlichkeit (§ 3 JGG) und der Anwendbarkeit von Jugendstrafrecht auf Heranwachsende (§ 105 JGG). Die Jugendgerichtshilfe hat also den Auftrag, *außerrechtliche Bewertungsmaßstäbe aus der fachlichen Sicht der Jugendhilfe* im jugendgerichtlichen Verfahren zur Geltung zu bringen.[190]

Sie wird aber nicht auf die Funktion eines von Amts wegen tätigen Sachverständigen für die Persönlichkeitsbeurteilung reduziert. Sie wird viel umfassender einbezogen, nämlich als Teil des Hilfesystems Jugendhilfe, dessen Möglichkeiten sie dem Gericht als *Entscheidungsalternative zu den Sanktionen des Jugendgerichtsgesetzes* darzustellen hat. Sie unterbreitet also dem Richter, welche Möglichkeiten das Jugendhilfesystem anzubieten hat, um auf den straffällig gewordenen jungen Menschen positiv einzuwirken.

Außerdem verlangt das Gesetz, daß sie sich auch zu den „Maßnahmen" äußert, die zu ergreifen sind. Sie beurteilt also aus ihrer Sicht die erzieherischen, sozialen und fürsorgerischen Auswirkungen einer vom Staatsanwalt beantragten Strafe oder sonstigen Sanktion. Das kann sie selbstverständlich erst nach entsprechenden Anträgen des Staatsanwaltes und nicht, wie in der Praxis durchaus üblich, schon vorher. Verfahrensrechtlich ist dies kein Problem, denn die Jugendgerichtshilfe ist ja *während des gesamten Verfahrens* zur Wahrung ihres Auftrags aufgerufen, nicht nur bis zur Abgabe ihres Berichts, und auf Verlangen ist ihr *das Wort zu erteilen.*

Positive Einwirkungsmöglichkeiten auf den jungen Menschen hat das Jugendhilfesystem nur, wenn dafür seine eigenständigen Systemregeln gelten. Diese werden vom KJHG und seinem gesetzlichen Gesamtrahmen, dem Sozialgesetzbuch, festgelegt. Insofern ist es von erheblicher Bedeutung, daß das KJHG als SGB VIII Bestandteil des Sozialgesetzbuches ist.

In § 38 Abs. 2 Satz 5 bis 8 JGG werden Aufgaben der Jugendhilfe *nach Abschluß des Gerichtsverfahrens* geregelt: die Überwachung von Weisungen und Auflagen, die Pflicht, dem Richter erhebliche Zuwiderhandlungen mitzuteilen, die Betreuung und Aufsicht nach § 10 Abs. 1 Satz 3 Nr. 5 JGG, die Pflicht zur Zusammenarbeit mit dem Bewährungshelfer und die Pflicht, während des Vollzugs die Wiedereingliederung des Jugendlichen zu unterstützen.

Auch hier stellt sich wieder die Frage, ob der Jugendgerichtshelfer diese Aufgaben als Hilfestellung im Einvernehmen mit dem jungen Menschen wahrzunehmen hat oder auch gegen dessen Willen als Kontrolleur mit Eingriffsbefugnissen. Nach den dargelegten Grundsätzen des Jugendhilfesystems kann die Antwort auch hier nur im Sinne der ersten Alternative gegeben werden.

---

[190] Ausführlich hierzu: Harnach-Beck, Psychosoziale Diagnostik, S. 325ff.

4.7.4 *Hilfe zur Erziehung als jugendgerichtliche Auflage nach § 12 JGG*

Auch hier sind Mißverständnisse aus mangelhafter Unterscheidung der jeweiligen Systemeigenschaften von Strafjustiz und Jugendhilfe entstanden. KIEHL hält dem Gesetzgeber vor, er habe mit der durch das 1. ÄndGKJHG erfolgten Neuregelung der Vorschrift „das neue, jugendhilfebetonte Profil der Jugendgerichtshilfe wieder denaturiert“ und die Jugendhilfe in das „Souterrain der Justiz“ zurückverwiesen.[191]

Was ist geschehen? An die Stelle des „Einvernehmens“ mit dem Jugendamt ist in der Neufassung die „Anhörung“ des Jugendamtes im Rahmen einer jugendgerichtlichen Entscheidung nach § 12 JGG getreten. Diese Neuformulierung ist systematisch einwandfrei. § 12 JGG zwingt dazu, den Blick nun auf die Regeln des Systems der Strafjustiz zu lenken. Eine Entscheidung nach § 12 JGG ist eine jugendgerichtliche Entscheidung, das heißt: ob der Strafzweck durch den Erziehungszweck ersetzt wird, kann allein der Richter entscheiden. Ein Einvernehmen mit dem Jugendamt kann es nicht geben, denn das Jugendamt hat hier nichts zu entscheiden. Es bekommt aber Einfluß auf die Entscheidung, indem es angehört wird. Dies entspricht exakt der Stellung, die ihm auch im vormundschafts- und familiengerichtlichen Verfahren zukommt.

Die Neufassung des § 12 ist also kein Verlust für die Jugendhilfe, sondern eine weitere Bestätigung ihrer Eigenständigkeit gegenüber der Jugendstrafjustiz und damit eine konsequente Regelung.

4.7.5 *Die datenschutzrechtlichen Regeln für die Mitwirkung des Jugendamtes im Jugendstrafverfahren*

Angesichts der bisher ermittelten inneren Logik der Vorschriften zur Jugendgerichtshilfe im 1. ÄndGKJHG überrascht die datenschutzrechtliche Bestimmung des § 61 Abs. 3 KJHG. Sie lautet: Für die Erhebung, Verarbeitung und Nutzung personenbezogener Daten durch das Jugendamt bei der Mitwirkung im Jugendstrafverfahren gelten die Vorschriften des Jugendgerichtsgesetzes.

Die Aufgaben der Jugendgerichtshilfe sind Aufgaben der Jugendhilfe. Für die Jugendhilfe gelten die bereichsspezifischen Datenschutzregeln des KJHG. § 61 Abs. 3 schließt deren Anwendung aus.

Die Frage danach, welche datenschutzrechtliche Regelung nun gelten soll, bleibt indessen unbeantwortet, weil es im Jugendgerichtsgesetz keine Vorschriften gibt, die die Erhebung, Verarbeitung und Nutzung personenbezogener Daten durch das Jugendamt regeln. Wenn es solche Regeln nicht gibt, so können sie auch nicht gelten. Insoweit ist die Vorschrift also gegenstandslos.[192]

---

[191] Kiehl, Das Erste KJHG-Änderungsgesetz, S. 231.

[192] Eine ähnliche Formulierung lautet, die Vorschrift „gehe ins Leere“. So: Fuchs und

Die vom Bundesrat im Gesetzgebungsverfahren vertretene Auffassung, das JGG enthalte in § 38 und § 43 „datenschutzrechtliche Befugnisnormen“[193], verkennt den rechtlichen Inhalt dieses Begriffes. Beide Vorschriften beziehen sich auf den Gegenstand notwendiger Sachaufklärung, nicht aber auf die dabei zu beachtenden datenschutzrechtlichen Aspekte. Träfe die Betrachtungsweise des Bundesrates zu, so müßte beispielsweise auch § 50 Abs. 1 und 2 KJHG als Befugnisnorm anzusehen sein, so daß sich die Einfügung datenschutzrechtlicher Regelungen ins KJHG auch hierfür erübrigt hätte.

In Anbetracht der Entscheidung des Bundesverfassungsgerichts zur informationellen Selbstbestimmung[194] können datenschutzrechtliche Befugnisnormen nur solche Rechtsnormen sein, die das Verfügungsrecht des einzelnen über seine persönlichen Daten ausdrücklich einschränken, die also speziell auf dieses Verfügungsrecht als zu regelndes Rechtsgut Bezug nehmen. Das ist bei den genannten Bestimmungen des JGG nicht der Fall.

Da für die Jugendgerichtshilfe somit eine gesetzliche Datenschutzregelung fehlt, kommt das Grundrecht auf informationelle Selbstbestimmung als primäre Rechtsgrundlage für den Datenschutz unmittelbar zur Anwendung.

Das bedeutet: personenbezogene Daten dürfen nur mit Einwilligung des Betroffenen erhoben, weiterverarbeitet und übermittelt werden. Mangels einer ausdrücklichen gesetzlichen Grundlage, die dies auch ohne Einwilligung des Betroffenen gestattet, gilt nun für die Jugendgerichtshilfe, daß sie nur mit Einwilligung der Betroffenen über deren Daten verfügen darf. Ausnahmen gelten lediglich für den Fall einer Kollision des Datenschutzgrundrechts mit anderen Grundrechten. Diese Kollision ist im Einzelfall nach den Regeln der Güterabwägung zu entscheiden.

Abgesehen von der unmittelbaren Geltung des Grundrechts auf Datenschutz ist § 203 Abs. 1 StGB anzuwenden, wenn die als Jugendgerichtshelfer tätig werdende Person staatlich anerkannter Sozialarbeiter bzw. Sozialpädagoge ist. Das bedeutet: Offenbarungsbefugnisse sind nur die strafechtlichen Rechtfertigungsgründe, also die Einwilligung des Betroffenen, die allgemeinen strafrechtlichen Mitteilungspflichten (z.B. § 138 StGB) und der rechtfertigende Notstand im Sinne des § 34 StGB.

Damit ist das Grundrecht auf informationelle Selbstbestimmung im Bereich der Jugendgerichtshilfe rigider geschützt als im gesamten übrigen Bereich der Jugendhilfe.

Habermann, S. 56. - Diese Regelung übersieht außerdem die Sperre des § 37 SGB I. (Hinsichtlich der Regelungen des KJHG in seiner ursprünglichen Fassung gilt die Sperrwirkung des § 37 SGB I nicht, weil dort der Schutz personenbezogener Daten im Vergleich zum SGB X verbessert wurde. Vgl. Maas, Regelungen, S. 215ff. - Anders: Kunkel, Reparatur-Novelle, S. 275ff. mit weiteren Nachweisen.)

193 Vgl. Fuchs und Habermann, a.a.O., S. 55.

194 BVerfG, Urteil vom 15. 12. 1983, 1 BvR 209/83, in: BVerfGE 65, 1ff. = NJW 1984, S. 419ff. = NDV 1984, S. 155ff. (gekürzt).

Konflikte mit der Justiz bleiben so aber programmiert: Sobald die Jugendhilfe ihre Eigenständigkeit behauptet, wozu das KJHG sie verpflichtet, wird die Justiz, solange sie die Systemregeln der Jugendhilfe nicht versteht und akzeptiert, geneigt sein, die Systemregeln der Jugendhilfe auszuhebeln.

Soll aber die Jugendgerichtshilfe im Sinne der Jugendhilfe funktionsfähig bleiben, dann ist sie auf die Bereitschaft des jungen Menschen zur Mitarbeit angewiesen.

Mitteilungen der Jugendgerichtshilfe ans Gericht bei Zuwiderhandlungen im Sinne des § 38 Abs. 2 Satz 6 JGG setzen also die Einwilligung des Jugendlichen voraus. Soll der weitere Hilfeprozeß nicht gefährdet werden, so muß mit dem Jugendlichen Einvernehmen über die Frage einer Mitteilung ans Gericht erzielt werden. Die Chance einer einvernehmlichen Klärung bei der Verletzung von Weisungen, also zum Beispiel bei Verstoß gegen Arbeitsauflagen oder Zahlungsverpflichtungen, ist als schwach anzusehen. Trifft den Jugendlichen allerdings keine Schuld an der Nichtbefolgung einer Weisung, so darf der Richter auch keine Sanktion aussprechen; die Mitteilung wäre unschädlich. Es ist also ratsam, diese Frage mit dem Jugendlichen zu klären.

Hinsichtlich der Zusammenarbeit von Jugendgerichtshilfe und *Bewährungshilfe bzw. Strafvollzug* ist vor allem die Weitergabe des Jugendgerichtshilfeberichts streitig geworden. Die vorangehenden Ausführungen gelten hier entsprechend. Der Bericht darf ohne Einwilligung des Betroffenen nicht weitergegeben werden. Gegen die Zulässigkeit der Weitergabe spricht aber auch der datensschutzrechtliche Grundsatz der Erforderlichkeit.[195]

---

[195] Vgl. hierzu: Gutachten des Deutschen Vereins vom 28. 07. 1987, in: NDV, 1987 (10), S. 358-359. - Das Sozialministerium Baden-Württemberg hat im Einvernehmen mit dem Justizministerium Baden-Württemberg eine entgegengesetzte Rechtsauffassung vertreten: Schreiben des Sozialministeriums vom 08. 02. 1983 an den Landkreistag, den Städtetag und den Gemeindetag Baden-Württemberg, Az. 1/5-1070.09.7.

5. Aufgaben sozialer Arbeit bei sozialhilferechtlichen Entscheidungen

Im Jahre 1988 veranstaltete der DEUTSCHE VEREIN FÜR ÖFFENTLICHE UND PRIVATE FÜRSORGE zwei Fachtagungen, die einer Bestandsaufnahme des Allgemeinen Sozialdienstes in der Bundesrepublik Deutschland gewidmet waren. Aus den hierzu veröffentlichten Berichten läßt sich eine durchweg ablehnende Haltung der Allgemeinen Sozialdienste gegenüber Ermittlungsaufgaben in der Sozialhilfe erkennen.[1] Zur Begründung wird auf die „sozialpädagogische Funktion“ des Sozialarbeiters und auf seinen Auftrag hingewiesen, „persönliche Hilfe“ zu leisten im Sinne von „Vermitteln, Beraten und Einflußnehmen“.

Diese Einschätzung wurde durch eine 1990 vom Verfasser durchgeführte Befragung von 41 Mitarbeitern aus Sozialen Diensten 16 verschiedener Träger im Dienstbereich des LANDESWOHLFAHRTSVERBANDES BADEN bestätigt, allerdings von einem beachtlichen Teil der Befragten nur teilweise. 24 Mitarbeiter sprachen sich völlig, 14 mit gewissen Einschränkungen für die These aus, eigentliche sozialarbeiterische Funktionen seien nicht Ermitteln und Begutachten, sondern Beraten, Vermitteln und Einflußnehmen. Es gab nur eine Gegenmeinung. Die These, persönliche Hilfe müsse im Allgemeinen Sozialdienst Vorrang haben vor der Mitwirkung bei materiellen Hilfen, wurde von 19 Mitarbeitern voll, von 14 mit Einschränkungen bejaht, von 7 abgelehnt. Die Meinung, der Allgemeine Sozialdienst solle Sachverhaltsermittlung in Sozialhilfeangelegenheiten ablehnen, wurde 13 mal voll und 21 mal mit Einschränkungen bejaht, 6 mal abgelehnt.

Als Gründe für die Tendenz, Aufgaben der Sachverhaltsermittlung und Begutachtung im Rahmen der Sozialhilfe abzulehnen, sind im wesentlichen Beispiele für Ermittlungs-„aufträge“ des Sozialamtes genannt worden, die nach Auffassung der Mitarbeiter keine fachlichen Qualifikationen als Sozialarbeiter oder Sozialpädagoge voraussetzen, wie: die Renovierungsbedürftigkeit der Wohnung, die Funktionsfähigkeit von Haushaltsgeräten, das Vorhandensein oder der Zustand von Einrichtungsgegenständen, z.B. Betten, Kleiderschrank und Kühlschrank, sowie das Bestehen einer eheähnlichen Gemeinschaft.

Es handelt sich um Fälle der Sachverhaltsaufklärung, für die das Sozialamt im Hinblick auf die Gewährung von Hilfe zum Lebensunterhalt einen Hausbesuch für erforderlich gehalten hat. Zu Recht wird dem von Seiten des Allgemeinen

[1] Feldmann, Sozialdienst, S. 338 und 339. Dies., Einsatz, S. 388 (Protokoll des Diskussionbeitrags von Almuth Tauche). Siehe auch Krieger, S. 18ff.

Sozialdienstes entgegengehalten, daß hier in der Regel nach Aktenlage entschieden werden kann.[2] Ergänzend ist auf die intensivere Nutzung einfacherer Beweismittel und die oft ausreichenden Beweisergebnisse bei ihrer korrekten Würdigung hinzuweisen. Einem zu den genannten Zwecken durchgeführten Hausbesuch stehen überdies, selbst bei (notgedrungener) Einwilligung der Betroffenen, häufig rechtsstaatliche Einwände entgegen, insbesondere hinsichtlich der Verhältnismäßigkeit.[3]

Dagegen sind von Mitarbeitern des Allgemeinen Sozialdienstes Ermittlungs- und Begutachtungsfunktionen als fachlich gerechtfertigt angesehen worden, wenn es um die Feststellung komplexer Notlagen geht, denn die Ermittlung komplexer Notlagen setze die Fähigkeit voraus, „Indikatoren“ für Armutslagen wahrzunehmen und zu beurteilen. Als Beispiel einer komplexen Notlage ist die Unfähigkeit genannt worden, mit knappen Mitteln zu wirtschaften: Eine Familie mit fünf Kindern lebt von Sozialhilfe. Am Wochenende werden regelmäßig die Getränke, z.B. Coladosen, an der benachbarten Tankstelle eingekauft, anstatt vorsorglich im Supermarkt, wo sie viel günstiger sind. Hier sei es erforderlich, mit der Familie zu klären, ob sie bereit sei, gemeinsam mit einem Familienhelfer Planen und Wirtschaften zu üben.[4]

Diese Differenzierung zwischen fachlich nicht vertretbaren und fachlich gerechtfertigten Ermittlungs- und Begutachtungsaufgaben des Allgemeinen Sozialdienstes entspricht dem in den Empfehlungen des DEUTSCHEN VEREINS vertretenen Aufgabenverständnis.[5]

Als ein herausragender Fall einer komplexen Notlage ist die „chaotische Lebenssituation“ anzusehen: ein Problemkomplex, den man nicht mehr im Griff hat, weil zu viele Teilprobleme zusammentreffen: finanzielle Probleme, erzieherische Probleme, Schulprobleme der Kinder, Partnerprobleme, Gesundheitsprobleme, Kommunikations- und Bildungsprobleme, Probleme mit Behörden usw. Finanzielle Armut allein bedingt nicht zwangsläufig Chaos. Chaos entsteht erst, wenn die Familie ständig unmittelbar an der Belastungsgrenze lebt, wenn keine Reserven an Zeit, Kraft und Mitteln da sind. Dann kann ein plötzliches Ereignis, z.B. Trennung oder Erkrankung, das Chaos auslösen.

Das rechtzeitige Erkennen von Anzeichen einer bevorstehenden Chaotisierung des Alltags und die Einleitung der richtigen, auch finanziellen Hilfe verlangt somit die fachliche Kompetenz des Allgemeinen Sozialdienstes. Die Ermittlung und Begutachtung derartig gelagerter Sachverhalte gehört damit zweifellos zu seinen Aufgaben. Offenbar ist auch seine Funktion bei der Sachverhaltsermitt-

---

[2] Feldmann, Sozialdienst, S. 338.

[3] Siehe oben 2.3.2. - Zur Beweiswürdigung: 2.3.3.

[4] Die Argumente und Beispiele zur Aufgabendifferenzierung bei der Ermittlung und Begutachtung sind von Mitarbeitern vorgetragen worden, mit denen der Verfasser während einer Hospitation in zwei Allgemeinen Sozialdiensten Anfang 1991 zusammengearbeitet hat.

[5] Erläuterungen, Kap. 3.2., Rn. 7ff. Ausführlich hierzu auch: Krieger, S. 194ff.

lung für bestimmte Hilfen in besonderen Lebenslagen unbestritten. Aber seine spezifische sozialarbeiterische Kompetenz kann grundsätzlich auch in Durchschnittsfällen der Hilfe zum Lebensunterhalt gefragt sein.

Die Bedarfsermittlung bei der Hilfe zum Lebensunterhalt setzt die fachliche Qualifikation des Sozialarbeiters immer dann voraus, wenn Zweifel daran bestehen, ob der Bedarf durch die Regelsatzleistung wirklich gedeckt ist. Dies einzuschätzen, ist keine leichtere Aufgabe als die Ermittlung des erzieherischen Bedarfs bei der Hilfe zur Erziehung, die als eine selbstverständliche Aufgabe des Allgemeinen Sozialdienstes aufgefaßt wird.

5.1 Hilfe zum Lebensunterhalt

Zweifel an der bedarfsdeckenden Qualität der Regelsätze ergeben sich nicht nur hinsichtlich ihrer Höhe. Diese ist Gegenstand einer seit Beginn der 80er Jahre wieder entflammten sozialpolitischen Diskussion.[6] Im Hinblick auf die Funktionen sozialer Arbeit bei der Sachverhaltsermittlung geht es um eine andere, konstruktionsbedingte Eigenschaft der Regelsätze: Ihre Qualität der Bedarfsdeckung im Einzelfall ist von vorneherein eine konzeptionelle Fiktion. Ihr liegen standardisierte Annahmen über den Bedarf zugrunde. Der Anspruch auf Hilfe zum Lebensunterhalt ist hingegen ein Anspruch auf Deckung des tatsächlichen Bedarfs im Einzelfall. Da Standardfall und Einzelfall prinzipiell nicht identisch sind, besteht zwischen dem Regelsatz und dem Einzelfallbedarf regelmäßig eine notwendige Differenz. Die Gesetzesbindung der Verwaltung zwingt indessen dazu, den Einzelfallbedarf zu decken, sofern er beansprucht wird. Daraus folgt die prinzipielle Notwendigkeit der Bedarfsermittlung im Einzelfall.

Demzufolge ist auch die Bedarfsermittlung bei der Hilfe zum Lebensunterhalt grundsätzlich eine Aufgabe des Allgemeinen Sozialdienstes.[7]

Die Hilfe zum Lebensunterhalt erscheint zwar wegen ihrer Abwicklung über rechtlich geregelte Quantifizierungsmodelle als eine geradezu beispielhaft nach dem Muster einer Rechtsanwendungsentscheidung zustandegekommene Leistung. Deshalb wurde sie ja auch, im Unterschied zu Jugendhilfeleistungen, relativ früh als geeignet für den Einsatz von Computern entdeckt. Die Entwicklung von der Tätigkeitsfeldanalyse bis zum Computerprogramm ist von HASENRITTER und LÜBBERT in allen Einzelschritten dargestellt worden.[8] Der

---

6 Dokumentiert bei Orthband, Tarife, S. 148ff. Siehe auch: Stahlmann, Strafcharakter (1980); Scherer und Stock (1988); Hanesch u.a. (1988), mit einer kritischen Bilanz der Diskussion, insbesondere um die Neuordnung der Regelsätze auf der Grundlage des Statistikmodells; Rainer Roth, Wenn das Geld nur noch für Nudeln und ein Marmeladebrot reicht, in: Frankfurter Rundschau vom 8. Mai 1991.

7 So auch KGSt, Bericht Nr. 6/1975, Kap. 3., 4., 5.2.2.

8 Qualifikationsanforderungen, Bände 1 bis 3; Dialogsystem PROSOZ. Beispiele für sonstige Programme: Dialog Sozialhilfe (Niedersachsen); HESSIAS (Hessen); SOLDI (Fachhochschule Frankfurt a. M.).

eigentliche Anspruch auf Hilfe zum Lebensunterhalt entzieht sich aber dieser Programmierungslogik, weil sein Inhalt die grundgesetzlich verbürgte Sicherung des Existenzminimums im Einzelfall ist.

5.1.1 Die Garantie des Existenzminimums als Grundrecht

Das Grundgesetz enthält zwar kein ausdrücklich formuliertes Grundrecht auf Sozialhilfe, aber die in Art. 1 Abs. 1 GG als Grundrecht geschützte „Würde des Menschen“, zu deren Schutz alle staatliche Gewalt verpflichtet ist, wird in § 1 Abs. 2 Satz 1 BSHG ausdrücklich zur Grundlage für die Aufgabenbestimmung der Sozialhilfe gewählt. Die Sozialhilfe soll dem Empfänger der Hilfe die Führung eines Lebens ermöglichen, das der Würde des Menschen entspricht. Daß dieser Verpflichtung des Staates ein Anspruch des Bürgers auf Daseinssicherung gegenübersteht, hat das BUNDESVERWALTUNGSGERICHT bereits 1954, also lange vor der Entstehung des Bundessozialhilfegesetzes, entschieden und dazu u.a. folgendes ausgeführt:[9]

> „Die Leitgedanken des Grundgesetzes führen dazu, das Fürsorgerecht dahin auszulegen, daß die Rechtspflicht zur Fürsorge deren Träger gegenüber dem Bedürftigen obliegt und dieser einen entsprechenden Rechtsanspruch hat. Es braucht daher nicht geprüft zu werden, ob ein solches Recht durch neueres Landesrecht oder bestimmte Einzelvorschriften des Grundgesetzes geschaffen worden ist.
>
> ‘Das Verfassungsrecht besteht nicht nur aus den einzelnen Sätzen der geschriebenen Verfassung, sondern auch aus gewissen, sie verbindenden, innerlich zusammenhaltenden allgemeinen Grundsätzen und Leitideen, die der Verfassungsgeber, weil sie das vorverfassungsmäßige Gesamtbild geprägt haben, von dem er ausgegangen ist, nicht in einem besondern Rechtssatz konkretisiert hat.’ (Entscheidung des Bundesverfassungsgerichts vom 1. Juli 1953 - BVerfGE 2, 380 -). Eine solche Leitidee ist die Auffassung über das Verhältnis des Menschen zum Staat: Der Einzelne ist zwar der öffentlichen Gewalt unterworfen, aber nicht Untertan, sondern Bürger. Darum darf er in der Regel nicht lediglich Gegenstand staatichen Handelns sein. Er wird vielmehr als selbständige sittlich verantwortliche Persönlichkeit und deshalb als Träger von Rechten und Pflichten anerkannt. Dies muß besonders dann gelten, wenn es um seine Daseinsmöglichkeit geht.
>
> Dieser Grundsatz spiegelt sich in mehreren Vorschriften des Grundgesetzes wider (Art. 1 und 20 in Verbindung mit Art. 79 Abs. 3, Art. 2 und 19).
>
> Die unantastbare, von der staatlichen Gewalt zu schützende Würde des Menschen (Art. 1) verbietet es, ihn lediglich als Gegenstand staatlichen Handelns zu betrachten, soweit es sich um die Sicherung des ‘notwendigen Lebensbe-

---

[9] Urteil vom 24. Juni 1954, V C 78/54, BVerwGE 1, 159ff., 161/162.

darfs' (§ 1 der Reichsgrundsätze), also seines Daseins überhaupt, handelt. Das folgt auch aus dem Grundrecht der freien Persönlichkeit (Art. 2 Abs. 1).

Im Rechtsstaat (Art. 20 in Verbindung mit Art. 28) sind die Beziehungen des Bürgers zum Staat grundsätzlich solche des Rechts; daher wird auch das Handeln der öffentlichen Gewalt ihm gegenüber der gerichtlichen Nachprüfung unterworfen (Art. 19 Abs. 4). Mit dem Gedanken des demokratischen Staates (Art. 20) wäre es unvereinbar, daß zahlreiche Bürger, die als Wähler die Staatsgewalt mitgestalten, ihr gleichzeitig hinsichtlich ihrer Existenz ohne eigenes Recht gegenüberständen. Auch der Gemeinschaftsgedanke, der in den Grundsätzen des sozialen Rechtsstaats (Art. 20 und 28) und der Sozialgebundenheit des Eigentums (Art. 14 Abs. 2) Ausdruck gefunden hat, erschöpft sich nicht in der Gewährung von materiellen Leistungen, sondern verlangt, daß die Teilnehmer der Gemeinschaft als Träger eigener Rechte anerkannt werden, die grundsätzlich einander mit gleichen Rechten gegenüberstehen (vgl. auch Art. 3), und daß nicht ein wesentlicher Teil des Volkes in dieser Gemeinschaft hinsichtlich seiner Existenz ohne Rechte dasteht. Endlich ist auch das Grundrecht auf Leben und Gesundheit (Art. 2 Abs. 2) Ausfluß jenes Grundgedankens."

Dieser grundrechtlich verbürgte Anspruch auf Sicherung des Existenzminimums ist zwar als Grundlage für einzelne Leistungen zu unbestimmt und daher konkretisierungsbedürftig, aber er hat durchaus eine praktische Bedeutung für die Rechtsstellung des Hilfebedürftigen. Der Grundanspruch auf Daseinssicherung kann ihm nicht entzogen werden. Wenn beispielsweise in § 25 Abs. 1 BSHG der Verlust des „Anspruchs" auf Hilfe zum Lebensunterhalt vorgesehen ist, so kann sich dies nur auf den *gesetzlichen* Anspruch beziehen, also auf die vom Gesetz und von den entsprechenden Durchführungsverordnungen bestimmte Art und Höhe der Anspruchsgestaltung. Davon unberührt bleibt aber der grundgesetzlich garantierte Anspruch, dessen Gestaltung dann freilich im pflichtgemäßen Ermessen des Sozialhilfeträgers steht.[10]

5.1.2 Der gesetzliche Anspruch auf Hilfe zum Lebensunterhalt

Nach § 4 Abs. 1 in Verb. mit § 11 Abs. 1 Satz 1 BSHG hat derjenige Anspruch auf Hilfe zum Lebensunterhalt, der seinen notwendigen Lebensunterhalt nicht oder nicht ausreichend aus eigenen Kräften und Mitteln, vor allem aus seinem Einkommen und Vermögen beschaffen kann. Somit ist zu ermitteln, was unter notwendigem Lebensunterhalt zu verstehen ist und in welchem Umfang eigene Mittel zur Bedarfsdeckung vorhanden sind. Reichen die eigenen Mittel nicht oder nicht völlig dazu aus, so besteht ein Anspruch auf die Deckung der Differenz als Sozialhilfeleistung.

Zur Ermittlung des notwendigen Lebensunterhalts sieht das BSHG zwei Methoden vor, die Standardisierung und die Individualisierung. Beide Methoden

[10] Siehe hierzu unten Kap. 5.1.3.!

Schwierigkeiten des „Elberfelder Sy."

dienen der gesetzlichen Zweckerreichung, nämlich der Deckung des konkreten Einzelfallbedarfs: *Bedarfsdeckungsprinzip.*

§ 3 Abs. 1 BSHG bestimmt, daß sich Art, Form und Maß der Sozialhilfe nach der Besonderheit des Einzelfalls richten, vor allem nach der Person des Hilfeempfängers, der Art seines Bedarfs und den örtlichen Verhältnissen. Dieser *Individualisierungsgrundsatz* ist die zentrale Norm des Sozialhilferechts, speziell des Anspruchs auf Hilfe zum Lebensunterhalt. Sie sagt aus, daß das grundgesetzlich garantierte Existenzminimum keine allgemeine Größe ist, sondern eine individuelle, den jeweiligen Besonderheiten des Einzelfalles angemessene Größe. Der Anspruch auf Hilfe zum Lebensunterhalt ist also immer ein Anspruch auf Deckung des je besonderen individuellen Bedarfs. Ist dieser nicht gedeckt, so ist der gesetzliche Anspruch nicht erfüllt.

Die konsequente Handhabung dieser Art der Bedarfsermittlung würde für die Praxis der Sozialhilfe einen unüberschaubaren Verwaltungsaufwand mit sich bringen. Die aus dieser Methode resultierenden Probleme sind bereits im 19. Jahrhundert erkannt und präzise beschrieben worden. ORTHBAND stellt sie am Beispiel des *„Elberfelder Systems"* unter Benutzung authentischer Beiträge aus der damaligen Diskussion wie folgt dar:[11]

> „Elberfeld war eingeteilt in zehn Bezirke mit jeweils einem ehrenamtlichen Bezirksvorsteher; jeder Bezirk hatte fünfzehn, später vierzehn „Quartiere" mit jeweils einem ehrenamtlichen Armenpfleger. Armenhilfe wurde vom Hilfebedürftigen beim Armenpfleger seines Quartiers beantragt. Daraufhin überzeugte sich der Armenpfleger 'durch sorgfältige persönliche Untersuchung' von den Verhältnissen des Antragstellers. Kam er zu der Überzeugung, daß gesetzlicher Anspruch auf Armenhilfe vorlag, dann stellte und begründete er den entsprechenden Antrag in der nächsten Bezirksversammlung, welche die Armenpflege eines Bezirks unter Vorsitz des Bezirksvorstehers umfaßte; sie entschied über die vorgebrachten Gesuche und Anträge mit Mehrheitsbeschluß.
>
> Wie nun nach Maßgabe des Elberfelder Systems jeweils Art und Höhe von Unterstützungen zustande kamen, das hat 1898 wiederum Cuno, inzwischen Stadtrat in Königsberg, aus eigener Erfahrung anschaulich beschrieben (Dr. Schmidt/Willi Cuno: Existenzminimum in der Armenpflege. Anrechnung der Leistungen der Privatwohltätigkeit und Invalidenrente. Leipzig 1898. Schriften des Deutschen Vereins für öffentliche und private Fürsorge, SDV, Nr. 39, Seite 113f.): 'Die überwiegende Mehrzahl der Armenverbände verzichtet auf Aufstellung von Grundsätzen und überläßt es dem freien Ermessen der über die Höhe der Unterstützung entscheidenden Stelle, sich über den anzulegenden Maßstab eine Meinung zu bilden. Da in allen Orten mit entwickelter Armenpflege ehrenamtliche Organe mit der Prüfung und Begutachtung der Verhältnisse des Bittstellers betraut sind, wird zunächst deren

[11] Tarife, S. 9ff. Hervorhebungen nicht im Original!

Anschauung über das, was von der Armenpflege zu gewähren ist, von Bedeutung sein. Soweit sie etwa nur ein Gutachten abzugeben, einen Vorschlag zu machen haben, während die Armenverwaltung sich die Entscheidung über die Unterstützung vorbehält, wird die Anschauung der Verwaltung unmittelbar ausschlaggebend sein, wenn sie sich auch meist auf das Gutachten der Organe wird verlassen müssen, das natürlich durch deren Anschauung über die Frage beeinflußt ist. Wo aber, wie es nach Elberfelder System gefordert wird, die ehrenamtlichen Organe selbständig über die Höhe der Unterstützung beschließen, wird es von der Organisation der Armenverwaltung abhängen, inwieweit die Tätigkeit der ehrenamtlichen Organe nachgeprüft und ihr eine einheitliche Grundlage angewiesen wird. Je schwächer der kontrollierende Einfluß der Armenverwaltung ist, umso mehr Bedeutung hat das freie Ermessen der ehrenamtlichen Organe für die praktische Handhabung der Armenpflege, von umso größerer Wichtigkeit ist es für den Armen, von welchen Grundsätzen der einzelne Armenpfleger bei Bemessung des Unterstützungsbedarfs ausgeht. Wie unendlich mannigfaltig kann das Urteil ausfallen! Der Satz: 'Wem Gott ein Amt gibt, dem gibt er auch Verstand', scheint ja insbesondere auch in der Armenpflege Anwendung zu finden. Man stellt den Bürger plötzlich ohne jede Anleitung vor die Frage, was einer seiner Mitbürger zum notdürftigen Lebensunterhalt braucht und wieviel ihm daran fehlt. In Orten, in denen das Durchschnittsmaß der Lebenshaltung ein geringes ist, so daß auch der Pfleger in seinen Lebensgewohnheiten sich nicht weit über das Niveau der niedrigsten Lebenshaltung erhebt, wird es am ehesten möglich sein, sich ein Bild zu machen, was der Haushalt eines Armen erfordert. Wo aber mit durchschnittlich höherem Wohlstand auch die soziale Schichtung der Bevölkerung eine kompliziertere wird, da wird zwischen Arm und Reich die Fühlung verloren gehen. 'Zum großen Teil stehen sich zwei Welten gegenüber, die der Gebenden und die der Nehmenden, die voneinander gar nichts oder sehr wenig wissen' (Münsterberg auf der Jahresversammlung in Köln, SDV 20, 1894, S. 91). Nimmt man die Armenpfleger überwiegend aus dem gewerblichen Mittelstand, der selbst um seine wirtschaftliche Existenz ringt und die Last der Steuern schwer empfindet, so wird die Neigung überwiegen, die Armenunterstützung niedrig zu halten, nur das Allernotwendigste zu gewähren, ohne sich gerade darüber klar zu werden, wie denn der Arme mit diesem Wenigen auskommen kann, ohne sich darüber Rechenschaft abzulegen, wie der Pfleger selber mit diesem und selbst dem doppelten Betrage seinen Lebensunterhalt einrichten sollte ... Einen gewissen Ausgleich bringt die kollegiale Beschlußfassung der Armenpflegeorgane in der Bezirksversammlung (Armenkommission) und in zweiter Linie die Kontrolle dieser Beschlußfassung durch die Armenverwaltung. Je nach der Gründlichkeit der Prüfung, je nach der Verteilung der Arbeit innerhalb der Bezirksversammlung wird die Art der Beratung eine verschiedene sein. Hat nur ein Pfleger die Verhältnisse geprüft, besteht nach Elberfelder Muster Quartiereinteilung derart, daß jede arme Familie dauernd einem bestimmten Pfleger zugewiesen ist und sich mit allen Gesuchen an diesen wenden muß, so wird naturgemäß das Urteil dieses Pflegers von ausschlaggebender Bedeutung sein. In Berlin wird demgegenüber gerade darauf Wert gelegt, daß die einzelne Familie womöglich jedesmal einem anderen Kommissionsmitglied zugewiesen wird, damit nach und nach alle bei der Beschlußfassung Beteiligten durch eigenen Augenschein die Familie kennengelernt haben... Nach den Beobachtungen, die ich in Berlin und neuerdings in Königsberg gemacht habe, begnügt sich bei dem Mangel jeglicher Bestimmung über die bei Bemessung des Unterstützungsbedarfs einzuhaltenden Grundsätze die Berichterstattung und Beratung unter Verzicht auf jede genauere Berechnung des Bedarfs mit einer allgemeinen Schilderung der Verhältnisse und einer auf gewisse Erfahrung und Übung beruhenden allgemeinen Schätzung, unter Zugrundelegung gewisser allgemeiner Kategorien von Unterstützungsfällen. Es fehlt das klare Verständnis dafür, daß die Frage nach der Höhe des Unterstützungsbedarfs sich auflöst in zwei Fragen: Welcher Betrag ist zum notdürftigen Lebensunterhalt für die einen Haushalt bildende Familie erforderlich? (Existenzminimum). Welcher Betrag steht ihr aus eigenen Einnahmen zur Verfügung?'

An anderer Stelle setzt Cuno diesen Erfahrungsbericht fort (Stenographischer Bericht über die Verhandlungen der achtzehnten Jahresversammlung des Deutschen Vereins für Armenpflege und Wohltätigkeit am 29. und 30. September 1898 in Nürnberg. Leipzig 1899. SDV Nr. 40, Seite 107f.): 'Ja, meine Herren, es sind dies Armenpfleger, die nach bestem Wissen und Gewissen arbeiten, und die schließlich doch nur auf Grund einer vermeintlichen, durch Übung erlangten Erfahrung, weil man sieht, daß die Leute mit den gewährten Unterstützungen nicht gerade verhungert sind, nach gewissen allgemeinen Eindrücken, ohne auch nur den Versuch einer ziffermäßigen Feststellung des Bedarfes einerseits, der tatsächlichen Einnahme andererseits, schematisch die Unterstützung festsetzen. Da wir glücklicherweise in der Armenpflege überwiegend mit einzelnen Personen zu rechnen haben, deren Verhältnisse leicht übersehbar und annähernd gleichmäßig sind, so geht es ja mit einem solchen allgemeinen, aus der Erfahrung abgeleiteten Schema; *man hält die Unterstützung in engen Grenzen, rechnet darauf, wenn der Arme nicht auskommt, wird er ja wiederkommen und mehr beantragen.* Auf Grund längerer Beobachtung kommt man dem wirklichen Bedürfnis nahe. Die Armen aber gewöhnen sich an die Anschauung, daß sie nach gewisser Zeit Anspruch auf Zulage haben.

Ich bin der Überzeugung, daß bei solcher Regelung, die alles dem freien Ermessen der Armenpfleger überläßt, wir von einer individuellen Behandlung meist recht weit entfernt sind. Ein erheblicher Prozentsatz von Empfängern, die noch einen Rückhalt an Verwandten usw. haben, erhält mehr, als er eigentlich braucht; ein noch stärkerer Pronzentsatz, dem ein solcher Rückhalt fehlt, empfängt kaum das zum menschenwürdigen Dasein Erforderliche. Weil man sich gar nicht die Mühe gibt, genau zu ermitteln, wie hoch der Bedarf einerseits ist, wie hoch die Einnahmen andererseits, welche Hilfsquellen dem Armen noch zur Verfügung stehen, gibt man ein gewisses Minimum, als Abfindung; wer seine Sache nur recht schwarz zu malen versteht, wird schon wenigstens etwas vom Armenpfleger herausschlagen, um ihn loszuwerden. Wo aber es sich nicht um einzelne Personen, wo es sich um kinderreiche Familien, Witwen mit Kindern handelt, da schreckt der Armenpfleger, der nicht gewohnt ist, genau zu rechnen, der nach freiem Ermessen schätzt, davor zurück, eine wirklich hohe, ausreichende Gabe zu bewilligen; was gewährt wird, ist auch nur eine Abfindung, die gerade vor dem Äußersten schützt.'

Die Frage drängte sich auf, wie man aus solcheu Schwierigkeiten grundsätzlich herauskommen könne; und die Antwort lautete: 'Den Weg, der über das Walten des freien Ermessens hinausführt, hat uns die Elberfelder Armenordnung gewiesen!' (ebenda, Seite 108) Gemeint war der 'Elberfelder Tarif'. Von ihm ist nun zu reden."

Für die Vorgehensweise im ursprünglichen Elberfelder System war also wesentlich, daß der jeweilige Bedarf der einzelnen Hilfebedürftigen durch Vergleich aller von den Armenpflegern ermittelten Einzelfälle in der Bezirksversammlung festgesetzt wurde. Die Umständlichkeit und Vergleichsproblematik dieses Verfahrens führte zur Weiterentwicklung des „Elberfelder Systems" durch Einführung von „Tarifen", die als Vorläufer der heutigen Regelsätze anzusehen sind.

5.1.2.1 Das gesetzliche Modell der Bedarfsstandardisierung

§ 22 Abs. 1 Satz 1 BSHG bestimmt, daß laufende Leistungen (außerhalb von Anstalten, Heimen und gleichartigen Einrichtungen) nach Regelsätzen gewährt werden. Die auf der Grundlage des § 22 Abs. 2 als Rechtsverordnung erlassene Regelsatzverordnung des Bundes enthält Vorschriften über Inhalt und Aufbau der Regelsätze. Im Rahmen dieser Vorschriften setzen die Länder gemäß der Ermächtigung des § 22 Abs. 3 die Höhe der Regelsätze durch Rechtsverordnung normalerweise alljährlich neu fest.[12]

Ausgangsnorm für die inhaltliche Gestaltung der Regelsätze ist die Definition des *„Regelbedarfs"* in § 12 BSHG. Unter dem Regelbedarf ist eine Auswahl verschiedener Arten menschlicher Bedürfnisse zu verstehen, deren Befriedigung vom Gesetzgeber anerkannt wird als unabdingbar für ein menschenwürdiges Leben auf dem Niveau des Existenzminimums. Diese Auswahl, nämlich:

- Ernährung,
- Kleidung,
- Körperpflege,
- Hausrat,
- persönliche Bedürfnisse des täglichen Lebens, einschließlich,

[12] Zu der durch die Reform des Sozialhilferechts vorgesehenen Änderung des § 22 BSHG siehe unten!

- Beziehungen zur Umwelt
- und Teilnahme am kulturellen Leben,
- bei Kindern und Jugendlichen auch besonderer, vor allem der durch das Wachstum bedingte Bedarf,
- Unterkunft und
- Heizung,

bedeutet nach dem Wortlaut des Gesetzes keine abschließende Festsetzung, sondern einen Minimalstandard. Die hier genannten Bedürfnisarten sind *auf jeden Fall* bei der Bedarfsermittlung zu berücksichtigen. Im Umkehrschluß bedeutet dies allerdings, daß darüber hinausgehende Bedürfnisarten nicht ohne weiteres bei der Bestimmung des notwendigen Lebensunterhalts berücksichtigt werden können, daß sie also nicht zum „Regelbedarf" gehören. § 12 hat also die Funktion einer Standardisierung von Bedürfnisarten im Hinblick auf die Bestimmung eines Regelbedarfs. Dies wird durch § 1 der Regelsatzverordnung bestätigt, der den in § 12 genannten Bedürfnisarten keine neuen hinzufügt, sondern diese nur im Hinblick auf die laufenden Leistungen differenziert.

Das Hauptproblem der Regelsatzfestsetzung liegt in der Quantifizierung der zur Befriedigung der anerkannten Bedürfnisarten notwendigen Mittel. Aus der Sicht des Betroffenen sind hierzu soviele Mittel erforderlich, wie er subjektiv für erforderlich hält, denn: wann ein Bedürfnis befriedigt ist, ist eine höchstpersönliche, subjektive Entscheidung des Betroffenen. Daß diese nicht Grundlage sein kann für eine rechtlich vertretbare, auch nur dem Gleichbehandlungsgrundsatz, aber auch anderen wichtigen Aspekten gerecht werdende Entscheidung, dürfte niemand bezweifeln. Folglich kann die Frage nach den zur Bedürfnisbefriedigung im Rahmen der Sozialhilfe rechtlich vertretbaren Mitteln nicht mit Blick auf die subjektiven Bedürfnisvorstellungen beantwortet werden, sondern nur nach objektiven Maßstäben. An die Stelle des Individuums mit seinen jeweils subjektiven Bedürfnissen wird ein Durchschnittsbedürftiger gesetzt, eine fiktive Person, von der man annimmt, daß sie mit einer bestimmten Menge ihr zur Verfügung gestellter Mittel ein menschenwürdiges Leben führen kann. Die von dieser fiktiven Person mit den ihr zur Verfügung gestellten Mitteln befriedigten Bedürfnisse sind der *Bedarf im Sinne des Existenzminimums.*

Selbstverständlich bestehen auch über diesen objektiv definierten Bedarf die unterschiedlichsten Vorstellungen, wie die Kontroverse um den traditionell vom DEUTSCHEN VEREIN FÜR ÖFFENTLICHE UND PRIVATE FÜRSORGE zur Bestimmung des Regelbedarfs zusammengestellten *Warenkorb* (Bedarfsmengenschema) bewiesen hat.

Die Zusammenstellung des Warenkorbes für die Bemessung der Regelsätze erfolgte 1955, 1962 und 1970 durch den Arbeitskreis „Aufbau der Regelsätze" des DEUTSCHEN VEREINS. Auf der Grundlage der Lebens- und Verbrauchsgewohnheiten der unteren Verbrauchergruppen sind die zur Bedarfsdeckung für erforderlich gehaltenen Waren und Dienstleistungen ermittelt worden. Die dabei berücksichtigten Bedarfsgruppen entsprechen der Regelsatzverordnung. Seit

1985 ist im Hinblick auf die Neugestaltung des Bedarfsbemessungssystems (Statistikmodell) ein überarbeitetes Warenkorbmodell als Übergangslösung zugrundegelegt worden.[13]

Im Oktober 1989 hat die MINISTERPRÄSIDENTENKONFERENZ sich für das *Statistikmodell* entschieden, das zum 1. Juli 1990 das Warenkorbmodell abgelöst hat. Grundlage dieses von den KOMMUNALEN SPITZENVERBÄNDEN entwickelten Modells sind die Konsumgewohnheiten der unteren Einkommensgruppen nach Maßgabe der alle fünf Jahre vom STATISTISCHEN BUNDESAMT erhobenen Einkommens- und Verbrauchsstichproben (EVS). Zur Berechnung des Regelsatzes werden die regelsatzrelevanten Bedarfsgruppen ausgewählt. Der DEUTSCHE VEREIN ist mit der Bearbeitung der Folgeprobleme des neuen Bedarfsbemessungssystems beauftragt worden.[14]

Grundlegende Veränderungen für die Erstellung und Bemessung der Regelsätze - und für das System der Sozialhilfe insgesamt - sieht der von der Bundesregierung vorgelegte „Entwurf eines Gesetzes zur Reform des Sozialhilferechts" vom 27. 09. 1995 vor.[15]

Wie immer das Zustandekommen der Regelsätze gestaltet werden mag: für ihre Anwendung ist die Frage entscheidend, was sie für den *Anspruch auf Hilfe zum Lebensunterhalt* bedeuten.

Der Tarif im Sinne des Elberfelder Systems war ein Durchschnittswert, der dem Armenpfleger lediglich als Orientierungshilfe diente. Er sollte die Individualisierung erleichtern, ohne sie zu ersetzen:

> „Individualisierung forderten Referenten, Korreferenten und Diskussionsredner sowohl 1894 als 1898 auf jenen vom Deutschen Verein veranstalteten Fürsorgetagen, so der Mainzer Beigeordnete Dr. Schmidt (Stenographischer Bericht über die Verhandlungen der achtzehnten Jahresversammlung des Deutschen Vereins für Armenpflege und Wohltätigkeit am 29. und 30. September 1898 in Nürnberg. Leipzig 1899. SDV Nr. 40, Seite 103f.): 'In meinem Berichte habe ich schon gesagt, daß der Tarif das natürliche Ergebnis eines gesetzmäßigen Verfahrens ist. Warum sollte der Armenpfleger seine Aufzeichnungen über das für einen Fall mühevoll ermittelte Existenzminimum sofort wieder vernichten, um dann, wenn der Fall sich wiederholt, sich die gleiche Mühe noch einmal zu machen? Das wäre unverständlich. Jedoch muß er im Auge behalten, daß auch bei dem, den äußeren Merkmalen nach gleichen Falle die individuellen Verhältnisse kleine Abänderungen der Festsetzung des früher gefundenen Existenzminimums bedingen können. Er ist

---

13 Vgl. zu Einzelheiten: Orthband, Tarife, S. 97ff.; Petersen, S. 28ff.; Schulte und Trenk-Hinterberger, S. 153ff.!

14 Zur Vorgeschichte des Statistikmodells: Tschoepe; Deutscher Verein, Gutachtliche Äußerung; Schellhorn, Einführung; sehr ausführlich: Bödecker.

15 BTDrS. 13/2440. - Vgl. hierzu: Wagner, in NDV 1996 (2), S. 37ff. Das Gesetz ist nach Erstellung des Drucksatzes für dieses Buch am 29.07.1996 verkündet worden. BGBL. I, S. 1088ff. § 22 Abs. 2-4 sind durch die Abs. 2-6 ersetzt worden.

also trotz des Anhaltes, den ihm der frühere Fall bietet, gleichwohl genötigt, *von Fall zu Fall zu individualisieren*. Möchten aber die Armenpfleger stets dabei im Auge behalten, daß dieses Individualisieren etwas durchaus anderes ist als das Entscheiden nach freiem Ermessen! Was hier gesagt ist, muß bei der Aufstellung eines Unterstützungstarifs berücksichtigt werden. Seine einzelnen Positionen sollen aus einer Summe von gleichartigen Unterstützungsfällen ermittelt sein, sollen *Durchschnittsbeträge des Existenzminimums für den einzelnen Fall darstellen und sollen dem Armenpfleger für seine Entscheidung nur einen Anhalt bieten*. Wir kommen also zu dem Schluß, daß der Tarif nichts ändert an dem wichtigen Grundsatze für die Armenpflege: sie ist und sie muß sein Individualarmenpflege!'"[16]

Die hier geschilderte Funktion des Tarifs als bloßer Richtsatz für die Individualisierung ging in der Praxis immer mehr verloren. Im Regelfall wurden laufende Leistungen zum Lebensunterhalt ohne weiteres in Höhe der Richtsätze gewährt. „Damit wurden die Richtsätze einem Regelbedarf gleichgestellt ... Der im Bundessozialhilfegesetz verwendete neue Begriff 'Regelsätze' statt 'Richtsätze' soll zum Ausdruck bringen, daß feste Sätze für gleichgelagerte (Regel-) Fälle angewendet werden sollen. Die Regelsätze haben den Zweck, für Fälle des Regelbedarfs eine einheitliche Leistungshöhe zu sichern."[17]

Diese Funktionsbestimmung der Regelsätze läßt die Frage offen, was gleichgelagerte Fälle sind. Wenn dafür qualitative Kriterien maßgebend sein sollen, so sind gleichgelagerte Fälle nach wie vor, wenn überhaupt, nur durch individualisierende Betrachtung vergleichbar. Da der Anspruch auf Hilfe erst bei Bedarfsdeckung erfüllt ist, würden die Regelsätze des BSHG in keinem Fall den Nachweis ersparen, daß der individuelle Bedarf auch tatsächlich gedeckt ist. Zutreffend weist PETERSEN auf die durch § 22 Abs. 1 Satz 2 BSHG vorgeschriebene Abweichung vom Regelsatz hin, wenn dies nach der Besonderheit des Einzelfalls geboten ist. Daraus folgert sie: „Die Leistungen sind höher *oder geringer* als die Regelsätze zu gewähren, soweit der Bedarf des Hilfeempfängers vom gleichgelagerten (Regel-) Bedarf abweicht."[18]

Folgt man diesem Schluß, dann wäre das Verfahren der Hilfegewährung durch die Regelsätze letztlich nicht erleichtert worden. Die wesentliche Funktion des Regelsatzes im Vergleich zum Richtsatz besteht aber gerade darin, das Verfahren der Hilfegewährung zu vereinfachen, ja überhaupt einer routinemäßigen Abwicklung erst zugänglich zu machen. Solange der Regelsatz eine Einzelfallanpassung sowohl nach oben als auch *nach unten* zuläßt, ist dieses Ziel kein Stück näher gerückt, weil dann *jeder Regelfall* eine individualisierende Parallelwertung erfordert. Überdies obliegt dem Verordnungsgeber alsdann die Pflicht nachzuweisen, daß der Regelsatz den Regelbedarf tatsächlich deckt.

---

16 Orthband, Tarife, S. 23. Hervorhebungen durch Kursivschrift nicht im Original!
17 Petersen, S. 16.
18 A.a.O., S. 17. Hervorhebung nicht im Original.

Man darf unterstellen, daß der Versuch eines solchen Nachweises von vorneherein zum Scheitern verurteilt ist, denn der Regelbedarf ist keine wissenschaftlich fixierbare Größe, sondern letztlich das Ergebnis politischer, genauer sozialpolitischer Willensentscheidungen. In welche Nöte der hier zum Nachweis materieller Richtigkeit gezwungene Verordnungsgeber geraten würde, läßt die vom HESSISCHEN VERWALTUNGSGERICHTSHOF getroffene Entscheidung zur Rechtswidrigkeit der Absenkung des Regelsatzes für 18 - 25jährige Alleinstehende erkennen.[19] Der Verwaltungsgerichtshof rügt, es sei „nicht erkennbar, aufgrund welcher Kriterien eine Differenzierung zwischen dem Eckregelsatz für Haushaltsvorstände und dem Regelsatz für alleinstehende junge Erwachsene vorgenommen worden ist“ und hält dem Verordnungsgeber vor: „Die zu vermutenden haushaltspolitischen Erwägungen, die zu (.......) der gefundenen Regelung geführt haben, sind keine tragfähige Begründung für die offenkundige Ungleichbehandlung eines bestimmten Personenkreises.“

Dem Ziel einer Verfahrensvereinfachung bei gleichzeitiger Beachtung sowohl des Gleichbehandlungsgrundsatzes als auch der aus dem Individualisierungsgrundsatz folgenden Notwendigkeit zu differenzieren kommt man nur dann näher, wenn außer den materiellen Kriterien zur Annäherung an einen Regelfall auch formale Kriterien berücksichtigt werden. Nur dadurch können die politisch-voluntaristischen Elemente der Regelsatzbestimmung legitimiert werden. Ein solcher zugleich *materiell und formal definierter Regelfall* bedeutet: Die Leistungsstandardisierung durch den Regelsatz schließt ein Unterschreiten des Regelsatzes im Wege der Individualisierung aus, der Regelsatz garantiert also den Mindestbetrag der laufenden Leistungen. Damit ist ein Unterschreiten der Regelsätze nicht in jedem Fall ausgeschlossen. Die Unterschreitung setzt aber eine gesetzliche Grundlage voraus. Diese bietet § 25 BSHG.[20]

Die andere Frage, wann laufende Leistungen abweichend vom Regelsatz im Wege der Individualisierung zu erhöhen sind, hängt ab von der *Akzeptanz der Regelsatzleistung* im Einzelfall. Akzeptiert der - selbstverständlich über seine Rechte aufgeklärte - Hilfeempfänger die Regelsatzleistung als bedarfsdeckend, so ist sein Anspruch auf Hilfe zum Lebensunterhalt erfüllt. Bestreitet er die Bedarfsdeckung, so muß seine Bedarfslage individuell ermittelt werden.[21]

Damit sind Forderungen nach möglichst „bedarfsdeckenden Regelsätzen“ nicht etwa als gegenstandslos zu verabschieden. Vielmehr erhöht eine realistische Gestaltung der Regelsätze deren Akzeptanz. Sind die Regelsätze dagegen so niedrig, daß sie den Hilfeempfänger von vorneherein zu einem, gemessen an den heutigen gesellschaftlichen Verhältnissen und Gegebenheiten, kümmerlichen Dasein zwingen, so verlieren sie ihre integrierende und damit auch ihre befriedende Wirkung. Eine Regelsatzgestaltung, die das Ziel gesellschaftlicher Integration des Hilfeempfängers aus den Augen verliert, erhöht zwangsläufig

---

19 Beschluß vom 20. 02. 1991, 9 TG 3377/90, in: NDV 1991 (8), 269 - 270.
20 Schulte und Trenk-Hinterberger, S. 151ff. und S. 213ff., mit weiteren Nachweisen.
21 Stahlmann, Sozialhilferegelsätze, S. 469.

den Druck auf die Sozialämter und damit folgerichtig den Zwang zur Individualisierung. Was durch unrealistisch gestaltete Regelsätze erspart werden soll, muß wieder ausgegeben werden für umständliche Individualisierungsverfahren und für Folgekosten, die langfristig durch nicht gedeckten Bedarf verursacht werden.[22]

Prinzipiell folgt aus den hier dargestellten Zusammenhängen zwischen Regelsatz und Individualisierung, daß die soziale Arbeit gerade angesichts gestiegener Sozialhilfebedürftigkeit keine Legitimation hat, sich der Ermittlung des Bedarfs nach Hilfe zum Lebensunterhalt zu entziehen.

5.1.2.2 Aufgaben sozialer Arbeit bei der Begründung des inidividuellen Bedarfs

Sobald der einzelne auf öffentliche Hilfeleistungen angewiesen ist, verliert er ein Stück seiner subjektiven Entfaltungsfreiheit. Was das „Rechtssubjekt" der bürgerlichen Rechtsordnung ausmacht, die ökonomische Selbständigkeit und damit auch die Möglichkeit einer gewissen Selbstbestimmung, geht dem Sozialhilfeempfänger, speziell dem auf Hilfe zum Lebensunterhalt angewiesenen Menschen, weitgehend verloren. Das BSHG sichert eine einmal erworbene gesellschaftliche Position des einzelnen nicht ab, garantiert also auch nicht die subjektive Definition des einzelnen von seiner Selbstverwirklichung, sondern es garantiert lediglich ein gesellschaftlich als menschenwürdig angesehenes Existenzminimum. Über dessen Ausgestaltung entscheidet nicht der einzelne Betroffene, sondern Instanzen, die ihm gegenüber Definitionsmacht haben: der Gesetzgeber und die Verwaltung.

Der Individualisierungsgrundsatz bezeichnet also nicht das vom Individuum Gewünschte, sondern das dem Individuum Zugemessene, also nicht das Bedürfnis, sondern den Bedarf. Zumessung des individuellen Bedarfs setzt aber voraus, daß objektiviert wird, daß also von Individuellem gerade abgesehen wird. Somit ist in der individuellen Bedarfszumessung sachlogisch zwingend immer ein Stück Entindividualisierung, ein Stück Standardisierung, enthalten. So gesehen besteht auch zwischen Individualisierungsgrundsatz und Regelsätzen nicht ein totaler Gegensatz. Vielmehr ist die Entwicklung von Regelsätzen nur eine generalisierende Form der Objektivierung, die dem Individualisierungsgrundsatz schon innewohnt.

Individualisierung ist also ein komplexer Vorgang. Am leichtesten ist er vielleicht zu veranschaulichen, wenn man ihn sich vorstellt als stufenweise Annäherung an den Einzelfall, ausgehend von den stark generalisierenden Regelsätzen bis hin zu einer konkret vergleichenden Betrachtung ähnlicher Sachlagen.

---

[22] Vgl. zur rechtlichen Beurteilung nicht bedarfsdeckender Regelsätze und zu ihrer verwaltungsgerichtlichen Überprüfbarkeit: Stahlmann, a.a.O., S. 412ff. und 457ff.! Nach der ab 1.8.1996 geltenden Neuregelung des BSHG sind die Regelsätze so zu bemessen, daß der laufende Bedarf dadurch gedeckt werden kann (§ 22 Abs. 3).

Eine erste Stufe möglicher Individualisierung sieht § 12 hinsichtlich der anzuerkennenden Bedarfsgruppen vor. Von den hier aus dem weiten Bereich der Möglichkeiten ausgewählten Bedürfnissen nimmt der Gesetzgeber wohl an, daß ihre Vernachlässigung heutigen Vorstellungen vom Existenzminimum in unserer Gesellschaft widerspräche. Andere Bedürfnisse bleiben ungenannt: Bildung, Selbstdarstellung, Reisen, politische Betätigung, Sport, Vergnügen. Wer auf Sozialhilfe angewiesen ist, hat also zunächst einmal in Kauf zu nehmen, daß ihm bestimmte Arten von Bedürfnissen nicht zugestanden werden. Aber der Katalog des § 12 ist nicht abschließend. Andere Bedürfnisse können als Bedarf zugelassen werden, sofern dies objektiv vertretbar ist. Das folgt aus dem Wort „besonders" und wird erhärtet durch § 3 Abs. 1, der die Individualisierung nach der Art des Bedarfs des Hilfeempfängers zuläßt.

Hierzu ein Beispiel: Das Sozialamt hatte die Übernahme der Kosten für Nachhilfeunterricht eines schulpflichtigen Kindes mit der Begründung abgelehnt, derartige Kosten gehörten nicht zum notwendigen Lebensunterhalt im Sinne des § 12 BSHG. Der HESSISCHE VERWALTUNGSGERICHTSHOF hat entschieden: „Für schulpflichtige Kinder und Jugendliche sind in angemessenem Umfang auch die Ausgaben für Einzel-Nachhilfeunterricht vom Sozialhilfeträger zu übernehmen, wenn der Nachhilfeunterricht erforderlich ist, um eine Versetzung in die nächsthöhere Klasse zu erreichen. Angemessen sind die Kosten, die verantwortungsbewußte Eltern in vergleichbarer Lage üblicherweise aufbringen."[23]

Das individuelle Bedürfnis des Kindes, Nachhilfeunterricht zu bekommen, wird als objektiver Bedarf im Sinne des § 12 BSHG anerkannt, sofern dieses individuelle Bedürfnis demjenigen anderer Kinder in vergleichbarer Lage entspricht.

Für bestimmte, in § 12 selbst nicht enthaltene Bedarfsgruppen hat der Gesetzgeber die Voraussetzungen ihrer Anerkennung ausdrücklich geregelt, nämlich für die Krankenversicherung, die Alterssicherung, die Bestattung, die Sicherung der Unterkunft und die Behebung vergleichbarer Notlagen (§§ 13 - 15a) sowie für den Lebensunterhalt Auszubildender, sofern ein Härtefall vorliegt (§ 26 Satz 2).

Während es in § 12 BSHG um die *Art des Bedarfs* geht, handelt es sich bei der Bestimmung des Regelbedarfs nach § 22 Abs. 1 BSHG um das *Maß des Bedarfs.* Bei individualisierender Abweichung von den Regelsätzen dürften die Besonderheiten in der Person des Hilfeempfängers sowie die Besonderheiten der örtlichen Verhältnisse (vgl. § 3 Abs. 1 BSHG!) im Mittelpunkt stehen.

Besonderheiten in der Person des Hilfeempfängers sind gegeben bei besonders langen Menschen, die regelmäßig höhere Kosten haben, als dies in den Regelsätzen vorgesehen ist oder bei notwendiger Hilfe durch Dritte zum Einkauf oder zur Reinigung der Wohnung.[24]

---

23 Beschluß vom 17. 04. 1986, in: NDV 1987, S. 232.

24 Vgl. Petersen, S. 17.

Besonderheiten in den örtlichen Verhältnissen können gegeben sein durch eine besonders ungünstige Wohnlage, die zu höheren Versorgungskosten führt, sei es durch Transport, sei es durch überteuerte Warenangebote. Auch hier sind die laufenden Leistungen über den Regelsatz hinaus angemessen zu erhöhen.

Sofern die Regelsätze nicht ausreichen, weil jemand zu den Personengruppen gehört, für die das Gesetz einen *Mehrbedarf* anerkennt (§§ 23 und 24), kommt eine Abweichung von den Regelsätzen wegen des gleichen Grundes natürlich nicht in Betracht. Eine Individualisierung des Mehrbedarfs ist aber vom Gesetz vorgesehen, soweit ein über die gesetzliche Pauschalierung hinausgehender Mehrbedarf besteht. Gegen die Individualisierung des Mehrbedarfs nach unten gelten die gleichen Argumente, die gegen das Unterschreiten des Regelsatzes vorgetragen wurden. Die neueste Rechtsprechung geht allerdings in die entgegengesetzte Richtung.[25] Sie begründet dies mit dem Hinweis auf den durch das 2. Haushaltsstrukturgesetz von 1981 geänderten Gesetzeswortlaut:

Die frühere Regelung, wonach bei einem „höheren Bedarf" vom pauschalierten Mehrbedarfszuschlag abgewichen werden konnte, wurde ersetzt durch die Regelung, daß dies bei einem „abweichenden Bedarf" zulässig ist. Das Gericht schließt daraus, ohne näher auf die systematischen Konsequenzen einzugehen, daß eine Minderung des Mehrbedarfszuschlags zulässig sei, wenn im Einzelfall ein niedrigerer Bedarf ermittelt wird. Es bestätigt damit aber zugleich die bereits erläuterten Folgen für die Sozialhilfeverwaltung: wird die aus dem Wesen der Pauschalierung folgende Sperrwirkung der Regelsätze und Mehrbedarfszuschläge gegen eine Individualisierung nach unten aufgegeben, so geht zugleich der durch die Pauschalierung erreichte Gewinn einer Verfahrensvereinfachung und Verwaltungsrationalisierung verloren. Der Rückkehr zur alleinigen Ermittlung der Hilfe zum Lebensunterhalt durch Einzelfallfeststellung ist Tür und Tor geöffnet. Es ist fraglich, ob dies langfristig im Interesse der kommunalen Träger liegt. Daß dies den Sozialhilfeberechtigten zu erhöhter Konfliktbereitschaft zwingt, ist evident.

Für die nicht nach Regelsätzen gewährten laufenden Leistungen für Unterkunft und Heizung (Aufwendungsbedarf) enthält § 3 der Regelsatzverordnung besondere Bestimmungen zur Individualisierung. § 3 RSVO geht insofern dem § 3 BSHG als lex specialis vor.

Schließlich bleibt als klassischer Bereich der Individualisierung die Gewährung *einmaliger Leistungen* zu nennen, weil hier eine Standardisierung nicht gesetzlich vorgesehen ist, wie der Umkehrschluß aus § 22 Abs. 1 Satz 1 BSHG ergibt.

§ 3 Abs. 1 BSHG sieht neben der Individualisierung von Art und Maß der Sozialhilfe auch die Individualisierung der *Form der Sozialhilfe* vor. Das Sozialamt kann also nach der Besonderheit des Einzelfalles entscheiden, in welcher Form Sozialhilfe zu erbringen ist. Die Natur der Sache bedingt, daß persönliche Hilfe, Geldleistungen oder Sachleistungen (§ 8 BSHG) nicht einfach gegenein-

[25] OVG NW, Urteil vom 20. 03. 1991, 8 A 2093/88, in: NDV 1991 (8), 268 - 269.

ander ausgetauscht werden können. Die Gewährung von Geldleistungen ist als Regelfall anzusehen.

Die Vielseitigkeit und Vielschichtigkeit des geschilderten Verfahrens der Individualisierung erfordert eine besondere *fachliche Qualifikation.* § 102 BSHG schreibt den Einsatz von Fachkräften mit einer den Besonderheiten des Sozialwesens entsprechenden Ausbildung oder Erfahrung ausdrücklich vor. Auch wenn es sich um eine Soll-Vorschrift handelt, bedeutet dies, daß nur im atypischen Fall von ihr abgewichen werden darf.[26] Die Vorschrift stellt den *Grundsatz der fachbezogenen Ausbildung* auf. Als fachbezogen ist sowohl die Ausbildung zur Verwaltungsfachkraft als auch die Ausbildung zum Sozialarbeiter bzw. Sozialpädagogen anzusehen, wobei vorausgesetzt wird, daß letztere die notwendigen Verwaltungs- und Rechtskenntnisse besitzen und erstere in erforderlichem Umfang auch Kenntnisse in den Sozial- und Verhaltenswissenschaften.[27]

Die Unterschiede der Ausbildungsgänge zur Verwaltungsfachkraft einerseits und zum Sozialarbeiter bzw. Sozialpädagogen andererseits geben zugleich Orientierungen für Funktionsunterschiede in der Sozialhilfeverwaltung vor. Von ihrer fachlichen Qualifikation her liegt die Bedarfsermittlung im typischen Aufgabenbereich der Sozialarbeiter und Sozialpädagogen, während die Einkommensermittlung und damit die Festsetzung der Sozialhilfe zum typischen Aufgabenbereich der Verwaltungsfachkräfte gehört. Der erste Eindruck scheint diese Aufgabenverteilung in der Praxis auch zu bestätigen. Die dem Allgemeinen Sozialdienst übertragenen, aber umstrittenen Überprüfungsaufgaben ohne spezifisch sozialarbeiterische Fragestellung, von der Renovierungsbedürftigkeit der Wohnung bis zur eheähnlichen Gemeinschaft, stehen diesem ersten Eindruck aber entgegen. Zu Ende gedacht, folgt aus den genannten Funktionsunterschieden, daß diese Aufgaben nicht dem Allgemeinen Sozialdienst zuzuordnen sind.

Die fachliche Qualifikation ist zwar eine notwendige, aber keine hinreichende Bedingung für die korrekte Bedarfsermittlung. Die *aktive Mitwirkung des Betroffenen* muß hinzukommen, wenn Fehlurteile über seine Lebenssituation vermieden werden sollen. Das allgemeine Verfahrensrecht stellt dies durch Anhörung (§ 24 SGB X) und durch die Gewährung von Akteneinsicht (§ 25 SGB X) sicher.[28] Für die Sozialhilfegewährung schreibt § 3 Abs. 2 BSHG vor, daß Wünsche des Hilfeempfängers in angemessenem Umfang zu berücksichtigen sind.

Im Spannungsfeld zwischen objektivierender Bedarfsfeststellung nach fachlichen Standards und subjektiver Bedürfnisartikulation durch die Betroffenen ist § 5 BSHG angesiedelt. Er bestimmt, daß die Hilfe einsetzt, sobald dem Sozialhilfeträger die Notlage bekannt wird, das heißt, sobald er konkrete Anhalts-

---

26 Siehe oben 2.1.3.3.!

27 In diesem Punkt zutreffend: Quambusch, S. 406ff.

28 Siehe oben 2.3.4.!

punkte für das Bestehen eines Hilfebedarfs hat.[29] Ein Antrag des Hilfebedürftigen ist also nicht erforderlich. Der Untersuchungsgrundsatz des § 20 SGB X verpflichtet den Sozialhilfeträger, nun von sich aus den Sachverhalt bis zur Entscheidungsreife aufzuklären.

Damit wird jedoch keineswegs eine Automatik in Gang gesetzt, wie sie ROSCHER im Lehr- und Praxiskommentar beschrieben hat:[30] Nach der dort vertretenen Ansicht wird die Wirkung des § 5 bei jedem Verwaltungsteil des Trägers ausgelöst, so daß, als Beispiel, „Sozialarbeiter und Sozialpädagogen dieser Träger, die mit Betroffenen aus anderen als sozialhilferechtlichen Gründen zu tun haben - z.B. im städtischen Jugendhaus, in der kommunalen Erziehungsberatung, im städtischen Kindergarten, im kommunalen Gesundheitsamt - einen unmittelbar aus § 5 folgenden Auftrag zu Gunsten dieser Betroffenen (haben), durch Einschaltung der zuständigen Dienststelle tätig zu werden". Die dort vertretene Auffassung, dieses Verfahren sei datenschutzrechtlich zulässig, ist nicht haltbar. § 5 BSHG hat keine datenschutzrechtliche Funktion. Er begründet keine Befugnis, Informationen über Klienten, die den Fachkräften aus anderen als sozialhilferechtlichen Arbeitszusammenhängen zugänglich geworden sind, an die für die Sozialhilfe zuständige Stelle weiterzugeben. Dazu besteht auch keine Notwendigkeit. Jede Fachkraft, der eine sozialhilferechtlich relevante Notlage bekannt wird, kann und muß den Hilfeberechtigten über seinen Sozialhilfeanspruch beraten. Alles Weitere kann dann unter Beachtung seines Rechtes auf informationelle Selbstbestimmung veranlaßt werden.

§ 5 legitimiert nicht dazu, den Klienten zum Hilfeobjekt zu machen. Die wesentliche Funktion dieser Vorschrift besteht darin, den Beginn des Hilfeanspruchs vom Vorliegen eines formellen Antrags zu lösen. Für die bis zur Bewilligung der Hilfe gegebenenfalls verstrichene Zeit ist rückwirkend Hilfe zu leisten. Nur diese Folgerung wird dem Zweck des § 5 gerecht.[31] Überdies verpflichtet § 5 den Sozialhilfeträger dazu, *alle* Bedarfsaspekte und Hilfemöglichkeiten zu berücksichtigen, sobald er Kenntnis von einer bestimmten Notlage erlangt hat, also auch diejenigen, die der Hilfebedürftige nicht selbst geltend gemacht hat *(Gesamtfallgrundsatz)*.[32]

Der Gesamtfallgrundsatz berechtigt aber nicht dazu, die Inanspruchnahme einer bestimmten Leistung zum Anlaß zu nehmen, gleich für alle denkbaren sozialhilferechtlichen Zwecke Daten zu erheben, wozu insbesondere die von Sozialämtern verwendeten Erhebungsbögen verleiten. Sie verlangen vom Hilfebedürftigen umfassende Angaben zu seiner gesamten Lebenssituation, auch wenn diese Angabe für die geltend gemachte Leistung nicht erheblich sind. Dies verstößt

---

[29] LPK BSHG, § 5, Rn. 20.
[30] A.a.O., Rn. 16.
[31] So zutreffend: LPK BSHG, a.a.O., Rn. 21.
[32] A.a.O., Rn. 13 und 14; Schulte und Trenk-Hinterberger, S. 360/361.

gegen den datenschutzrechtlichen Grundsatz der Erforderlichkeit und ist von staatlichen Datenschutzbeauftragten immer wieder gerügt worden.[33]

Der Gesamtfallgrundsatz verlangt vielmehr zunächst eine umfassende Beratung des Klienten über alle in Betracht kommenden Hilfemöglichkeiten. Dies ist im Sinne eines Dialoges zu verstehen mit dem Ziel, den Hilfebedarf so vollständig und genau wie möglich zu ermitteln. Diese Aufgabe obliegt dem allgemeinen Sozialdienst. Die Datenerhebung hat sich alsdann auf diejenigen Tatsachen zu beschränken, deren Kenntnis erforderlich ist, um die vom Klienten tatsächlich beanspruchten Hilfen zu begründen. Darüber hinaus gehende Ermittlungen sind unzulässig.

Da der Datenbedarf dem konkret-aktuellen Hilfebedarf entspricht, den der Hilfeberechtigte gelten macht, lassen sich außer diesen allgemeinen Regeln keine genaueren Indikatoren angeben. Ein abstrakt allgemeiner Rechtstatbestand, der solche Indikatoren zur Beschreibung eines Konditionalprogramms verwendet, ist nicht vorhanden. Die gesetzliche Anspruchsgrundlage für die Hilfe zum Lebensunterhalt sagt lediglich: Der jeweilige individuelle Bedarf ist zu decken. Das individualisierende Bedarfsdeckungsprinzip setzt also praktisch das Subsumtionsschema der allgemeinen Rechtsanwendungslehre außer Kraft, weil der konkrete Anspruch auf Hilfe zum Lebensunterhalt identisch ist mit dem konkret festgestellten Bedarfssachverhalt. Die Anspruchsgrundlage ist ein reines Finalprogramm.[34]

Das dem Bedarfsdeckungsprinzip zugrunde liegende Konzept der konkret aktuellen, also theoretisch tagtäglich neu zu ermittelnden individuellen Notlage wird der heutigen Funktion der Sozialhilfe für einen wesentlichen Teil der Hilfeempfänger nicht mehr in vollem Umfang gerecht. Zu dieser Gruppe von Hilfeempfängern gehören vor allem:

- die durch strukturelle Veränderungen unseres wirtschaftlichen Gefüges langfristig arbeitslos gewordenen Menschen, die keine Ansprüche (mehr) an die Bundesanstalt für Arbeit haben
- und Menschen, insbesondere Frauen, die im Alter keine oder eine zu geringe Rente erhalten, um ihren notwendigen Lebensunterhalt zu bezahlen.[35]

Wenn auch die mangelnde Eignung des Sozialhilfesystems für diese Hilfeempfänger immer wieder betont wird, so werden doch die notwendigen und möglichen Folgerungen selbst bei der bloßen Anwendung des BSHG nicht immer ge-

---

[33] Vgl. z.B. Landesbeauftragte für den Datenschutz in Baden- Württemberg, 10. Tätigkeitsbericht 1989, S. 64ff. Siehe auch oben 3.2.3.

[34] Siehe oben 2.1.3.3. - Becker, S. 452, hält die Regelungen des BSHG für typische Konditionalprogramme. Er sieht aber nicht die Besonderheiten des Bedarfsdekkungsprinzips. Nur das Standardisierungsschema für laufende Leistungen der Hilfe zum Lebensunterhalt ist ein Konditionalprogramm.

[35] Schneider, Ulrich, S. 294ff.; Haag und Schneider, S. 321ff. Zur spezifischen Abhängigkeit älterer Frauen von der Sozialhilfe vgl. Schallhöfer, insbesondere S. 236ff.!

zogen. Dies zeigt sich beispielsweise in dem formalistischen Beharren auf den sogenannten „strukturellen Besonderheiten" der Sozialhilfe gerade in den Fällen, in denen das Prinzip, den aktuellen Bedarf tagtäglich aufs neue zu überprüfen und festzusetzen, zur reinen Fiktion wird. Bei Sozialhilfeempfängern, die wegen langfristiger Arbeitslosigkeit oder wegen zu geringer Rente auf Sozialhilfe angewiesen sind, stellt sich die Frage ihres Bedarfs nicht tagtäglich aufs neue und tagtäglich anders. Ihr Bedarf kann prognostisch für längere Zeiträume festgesetzt werden. Änderungen der Verhältnisse können, genau wie bei anderen Sozialleistungen, durchaus auch nachträglich korrigiert werden. Die Auszahlungspraxis entspricht auch offenbar weitgehend dieser Einsicht, wenn z.B. Hilfe zum Lebensunterhalt als monatliche Zahlung auf das Bankkonto überwiesen wird.

Durch die Berufung auf diesen Grundsatz wird das Sozialhilferecht zu einem erheblichen Teil dem Anwendungsbereich des allgemeinen sozialrechtlichen *Verwaltungsverfahrens (SGB I und SGB X)* entzogen. So soll § 44 SGB X, wonach eine zu Unrecht verweigerte Leistung nachträglich rückwirkend gewährt werden kann, in Anbetracht des Bedarfsdeckungsprinzips („aktueller Bedarf"!) auf die Hilfe zum Lebensunterhalt nicht anwendbar sein.[36] Aus dem gleichen Grund wird es abgelehnt, die Gewährung von Hilfe zum Lebensunterhalt als einen Verwaltungsakt mit Dauerwirkung im Sinne von § 48 SGB X anzusehen[37], obwohl gerade diese Vorschrift die Korrektur des Bewilligungsbescheides wegen veränderter Sachlage ermöglicht und ihre Anwendung somit einer sachgerechten Handhabung des Bedarfsdeckungsprinzips gerecht würde.[38]

Das Argument, § 37 SGB I schließe die Anwendung der Bestimmungen des allgemeinen sozialrechtlichen Verwaltungsverfahrens in den genannten Fällen aus, erscheint rechtslogisch zumindest fragwürdig, denn das Bedarfsdeckungsprinzip ist ein Prinzip des materiellen Rechts, und materielles Recht ist nicht lex specialis im Verhältnis zum Verfahrensrecht, das Bürgerliche Gesetzbuch beispielsweise nicht spezielle Norm im Verhältnis zur Zivilprozeßordnung. Deshalb ist GIESE[39] nicht zuzustimmen, wenn er auf das Verhältnis des Besonderen zum Allgemeinen abstellt. Das Verfahrensrecht des SGB I und X ist im Verhältnis zum materiellen Sozialhilferecht nicht das Allgemeine, sondern etwas anderes.

---

[36] Zu dieser Rechtsprechung des Bundesverwaltungsgerichts kritisch: Mrozynski, S. 304ff. Das Bundesverwaltungsgericht scheint nun mit der Korrektur dieser Rechtsprechung zu beginnen: Vgl. Urteil vom 17.08.1995, SC 26/93, in FamRZ 1996 (1), 30=ZFSH/SGB 1996 (2), 74.

[37] So die Rechtsprechung des Bundesverwaltungsgerichts, ausführlich dargestellt und zustimmend kommentiert in: Gottschick und Giese, § 4 Rn. 8.2 und 8.3. Vgl. auch Schroeder-Printzen u.a., § 48, Anm. 2. Vgl. aber jüngst OVG Hamburg, Beschluß vom 23.08.1995, Bs IV 20/95, in ZFSH/SGB 1996 (3), 146; dort wird ein Dauerverwaltungsakt unter bestimmten Voraussetzungen anerkannt.

[38] Hierzu: Manssen, S. 233ff.

[39] Auswirkungen, S. 2 und S. 6ff.

Im übrigen richtet sich selbst das BSHG nicht starr am Prinzip der Bedarfsaktualität aus. Das beweist § 15 b BSHG, wonach Hilfe zum Lebensunterhalt aufgrund einer einmaligen prognostischen Entscheidung laufend als Darlehen gewährt werden kann. Die Prognose, daß der Bedarf voraussichtlich von kurzer Dauer sein wird, impliziert, daß für diese kurze Dauer, immerhin bis zu sechs Monaten, die Bewilligung als Darlehen gestattet wird. Diese gesetzliche Konstruktion entspricht dem Prinzip des Verwaltungsaktes mit Dauerwirkung. Der Gesetzgeber hat diesem Prinzip trotz entgegenstehender rechtssystematischer Bedenken[40] hier Geltung verschafft. Es wäre angebracht, hieraus die Konsequenzen für andere Fälle zu ziehen, in denen die Rechtsfigur des Verwaltungsaktes mit Dauerwirkung zu einer sach- und interessengerechten Lösung führt.

5.1.3 Sozialhilferechtliche Entscheidungen im Rahmen der Hilfe zur Arbeit

Innerhalb der Vorschriften über die Hilfe zum Lebensunterhalt hat der 2. Unterabschnitt des BSHG (§§ 18 bis 20) die Überschrift: „Hilfe zur Arbeit". Es handelt sich jedoch nicht um Hilfetatbestände, die voraussetzen, daß der Hilfebedürftige entsprechende Hilfen freiwillig in Anspruch nimmt. Vielmehr werden hier zugleich spezielle Mitwirkungspflichten für denjenigen begründet, der Hilfe zum Lebensunterhalt bekommt. Diese Regelungen verpflichten den Sozialhilfeträger, seine Aufmerksamkeit auf die Arbeitskraft des Hilfeempfängers zu richten. Zugleich verpflichten sie den Hilfeempfänger, seine Arbeitskraft verfügbar zu halten.

Das Gesetz verfolgt hiermit mehrere Zwecke zugleich. Es bringt den Nachranggrundsatz zur Geltung, will dem Verfall der Arbeitskraft eines arbeitslosen Hilfeempfängers vorbeugen und verpflichtet den Sozialhilfeträger, die Eingliederung des Hilfeempfängers in das reguläre Arbeitsleben zu fördern.

Der in § 2 Abs. 1 BSHG beschriebene *Nachranggrundsatz* wird in § 18 Abs. 1 dahin konkretisiert, daß jeder Hilfesuchende seine Arbeitskraft zur Beschaffung des Lebensunterhalts für sich und seine unterhaltsberechtigten Angehörigen einsetzen muß. Dies entspricht dem in § 1 Abs. 2 Satz 2 formulierten Ziel, den Hilfeempfänger von Sozialhilfe unabhängig zu machen. Seine Pflicht, dabei nach seinen Kräften mitzuwirken, erfüllt er, indem er durch Erwerbsarbeit wieder eigenes Einkommen erzielt. Kommt er dieser Pflicht nicht nach, so verliert er gemäß § 25 Abs. 1 seinen Anspruch auf Hilfe zum Lebensunterhalt.

Die Anwendung des § 25 Abs. 1 setzt allerdings voraus, daß *zumutbare Arbeit* verweigert wird. Für die Prüfung dieser Voraussetzungen schafft § 18 Abs. 3 eine Reihe verschiedener Maßstäbe, die hochgradig wertausfüllungsbedürftig sind und deren Anwendung die spezifische fachliche Kompetenz sozialer Arbeit erfordert. Dem Hilfesuchenden darf eine Arbeit nicht zugemutet werden,

---

[40] Vgl. Maas, Gewährung.

- wenn er körperlich oder geistig hierzu nicht in der Lage ist,
- wenn ihm die künftige Ausübung seiner bisherigen überwiegenden Tätigkeit wesentlich erschwert würde,
- wenn der Arbeit ein sonstiger wichtiger Grund entgegensteht,
- wenn durch die Arbeit die geordnete Erziehung eines Kindes gefährdet würde und
- wenn sonstige Pflichten zu berücksichtigen sind, die dem Hilfesuchenden die Führung eines Haushalts oder die Pflege eines Angehörigen auferlegen.

In Satz 5 werden diejenigen Gesichtspunkte aufgezählt, die für sich alleine Unzumutbarkeit nicht begründen können.

Verweigert der Hilfeempfänger eine ihm zumutbare Arbeit, so verliert er zwar seinen *Anspruch auf Hilfe*. § 25 Abs. 1 legitimiert aber nicht dazu, die Hilfeleistung einzustellen, denn die Sicherung des Existenzminimums ist ein grundrechtlich verbürgter Anspruch. Der Verlust des Hilfeanspruchs bedeutet, daß die Gestaltung der Hilfe nun gemäß § 4 Abs. 2 durch Ermessensentscheidung erfolgt. Letztlich geht also der Anspruch auf den Regelsatz verloren. Der Hilfeempfänger wird aber nicht völlig „aus der Obhut des Trägers der Sozialhilfe entlassen“[41].

Auch bei dieser Ermessensentscheidung ist die fachliche Kompetenz der sozialen Arbeit erforderlich, weil die Auswirkungen der Unterschreitung des Regelsatzes auf den Hilfeempfänger einzuschätzen sind. Insbesondere ist gemäß § 25 Abs. 3 darauf zu achten, daß andere Personen nicht mitbetroffen werden. Dabei sind nach § 7 auch die besonderen familiären Verhältnisse zu berücksichtigen.

Beim Einsatz der Arbeitskraft überlagert der Nachranggrundsatz den Hilfeaspekt. Denn wer durch Erwerbsarbeit ausreichendes Einkommen erzielt, hat gemäß § 11 Abs. 1 Satz 1 keinen Anspruch auf Hilfe zum Lebensunterhalt. Der Hilfeempfänger ist aber zum Einsatz seiner Arbeitskraft auch dann verpflichtet, wenn ihm der Sozialhilfeträger keine Erwerbsarbeit anbietet, sondern die in § 19 Abs. 2, Satz 1, 2. Alternative und in § 20 vorgesehenen spezifisch sozialhilferechtlich begründeten Arbeiten. Nach § 19 Abs. 2, Satz 1, 2. Alternative wird dem Hilfesuchenden für die von ihm zu leistende „gemeinnützige und zusätzliche Arbeit„ (GZ-Arbeit) kein übliches Arbeitsentgelt gezahlt, sondern er erhält Hilfe zum Lebensunterhalt zuzüglich einer angemessenen Mehraufwandsentschädigung. Das gleiche gilt, wenn einem Hilfesuchenden eine „geeignete Tätigkeit“ angeboten wird, um seine Arbeitsbereitschaft zu prüfen oder um ihn, sofern er arbeitsentwöhnt ist, wieder an Arbeit zu gewöhnen.

---

41 BVerwG, Urteil vom 31. 01. 1968, V C 108/66, in: Rösgen, S. 78/79; Urteil vom 10. 02. 1983, 5 C 115/81; BVerwGE 67, 1ff. = Rotter, Band 4, S. 51ff. - Die ab 1.8.1996 geltende Neufassung des § 25 Abs. 1 bestimmt, daß die Hilfe in einer ersten Stufe um mindestens 25 % des maßgebenden Regelsatzes zu kürzen ist.

Für diese Fälle stellt § 19 Abs. 3 klar, daß kein Arbeitsverhältnis im Sinne des Arbeitsrechts begründet wird. Es handelt sich vielmehr um ein spezifisches öffentlich-rechtliches Beschäftigungsverhältnis.[42]

Die Anwendung des Hilfebegriffes auf diese Fälle wäre unproblematisch, wenn es dem Betroffenen frei stünde, diese sozialhilferechtlichen Arbeitsmöglichkeiten in Anspruch zu nehmen oder auf sie zu verzichten. Über diese Entscheidungsfreiheit verfügt er aber nicht. § 25 Abs. 1 ist auch in diesen Fällen anwendbar. Trotz ihrer Funktion als Druckmittel wird diese Vorschrift zugleich als Hilfenorm angesehen.[43]

Das BUNDESVERWALTUNGSGERICHT hat hierzu eine Begründung formuliert, die den Hilfebegriff in den §§ 18 bis 20 BSHG nicht nur wirtschaftlich versteht, sondern auf die gesellschaftliche Integration durch Arbeit abstellt[44]: „Das Haben oder Nichthaben von Arbeit (ist) nicht nur als ein wirtschaftliches Problem zu sehen. Arbeiten als solches ist - ganz gleich, auf welchem Wege hierzu Gelegenheit geboten wird - ein Mittel, einen Hilfesuchenden (Hilfeempfänger) in seinem Selbsthilfestreben zu unterstützen und ihm Gelegenheit zur Entfaltung seiner Persönlichkeit zu geben, ein wesentliches Kriterium für ein Leben, das der Würde des Menschen entspricht, § 1 Abs. 2 BSHG."

Der Hinweis auf die sozialintegrative Funktion der Arbeit zur Rechtfertigung des § 25 Abs. 1 als Hilfenorm und ihre Abkoppelung vom wirtschaftlichen Zweck, marktüblichen Lohn zu erzielen, muß von den Hilfeempfängern als Zynismus aufgefaßt werden, die sich lange Zeit vergeblich bemüht haben, auf dem Arbeitsmarkt Gelegenheit zur Entfaltung ihrer Persönlichkeit zu finden. Andererseits ist nicht zu bestreiten, daß Hilfe auch darin besteht, einen von gesellschaftlichem Abstieg bedrohten Menschen gegebenenfalls durch einen gewissen Druck davor zu bewahren, seine für das Arbeitsleben unverzichtbaren Grundfähigkeiten zur geregelten Arbeit einzubüßen. Zutreffend erinnern SCHULTE und TRENK-HINTERBERGER daran, daß auch im Arbeitsförderungs- und im Behindertenrecht „das Bemühen, den Hilfesuchenden in den Arbeitsprozeß einzugliedern, nicht allein von der Überlegung getragen (wird), daß dadurch Einkommensersatzleistungen überflüssig werden", sondern daß der Grundsatz 'Rehabilitation vor Rente' der Eingliederung in das Arbeitsleben Vorrang gibt vor der Gewährung von Geldleistungen.[45]

Die wesentlichste Funktion der an den Entscheidungen über die Hilfe zur Arbeit beteiligten sozialen Arbeit besteht darin, die sozialintegrative Wirkung der jeweiligen Hilfe zu beurteilen und zu sichern. Ihre Aufgaben gehen hierbei also über die Mitwirkung bei der Entscheidungsvorbereitung hinaus und erstrecken sich auch auf die Hilfeerbringung.

---

42 Schulte und Trenk-Hinterberger, S. 208.
43 Ausführlich: Schulte und Trenk-Hinterberger, S. 213ff. mit weiteren Nachweisen.
44 Urteil vom 10. 02. 1983, 5 C 115/81. A.a.O.
45 S. 197.

5.2 Persönliche Hilfe

Das Sozialhilferecht sieht neben der wirtschaftlichen Hilfe zur Sicherung des notwendigen Lebensunterhalts durch Geld- und Sachleistungen auch die „persönliche Hilfe“ vor (§ 8 Abs. 1 BSHG). Diese ist im Sinne des § 102 BSHG primär eine Aufgabe der Sozialarbeiter und Sozialpädagogen, wo sie gemäß § 8 Abs. 2 Beratung in Fragen der Sozialhilfe (§ 14 SGB I) ist, allerdings auch eine Aufgabe der Verwaltungsfachkräfte.

Persönliche Hilfe gehört traditionell zum Wesen der Sozialhilfe. Sie ist nicht eine mehr oder weniger beliebige Beigabe, sondern Ausdruck der Ganzheitlichkeit der Sozialhilfe. Mit ihr richtig umzugehen, erfordert ein hohes Maß an Sensibilität für die besondere Situation eines auf Sozialhilfe angewiesenen Menschen. Denn trotz seiner wirtschaftlichen Abhängigkeit von der Sozialhilfe hat er wie jeder andere Bürger das Recht auf Achtung seiner Selbstbestimmung und alle anderen subjektiv-öffentlichen Rechte, die seine Stellung als Rechtssubjekt absichern. Dazu gehören insbesondere auch die ihm durch das sozialrechtliche Verwaltungsverfahren garantierten Rechte.

Andererseits äußert sich seine Abhängigkeit von Hilfe nicht immer nur im Fehlen eines ausreichenden eigenen Einkommens. Vor allem langfristige Armut kann zum Verlust einer Reihe von Fähigkeiten zur Lebensbewältigung führen und damit gesellschaftliche Ausgliederung (Desintegration) nach sich ziehen. Wirtschaftliche Armut und die gewachsene oder wachsende persönliche Unfähigkeit, noch vorhandene Kräfte zu ihrer Überwindung zu entfalten, können einen Strudel erzeugen, und wer hineingerät, der landet im gesellschaftlichen Abseits.

Diesen Zusamenhang objektiver und subjektiver Faktoren hat bereits KLUMKER unter dem Begriff der *„Unwirtschaftlichkeit“* beschrieben. Hieran anknüpfend verdeutlicht SCHERPNER „Unwirtschaftlichkeit“ wie folgt:[46]

> „Wenn man nun nach der subjektiven Seite hin genauer zu fassen sucht, worauf das unwirtschaftliche Verhalten des Armen beruht, so stößt man auf eine wesentliche Tatsache, daß ihm nämlich die wirtschaftliche Voraussicht mehr oder weniger abgeht, d.h. die Fähigkeit, in die Zukunft zu sehen, solcher Voraussicht gemäß das wirtschaftliche Handeln zu regeln und die Folgen dieses Handelns einigermaßen genau abzuschätzen. Diese Voraussicht ist aber auch wieder nur scheinbar allein Sache des handelnden Subjekts. Wohl hängt weitgehend von ihm, von seinem Charakter, seiner augenblicklichen Stimmungslage und vielen anderen solchen Voraussetzungen ab, wie es auf das Vorausgesehene reagiert. ‘Das drohende Unheil spornt den einen zum Einsatz seiner letzten Kräfte an, während der andere mutlos die Hände sinken läßt; die Aussicht auf Erfolg verführt den einen zu bequemem Ausruhen und zum Genuß des Augenblicks, den anderen treibt sie erst recht zu Tätigkeit an.’ (*Klumker*) Aber trotz aller persönlichen Unterschiede ist doch

[46] S. 141ff. Siehe auch oben Kap. 1.5.

tatsächlich das Bild der Zukunft, das der Einzelne erfaßt, bestimmt durch seine objektive gesellschaftliche und wirtschaftliche Lage in der Gegenwart. Ist diese selbst unsicher und bedrückt, so wird der Blick in die Zukunft auch trübe, der Lebensmut und die wirtschaftliche Energie matt sein. Wer etwa gerade am Rande des Existensminimums lebt, wird in seinem wirtschaftlichen Horizont schon allein dieser seiner Stellung wegen eng beschränkt sein, weil die notwendige Zuwendung zu den vielerei kleinen Notwendigkeiten des gegenwärtigen Existenzkampfes ihm den Blick in die Weite verwehrt. Die Beschränkung der wirtschaftlichen Voraussicht wird hier von der Situation her gegeben; zugleich bedeutet sie einen Schutz für den dieser Lage ausgesetzten Menschen, der nicht durchhalten würde, wenn er seine Lage und ihre drohenden Zukunftsmöglichkeiten voll überschauen könnte. Auch der Mangel an wirtschaftlicher Voraussicht beim Armen ist demnach charakterisiert durch den Zusammenhang subjektiver und objektiver Gegebenheiten."

Aus dieser Erkenntnis heraus wachsen der sozialen Arbeit im Bereich der Sozialhilfe elementare Aufgaben persönlicher Hilfe zu, die sie schon aus prophylaktischen Gründen neben der wirtschaftlichen Hilfe anzubieten hat. Es geht hier nicht darum, diese Hilfen im einzelnen darzustellen. Es geht vielmehr darum, die Schwierigkeit dieser Anforderung zu betonen, die darin besteht, einerseits den Zusammenhang von wirtschaftlicher und persönlicher Hilfe im Blick zu behalten, andererseits aber beide Seiten der Hilfe auch getrennt sehen zu können. Wer arm ist, muß nicht zwangsläufig unfähig sein, mit knappen, auch zu knappen Mitteln zu überleben, und er muß nicht zwangsläufig die Fähigkeit zu einem geordneten Leben verlieren. Wo diese Fähigkeiten trotz Armut erhalten geblieben sind, wirkt es als Diskriminierung, wenn die soziale Arbeit dennoch versucht, persönliche Hilfen aufzudrängen.[47]

Auch Scham und Stolz können der Grund dafür sein, sich der mit persönlicher Hilfe zwangsläufig verbundenen Einmischung Fremder in die Privatsphäre zu entziehen. Selbst wenn nach der fachlichen Einschätzung durch die soziale Arbeit persönliche Hilfe erforderlich wäre, darf die Ablehnung persönlicher Hilfe nicht durch Sanktionen im Bereich der materiellen Unterstützung beantwortet werden. Ein solcher Druck wird allerdings vom Gesetz zugelassen, um auf *„unwirtschaftliches Verhalten"* einzuwirken. Die gesetzliche Grundlage bietet § 25 Abs. 2 Nr. 2 BSHG. Danach kann die Hilfe (gemeint ist die wirtschaftliche Hilfe) bis auf das zum Lebensunterhalt Unerläßliche eingeschränkt werden, wenn ein Hilfeempfänger sein „unwirtschaftliches Verhalten" trotz Belehrung fortsetzt.

Der Begriff des „unwirtschaftlichen Verhaltens" steht in der Tradition des von KLUMKER gebrauchten Begriffes der „Unwirtschaftlichkeit". Eine formalisti-

[47] Die problematischen Folgen sowohl der Koppelung als auch der Entkoppelung von wirtschaftlicher und persönlicher Hilfe für die soziale Arbeit und für die Klienten schildert Preußer, S. 288ff., 290/291.

sche, nur von äußeren Erscheinungsformen des Verhaltens ausgehende Handhabung dieser Regelung würde die überlieferten, aber leider offenbar verschütteten Erkenntnisse klassischer Theoretiker der sozialen Arbeit außer Betracht lassen. Wer verlernt hat, mit knappen Mitteln wirtschaftlich umzugehen, der wird sich diese Fähigkeit nicht dadurch wieder aneignen, daß der wirtschaftliche Druck auf ihn noch erhöht wird, indem seine Sozialhilfe gekürzt wird. Wer sich unwirtschaftlich verhält, der bedarf vielmehr der *Belehrung*, die das Gesetz auch vorschreibt. Er bedarf ihr aber nicht im Sinne eines drohenden Hinweises auf die bevorstehende Kürzung. Er bedarf der Belehrung vielmehr im Sinne umfassender persönlicher Hilfe, z.B. der Schuldnerberatung bzw. organisatorischer Hilfe. Die Hilfe muß zunächst vor allem darin bestehen, den hilfeauslösenden Sachverhalt zu erfassen und zwar gemeinsam mit dem Klienten. Darüber hinaus muß diese komplexe Form der Belehrung in nachgehende Hilfe einmünden, wenn ihre Wirkung nicht versanden soll.

§ 25 Abs. 2 Nr. 2 BSHG bringt besonders deutlich zum Ausdruck, daß sich das BSHG im wesentlichen an dem Typus des Sozialhilfebedürftigen orientiert, wie er in der klassischen Fürsorgetheorie, so bei KLUMKER und SCHERPNER, beschrieben wird. Auf einen erheblichen Teil der heute von Sozialhilfe abhängigen Menschen, z.B. alleinstehende ältere Frauen mit zu knapper Rente, trifft diese Typisierung nicht zu.[48]

5.3 Aufgaben sozialer Arbeit bei Hilfen in besonderen Lebenslagen

Anders als bei der Hilfe zum Lebensunterhalt wird die Sachverhaltsaufklärung bei Hilfen in besonderen Lebenslagen vom Allgemeinen Sozialdienst offenbar ohne weiteres akzeptiert. Hier sind Ermittlungsaufgaben, die sozialarbeiterische Fachlichkeit erfordern, nach den verschiedenen Leistungstatbeständen gut abgrenzbar. So ist die Mitwirkung des Allgemeinen Sozialdienstes regelmäßig erforderlich im Rahmen der Eingliederungshilfe und der Hilfe zur Überwindung besonderer sozialer Schwierigkeiten. Darüber hinaus kommt sie immer dann in Betracht, wenn es im Einzelfall um die Beurteilung schwieriger sozialer Notlagen geht, so vor allem bei der Hilfe zur Weiterführung des Haushalts und bei der Altenhilfe.

5.3.1 Eingliederungshilfe für Behinderte

Nach § 39 Abs. 3 BSHG besteht der vom Gesetz angestrebte Zweck der Eingliederungshilfe darin, eine drohende Behinderung zu verhüten oder eine vorhandene Behinderung oder deren Folgen zu beseitigen oder zu mildern und den Behinderten in die Gesellschaft einzugliedern, vor allem, ihm die Teilnahme am Leben in der Gemeinschaft zu ermöglichen oder zu erleichtern, ihm die Aus-

[48] Siehe Kap. 5.1.2.2.!

übung eines angemessenen Berufs oder einer sonstigen angemessenen Tätigkeit zu ermöglichen oder ihn soweit wie möglich unabhängig von Pflege zu machen. Voraussetzung der Hilfe ist eine drohende oder bereits eingetrenene körperliche, geistige oder seelische Behinderung, sofern Aussicht besteht, daß der genannte Zweck erreicht werden kann, wobei die Leistung bei nicht nur vorübergehender wesentlicher Behinderung zu gewähren ist, ansonsten im Ermessen des Leistungsträgers steht (§ 39 Abs. 1, 2 und 4).

Die Ausfüllung der genannten Kriterien, die durch §§ 1 bis 5 der Eingliederungshilfe-Verordnung (Verordnung nach § 47 BSHG) konkretisiert werden, erfordert fachmedizinische Gutachten. Die Gestaltung der Hilfe ist aber nicht alleine von der medizinisch definierten *Ursache* der Behinderung abhängig, sondern auch von deren „konkret-funktionalen *Auswirkung*" auf die gesellschaftliche Integration des Betroffenen.[49] Dies muß nach den besonderen Verhältnissen des Einzelfalles beurteilt werden, also nach der Person des Betroffenen und seinem familiären und außerfamiliären sozialen Umfeld. Die entsprechenden Ermittlungen und Beurteilungen obliegen dem Allgemeinen Sozialdienst, der damit letztlich für das Antragsverfahren verantwortlich ist. Über die Gewährung der Hilfe entscheidet gemäß § 100 BSHG der überörtliche Träger auf der Grundlage der Feststellungen des Allgemeinen Sozialdienstes und der nach § 24 der Eingliederungshilfe-Verordnung eingeholten Sachverständigengutachten.

Die einzelnen in Betracht kommenden Hilfeleistungen werden in § 40 BSHG aufgezählt und durch die §§ 6ff. der Eingliederungshilfe-Verordnung konkretisiert.[50]

5.3.2 Hilfe zur Überwindung besonderer sozialer Schwierigkeiten

§ 72 BSHG ist eine Hilfenorm für Personen, deren Lebensverhältmisse durch eine „Problembündelung" gekennzeichnet ist. Dementsprechend sind Leistungen vorgesehen, die „gleichzeitig auf verschiedene Probleme des Hilfesuchenden reagieren, soziale Schwierigkeiten als komplex verursacht durch die soziale, physische und psychische Situation in den Brennpunkt der Hilfe rücken und eine der Situation des Betroffenen angemessene Abstimmung verschiedener notwendiger Hilfen vornehmen und vorhandene und geeignete Hilfen, die nicht nach § 72 zu erbringen sind, miteinander und mit Hilfen nach § 72 sinnvoll, d.h. zur Erreichung des Hilfeziels, koordinieren".[51]

Das Ziel ist die Wiedereingliederung in die Gemeinschaft, also ins gewöhnliche gesellschaftliche Leben, nicht die Ausgliederung aus der Gesellschaft durch Eingliederung in die „Gemeinschaft" einer besonderen Einrichtung. Um dies zu

---

[49] Schulte und Trenk-Hinterberger, S. 287.

[50] Ausführlich hierzu: Schulte und Trenk-Hinterberger, S. 278ff. Zum systematischen Zusammenhang mit dem gesamten Recht der Rehabilitation: Thust und Trenk-Hinterberger, S. 42ff., 86ff. und 127ff.

[51] LPK BSHG, § 72, Rn. 1.

erreichen, sollen die besonderen sozialen Schwierigkeiten des Hilfeempfängers überwunden werden. ROSCHER rechnet zum Mindeststandard, der als Ziel anzustreben ist, unter anderem: Arbeit, nicht nur zur Einkommenserzielung, sondern auch als Mittel gesellschaftlicher Anerkennung, einen in der Regel über Arbeitsverhältnisse organisierten Anschluß an das Sozialversicherungssystem, Wohnraum als privater Bereich, die Möglichkeit zur individuellen Gestaltung personaler Beziehungen und die Möglichkeit zur Beschaffung von Konsumgütern durch Geld statt einer Sonderform der Grundversorgung durch Zuteilung von Waren.[52]

Der Personenkreis, auf den sich die Regelung bezieht, wird in §§ 1 bis 6 der Verordnung zur Durchführung des § 72 BSHG konkretisiert. Besonders genannt werden: Personen ohne ausreichende Unterkunft, Landfahrer, Nichtseßhafte, aus Freiheitsentziehung Entlassene sowie verhaltensgestörte junge Menschen, denen Hilfe zur Erziehung nicht gewährt werden kann. Für die zuletzt genannten Gruppe ist durch § 41 KJHG (Hilfe für junge Volljährige) eine vorrangige Hilfenorm geschaffen worden.[53]

Die Aufzählung der genannten Personengruppen vermeidet den Begriff der „Gefährdeten", der vor der im Jahre 1974 erfolgten Neufassung des § 72 verwendet wurde.[54] Damit soll verdeutlicht werden, daß nicht in erster Linie subjektive Schwächen des Hilfebedürftigen, sondern objektive gesellschaftliche Bedingungen als ursächlich für seine besonderen Lebensverhältnisse anzusehen sind.[55]

Da gemäß § 72 Abs. 1 Satz 2 andere Bestimmungen des BSHG Vorrang vor § 72 haben, ist diese Hilfenorm ein *Auffangtatbestand*, der dann eingreift, wenn die anderen Hilfen des BSHG ausscheiden. Dabei besteht aber die Gefahr, daß die Komplexität der besonderen Lebensverhältnisse, auf die § 72 Bezug nimmt, in den Hintergrund tritt und der Problem- und Ursachenzusammenhang verengt wird auf eine einzige Problemursache, zum Beispiel Behinderung oder Krankheit.[56] Deshalb darf die eigenständige Funktion des § 72 nicht übersehen werden, der gerade auf die *Problembündelung* ausgerichtet ist und verhindern soll, daß eine Einzelursache, beispielsweise Alkoholsucht, unter Vernachlässigung der anderen Ursachen isoliert zum Gegenstand der Hilfe gemacht wird.[57] Nur wenn der Bedarf durch andere Hilfen des BSHG tatsächlich *in gleicher Weise* gedeckt ist wie nach § 72, ist diese Vorschrift nachrangig.[58]

---

52 A.a.O., Rn. 7 bis 15.

53 Siehe oben Kap. 4.4.2.

54 Vgl. Schulte und Trenk-Hinterberger, S. 348; Schellhorn, BSHG, § 72, Rn. 2 bis 4. Roscher, LPK BSHG, § 72, Rn. 19, kritisiert an dieser Aufzählung der Personengruppen die Nähe zum alten Gefährdetenbegriff.

55 LPK BSHG, Rn. 16ff. und 31; Schellhorn, a.a.O., Rn. 6ff.

56 Wenzel und Leibfried, S. 311.

57 Roscher, Nachrangregelung, S. 27 und LPK BSHG, Rn. 29ff. Deutscher Verein, Hilfe für alleinstehende Wohnungslose, S. 39ff., 43.

58 LPK BSHG, Rn. 32. Ebenso: Schellhorn, a.a.O., Rn. 26. Siehe hierzu jetzt die ab 1.8.1996 geltende Neufassung des § 72.

Für die Gestaltung der Hilfe sieht § 72 Abs. 2 alle Maßnahmen vor, die notwendig sind, um die Schwierigkeiten abzuwenden, zu beseitigen, zu mildern oder ihre Verschlimmerung zu verhüten. In Betracht kommen neben wirtschaftlicher Hilfe vor allem Beratung, persönliche Betreuung und die Beschaffung bzw. Erhaltung einer Wohnung.

Bei keiner anderen Hilfeart sind die Bedarfsermittlung und die konkrete Hilfegestaltung so eng miteinander verknüpft. Die Hilfe zur Überwindung besonderer sozialer Schwierigkeiten ist daher in vollem Umfang eine spezifische Aufgabe sozialer Arbeit.

6. Öffentlich-rechtliche Eigenschaften der Hilfeerbringung

Als „Hilfeerbringung" soll der Vorgang bezeichnet werden, der darauf gerichtet ist, einen Hilfebedarf *unmittelbar* auszugleichen. Dieser Vorgang kann darin bestehen, einen Geldbetrag auszuzahlen, ein Gespräch zu führen oder einfach jemandem zuzuhören, jemanden zu erziehen, zu betreuen, zu versorgen, zu pflegen, eine Therapie durchzuführen, Ratschläge zu erteilen, Schreiben abzufassen, jemanden zu begleiten, jemanden zu beraten, wie er ein Problem bewältigen kann usw. Hilfeerbringung kann somit ein sehr einfacher Akt sein, wie die Auszahlung von Geld, sie kann aber auch ein sehr komplexer Prozeß sein, wie die Erziehung. In jedem Fall ist sie zunächst ein tatsächliches Handeln, das, isoliert betrachtet, nicht erkennen läßt, ob es Hilfe im Sinne sozialer Arbeit ist.

Die gesellschaftliche Qualität, „Hilfe" zu sein, kann ihm erst zugewiesen werden, wenn dieses Handeln in einem funktionalen Kontext erfolgt, in dem wir es als Hilfe deuten, also wenn eine typische Hilfesituation vorliegt, beispielsweise eine „Notlage". Um einen solchen Hilfevorgang als *Hilfe im Sinne sozialer Arbeit* zu deuten, bedarf es überdies noch eines entsprechenden institutionellen Rahmens. Denn der Begriff der sozialen Arbeit bliebe gänzlich ohne erkennbare Bedeutung, wenn man ihn auf alle beliebigen Hilfezusammenhänge ausdehnte.

Tendenzen des sogenannten öko-sozialen Ansatzes, den vom öffentlichen Hilfesystem belegten Begriff der sozialen Arbeit wiederauszuwildern, indem man ihn auf Formen der *Selbstorganisation* überträgt, gar „Selbsthilfe" als Hilfe im Sinne sozialer Arbeit versteht[1], lösen (bewußt) den Hilfebegriff als Fachbegriff auf und lassen ihn im alltagssprachlichen Einerlei zerfließen.[2] Wer sich selbst „helfen" kann, braucht keine Hilfe. Insofern ist der Begriff der Selbsthilfe auch sinnlos.[3] Sofern aber Selbstorganisation gemeint ist, geht es nicht um Hilfe, sondern um Ballung vorhandener Kräfte und damit um eine Form politischer oder genossenschaftlicher Organisation. Daß eine solche Form ursprünglicher Selbstorganisation sich zu einer Hilfeinstitution entwickeln und zum anerkannten Bestandteil des öffentlichen Hilfesystems werden kann, ist unbestritten, bestätigt aber nur die Notwendigkeit einer klaren Unterscheidung.

Helfendes Handeln wird hier nur dann als Hilfeerbringung im Sinne sozialer Arbeit verstanden, wenn es der sozialen Arbeit sowohl funktional als auch institutionell zugerechnet werden kann, das heißt, wenn es durch eine Institution

1 Vgl. Schäfer und Plaschke, S. 46ff., 68ff., 70ff.
2 Zum Hilfebegriff siehe auch oben Kap. 1.1.
3 So bereits Scherpner, S. 123.

sozialer Arbeit im Rahmen ihrer gesellschaftlich anerkannten Zwecksetzung veranstaltet wird.

Hilfe in diesem Sinn kann sowohl durch öffentliche Einrichtungen und Dienste erbracht werden als auch durch Kirchen, Wohlfahrtsverbände und sonstige freie Träger sozialer Arbeit, und sie kann sowohl eigenständige Tätigkeit der nichtstaatlichen Träger sein als auch von ihnen im Auftrag staatlicher Träger durchgeführt werden. Die eigenständige Tätigkeit der freien Träger ist im Verhältnis zum Klienten privatrechtlich gestaltet. Sie kann aber, zumindest teilweise, auch öffentlich-rechtlichen Bindungen unterliegen, zum Beispiel, wenn öffentliche Zuschüsse in Anspruch genommen werden. Sofern diese öffentlich-rechtlichen Bindungen nur das Verhältnis zwischen öffentlichem und freiem Träger betreffen, wie die Rechenschaftspflicht über die Verwendung öffentlicher Zuschüsse, interessieren sie hier nicht. Die weiteren Ausführungen beschränken sich auf diejenigen öffentlich-rechtlichen Aspekte der Hilfe, die das Verhältnis zum Klienten betreffen.

Sofern die Hilfe von einem öffentlichen Träger sozialer Arbeit erbracht wird, folgt daraus ihre öffentlich-rechtliche Qualität ohne weiteres. Die Hilfeerbringung ist dann zweifellos Verwaltungshandeln. Wesentlich schwieriger ist die Bestimmung öffentlich-rechtlicher Merkmale der Hilfeerbringung durch freie Träger.

Bei Hilfen, die von einem freien Träger erbracht werden, kommen öffentlich-rechtliche Merkmale immer dann zur Geltung, wenn die Hilfe öffentlich-rechtlich *begründet* ist. Dies ist zunächst der Fall, wenn die Hilfeerbringung sich als Vollzug einer hoheitlichen Entscheidung der öffentlichen Verwaltung darstellt, wenn sie also Entscheidungsausführung ist. Dann ist sie nämlich Bestandteil eines öffentlich-rechtlichen, genauer sozialrechtlichen Leistungsverhältnisses. Es gibt aber darüber hinaus auch öffentlich-rechtlich begründete Hilfen außerhalb sozialrechtlicher Leistungsverhältnisse, zum Beispiel die Jugendgerichtshilfe und andere Hilfen, die im KJHG als „andere Aufgaben" der Jugendhilfe bezeichnet werden. Auf diese Hilfen hat der Klient keinen leistungsrechtlichen Anspruch; sie werden ihm somit auch nicht persönlich und unmittelbar erbracht. Vielmehr sind sie als gesetzliche Aufgaben des zuständigen öffentlichen Trägers konzipiert, deren Erledigung er allerdings auf einen freien Träger übertragen kann. In diesem Fall bleibt der öffentlich-rechtliche Charakter der Hilfe erhalten.

Eine dritte Form öffentlich-rechtlicher Einflüsse auf die Hilfegestaltung ergibt sich bei Hilfen, deren Inanspruchnahme keine Hilfeentscheidung voraussetzt, weil die Hilfen unabhängig vom Nachweis eines Hilfebedarfs erbracht werden: offene Hilfen. Hierzu gehören beispielsweise die Angebote von Kindergärten, Jugendhäusern und Erziehungsberatungsstellen. Selbst wenn diese offenen Hilfen von freien Trägern angeboten werden, sind sie dem Einfluß öffentlich-rechtlicher Normen nicht vollständig entzogen, was u.a. durch die Geltung des Grundrechts auf informationelle Selbstbestimmung auch für diesen Bereich bestätigt wird.[4]

Bei den weiteren Ausführungen werden datenschutzrechtliche Fragen ohnehin einen besonderen Stellenwert haben, weil öffentlich-rechtliche Vorgaben vor allem im Bereich der Informationsverarbeitung auf die fachliche Qualität der Hilfeerbringung einwirken.

6.1 Hilfeerbringung als Entscheidungsvollzug im Rahmen sozialrechtlicher Leistungsverhältnisse

Sofern die Hilfeerbringung auf einer Entscheidung beruht, durch die die Hilfe bewilligt und definiert worden ist, bleibt die Hilfeerbringung nicht mehr nur tatsächliches Handeln, sondern sie erhält zugleich eine rechtliche Qualität. Als Entscheidungsausführung ist das tatsächliche Handeln an rechtliche Vorgaben gebunden. Dies soll am Beispiel der Beratung erläutert werden.

Von den unmittelbar Beteiligten wird die Beratung als rein tatsächliches Handeln wahrgenommen. Die Fachkraft „spricht“ mit dem Klienten, der Klient „entgegnet“ etwas. Dieses Geschehen heißt auch in der Fachterminologie „Geprächsführung“, womit lediglich die tatsächliche Ebene erreicht wird. Durch den Begriff der „Beratung“ wird eine neue Ebene hinzugefügt, die es erlaubt, in dem tatsächlichen Geschehen der Gesprächsführung einen bestimmten Zweck zu erkennen, eine Bedeutung: Das tatsächliche Geschehen wird nach seiner Funktion *bewertet*. Auf dieser Ebene der Bewertung des Geschehens wird beurteilt, ob die Gesprächsführung den fachlichen Regeln eines Beratungsgespräches genügt.[5] Erst der nächste Schritt führt auf die rechtliche Ebene. Hier ist zu beurteilen, ob die Beratung unter den Voraussetzungen und mit der Zielrichtung stattfindet, die der Hilfeentscheidung zugrunde lagen, z.B. die Beratung der Eltern nach § 28 KJHG. Kommt es hierbei zu Abweichungen von den Ausgangsannahmen der Hilfeentscheidung, etwa weil das angestrebte Ziel auf diesem Weg nicht als erreichbar erscheint, so ist von Gesetzes wegen zu überprüfen, ob die Entscheidung modifiziert werden muß.

Die Hilfeentscheidung wird folglich durch die Hilfeerbringung nur dann „verwirklicht“, wenn sie den bei der Entscheidung angestrebten Zweck tatsächlich erreicht, wenn die Ziele der amtlichen Wirklichkeit in die Lebenswirklichkeit des Klienten übertragen werden.

Die rechtliche Qualität der Hilfeerbringung wird also durch die Hilfeentscheidung erst begründet. Die Hilfeentscheidung legt fest, daß der Hilfeempfänger auf die zu erbringende Hilfe einen Anspruch hat, also auf ihrer Erbringung bestehen kann, sie legt fest, wer die Hilfe erbringt und wie sie zu gestalten ist. Die rechtliche Qualität der Hilfeerbringung kann also auch jederzeit durch Verwal-

---

4 Siehe unten Kap. 6.1.2.

5 Dies gehört zur Funktion der Fachaufsicht.

tungsentscheidung verändert werden, z.B. kann statt sozialpädagogischer Familienhilfe Heimerziehung festgesetzt werden.

Die Verantwortung für die *rechtliche* Qualität der Hilfeerbringung - nicht zu verwechseln mit ihrer fachlichen Qualität - liegt demzufolge allein bei der Verwaltungsbehörde, die die Hilfeentscheidung getroffen hat, nicht bei der Stelle, die die Hilfe erbringt, in der Sozialhilfe also beim Sozialamt bzw. Landessozialamt, in der Jugendhilfe beim Jugendamt. Für diese (sozial-) rechtliche Qualität der Hilfe ist es daher auch prinzipiell gleichgültig, wer die Hilfe erbringt, ob ein öffentlicher oder ein freier Träger.

Freilich treten bei der Hilfeerbringung rechtliche Bindungen hinzu, die nicht durch die Hilfeentscheidung begründet werden. Es handelt sich um die rechtlichen Regeln, die aus den allgemeinen Gesetzen (Strafrecht, Haftungsrecht) und aus den speziellen rechtlichen Rahmenbedingungen der Hilfeeinrichtung (Hausordnung eines Heimes) folgen. Eine Besonderheit gilt für die datenschutzrechtlichen Bindungen. Sie können sowohl Bestandteil der rechtlichen Vorgaben sein, die durch die Hilfeentscheidung festgelegt werden, als auch Bestandteil der spezifischen rechtlichen Rahmenbedingungen der jeweiligen Hilfeeinrichtung. Zu den rechtlichen Vorgaben der Hilfeentscheidung gehören diejenigen datenschutzrechtlichen Bindungen, die sich auf Informationen beziehen, deren Kenntnis für den Entscheidungsträger (Jugendamt, Sozialamt) erforderlich ist. Im wesentlichen handelt es sich also um die für Rückmeldungen über den Hilfeverlauf erforderlichen Daten, die der Entscheidungsträger benötigt, um über den Fortbestand oder die Modifizierung der gewährten Hilfe entscheiden zu können. Anders ist es mit den personenbezogenen Daten, die der hilfeerbringenden Einrichtung im Hilfeverlauf zur Kenntnis gelangen, die aber für den Entscheidungsträger nicht erheblich sind. Sie unterliegen nicht den datenschutzrechtlichen Regeln, die für die Hilfeentscheidung gelten, sondern den eigenen datenschutzrechtlichen Rahmenbedingungen der Einrichtung.

Zur deutlicheren Verständigung sollen die aus der Hilfeentscheidung folgenden rechtlichen Bindungen als „sozialrechtliche" (stellvertretend für jugendhilferechtliche und sozialhilferechtliche) Vorgaben der Hilfeerbringung bezeichnet werden, weil nur diese Vorgaben den eigentlich sozialrechtlichen Gegenstand der Hilfe bestimmen, also z.B. ihren jugendhilferechtlichen oder ihren sozialhilferechtlichen Inhalt und Zweck. Durch diese sozialrechtlichen Vorgaben wird auch umrissen, welche Rückmeldungen die hilfeerbringende Stelle der Verwaltungsbehörde zum Zwecke der Überprüfung der Hilfeentscheidung zu geben hat und welche datenschutzrechtlichen Konsequenzen damit verbunden sind.

Somit sind zwei rechtliche Aspekte der Entscheidungsausführung im Rahmen sozialrechtlicher Leistungsverhältnisse näher zu betrachten:

- die sozialrechtlichen Vorgaben für die Hilfegestaltung und
- die datenschutzrechtlichen Regeln, insbesondere bei Rückmeldungen über den Hilfeverlauf.

6.1.1 Die sozialrechtlichen Vorgaben für die Hilfegestaltung

Die Verwaltungsentscheidung, durch die eine Hilfe bewilligt und in ihrer konkreten Gestalt festgelegt wird, richtet sich an den Hilfeberechtigten. Er ist ihr Adressat. Zwischen ihm und der Verwaltungsbehörde entsteht das jeweilige *Sozialrechtsverhältnis*, also beispielsweise das jugendhilferechtliche oder das sozialhilferechtliche Leistungsverhältnis. In der Entscheidung oder im Zusammenhang mit ihr wird aber in der Regel zugleich festgelegt, welche Stelle (Einrichtung oder Dienst) die Leistung erbringen soll.[6] Diese Stelle wird sodann in das Leistungsverhältnis einbezogen, das dadurch zum *sozialrechtlichen Dreiecksverhältnis* wird.[7] Neben dem sozialleistungsrechtlichen *Grundverhältnis* zwischen der Verwaltungsbehörde, die den Sozialleistungsträger repräsentiert, und dem Hilfeberechtigten wird eine Rechtsbeziehung begründet zwischen dem Sozialleistungsträger und dem Träger der leistungserbringenden Einrichtung bzw. des leistungserbringenden Dienstes, das *Vereinbarungsverhältnis.* Die außerdem zwischen der beauftragten Stelle und dem Hilfeberechtigten entstehende Beziehung wird hier als *Leistungserbringungsverhältnis* bezeichnet.[8]

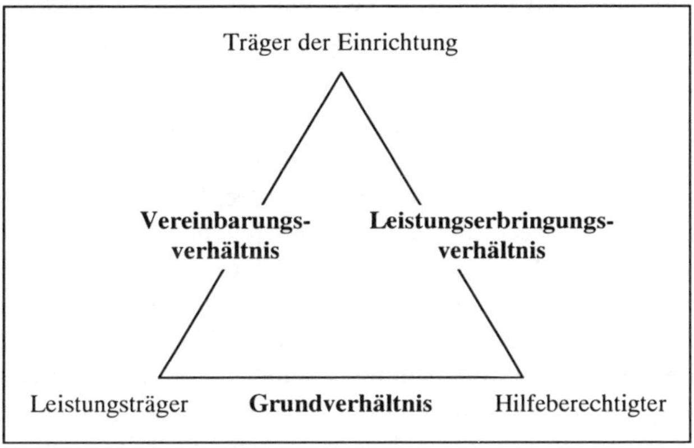

Sind die Einrichtung bzw. der Dienst, durch die die Hilfe erbracht wird, Stellen derjenigen öffentlich-rechtlichen Körperschaft, die als Leistungsträger auch für die Hilfeentscheidung verantwortlich ist, beispielsweise die gleiche Stadt, so kann auch statt eines Vereinbarungsverhältnisses eine organisationsrechtlich

6 Siehe insbesondere zum Hilfeplan nach § 36 KJHG oben Kap. 4.3.4.

7 Simons, S. 458ff., hat „die rechtliche Stellung des Gesicherten zwischen dem sozialen Leistungsträger und der zur Leistungsausführung berufenen Leistungsperson oder -einrichtung" in einer das gesamte Sozialleistungsrecht einbeziehenden generalisierenden Untersuchung systematisch geordnet. Als den Regelfall der rechtlichen Ausgestaltung des Leistungsverhältnisses im Sach- und Dienstleistungsbereich bezeichnet er „ein System aus mehreren aufeinander zugeordneten Einzelrechtsverhältnissen" (Zitate S. 458).

8 In der Vorauflage wurden die Begriffe „Auftragsverhältnis" statt „Vereinbarungsverhältnis" und „Vollzugsverhältnis" statt „Leistungserbringungsverhältnis" verwendet. Die Terminologie blieb im Fachauschuß II des Deutschen Vereins umstritten. Vgl. hierzu Maas, Leistungen, S. 471.

begründete Pflicht dieser Einrichtung bestehen, tätig zu werden. Daß die Eigenschaft, Träger der Einrichtung zu sein, eine andere ist als die Eigenschaft, der für die Hilfeentscheidung verantwortliche Leistungsträger zu sein, wird durch die Identität der öffentlich-rechtlichen Körperschaft (im Beispiel: die Stadt) zwar verwischt, darf deshalb aber nicht dazu führen, beide Eigenschaften gleichzusetzen. Der Unterschied wird sofort deutlich, wenn ein kommunaler Sozialleistungsträger zur Leistungserbringung die Einrichtung einer benachbarten Gebietskörperschaft in Anspruch nimmt, zum Beispiel die Stadt Heidelberg ein Heim des Rhein-Neckar-Kreises oder der Rhein-Neckar-Kreis die Erziehungsberatungsstelle der Stadt Mannheim.

Besonders deutlich wird die Notwendigkeit, streng zu unterscheiden zwischen dem Sozialleistungsträger als der für die Hilfeentscheidung verantwortlichen Stelle und der Einrichtung als hilfeerbringender Stelle, wenn letztere einem freien Träger angehört, wenn also beispielsweise sozialpädagogische Familienhilfe zwar vom Jugendamt bewilligt, aber von Fachkräften des Caritasverbandes erbracht wird. In diesem Fall wird ein *Vereinbarungsverhältnis* zwischen dem kommunalen Leistungsträger und dem freien Träger begründet und zwar im Sinne eines öffentlich-rechtlichen Vertrages nach §§ 53ff. SGB X.

Die rechtliche Qualifizierung dieser Beziehung ist umstritten und zwar sowohl die Zuordnung zum öffentlichen Recht als auch der Vertragstypus. Daß es sich nicht um eine privatrechtliche, sondern um eine öffentlich-rechtliche Beziehung handelt, ergibt sich aus dem Grundverhältnis: Gegenstand des Vertrages ist die Realisierung des sozialrechtlichen, sei es des jugendhilferechtlichen, sei es des sozialhilferechtlichen Anspruchs, also in jedem Fall eines subjektiv-öffentlichen Rechts des Hilfeempfängers.[9] Der Vertragstypus wird überwiegend hinsichtlich der Kostenzusage des Sozialhilfeträgers bei stationärer Unterbringung diskutiert und als Schuldübernahme, genauer Schuldmitübernahme, angesehen.[10] Dieser rechtlichen Zuordnung liegt eine Betrachtungsweise zugrunde, die sich auf den Anspruch des freien Trägers gegen den Hilfeempfänger auf Deckung der entstehenden Kosten, zum Beispiel der Kosten einer stationären Pflege, beschränkt. Damit wird dieser Aspekt ins Zentrum des Dreiecksverhältnisses gerückt, dessen eigentlicher Zweck aber die Hilfeerbringung ist. Dieser Gesamtzweck der Hilfeerbringung, der durch das Grundverhältnis bestimmt wird, muß daher bei der Betrachtung aller Einzelaspekte des Dreiecksverhältnisses im Mittelpunkt stehen. Dient nun die Rechtsbeziehung zwischen Leistungsträger und freiem Träger der Realisierung des Hilfeanspruchs, wofür die Letztverantwortung beim Leistungsträger liegt, so bietet es sich an, den freien Träger als

[9] So im Ergebnis auch: Giese, Bedarfssteuerung, S. 97; Lenz, S. 208. Münder, Sozialhilfeberechtigten, S. 240. Zum Streit im übrigen: Schulte und Trenk-Hinterberger, S. 87ff. mit weiteren Nachweisen.

[10] So: Giese, a.a.O.; Münder, a.a.O.; Schmitt, S. 163. - Neumann, Freiheitsgefährdung, S. 229, sieht in der Kostenzusage ein Schuldanerkenntnis.

mit der Durchführung dieser Aufgabe „beauftragt" anzusehen.[11] Dem steht auch nicht entgegen, daß der Hilfeberechtigte aufgrund seines Wunsch- und Wahlrechtes (§ 5 und § 36 Abs. 1 Satz 4 KJHG, § 3 Abs. 2 BSHG) bestimmen kann, welcher freie Träger „beauftragt" werden soll.[12]

Nur in den Fällen, in denen es auch im Grundverhältnis lediglich um eine finanzielle Regulierung von Kosten geht, z.B. bei der Krankenhilfe nach § 37 BSHG, oder in denen der Sozialhilfeberechtigte lediglich Kostenregulierung wünscht, z.B. wenn er seinen Heimaufenthalt selbst organisiert hat, entsteht kein dem Auftragsverhältnis vergleichbares Rechtsverhältnis. Mit dieser rechtlichen Differenzierung wird zugleich das Spannungsverhältnis gelockert, das zwischen dem Freiheitsbedürfnis des Heimbewohners einerseits und der Verantwortung des Sozialleistungsträgers für eine umfassende bedarfsgerechte Versorgung, Betreuung und Beratung andererseits besteht.[13] § 121 BSHG bestätigt, daß auch das BSHG von einem dem Auftragsverhältnis vergleichbaren Rechtsverhältnis als Normalfall ausgeht, denn die Vorschrift sieht Aufwendungsersatz nach den Regeln der (öffentlich-rechtlichen) Geschäftsführung ohne Auftrag vor.[14]

Das Vereinbarungsverhältnis legt die einzelnen Verpflichtungen und Rechte der leistungserbringenden Stelle fest. Sie müssen konform sein mit dem Grundverhältnis zwischen Leistungsträger und Hilfeberechtigtem, das heißt, sie müssen dem Zweck und Inhalt der Hilfeentscheidung entsprechen. Da das Grundverhältnis auf freiwilliger Inanspruchnahme beruht, kann auch im Vereinbarungs-

---

[11] Zu Recht weist Münder, a.a.O., S. 234 darauf hin, daß es letztlich darum geht, den Einzelfallbedarf zu decken, für dessen Feststellung der Leistungsträger verantwortlich bleibt. Münder zieht daraus allerdings nicht die dann naheliegende Konsequenz, daß ein dem Auftragsverhältnis ähnliches Rechtsverhältnis vorliegt. Ein Auftragsverhältnis nehmen für den Bereich der Jugendhilfe an: Jans, Happe, Saurbier, Jugendwohlfahrtsgesetz, Erl. § 18 Nr. 5, mit weiteren Nachweisen. Daß außerhalb dieses auf den Einzelfall bezogenen Rechtsverhältnisses rechtlich anders zu qualifizierende allgemeine Rahmenvereinbarungen geschlossen werden, spielt hier keine Rolle.

[12] Beschränkungen dieses Rechts über den Gesetzeswortlaut hinaus sieht das OVG Hamburg, Beschluß vom 24. 10. 1994, OVG Bs IV 144/94, in ZfJ 1995 (12), 562 - 564, = RsdE 1996 (1), 74 - 80: Bei der Gewährung von Hilfen gemäß §§ 27ff. KJHG außerhalb der Familie erstrecke sich das Wunschrecht insbesondere des Personensorgeberechtigten nach § 36 Abs. 1 Satz 4 KJHG betreffend der Auswahl einer Einrichtung nicht auf sämtliche tatsächlich für die Erbringung der Hilfe zur Verfügung stehenden Einrichtungen, sondern es sei beschränkt auf solche Einrichtungen, deren Finanzierung insbesondere durch staatliche Fördermittel gesichert ist. - Begründete Kritik an dieser Entscheidung üben Lakies, Anmerkung, in FuR 1995 (2), S. 148ff., und Münder, Wunsch- und Wahlrecht, S. 275ff. - Neumann, Subventionen, S. 42ff., nimmt die Entscheidung zum Anlaß, die institutionelle Subventionierung neben der Kostenabrechnung für die Einzelleistung grundsätzlich in Frage zu stellen.

[13] Zu Recht weist Giese, Rechtsstellung, S. 244, darauf hin, daß die „monetäre Schlagseite" eines bloß die Kostenzusage beachtenden Modells auch eine „eminent freiheitsverbürgende Funktion" hat.

[14] Schellhorn, § 121, Rn. 1.

verhältnis zumindest hinsichtlich der sozialrechtlichen Gestaltung der Hilfe nichts vereinbart werden, was nicht von der Zustimmung des Hilfeberechtigten getragen wird.

Durch das Vereinbarungsverhältnis wird der freie Träger bzw. seine Einrichtung nicht etwa in den Organisationsbereich des Sozialleistungsträgers einbezogen, „inkorporiert". Das hat vor allem *datenschutzrechtliche Bedeutung*. Der freie Träger oder seine Einrichtung werden nicht zu einer „Stelle" des öffentlichen Trägers.[15]

Die dritte Seite des sozialleistungsrechtlichen Dreiecksverhältnisses ist das *Leistungserbringungsverhältnis* zwischen dem Hilfeberechtigten und dem Träger, der sich verpflichtet hat, die Hilfe durch seine Einrichtung oder seinen Dienst zu erbringen. Das Leistungserbringungsverhältnis kann rechtlich unterschiedlich ausgestaltet sein. Sofern die Hilfe von einer Einrichtung oder einem Dienst derjenigen öffentlich-rechtlichen Körperschaft erbracht wird, die auch die Hilfeentscheidung getroffen hat, kann das Leistungserbringungsverhältnis unmittelbar mit dem Erlaß der Hilfeentscheidung begründet werden, wenn dies organisationsrechtlich so vorgesehen ist. Erbringt ein anderer Träger die Hilfe, so wird das Leistungserbringungsverhältnis in seiner einfachsten Form zugleich mit dem Vereinbarungsverhältnis begründet, das insofern einen *Vertrag zugunsten Dritter* darstellt, analog zur Regelung in § 328 BGB.[16] Wird allerdings, wie im Heimgesetz (§ 4) vorgeschrieben, zwischen dem Hilfeempfänger und dem Träger, der die Hilfe erbringt, ein besonderer Vertrag abgeschlossen (Heimvertrag), so ist dieser primär Grundlage für die Rechtstellung des Hilfeempfängers gegenüber dem Einrichtungsträger.[17]

Die Rechtsfigur des Vertrages zugunsten Dritter ist jedoch nur insofern erforderlich, als es um die Begründung von Rechten des Hilfeempfängers gegenüber dem vom Leistungsträger für die Leistungserbringung in Anspruch genommenen Träger geht. Der Hilfeanspruch als solcher beruht auf der sozialrechtlichen Beziehung zum Leistungsträger.[18]

In den Fällen, in denen zwischen dem Hilfeempfänger und dem Einrichtungsträger keine vertraglichen Vereinbarungen getroffen werden, ist das Leistungserbringungsverhältnis kein eigenständiges Rechtsverhältnis.[19] Durch den Vertrag zugunsten Dritter werden sie nicht zu Vertragspartnern. Der Hilfeempfänger erhält aber das Recht, die Leistung vom beauftragten Träger zu verlangen.

---

15 Siehe oben Kap. 3.1.1.1.

16 Schellhorn, a.a.O., § 10, Rn. 32. Ausführlich: Dahlinger, S. 214, 217.

17 Schmitt, S. 162, hält deshalb den Rückgriff auf den Vertrag zugunsten Dritter für gegenstandslos. Sofern ein Vertrag zwischen dem Hilfeempfänger und dem Einrichtungsträger nicht besteht, ist diese Konstruktion aber erforderlich.

18 Deshalb wird diese Beziehung hier als Grundverhältnis bezeichnet. - Zur Terminologie der Beziehungen beim Vertrag zugunsten Dritter vgl. Palandt, Einf. vor § 328 sowie § 328 Rn. 5ff. Zur Gestaltungsvielfalt speziell in der Sozialhilfe vgl. im übrigen auch Simons, S. 472ff.!

19 So im Ergebnis auch Neumann, a.a.O.

Außerdem entsteht zwischen ihnen ein vertragsähnliches Vertrauensverhältnis, das Nebenpflichten begründet, zum Beispiel Schutzpflichten, Aufklärungspflichten und Mitwirkungspflichten.[20]

Auch wenn nicht ein „Träger“ im strengen Wortsinn in Anspruch genommen wird, sondern, wie z.B. bei der Vollzeitpflege, die Pflegeeltern, entsteht zwischen diesen und den leiblichen Eltern ein Leistungserbringungsverhältnis, für das die einschlägigen Bestimmungen des BGB sowie § 38 KJHG gelten.[21]

Der Zweck des Leistungserbringungsverhältnisses ist die Erbringung der im Grundverhältnis begründeten sozialrechtlichen Leistung, im Bereich der Jugendhilfe also einer konkreten Leistung der Hilfe zur Erziehung, der Hilfe für junge Volljährige oder einer anderen individuellen Hilfe, im Bereich der Sozialhilfe einer konkreten persönlichen Hilfe, zum Beispiel einer Hilfe in besonderen Lebenslagen.

Anders als in dem hier dargestellten Konzept der Leistungserbringung, das auf dem das Grundverhältnis begründenden verwaltungsrechtlichen Akt der Leistungsgewährung durch den sozialrechtlichen Leistungsträger aufbaut, rückt NEUMANN[22] die beiden anderen Seiten des Dreiecksverhältnisses in den Mittelpunkt der Betrachtung. Bei dem von ihm gewählten Ansatz ist das folgerichtig: Er sieht die „Selbstbeschaffung der Sozialleistung mit nachträglicher Kostenerstattung“ als einen für das Jugendhilferecht geltenden Grundsatz an, den er freilich kritisiert.[23] Bei der Beziehung des leistungserbringenden Trägers und des Leistungsberechtigten zum öffentlichen Leistungsträger ginge es demnach im wesentlichen nur noch um die *Kostenübernahme*. Selbstbeschaffung kann aber nur die - besonders zu begründende - Ausnahme sein, was auch NEUMANN fordert[24], aber nicht für geltendes Recht hält.

Die geltende Rechtslage erschließt sich indessen schon aus der gesetzgeberischen Konstruktion der §§ 36 und 37 KJHG: Erst wenn der vom Jugendamt verantwortete und von ihm - unter *Beteilung* leistungserbringender Träger - zu erarbeitende Hilfeplan erstellt ist, wird die nach seinen Vorgaben zu gestaltende Hilfe erbracht. Vor Erstellung des Hilfeplans ist der jeweilige individuelle erzieherische Bedarf zu ermitteln und eine entsprechende Hilfeart im Rahmen der Hilfe zur Erziehung nach § 27 KJHG vom Jugendamt durch Verwaltungsakt festzusetzen.[25] § 40 Abs. 1 SGB I, wonach ein Sozialleistungsanspruch entsteht, wenn seine Voraussetzungen erfüllt sind, steht dem nicht entgegen, denn die Abhängigkeit individueller Leistungen der Jugendhilfe vom individuellen Bedarf setzt die Feststellung eben dieses Bedarfes als etwas konkret Vorhandenem zwingend voraus. § 40 Abs. 1 SGB I kann also lediglich in den Fällen die ge-

---

20 Vgl. im einzelnen: Palandt, Einf. vor § 328, Rn. 5 und § 242, Rn. 23ff.;

21 Vgl. hierzu: Steding, insbesondere S. 578/579. - Siehe auch oben Kap. 4.3.3.6.

22 A.a.O., S. 223ff., insbesondere S. 234; vgl. auch Neumann, Subventionen, S. 57.

23 Deutlich in: Subventionen, S. 60

24 Subventionen, S. 60.

25 Siehe oben Kap. 4.3. (Hilfe zur Erziehung) und 4.3.4. (Hilfeplan).

setzliche Grundlage für eine rückwirkende Gewährung der Hilfe bieten, in denen Leistungsberechtigte den Rechtsanspruch aus vertretbaren Gründen nicht rechtzeitig geltend gemacht haben und es im Einzelfall möglich ist, den Bedarf rückwirkend zu ermitteln.[26] Dies muß nicht immer ausgeschlossen sein.[27]

Würde die Rechtsprechung im Bereich individueller Leistungen der Jugendhilfe tatsächlich von einem *Grundsatz der Selbstbeschaffung* durch den Leistungsberechtigten mit nachträglicher Kostenerstattung durch das Jugendamt ausgehen, dann übersähe sie die Verantwortung des Jugendamtes für die inhaltliche Qualität der jugendhilferechtlichen Individualleistung. Die Besonderheit individueller Leistungen der Jugendhilfe, insbesondere der Hilfe zur Erziehung, ist ihre enge Bindung an die verfassungsrechtliche Gewährleistungspflicht des Staates für das Kindeswohl. Im gesamten Recht der Jugendhilfe nach dem KJHG geht es nicht primär um Geldleistungen, sondern um die staatliche Mitverantwortung für die Erziehung und Entwicklung junger Menschen. Die Rechtsnormen, in denen sich diese Zielsetzung niederschlägt, sind in ihrer Regelungsdichte zwar sehr verschieden, auch bei den Leistungen der Jugendhilfe, und verlangen zum Beispiel bei den als offenen Angeboten gestalteten Leistungen keine Einzelfallentscheidung durch das Jugendamt.[28] Soweit es aber um Leistungen geht, die in Inhalt und Umfang von der Feststellung eines individuellen Bedarfs abhängig sind, bleibt das Jugendamt voll für die Leistungsqualität verantwortlich, soweit sie dem Leistungsberechtigten durch das Gesetz garantiert wird. Die Reduzierung des Trägers der öffentlichen Jugendhilfe auf die bloße Rolle eines Kostenträgers wäre unzulässig.[29]

6.1.2 Die datenschutzrechtlichen Konsequenzen, insbesondere die Regeln für Rückmeldungen über den Hilfeverlauf

In den meisten Fällen wird im Verlauf der Hilfeerbringung der Zugang zu personenbezogenen Daten des Hilfeempfängers sehr weit geöffnet. Nur ein Bruchteil dessen, was die Fachkräfte im Verlauf der Hilfeerbringung an Informationen über den Hilfeempfänger und dessen familiäres und gesellschaftliches Umfeld erhalten, ist für die Hilfeerbringung erforderlich, ein noch geringerer Bruchteil davon wird für die Entscheidung über den Fortbestand der Hilfe oder ihre Modifikation benötigt.

Damit ergeben sich mindestens drei datenschutzrechtlich völlig verschieden zu beurteilende Informationsbereiche:

– Der erste Bereich betrifft diejenigen Informationen, die für die zuständige

---

26 In diesem Sinn ist auch die von Neumann kritisierte Rechtsprechung zu verstehen: BVerwG, Beschluß vom 25. 08. 1987, 5 B 50/87, in: RsDE 1988 (1), 67 - 70; OVG Lüneburg, Urteil vom 11. 10. 1989, 4 L 55/89, in: ZfSH/SGB 1990 (5), 258.

27 Neumann bezweifelt die Möglichkeit rückwirkender Bedarfsfeststellung allerdings: a.a.O., S. 59.

28 Siehe oben Kap. 4.2.2.

29 So auch Neumann, a.a.O.

Verwaltungsbehörde (Sozialamt, Jugendamt) erforderlich sind, um über den Fortbestand bzw. eine eventuelle Modifikation der Hilfe entscheiden zu können.

- Der zweite Bereich betrifft diejenigen Informationen, die für die konkrete, aktuelle, also tagtägliche Hilfegestaltung notwendig sind. Diese Informationen gehen nur die Fachkraft an, die die Hilfe unmittelbar erbringt, gegebenenfalls die Stelle, die ihren Einsatz organisiert und verantwortet.
- Der dritte Bereich betrifft Informationen, zu denen die Fachkraft und eventuell die Einrichtung oder der Dienst des beauftragten Trägers tatsächlich Zugang erhalten, die aber für die Hilfeerbringung (zweiter Bereich) bzw. für die Hilfeentscheidung (erster Bereich) gegenstandslos sind.

Am Beispiel der sozialpädagogischen Familienhilfe lassen sich die drei genannten Bereiche besonders deutlich unterscheiden und datenschutzrechtlich beurteilen. Zum dritten Bereich gehören hier alle Informationen, zu denen der sozialpädagogische Familienhelfer im Binnenraum der Familie Zugang hat, die er aber für die Erfüllung seines Auftrages nicht benötigt. Zum zweiten Bereich gehören alle Informationen, die er zur Erfüllung seines Auftrages braucht. Zum ersten Bereich gehören nur diejenigen Informationen, auf die das Jugendamt (ASD) zur Überprüfung seiner Hilfeentscheidung sowie zur Erfüllung seiner Schutzfunktion gegenüber dem Kind oder Jugendlichen angewiesen ist.

Dieses Beispiel zeigt, daß auch Zwischenbereiche möglich sind. Je nach dem, wie der Einsatz des sozialpädagogischen Familienhelfers organisiert ist, kann es einen weiteren Bereich von Informationen geben, die für das Fachteam als übergeordnete Einheit erforderlich sind. Das Beispiel läßt überdies erkennen, daß der Gesichtspunkt der *Erforderlichkeit* des Zugangs zu personenbezogenen Daten eine pauschale datenschutzrechtliche Betrachtung verbietet.[30]

Im Zentrum des Leistungserbringungsverhältnisses und damit der Hilfeerbringung steht somit die Frage, wie mit Klienteninformationen umzugehen ist, die als Rückmeldungen für die Gestaltung des Hilfeprozesses erforderlich sind.

Die allgemeine Grundlage für die datenschutzrechtliche Beurteilung von *Rückmeldungen über den Hilfeverlauf* ist das Grundrecht auf informationelle Selbstbestimmung. Es gilt für alle denkbaren Bereiche der Hilfeerbringung, unabhängig davon, ob die Hilfe von Einrichtungen und Diensten öffentlicher oder freier Träger erbracht wird, und es begründet eine generelle Geheimhaltungspflicht, weil das Verfügungsrecht über personenbezogene Daten allein beim Betroffenen liegt. Nur mit dessen Einwilligung ist der Zugriff auf seine Daten gestattet, es sei denn, daß ein gesetzlicher Eingriffstatbestand den Zugriff ausnahmsweise erlaubt. Besondere, gesetzlich begründete Geheimhaltungspflichten, z.B. aufgrund von § 203 Abs. 1 StGB, bleiben hier außer Betracht.

Für den Bereich öffentlicher Träger gilt das Grundrecht auf informationelle

[30] Vgl. auch: Maas, Geheimhaltungspflicht, S. 360; Datenschutz, S. 73ff.!

Selbstbestimmung unmittelbar. Seine *Geltung für den Bereich freier Träger* bedarf einer näheren Begründung.

Der unmittelbare Wirkungsbereich von Grundrechten ist das Verhältnis des einzelnen Bürgers zum Staat. Ihre Geltung für den Bereich privatrechtlicher Beziehungen ist deshalb aber nicht ausgeschlossen. Die Lehre von der sog. *Drittwirkung der Grundrechte* besagt, daß die in den Grundrechten enthaltenen allgemeinen rechtlichen Wertentscheidungen bei der Gesetzesauslegung und bei der Ausfüllung von Generalklauseln in das Privatrecht hineinwirken. Hierüber besteht Einigkeit. Darüber hinaus sind ausnahmsweise private Rechte des einzelnen aus Grundrechten abgeleitet worden. Dies gilt für das allgemeine Persönlichkeitsrecht, das auf Art. 1 und 2 GG beruht.[31]

Das Grundrecht auf informationelle Selbstbestimmung ist vom BUNDESVERFASSUNGSGERICHT als Bestandteil des allgemeinen Persönlichkeitsrechts definiert worden. Es erscheint deshalb als folgerichtig, auch für den Bereich des Privatrechts ein Recht des einzelnen auf informationelle Selbstbestimmung anzuerkennen. Auf diese sachlogische Konsequenz hat bereits SIMITIS in seiner Besprechung der Entscheidung des BUNDESVERFASSUNGSGERICHTS zum Volkszählungsgesetz hingewiesen:

> „Gerade der Zusammenhang, in den das BVerfG das Recht auf informationelle Selbstbestimmung stellt, verbietet es, seinen Geltungsbereich auf die staatliche Verarbeitung zu beschränken. Art. 2 1 i.V.m. Art. 1 1 GG ist einer der gleichsam klassischen Anknüpfungspunkte für die Drittwirkung der Grundrechte. Hier hat sich die Notwendigkeit, die enge, ausschließlich auf die staatliche Aktivität ausgerichtete Interpretation der Grundrechtswirkung aufzugeben, immer wieder bestätigt, hier sind deshalb auch deutliche Konsequenzen aus der Forderung gezogen worden, die Grundrechte als elementare Voraussetzung individueller Freiheit in Staat und Gesellschaft zu verstehen. Wenn deshalb das BVerfG ausdrücklich auf Art. 2 1 i.V.m. Art. 1 1 GG verweist, dann ist damit zugleich die Verpflichtung klargestellt, die informationelle Selbstbestimmung überall dort zu respektieren, wo personenbezogene Daten verarbeitet werden."[32]

Den gleichen Ansatz hat auch das BUNDESARBEITSGERICHT gewählt, das die Geltung des Rechts auf informationelle Selbstbestimmung im Verhältnis des Arbeitnehmers zum Arbeitgeber ausdrücklich anerkannt hat.[33]

Diese Vorgaben lassen den Schluß zu, daß auch für den Tätigkeitsbereich freier Träger sozialer Arbeit von einem Recht des einzelnen auf informationelle Selbstbestimmung auszugehen ist. Dieses Ergebnis wird noch bekräftigt durch die vom BUNDESVERFASSUNGSGERICHT anerkannte Einbindung der freien Trä-

---

31 Vgl. Palandt, § 242, Rn. 7ff.
32 Simitis, S. 401.
33 BAG, Urteil vom 06.06.1984-5 AZR 286/81- in: EzA, Grundgesetz, S. 21ff., 26/27.

ger in das sozialstaatliche Leistungssystem.[34] Um so überzeugender ist es, dem Klienten auch ihnen gegenüber ein Recht auf informationelle Selbstbestimmung zu garantieren.

Ähnlich wie gegenüber öffentlichen Trägern wird es aber auch gegenüber freien Trägern nicht immer erforderlich sein, auf dieses Recht unmittelbar zurückzugreifen. Wie für öffentliche Träger besondere Geheimhaltungspflichten durch Gesetz geregelt werden, so können für den Bereich freier Träger besondere Geheimhaltungspflichten durch Vertrag vereinbart werden. Geschieht dies nicht ausdrücklich, so gilt für den freien Träger die Pflicht, seine Leistungen zu erbringen, wie Treu und Glauben es erfordern (§ 242 BGB). Daraus folgt die allgemeine schuldrechtliche Vertragspflicht, das Recht des Vertragspartners auf informationelle Selbstbestimmung zu respektieren. Dieses Recht ist also auf jeden Fall Vertragsinhalt und begründet somit eine Geheimhaltungspflicht des freien Trägers und der für ihn tätigen Personen hinsichtlich der ihnen zugänglichen Klientendaten. Im Rahmen des nicht vertraglich ausgestalteten Leistungserbringungsverhältnisses ist diese Geheimhaltungspflicht Bestandteil der Nebenpflichten.

Da der Klient über alle Informationen, die den Fachkräften im Verlauf der Hilfeerbringung zugänglich werden, das alleinige Verfügungsrecht hat, bedürfen die Fachkräfte der *Einwilligung des Klienten*, wenn sie Informationen über ihn in Teambesprechungen einbringen oder zum Gegenstand von Rückmeldungen an sonstige Stellen, auch ans Jugendamt, Sozialamt bzw. an den ASD machen. Dabei dürfen die Fachkräfte sich nicht auf eine Pauschalermächtigung berufen. Die Einwilligung muß sich auf den Einzelfall beziehen und ist nur wirksam, wenn der Klient vorher voll und ganz aufgeklärt worden ist, so daß er überschaut, wem bzw. welcher Stelle die Informationen zugänglich gemacht werden.

Die Frage nach den im fachlich-rechtlichen Sinn *erforderlichen Daten* ist nach Maßgabe der jeweiligen Hilfeart und ihrer gegebenenfalls im Hilfeplan vorgesehenen Gestaltung zu beurteilen.[35] Dies wird am Beispiel des Entwicklungsberichts im Rahmen der Heimerziehung aufgezeigt.

Der *Entwicklungsbericht* wird seinem Namen nur gerecht, wenn er nicht nur einen erreichten Zustand, sondern die Entwicklung von einem Zustand zu einem anderen Zustand beschreibt. Voraussetzung für die Beschreibung eines solchen Verlaufs ist somit zunächst die Darstellung des Ausgangszustandes. Der Entwicklungsbericht soll detaillierte Angaben zum Stand der Entwicklung des Kindes/Jugendlichen zu Beginn des Berichtszeitraumes enthalten; ein pauschaler Verweis auf den vorausgegangenen Bericht reicht nicht aus. Von diesem Ausgangszustand her ist das spezifische Erziehungsziel für den zurückliegenden Berichtszeitraum zu formulieren. Auch die Angaben zum Entwick-

---

[34] Vgl. Urteil vom 18.07.1967, BVerfGE 22, S. 180ff.!

[35] Insoweit kann auf die Ausführungen zur Datenerhebung bei der Vorbereitung von Entscheidungen verwiesen werden. Siehe oben Kap. 3.2.

lungsverlauf sind in Beziehung zur Ausgangslage zu setzen. Auf diese Weise wird anstelle einer statischen eine dynamische, prozeßorientierte Sichtweise eingenommen, und es kann deutlich gemacht werden, in welchen Bereichen Fortschritte auf das Ziel hin erreicht werden konnten, wo die Entwicklung stillgestanden hat oder wo sogar Rückschritte eingetreten sind. Sodann soll genau geschildert werden, was das Heim unternommen hat, um das Kind bzw. den Jugendlichen dem gesteckten Ziel näher zu bringen. Die für alle gültige Heimkonzeption reicht dafür nicht aus, vielmehr sollen die spezifischen Bemühungen um den beschriebenen jungen Menschen dokumentiert werden.[36]

Aus diesen Überlegungen ergeben sich folgende

Kriterien für den Entwicklungsbericht

1. Tatsächliche Angaben zum Entwicklungsstand des Kindes/Jugendlichen zu Beginn des Berichtszeitraums.
2. Bewertung des Entwicklungsstandes des Kindes/Jugendlichen zu Beginn des Berichtszeitraumes. (Diagnose).
3. Spezifisches Erziehungsziel (= heimeigene Konkretisierung des amtlichen Hilfeplans für den Berichtszeitraum).
4. Angaben dazu, in welcher Weise die Entwicklung des Kindes/Jugendlichen durch die Heimerziehung gewährleistet und gefördert wird.
5. Tatsächliche Angaben zum Entwicklungsverlauf.
6. Bewertung des Entwicklungsverlaufs.
7. Angaben dazu, ob das Erziehungsziel in der Person des Kindes/Jugendlichen erreicht ist.
8. Angaben dazu, ob eine Änderung der Erziehungsbedingungen in der Familie des Kindes/Jugendlichen bzw. in seinem übrigen sozialen Umfeld die Zweckerreichung begründet.
9. Gegebenenfalls: Angaben zur Fortsetzung der Heimerziehung (§ 41 KJHG).

6.2 Hilfen außerhalb sozialrechtlicher Leistungsverhältnisse

Das KJHG hat unter dem Begriff der „anderen Aufgaben“ der Jugendhilfe diejenigen Aufgaben zusammengefaßt, die nicht „Leistungen“ der Jugendhilfe sind und in § 76 Abs. 1 bestimmt, daß anerkannte Träger der freien Jugendhilfe an

[36] Vgl. zu weiteren Einzelheiten: Harnach-Beck, Psychosoziale Diagnostik, S. 147ff.; Gärtner-Harnach und Maas, S. 46ff.; Landeswohlfahrtsverband Baden, Abfassung von Entwicklungsberichten.

der Durchführung solcher Aufgaben beteiligt werden können oder daß ihnen solche Aufgaben zur Ausführung übertragen werden können. Diese Möglichkeit ist auf folgende Aufgaben beschränkt:

- die Inobhutnahme nach § 42,
- die Herausnahme nach § 43,
- die Mitwirkung in Verfahren vor den Vormundschafts- und Familiengerichten nach § 50,
- die Beratung und Belehrung in Verfahren zur Annahme als Kind nach § 51,
- die Mitwirkung in Verfahren nach dem Jugendgerichtsgesetz nach § 52 und
- die Beratung und Unterstützung von Pflegern und Vormündern nach § 53 Abs. 2 bis 4.

Da § 76 Abs. 2 vorschreibt, daß der Träger der öffentlichen Jugendhilfe für die Erfüllung der Aufgabe verantwortlich bleibt, ist zunächst klargestellt, daß keine der genannten Aufgaben an einen freien Träger „abgegeben" werden kann. § 76 Abs. 1 sieht zwei unterschiedliche Arten der Beteiligung freier Träger vor:

- die „Beteiligung an der Durchführung" der Aufgabe und
- die „Übertragung der Aufgabe zur Ausführung".

Ersteres ist eine auf den Einzelfall begrenzte, letzteres eine umfassende Aufgabenübertragung, die im Schrifttum von einigen Autoren dem Rechtsinstitut der *„Beleihung"* zugeordnet wird.[37]

Der Begriff der „Beleihung" wurde ursprünglich in Verbindung mit dem Begriff des „beliehenen Unternehmers" gebraucht. Dies ist aber mißverständlich, denn mit hoheitlichen Aufgaben „Beliehene" können außer Unternehmen (z.B. Kfz-Werkstätten für die Ausführung der Abgassonderuntersuchung) auch Verbände und sonstige juristische Personen sowie natürliche Personen sein. Die Beleihung besteht darin, daß einer solchen Person des Privatrechts die Befugnis eingeräumt wird, „bestimmte einzelne hoheitliche Kompetenzen im eigenen Namen wahrzunehmen".[38] Es können sowohl obrigkeitliche Kompetenzen (Eingriffsverwaltung) als auch schlicht-hoheitliche Kompetenzen (Leistungsverwaltung) übertragen werden, aber nicht jede Übertragung solcher Kompetenzen ist schon eine Beleihung. Für eine solche kommt es darauf an, daß der Beliehene sich verpflichtet, wie ein *„Träger öffentlicher Verwaltung"* tätig zu werden, also in gleicher Rechtsgebundenheit wie die öffentliche Verwaltung, das heißt unter Bindung an den Grundsatz der Gesetzmäßigkeit der Verwaltung, insbesondere an die Grundrechte.[39] Durch die Beleihung entsteht zwischen dem beleihenden Verwaltungsträger, z.B. dem Landkreis oder der kreisfreien Stadt und dem Beliehenen ein öffentlich-rechtliches Auftrags- und Treuhandverhältnis, dessen Inhalt sich aus dem rechtlichen Begründungsakt (z.B. Verwaltungsakt, öffentlich-rechtlicher Vertrag) ergibt. Der Beliehene wird damit zugleich „Glied

---

[37] Wiesner, SGB VIII, § 76 Rn. 7-9; Neumann, Freiheitsgefährdung, S. 49 und 234.
[38] Wolff u.a. (Stober), S. 412, Rn. 2.
[39] Wolff u.a. (Stober), S. 416, Rn. 7.

derjenigen juristischen Person des öffentlichen Rechts, die ihn ermächtigt hat", somit Verwaltungsbehörde im verfahrensrechtlichen Sinn und dem Verwaltungsverfahrensrecht unterworfen. [40]

Eine solche Rechtsstellung der mit der Wahrnehmung „anderer Aufgaben" nach dem KJHG betrauten Träger der freien Jugendhilfe würde der historisch gewachsenen *Stellung der freien Träger im öffentlichen Hilfesystem* widersprechen. Ihr Einbezug ins öffentliche Hilfesystem darf nicht gleichgesetzt werden mit ihrer Eingliederung in die öffentliche Verwaltung. Die freien Träger erfüllen traditionell Aufgaben, die auch vom Staat wahrgenommen werden, die aber dann, wenn der Staat sie freien Trägern überläßt, gerade nicht Gegenstand der staatlichen Sozialverwaltung sind, obwohl sie der öffentlichen Daseinsvorsorge zugerechnet werden. Dies ist die Besonderheit des öffentlichen Hilfesystems, wie es sich in Deutschland entwickelt hat.[41]

Dieses spezifische Verhältnis zwischen öffentlichen und freien Trägern sozialer Arbeit insbesondere nach Inkrafttreten des BSHG und nach der Novellierung des JWG hat in den 60er-Jahren zu der bekannten, bis zum BUNDESVERFASSUNGSGERICHT getragenen Auseinandersetzung um das *Subsidiaritätsprinzip* geführt. Danach liegt es weder im Interesse der freien Träger, noch war es ihr Ziel, durch die im JWG und BSHG gewährte Vorrangstellung zum Bestandteil öffentlicher Verwaltung zu werden. Vielmehr wurden gerade umgekehrt die traditionell als eigene Angelegenheiten verstandenen sozialen Aufgaben gegen staatliche Einmischung abgeschottet, selbstverständlich bei gleichzeitiger Inanspruchnahme staatlicher Subventionierung.

Dies ist 1967 durch Urteil des BUNDESVERFASSUNGSGERICHTS[42] im Sinne der freien Träger festgeschrieben worden:

> „ Die Antragsteller in den Normenkontrollverfahren und die beschwerdeführenden Städte sind der Meinung, daß die Vorschriften der §§ 5 Abs. 1 und Abs. 3. Satz 2, 7 und 8 Abs. 3 JWG sowie die §§ 8 Abs. 2 Satz 2, 10 Abs. 3 Satz 2 und Abs. 4 und § 93 Abs. 1 Satz 2 BSHG in verfassungswidriger Weise einen Vorrang zugunsten der freien Jugendhilfe und der freien Wohlfahrtspflege schüfen, der zu Lasten der Träger der öffentlichen Jugendhilfe und Sozialhilfe gehe. Diese Bestimmungen sind jedoch mit dem Grundgesetz vereinbar.
>
> 1. Das Jugendwohlfahrtsgesetz und das Bundessozialhilfegesetz gehen - wie ihre Vorläufer, das Reichsjugendwohlfahrtsgesetz von 1922 und die Verordnung über die Fürsorgepflicht von 1924 - davon aus, daß die Jugendhilfe und die Sozialhilfe zwar eine Aufgabe des Staates ist, daß aber der Staat diese

---

[40] Wolff u.a. (Stober), S. 413, Rn. 3; auch S. 416, Rn. 7 und S. 418, Rn. 10.

[41] Zum Unterschied zwischen Aufgabenerledigung durch die öffentliche Verwaltung und dem Begriff des „Öffentlichen" im verfassungsrechtlichen Sinn, der auch die freien Träger umfaßt, vgl. Rinken, z.B. S. 293ff.!

[42] Urteil vom 18. 07. 1967, 2 BvF 3/62 etc. und 2 BvR 139/62 etc., BVerfGE 22, 180 - 220, hier auszugsweise wiedergegeben.

Hilfe weder organisatorisch noch finanziell in ausreichendem Maße allein leisten kann. Es bedarf dazu vielmehr der gemeinsamen Bemühung von Staat und freien Jugend- und Wohlfahrtsorganisationen. Diese hergebrachte und durch Jahrzehnte bewährte Zusammenarbeit von Staat und freien Verbänden soll durch die Vorschriften gefördert und gefestigt werden.

a) Nach dem Jugendwohlfahrtsgesetz ist es Aufgabe des Jugendamts, die für die Wohlfahrt der Jugend erforderlichen Einrichtungen und Veranstaltungen anzuregen, zu fördern und gegebenenfalls zu schaffen (§ 5 Abs. 1 JWG). Es hat unter Berücksichtigung der verschiedenen Grundrichtungen der Erziehung darauf hinzuwirken, daß die für die Wohlfahrt der Jugend erforderlichen Einrichtungen und Veranstaltungen ausreichend zur Verfügung stehen. Soweit geeignete Einrichtungen und Veranstaltungen der Träger der freien Jugendhilfe vorhanden sind, erweitert oder geschaffen werden, ist von eigenen Einrichtungen und Veranststaltungen des Jugendamts abzusehen (§ 5 Abs. 3 Satz 1 und 2 JWG).

Daraus ergibt sich folgendes: Das Jugendamt muß zunächst prüfen, welche Einrichtungen und Veranstaltungen für die Wohlfahrt der Jugend nach den örtlichen Verhältnissen erforderlich sind und ob sie ausreichend zur Verfügung stehen. Das Jugendamt soll aber nur dann selbst Einrichtungen schaffen und Veranstaltungen vorsehen, wenn seine Anregungen und Förderungsmaßnahmen bei den Trägern der freien Jugenhilfe nicht zum Ziel führen; letzteres ist auch dann der Fall, wenn der freie Träger keine angemessene Eigenleistung aufbringen kann oder wenn die Einrichtung des freien Trägers deshalb für die örtlichen Bedürfnisse nicht als ausreichen angesehen werden kann, weil sie z.B. von einem Bekenntnis geprägt ist, dem in der Gemeinde nur eine Minderheit angehört. Es kann aber nicht angenommen werden, daß ein Gesetz, das öffentliche und private Jugendhilfe zu sinnvoller Zusammenarbeit zusammenführen will, die Gemeinden und Gemeindeverbände als Träger der Jugendämter durch die Vorschrift des § 5 Abs. 3 Satz 2 JWG zwingen will, bereits vorhandene öffentliche Einrichtungen zu schließen. Wo geeignete Einrichtungen der Jugendämter ausreichend zur Verfügung stehen, kann von ihnen weder eine Förderung neuer Einrichtungen der Träger der freien Jugendhilfe verlangt werden noch eine Schließung bereits vorhandener öffentlicher Einrichtungen zugunsten freier Einrichtungen, die erst noch neu geschaffen werden müßten. Derselbe Grundsatz des sinnvollen Einsatzes finanzieller Mittel und der Zsammenarbeit verbietet es aber auch, von den Gemeinden zu verlangen, daß sie von einem mit bescheidenen Mitteln möglichen Ausbau vorhandener eigener Einrichtungen absehen und statt dessen mit erheblich höherem Aufwand die Schaffung einer neuen Einrichtung eines Trägers der freien Jugendhilfe fördern. Umgekehrt soll das Jugendamt dort, wo geeignete Einrichtungen der Träger der freien Jugendhilfe bereits vorhanden sind, die schon allein gewährleisten, daß die für die Wohlfahrt der Jugend erforderlichen Einrichtungen ausreichend zur Verfügung stehen, keine Mittel für die Schaffung eigener Einrichtungen einsetzen, sondern vielmehr seine Mittel für die Förderung der freien Einrichtungen verwenden (§ 5 Abs. 1, § 7, § 8 JWG). Mit der Verwendung der unbestimmten Rechtsbegriffe „erforderlich", „ausreichend" und „geeignet" will der Gesetzgeber sicherstellen, daß Einrichtungen und Veranstaltungen für die Wohlfahrt der Jugend in einer den jeweiligen örtlichen Gegebenheiten angepaßten Weise und unter wirtschaftlich sinnvollem Einsatz öffentlicher und privater Mittel bereitgestellt werden. Die Gesamtverantwortung dafür, daß dieses Ziel des Gesetzes erreicht wird, trägt nach § 5 Abs. 1 JWG das Jugendamt.

b) Das Bundessozialhilfegesetz bestimmt in § 10 Abs. 2 zunächt, daß die Träger der Sozialhilfe - das sind im örtlichen Bereich nach § 96 Abs. 1 des Gesetzes die kreisfreien Städte und die Landkreise - mit den Kirchen und Religionsgemeinschaften des öffentlichen Rechts sowie mit den Verbänden der freien Wohlfahrtspflege zusammenarbeiten sollen. Sie sollen die Tätigkeit der Verbände der freien Wohlfahrtspflege auf dem Gebiet der Sozialhilfe angemessen unterstützen (§ 10 Abs. 3 Satz 2). Wenn die Hilfe im Einzelfall durch die freie Wohrfahrtspflege gewährleitet wird, so sollen die Träger Sozialhilfe von der Durchführung eigener Maßnahmen absehen (§ 10 Abs. 4). Sie sollen darauf hinwirken, daß die zur Gewährung der Sozialhilfe geeigneten Einrichtungen ausreichend zur Verfügung stehen und sollen eigene Einrichtungen nicht neu schaffen, soweit geeignete Einrichtungen der Träger der freien Wohlfahrtspflege vorhanden sind, ausgebaut oder geschaffen werden können (§ 93 Abs. 1). Die letztere Bestimmung war übrigens im wesenlichen schon in § 5 Abs. 3 der Verordnung über die Fürsorgepflicht von 1924 enthalten.

Auch diese Bestimmungen des Bundessozialhilfegesetzes, die fast wörtlich denen des § 5 Abs. 3 JWG entsprechen, verfolgen nicht den Zweck, der freien Wohlfahrtspflege schlechthin einen Vorrang vor der öffentlichen Sozialhilfe einzuräumen, sondern sie wollen die längst auch im Fürsorgewesen übliche und bewährte Zusammenarbeit zwischen den öffentlichen Trägern der Sozialhilfe und den freien Wohlfahrtsverbänden gewährleisten, um mit dem koordinierten Einsatz öffentlicher und privater Mittel den größtmöglichen Erfolg zu erzielen.

c) Die Ausführungen der beschwerdeführenden Städte und der freien Wohlfahrtsverbände in der mündlichen Verhandlung lassen erkennen, daß die Praxis die beiden Gesetze in der hier zugrunde gelegten Auslegung verstanden hat; demgemäß ist die schon vorher geübte Zusammenarbeit fortgeführt worden, ohne daß ernste Schwierigkeiten aufgetreten sind. Bei dieser Gesetzesauslegung erweisen sich die verfassungsrechtlichen Bedenken der Antragsteller gegen den sogenannten Vorrang der Träger der freien Jugendhilfe und Wohlfahrtspflege als unbegründet.

4. Auch das Sozialstaatsprinzip ist nicht verletzt. Wenn Art. 20 Abs. 1 GG ausspricht, daß die Bundesrepublik ein sozialer Bundesstaat ist, so folgt daraus nur, daß der Staat die Pflicht hat, für einen Ausgleich der sozialen Ge-

gensätze und damit für eine gerechte Sozialordnung zu sorgen; dieses Ziel wird er in erster Linie im Wege der Gesetzgebung zu erreichen suchen. Keineswegs folgt aus dem Sozialstaatsprinzip, daß der Gesetzgeber für die Verwirklichung dieses Ziels nur behördliche Maßnahmen vorsehen darf. Art. 20 Abs. 1 GG bestimmt nur das „ Was", das Ziel, die gerechte Sozialordnung; er läßt aber für das „Wie", d.h. für die Erreichung des Ziels, alle Wege offen. Deshalb steht es dem Gesetzgeber frei, zur Erreichung des Ziels auch die Mithilfe privater Wohlfahrtsorganisationen vorzusehen.

Im übrigen bleibt sowohl nach der im Jugenwohlfahrtsgesetz wie nach der im Bundessozialhilfegesetz getroffenen Regelung nur der Träger der öffentlichen Jugendhilfe oder Sozialhilfe dem Hilfsbedürftigen gegenüber verpflichtet. „[43]

Wenn auch das BUNDESVERFASSUNGSGERICHT strikt vermieden hat, das Subsidiaritätsprinzip als Begriff zu nennen, so hat es doch keinen Zweifel daran gelassen, daß die Verfassung der in § 5 Abs. 3 JWG vorgeschriebenen und in § 10 Abs. 4 BSHG als Sollregelung vorgesehenen Vorrangstellung der freien vor den öffentlichen Trägern der Jugend- und Sozialhilfe nicht entgegensteht. Das Verhältnis von Staat und freien Trägern wird vom BUNDESVERFASSUNGSGERICHT durchweg als hergebrachte und durch Jahrzehnte bewährte „Zusammenarbeit" bezeichnet, die dem Ziel dient, „Einrichtungen und Veranstaltungen für die Wohlfahrt der Jugend in einer den jeweiligen örtlichen Gegebenheiten angepaßten Weise und unter wirtschaftlich sinnvollem Einsatz öffentlicher und privater Mittel" bereitzustellen, wobei „die Gesamtverantwortung dafür, daß dieses Ziel des Gesetzes erreicht wird", beim öffentlichen Träger liegt.[44]

In diesem Zusammenhang betrachtet erscheint die Rechtsfigur der Beleihung als Fremdkörper.[45] RINKEN hat das „Ungenügen des überkommenen Begriffsinstrumentariums" zur Bestimmung des öffentlich-rechtlichen Status der Wohlfahrtsverbände nachgewiesen und kommt hinsichtlich der Beleihung zu dem Ergebnis, daß die damit verbundene Pflichtenstellung auf „freie" Verbände nicht zutrifft: „Ihr freiheitlicher Grundstatus verbietet jede Art von 'Indienstnahme', er schließt nicht nur ihre *Ein*gliederung in die verfaßte Staatlichkeit aus, er läßt auch keine *An*gliederung an die staatliche Organisation zu."[46]

STEINER[47] folgt dieser Argumentation nicht und wendet die Rechtsfigur der

---

43 Ausführlich zum damaligen Verfassungsstreit: Rinken, S. 31ff. mit umfassenden Literaturnachweisen.

44 A.a.O., S. 200, 201/202.

45 Im Ergebnis ebenso: Hauck, SGB VIII, § 76 Rn. 5; Knopp und Fichtner, § 10, Rn. 7; Klinger und Kunkel, S. 18ff. - Gleichfalls in diesem Sinn, allerdings zu § 18 JWG: Jans/Happe/Saurbier, Jugendwohlfahrtsgesetz, § 18 Nr. 5 A a.

46 S. 88ff., Zitat S. 90.

47 S. 63ff.

Beleihung unabhängig davon an, ob zwischen Staat und privater Sphäre eine „dritte Zone des 'Öffentlichen'" existiert. Nach seiner Auffassung ist die Beleihung ein Anwendungsfall des öffentlich-rechtlichen Auftrags, und so hält er auch eine Beleihung im Rahmen des § 18 JWG für möglich.[48] Daraus können aber nach seiner Auffassung keine organisationsrechtlichen Konsequenzen gezogen werden und, wie seine dazu folgende Begründung ergibt, auch bzw. erst recht keine datenschutzrechtlichen: „Es macht die Besonderheit der öffentlichen Verwaltung durch Beliehene aus, daß der Private die Kompetenz in seiner Eigenschaft als *Subjekt der Privatrechtsordnung* und nicht als Teil des staatsorganschaftlichen Bereichs zugewiesen erhält. Im Unterschied zu den juristischen Personen des öffentlichen Rechts basiert die Eigenständigkeit der Kompetenzwahrnehmung durch beliehene Private auf der in der Privatrechtsordnung verankerten rechtlichen Selbständigkeit."[49]

Selbst wenn man also, gestützt auf STEINER, in der Aufgabenübertragung nach § 76 KJHG eine Beleihung sehen wollte, so würde daraus keinesfalls folgen, daß der beliehene freie Träger dadurch zum Leistungsträger im Sinne des § 12 SGB I oder zu einer Stelle des Leistungsträgers würde.

§ 76 Abs. 1 KJHG ist sinnvoll anwendbar, auch wenn man nicht auf das Rechtsinstitut der Beleihung zurückgreift. Diese Vorschrift bindet eine Reihe recht unterschiedlicher Aufgaben zusammen und läßt ihre Übertragung auf freie Träger zur „Durchführung" oder zur „Ausführung" zu, wobei die unterschiedliche rechtliche Reichweite der Übertragung zur „Durchführung" oder zur „Ausführung" nicht näher geregelt wird. Sie ist je nach Art der Übertragung unter Berücksichtigung der gesamten Beziehungsstruktur öffentlicher und freier Jugendhilfe zu bestimmen, also einerseits unter Berücksichtigung der dargestellten, gesetzlich garantierten Eigenständigkeitsgarantie für die freien Träger, andererseits unter Beachtung der aus der Gesetzessystematik und dem Gesetzeszweck zu ermittelnden zentralen Funktion des öffentlichen Trägers.

Dies bedeutet:

1. § 76 legitimiert überhaupt nicht dazu, *staatliche Eingriffs- und Kontrollbefugnisse* zu übertragen, also das Recht auf Freiheitsentzug bei Inobhutnahme nach § 42 Abs. 3, das Recht auf Herausnahme des Minderjährigen nach § 43 und das Recht, gemäß § 50 Abs. 3 das Vormundschaftsgericht einzuschalten.

Solche Befugnisse lassen sich nicht mit der Eigenständigkeit freier Träger vereinbaren. Für den Bürger, der sich hilfesuchend an einen freien Träger wendet, weil er den Weg zu einer staatlichen Stelle aus wirklich oder vermeintlich gutem Grund fürchtet, könnte dies der Weg in eine Falle sein, denn der freie Träger müßte nun seiner gesetzlichen, wenn auch nur übertragenen, Pflicht gehorchen und als Eingriffsverwaltung tätig werden. Dies vertrüge sich aber nicht mit

[48] S. 226, dort auch Fußnote 122.

[49] Steiner, S. 224. Im Original keine Hervorhebung.

dem Grundkonzept der Stellung freier Träger im Hilfesystem, insbesondere deshalb, weil es zu einer für den Bürger, aber auch für den freien Träger nicht mehr durchschaubaren Aufgabenvermischung käme. Der angebotene Weg in eine von hoheitlicher Gewalt freie Sphäre würde unversehens in die Eingriffsverwaltung führen. Überdies verstieße es gegen die Grundkonzeption des KJHG, einem beauftragten freien Träger die Entscheidung darüber zu übertragen, ob das Vormundschaftsgericht wegen Gefährdung des Kindeswohls anzurufen ist. Diese Entscheidung kann nur das Jugendamt treffen, weil zu prüfen ist, ob die Gefährdung durch geeignete Hilfen abgewendet werden kann. Dazu ist der Gesamtüberblick erforderlich, der Bestandteil der Gesamtverantwortung des Jugendamtes ist. Gemäß § 76 Abs. 2 ist aber die Gesamtverantwortung nicht übertragbar. Diesem Gesetzeszweck würde es daher zuwiderlaufen, wenn die Aufgabenübertragung nach § 50 KJHG auch die Befugnis nach § 50 Abs. 3 umfaßte.

2. § 76 legitimiert dazu, freien Trägern die *Wahrnehmung der übrigen Aufgaben* zu übertragen. Die Übertragung zur „Ausführung“ ist dabei als Rahmenvertrag anzusehen, der den freien Träger generell ermächtigt, die jeweilige Aufgabe wahrzunehmen, aber unter der Voraussetzung, daß der Klient im Einzelfall mit der Erledigung der Aufgabe durch den freien Träger einverstanden ist. Das Jugendamt darf den Klienten weder an den jeweiligen freien Träger verweisen noch darf dieser sich dem Klienten aufdrängen.

Nur durch diese Auslegung kann vermieden werden, daß ein Träger, der für sich Tendenzschutz in Anspruch nimmt, in unlösbaren Widerspruch zur staatlichen Neutralitätspflicht gerät, beispielsweise ein katholischer Träger, der im Scheidungsverfahren ein Sorgerechtsgutachten abgeben soll. Dieser Widerspruch aber wäre unausweichlich, wenn man die Aufgabenübertragung als Beleihung ansehen würde, denn die Beleihung würde ihn trotz seiner weltanschaulichen Tendenz zur öffentlichen Stelle machen und damit zur Neutralität verpflichten. Grundsätzlich würde dies die Frage nach der Verfassungsmäßigkeit einer solchen Regelung aufwerfen. Jedenfalls verbietet eine widerspruchsfreie Interpretation des § 76, die Aufgabenübertragung als Beleihung anzusehen. Nur wenn man es dem Klienten überläßt, nach entsprechender Aufklärung über die Tendenz des freien Trägers dessen Dienste in Anspruch zu nehmen oder nicht, kann der aufgezeigte Widerspruch im Einzelfall vermieden werden.

3. § 76 gestattet es schließlich, einem freien Träger einzelne der aufgezählten Aufgaben zur Durchführung, das heißt zur *Erledigung im Einzelfall*, zu übertragen.

Hierfür gelten die bisherigen Ausführungen zu § 76 entsprechend. Die Übertragung setzt voraus, daß der Klient damit einverstanden ist. Hinsichtlich der Eingriffs- und Kontrollbefugnisse kommt auch eine Einzelfallübertragung aus den genannten Gründen nicht in Betracht. Die Funktionen freier Träger im Rahmen der §§ 42 und 43 reduzieren sich also praktisch darauf, daß sie aufgrund der Vereinbarung mit dem Jugendamt ihre Einrichtungen zur Unterbringung von

Kindern und Jugendlichen bereithalten.

Als *Ergebnis* bleibt festzuhalten, daß freie Träger, denen Aufgaben des öffentlichen Trägers zur Durchführung oder Ausführung übertragen werden, nicht zu Beliehenen, also nicht zu Verwaltungsgliedern des öffentlichen Trägers werden. Sie behalten ihre Selbständigkeit hinsichtlich der Organisation, des Verfahrens und des Inhalts der Hilfe. Das Jugendamt nimmt lediglich ihre personellen und sächlichen Mittel und ihre fachliche Kompetenz zur Erledigung von Aufgaben der Jugendhilfe in Anspruch. Ihre Stellung ist dabei nicht anders als bei der Leistungserbringung.

Auch *datenschutzrechtlich* sind die nach § 76 in Anspruch genommenen freien Träger selbständig, unterliegen also primär dem für den jeweiligen Träger geltenden, z.B. dem kirchlichen Datenschutzrecht. Sie sind keine „öffentlichen Stellen" im datenschutzrechtlichen Sinn. Aber § 61 Abs. 4 KJHG verpflichtet den verantwortlichen öffentlichen Träger der Jugendhilfe sicherzustellen, daß bei dem in Anspruch genommenen Träger der freien Jugendhilfe ein dem KJHG-Datenschutz entsprechender Schutz personenbezogener Daten gewährleistet ist. Dies kann durch Vereinbarungen mit dem freien Träger geschehen. § 61 Abs. 4 zwingt nicht zur analogen Anwendung der KJHG-Bestimmungen, sondern will gewährleisten, daß der Datenschutz nicht unter die durch das KJHG festgelegte Schwelle sinkt. Gelten beim freien Träger bereits gleichwertige oder gar strengere Datenschutzregelungen, so sind damit die Anforderungen des § 61 Abs. 4 KJHG erfüllt. Überdies darf der freie Träger personenbezogene Daten, die er von einem öffentlichen Träger erhalten hat, gemäß § 78 SGB X nur zweckgebunden verwenden, nicht aber weitergeben.[50]

6.3 Offene Hilfen

Offene Hilfenangebote der sozialen Arbeit, z.B. das Jugendhaus, der Kindergarten, die Erziehungsberatungsstelle, werden in Anspruch genommen, ohne daß vorher Anspruchsvoraussetzungen im Sinne einer Bedarfsfeststellung zu überprüfen sind. Somit kommt es auch nicht zu einer Hilfeentscheidung.

Die Hilfe im Rahmen offener Angebote ist daher rechtlich einfacher strukturiert als die Hilfeerbringung auf der Grundlage einer Hilfeentscheidung. Dies bedeutet allerdings nicht, daß ihr keine rechtlichen Dimensionen zukämen. Es gelten die allgemeinen rechtlichen Rahmenbedingungen (Strafrecht, Haftungsrecht) sowie die Haus- oder Nutzungsordnung. Bei Angeboten öffentlicher Träger ist die offene Hilfe „tatsächliches Verwaltungshandeln", das rechtlich einer Zweckbindung unterliegt. Die Zwecke ergeben sich in der Regel aus dem Gesetz oder aus kommunalrechtlichen Bestimmungen.[51]

Freie Träger, die öffentliche Zuschüsse erhalten, werden an die gesetzlichen

---

[50] Siehe oben Kap. 3.6.2.

[51] Ortmann, S. 199ff., bezeichnet „offene Hilfen" daher als „zweckprogrammierte" Hilfen.

oder sonstigen rechtlichen Zwecke gebunden (§ 74 KJHG, § 93 BSHG, § 17 Abs. 3 SGB I, § 97 Abs. 1 SGB X). Das KJHG legt beispielsweise für die Jugendarbeit (§ 11) und den Kindergarten (§ 22) Maßstäbe fest. Für offene Angebote von Erziehungsberatungsstellen ergeben sich Maßstäbe aus § 16 Abs. 2 Nr. 2, aus § 17 und aus § 28[52]. § 28 hat nicht nur die Funktion, einen individuellen Anspruch auf Erziehungsberatung zu sichern. Er legt darüber hinaus einen auch für die offene Erziehungsberatung geltenden Fachlichkeitsstandard fest.

Datenschutzrechtlich unterliegen die freien Träger bei offenen Hilfen den allgemeinen Datenschutzvorschriften (BDSG) bzw. ihren trägerspezifischen (kirchlichen) Datenschutzbestimmungen.[53] Für den Bereich der Jugendhilfe könnte die Anwendung des § 61 Abs. 4 KJHG erwogen werden. Die unmittelbare Anwendung dieser Norm scheidet allerdings aus, weil bei offenen Hilfen Einrichtungen und Dienste von Trägern der freien Jugendhilfe nicht „in Anspruch genommen" werden. Ein mittelbarer Anpassungsdruck über die Verknüpfung von Zuschüssen mit entsprechenden datenschutzrechtlichen Auflagen dürfte aber ebensowenig von dieser Rechtsgrundlage gedeckt sein, weil die Förderungsvoraussetzungen in §§ 74 und 75 KJHG dafür keinen Anhaltspunkt bieten. Auf die Beachtung der aus dem Grundrecht auf informationelle Selbstbestimmung folgenden datenschutzrechtlichen Konsequenzen kann der öffentliche Träger aber durchaus Druck ausüben, weil die Beachtung der verfasungsmäßigen Ordnung zu den Voraussetzungen der Förderungswürdigkeit freier Träger gehört.

Unklarheiten bestehen hinsichtlich der datenschutzrechtlichen Regeln, die die *Datenerhebung* und insbesondere die *Datenspeicherung* betreffen. Im Unterschied zum Verwaltungsverfahren werden im Bereich offener Hilfen keine leistungsrechtlichen Sachverhalte ermittelt. Typisch ist hier vielmehr, daß zwar unzählige persönliche Informationen zugänglich, aber nicht zu einem bestimmten Zweck ausgewählt und festgehalten, also im datenschutzrechtlichen Sinne „erhoben" und „gespeichert" werden. Es gibt jedoch auch hier durchaus Daten, die gezielt für bestimmte einzelne Zwecke erfaßt werden, zum Beispiel zur Aufnahme in den Kindergarten, insbesondere aber zur Sicherung der Beratungskontinuität in Erziehungsberatungsstellen. In diesen Fällen handelt es sich durchaus um Datenerhebung und Datenspeicherung im datenschutzrechtlichen Sinn.

Die Regelungen des KJHG zur Datenerhebung (§ 62) und Datenspeicherung (§ 63) bringen allgemeine datenschutzrechtliche Grundsätze zum Ausdruck. Unabhängig davon, ob diese Regelungen unmittelbar anzuwenden sind, verlangen die ihnen zugrunde liegenden allgemeinen datenschutzrechtlichen Kriterien

52 Zur rechtlichen Qualität der Erziehungsberatung als Hilfe zur Erziehung siehe oben Kap. 4.3.3.1.

53 Siehe oben Kap. 3.1.1.1.

Beachtung, nämlich die Erforderlichkeit, die Zweckbindung und die Einzelfallorientierung bei der Datenerhebung und Datenspeicherung.[54]

Die Folgerungen hieraus werden am Beispiel der *Erziehungsberatung* erörtert. Die für die Beratung erforderlichen Daten richten sich, anders als im Verwaltungsverfahren, nicht nach den Tatbestandsmerkmalen eines unmittelbar zu konkretisierenden Rechtssatzes. Dennoch ist die Datenerhebung für Beratungszwecke nicht beliebig. Sie ist zunächst eingegrenzt durch die Aufgabenzuweisung. So darf z.B. eine Beratungsstelle nur Daten erheben, die im Rahmen ihrer sachlichen Zuständigkeit liegen. Da sich der Grundsatz der Erforderlichkeit auf den Einzelfall bezieht, ist die beratende Stelle außerdem verpflichtet, nur diejenigen Daten zu erheben, die von der jeweiligen Beratungsaufgabe im Einzelfall her erforderlich sind.

Es wird deutlich, daß hier die Fachlichkeit als Kriterium für den Datenbedarf im Vordergrund steht. Das Verfügungsrecht des Ratsuchenden über seine Daten wird aber auch hier nicht zum Allheilmittel für eine großzügige Datenhortung. Als freiwillig preisgegeben dürfen auch hier nur Informationen gelten, wenn der Ratsuchende durchschaut und überschaut, was mit seinen Informationen geschieht. Auch die beratende Stelle wird durch den Grundsatz der Erforderlichkeit zur Legitimation gezwungen, was sich vor allem als umfassende Aufklärung über die Beratungszusammenhänge und damit als Transparenz für den Ratsuchenden auswirken muß.

Mit dem Begriff der Datenspeicherung wird auch die Aufnahme personenbezogener Daten in *Akten* bezeichnet. Der Begriff der „Akte" ist nicht auf Verfahrensakten der öffentlichen Verwaltung beschränkt, sondern bezeichnet einen Datenträger, auf den Daten außerhalb von Dateien gespeichert, z.B. schriftlich aufgezeichnet werden.[55]

Während für den Bereich des öffentlichen Verwaltungsverfahrens die Akte Entscheidungsgrundlage ist, hat sie in Beratungsstellen lediglich die Funktion, den Beratungsverlauf zu dokumentieren. Nach dem Grundsatz der Erforderlichkeit mit seinen beiden Aspekten der Zweckbindung und der Einzelfallorientierung ist für jeden einzelnen durch den Beratungskontrakt definierten Beratungszweck somit eine eigenständige Akte (Einzelfallakte) zu führen. Inhalt dieser Akte dürfen nur die zu diesem definierten Beratungszweck erhobenen Daten werden, soweit sie dafür erforderlich sind.

---

54 Siehe oben Kap. 3.2 und 3.3.

55 Siehe oben Kap. 3.3. - Zur Datenerhebung und Aktenführung in Erziehungsberatungsstellen vgl. auch: Bundeskonferenz für Erziehungsberatung e. V., Hinweise zur Bedeutung der Datenschutzregelungen. Dies., Hinweise zur Aktenführung.

Literatur

Achterberg, Norbert. Allgemeines Verwaltungsrecht. Ein Lehrbuch. 2. Auflage 1986.

Arbeitsgruppe Jugendgerichtshilfe in der DVJJ. Jugendgerichtshilfe. Standort und Wandel. In: ZfJ 1990 (10), 554-563.

Arbeitskreis Jugendarbeit der Fachhochschule für Sozialwesen Mannheim. Offene Jugendarbeit: Das Kulturopfer? In: SM 1987 (5), 42 - 46.

Aristoteles. Lehre vom Schluß oder Erste Analytik. (Organon III). Übersetzt und mit Anmerkungen versehen von Eugen Rolfes. Unveränderter Nachdruck 1975 der Ausgabe von 1921.

Arndt, Joachim; Oberloskamp, Helga; Balloff, Rainer. Gutachtliche Stellungnahmen in der sozialen Arbeit. Eine Anleitung mit Beispielen für die Mitwirkung in Vormundschafts- und Familiengerichtsverfahren. 5. Auflage 1993.

Balloff, Rainer. Familiengerichtshilfe als Aufgabe der Jugendämter. In: ZfJ 1991 (7-8), 379 - 388.

Bauer, Rudolf. Wohlfahrtsverbände in der Bundesrepublik. Materialien und Analysen zu Organisation, Programmatik und Praxis. Ein Handbuch. 1978.

Bauer, Rudolph. (Hrsg.). Lexikon des Sozial- und Gesundheitswesens. 1992.

Baumbach, Adolf und Lauterbach, Wolfgang (u.a.). Zivilprozeßordnung. Kommentar. 52. Auflage 1994.

Bayerisches Landesjugendamt. Vorschlag zum Hilfeplan. 2. Auflage 1994.

Becker, Bernd. Öffentliche Verwaltung. Lehrbuch für Wissenschaft und Praxis. 1989.

Bender, Rolf und Nack, Armin. Tatsachenfeststellung vor Gericht. Band 1: Glaubwürdigkeits- und Beweislehre. 1981.

Beneke, Eckard. Selbstverständnis und Handlungsrealität von Sozialarbeitern. Eine Fallstudie über Funktion und Praxis einer kommunalen Dienststelle. 1979.

Blanke, Thomas und Sachße, Christoph. Wertewandel in der Sozialarbeit. Verfassungstheoretische Überlegungen zur Kritik des Sozialisationsstaates. In: Olk und Otto. (Hrsg.). Soziale Dienste im Wandel 1. 251-285.

Blume-Banniza, Christel und Gros, Hans-Joachim. Der Sozialarbeiter in der Vormundschafts- und Familiengerichtshilfe. Teil 2. Der Bericht des Jugendamtes zur Frage des Kindeswohls aus pädagogisch-psychologischer Sicht. 1981.

Blumenberg, Franz-Jürgen und Post, Wolfgang. Hinweise zur Entscheidungsfindung. In: Deutscher Verein für öffentliche und private Fürsorge. (Hrsg.). Familie - Pflegefamilie - Heim. Überlegungen für situationsgerechte Hilfen zur Erziehung. 1986, 73-84.

Blumenberg, Franz-Jürgen und Wetzstein, Hans. Erziehungs- und Familienhelfer in Baden. Landeswohlfahrtsverband Baden. 1989.

Bödecker, Wilhelm. Zur Diskussion um ein neues Bedarfsbemessungssystem für die Regelsätze in der Sozialhilfe. Fachhochschule für Sozialwesen Mannheim. Unveröffentlichtes Manuskript. 1990.

Boeßenecker, Karl-Heinz. Das neue Steuerungsmodell. Eine neue Rationalisierungsvariante der sozialen Arbeit oder: Guten Tag, Herr Kollege, was macht Ihre Erfolgskurve? In: SozArb 1995 (4), 127 - 134.
Bogumil, Jörg und Kißler, Leo. Vom Untertan zum Kunden? Möglichkeiten und Grenzen von Kundenorientierung in der Kommunalverwaltung. 1995.
Borchert, Günter; Hase, Friedhelm; Walz, Stefan. Gemeinschaftkommentar zum Sozialgesetzbuch. Schutz der Sozialdaten. 1989.
Bottke, Wilfried. Das Jugendamt als ermittelnde Jugendgerichtshilfe - ein Unding?. In: ZfJ 1980 (1), 12 - 23.
Brandt, Sabine. Ambulante Familienpflege. Eine Jugendhilfeleistung nach § 20 SGB VIII zur Versorgung und Betreuung von Kindern in Notsituationen. In: SozArb 1995 (4), 122 - 126.
Bremischer Landesbeauftragter für den Datenschutz. 12. Jahresbericht. 1990.
Bronke, Karl; Wenzel, Gerd; Leibfried, Stephan. Soziale Dienste zwischen Herrschaft und öffentlicher Produktion. In: Olk und Otto. (Hrsg.). Gesellschaftliche Perspektiven der Sozialarbeit 4. 1985, 23-54.
Brunner, Rudolf. Jugendgerichtsgesetz. Kommentar. 9. Auflage. 1991.
Buchwald, Delf. Der Begriff der rationalen juristischen Begründung. 1990.
Bull, Hans Peter. Allgemeines Verwaltungsrecht. Ein Lehrbuch. 4. Auflage 1993.
Bundesarbeitsgemeinschaft der Landesjugendämter. Empfehlungen zur Adoptionsvermittlung. 3. Auflage 1994.
Bundeskonferenz für Erziehungsberatung e. V. Hinweise zur Aktenführung in Erziehungsberatungsstellen. In: Informationen für Erziehungsberatungsstellen 1993 (1), 1 - 5.
Bundeskonferenz für Erziehungsberatung e. V.. Hinweise zur Bedeutung der Datenschutzregelungen des KJHG für die Erziehungsberatungsstellen. In: Informationen für Erziehungsberatungsstellen 1991 (3), 1 - 5. = ZfJ 1992 (3), 132 - 135.
Bundeskonferenz für Erziehungsberatung e. V. Hinweise zur Hilfeplanung nach § 36 KJHG. In: ZfJ 1995 (7), 314 - 319.
Bundesminister für Jugend, Familie und Gesundheit. (Hrsg.). Dritter Jugendbericht. 2. Auflage 1973.
Bundesminister für Jugend, Familie, Frauen und Gesundheit. (Hrsg.). Siebter Jugendbericht. 1986.
Bundesminister für Jugend, Familie, Frauen und Gesundheit. (Hrsg.). Achter Jugendbericht. 1990.
Burdenski, Wolfhart; Maydell, Bernd von; Schellhorn, Walter. Gemeinschaftskommentar zum Sozialgesetzbuch. Allgemeiner Teil. 2. Auflage 1981.
Bürger, Ulrich. Jugendhilfeplanung: Planung der Hilfen zur Erziehung. Fachplanerische Leitlinien, rechtliche Normierungen und methodische Ansätze. In: ZfJ 1995 (3), 95 - 102.
Busch, Manfred. Begriff, Inhalt und Umfang der Inobhutnahme nach § 42 KJHG. In: ZfJ 1993 (3), 129 - 135.
Coester, Michael. Die Bedeutung des Kinder- und Jugendhilfegesetzes (KJHG) für das Familienrecht. In: FamRZ 1991 (3), 253 - 263.
Coester, Michael. Das Kindeswohl als Rechtsbegriff. 1983.
Conen, Marie-Luise. Sozialpädagogische Familienhilfe zwischen helfen und helfen zu verändern. In: TuP 1990 (7), 259 - 265.

Cremer, Hubert und Brusten, Manfred. Erziehungsberatung nach medizinischem Modell. Zur Kritik eines statistischen Erhebungsbogens. In: Neue Praxis, 1976 (1), 39 - 51.
Cremer, Hubert. Zur Situation der Erziehungsberatung in der BRD. In: ZfJ 1995 (4/5/6), S.170 - 177.
Dahlinger, Erich. Die einzelnen Rechtsbeziehungen zwischen Heimbewohner, privatem Heimträger und Sozialhilfeträger und ihr Zusammenwirken. In: NDV 1979 (8), 214 - 218.
Damian, Hans-Peter. Geheimhaltungspflicht und Zeugnisverweigerung der Sozialarbeiter/Sozialpädagogen. Versuch einer Bestandsaufnahme. In: NDV 1981 (8), 202-211.
Deutscher Paritätischer Wohlfahrtsverband. (Hrsg.). Seelisch behinderte junge Menschen. Folgerungen aus dem gesetzlichen Zuständigkeitswechsel BSHG/KJHG. Dokumentation einer Fachtagung vom 06. - 08. 09. 1993.
Deutscher Verein für öffentliche und private Fürsorge. Aktenführung in der kommunalen Sozialverwaltung. In: NDV 1990 (10), 335 - 339.
Deutscher Verein für öffentliche und private Fürsorge. Empfehlungen zur Beratung in Fragen der Trennung und Scheidung und zur Mitwirkung der Jugendhilfe im familiengerichtlichen Verfahren. In: NDV 1992 (5), 148 - 152.
Deutscher Verein für öffentliche und private Fürsorge. Empfehlungen zur Hilfeplanung nach § 36 KJHG. In: NDV 1994 (9), 317 - 326.
Deutscher Verein für öffentliche und private Fürsorge. Empfehlungen zur Organisation des kommunalen Allgemeinen Sozialdienstes. 1983.
Deutscher Verein für öffentliche und private Fürsorge. Empfehlungen zur Teamarbeit in sozialen Diensten. 1976.
Deutscher Verein für öffentliche und private Fürsorge. (Hrsg.). Fachlexikon der sozialen Arbeit. 2. Auflage 1986. (1. Auflage 1980.)
Deutscher Verein für öffentliche und private Fürsorge. (Hrsg.). Hilfe für alleinstehende Wohnungslose (Nichtseßhafte). Materialien zur Diskussion der Hilfepraxis und Orientierung der Hilfeplanung nach § 72 BSHG. 1990.
Deutscher Verein für öffentliche und private Fürsorge. Gutachten vom 17. 07. 1991. G 73/91. (Zu Mitteilungs- und Unterrichtungspflichten nach dem Ausländergesetz.) In: NDV 1991 (9), 322 - 325.
Deutscher Verein für öffentliche und private Fürsorge. Gutachten vom 28. 07. 1987. G 92/87. (Zur routinemäßigen Weiterleitung des JGH-Berichtes an die Bewährungshilfe.) In: NDV 1987 (10), 358-359.
Deutscher Verein für öffentliche und private Fürsorge. Gutachten zum Hausbesuch in der Sozialhilfe vom 1. 4. 1986. G 56/86. In: NDV 1986 (8), 332.
Deutscher Verein für öffentliche und private Fürsorge. Gutachtliche Äußerung: Neues Bedarfsbemessungssystem für die Regelsätze in der Sozialhilfe: Ableitung der Regelsätze für sonstige Haushaltsangehörige. 1989.
Deutscher Verein für öffentliche und private Fürsorge. Schutz der Sozialdaten, Sozialgeheimnis und Schweigepflicht. Grundsatzthesen. In: NDV 1986 (6), 227 - 230.
Dewe, Bernd und Ferchhoff, Wilfried. Abschied von den Professionen oder die Entzauberung der Experten Zur Situation der helfenden Berufe in den 80er Jahren In: ArchSozArb 1987 (3), 147-182.
Diedrichs-Michel, Irmgard. Anordnungen von Familien- und Vormundschaftsgerichten gegenüber Jugendämtern. In: RsDE 1995 (29), 43 - 56.

Dorenburg, Hermann u.a. Grenzen der Verrechtlichung sozialer Beziehungen. Sozialpolitik, Sozialarbeit und gesellschaftliche Alternativen. In: Olk, Thomas und Otto, Hans-Uwe. (Hrsg.). Soziale Dienste im Wandel. Band 1. 1987. 199-229.

Eisenberg, Ulrich. Jugendgerichtsgesetz. Mit Erläuterungen. 6. Auflage 1995.

Elger, Wolfgang und Christmann, Christine. Sozialpädagogische Familienhilfe. In: Blandow, Jürgen und Faltermeier, Josef. (Hrsg.). Erziehungshilfen in der Bundesrepublik Deutschland. 1989. S. 148 - 170.

Elger, Wolfgang. Sozialpädagogische Familienhilfe. 1990.

Engisch, Karl. Einführung in das juristische Denken. 8. Auflage 1989.

Engisch, Karl. Logische Studien zur Gesetzesanwendung. 3. Auflage. 1963.

Erben, Rafaela und Schade, Burkhard. Position und Einfluß des Jugendamtes in familiengerichtlichen Verfahren. Eine empirische Untersuchung. In: ZfJ 1994 (5), 209 - 214.

Erichsen, Hans-Uwe. (Hrsg.). Allgemeines Verwaltungsrecht. 10. Auflage 1995.

Erichsen, Hans-Uwe. Elternrecht - Kindeswohl - Staatsgewalt. Zur Verfassungsmäßigkeit staatlicher Einwirkungsmöglichkeiten auf die Kindeserziehung durch und aufgrund von Normen des elterlichen Sorgerechts und des Jugendhilferechts. 1985.

Erichsen, Hans-Uwe und Martens, Wolfgang. (Hrsg.). Allgemeines Verwaltungsrecht. 8. Auflage 1988.

Esser, Josef. Vorverständnis und Methodenwahl in der Rechtsfindung. Rationalitätsgarantien der richterlichen Entscheidungspraxis. 1970.

Fegert, Jörg M.. Was ist seelische Behinderung? Anspruchsgrundlage und kooperative Umsetzung von Hilfen nach § 35a KJHG. 1994.

Feldmann, Ursula. Der Allgemeine Sozialdienst in der Bundesrepublik Deutschland. Bestandsaufnahme und Weiterentwicklung. In: NDV 1988 (11), S. 334 - 340.

Feldmann, Ursula. Einsatz und Arbeitsprobleme des Allgemeinen Sozialdienstes. Bericht über eine Fachtagung für Dezernenten und Amtsleiter. In: NDV 1989 (11), 385 - 390.

Filthuth, Karl-Heinz. Erziehung in einer Tagesgruppe. In: Gernert, Wolfgang. (Hrsg.). Freie und öffentliche Jugendhilfe. Einführung in das Kinder- und Jugendhilfegesetz (KJHG). 1990. S. 96 - 101.

Finger, Peter. Gefährdung des Kindeswohls. Ein Bericht zur Entwicklung des elterlichen Sorgerechts. In: RdJB 1988 (2), S. 177 - 195.

Flosdorf, Peter (Hrsg.). Theorie und Praxis stationärer Erziehungshilfe. Band I und II. 1988.

Forsthoff, Ernst. Lehrbuch des Verwaltungsrechts. Allgemeiner Teil. 10. und letzte Auflage. 1973.

Freytag-Löringhoff, Bruno Baron von. Logik I. Das System der reinen Logik und ihr Verhältnis zur Logistik. 5. Auflage 1972.

Fricke, Astrid. Der Sorgerechtsentzug und die Folgen. Zur Mitwirkung des Amtsvormunds/Amtspflegers bei der Hilfe zur Erziehung nach dem KJHG. In: ZfJ 1993 (6), 284 - 291.

Friedrichs, Hans Joachim. Erziehungshilfen und Inobhutnahme nach dem Kinder- und Jugendhilfegesetz (KJHG). In: ZfSH/SGB 1991 (1), 14 - 22.

Frings, Peter. Der Hilfeplan als Kundenschreck. In: BldW 1995 (5), 111.

Frommann, Matthias. Schweigepflicht und Berufsauftrag des Sozialarbeiters. Ein Beitrag zur sozialrechtlichen Funktion des § 203 Abs. 1 Nr. 5 StGB. In: Deutscher Verein für öffentliche und private Fürsorge. (Hrsg.). Sozialdatenschutz. 1985. 159 - 211.

Fromont, Michel. Rechtsschutz gegenüber der Verwaltung in Deutschland, Frankreich und den europäischen Gemeinschaften. 1967.

Fthenakis, Wassilios E.. Kindeswohl. Gesetzlicher Anspruch und Wirklichkeit. In: Fünfter Deutscher Familientag. (Brühler Schriften zum Familienrecht. Band 3.) 1983. 33 - 66.

Fthenakis, Wassilios E.. Psychologische Beiträge zur Bestimmung von Kindeswohl und elterlicher Verantwortung. In: Lampe, Ernst-Joachim (Hrsg.). Persönlichkeit, Familie, Eigentum. Grundrechte aus der Sicht der Sozial- und Verhaltenswissenschaften. 1987. 182 - 224.

Fthenakis, Wassilios E. Zum Stellenwert der Bindung des Kindes als sorgerechtsrelevantes Kriterium gemäß § 1671 BGB. In: FamRZ, 1985 (7), S. 662 - 672.

Fuchs, Petra und Habermann, Bärbel. Änderung des Kinder- und Jugendhilfegesetzes. Ein Überblick über das Erste Gesetz zur Änderung des Achten Buches Sozialgesetzbuch -KJHG-. Teil 1. In: NDV 1993 (2), 52 - 60, 56.

Funk, Albrecht u.a.. Verrechtlichung und Verdrängung. Die Bürokratie und ihre Klientel. 1983.

Galtung, Johan. Strukturelle Gewalt. Beiträge zur Friedens- und Konfliktforschung. 1975.

Gärtner-Harnach, Viola und Maas, Udo. Psychosoziale Diagnose und Datenschutz in der Jugendhilfe. Untersuchung von gutachtlichen Stellungnahmen und Entwicklungsberichten aus dem Bereich der Heimerziehung im Rahmen der Freiwilligen Erziehungshilfe. Hrsg. vom Landeswohlfahrtsverband Baden - Landesjugendamt. 1987.

Giese, Dieter und Krahmer, Utz. (Hrsg). Sozialgesetzbuch. Allgemeiner Teil und Verfahrensrecht. (SGB I und X). Kommentar. 2. Auflage. Stand 1995.

Giese, Dieter. Zur Abgrenzung von Hilfen nach §§ 5, 6 JWG, §§ 62ff. JWG und nach §§ 39ff. BSHG zueinander. In: ZfSH/SGB 1977 (12), 366-374.

Giese, Dieter. Auswirkungen des Ersten und Zehnten Buches des Sozialgesetzbuches auf das verwaltungsrechtliche Sozialrecht, insbesondere auf das Sozialhilferecht. In: ZfSH/SGB 1988 (1), 1 - 16.

Giese, Dieter. Zur Bedarfssteuerung in der Heimversorgung. In: ZfF 1984 (5), 93 - 98.

Giese, Dieter. Zum Familienbegriff des § 1 III JWG. Ein Rückblick auf BVerwGE 52, 214. In: FamRZ 1983 (3), 239-244.

Giese, Dieter. Rechtsfragen der Beratung. In: Giese, Dieter und Melzer, Gerhard. Die Beratung in der sozialen Arbeit. 2. Auflage 1978. S. 13 - 68.

Giese, Dieter. Zur Rechtsstellung der Heimbewohner. In: ZfF 1979 (11), 241 - 246.

Gintzel, Ullrich und Schrapper, Christian. Intensive sozialpädagogische Einzelbetreuung. 1991.

Goldstein, Joseph u.a.. Jenseits des Kindeswohls. 1974.

Goll, Dieter. Soziale Gruppenarbeit als ambulantes Hilfsangebot des Jugendamtes. In: SozArb 1993 (5), 153 - 159.

Golz, Angelika. Indikation für sozialpädagogische Familienhilfe. Welches Angebot will Familienhilfe darstellen? In: SozArb 1993 (9 - 10), 299 - 301.

Gottschick, Hermann und Giese, Dieter. Das Bundessozialhilfegesetz. Kommentar. 9. Auflage 1985.

Grüner, Hans u.a.. Sozialgesetzbuch. Kommentar. Stand: 1995.

Haag, Gerhard und Schneider, Ulrich. Armut im Alter. In: BldW 1989 (11/12), 321 - 330.

Hackbarth, Sigrid. Psychologie-orientierte Ansätze sozialer Arbeit. In: Maas, Udo. (Hrsg.). Sozialarbeit und Sozialverwaltung. 1985, 84 - 101.

Hanesch, Walter u.a.. Sozialhilferegelsätze am Scheideweg: Zur geplanten Neuvermessung des Existenzminimums. In: info also 1988 (1), 3 - 11.

Harnach-Beck, Viola. Zur Diagnostik der Gefährdung. Aufgaben sozialer Arbeit bei Anrufung des Vormundschaftsgerichts. In: NDV 1995 (9), 373 - 378.

Harnach-Beck, Viola. Die Ermittlung des Sachverhalts bei Eingliederungshilfe für Kinder und Jugendliche mit seelischen Behinderungen. Aufgaben des Jugendamtes bei der Planung von Hilfen und der Gestaltung des Hilfplans. In: Dokumentation der Fachtagung „Hilfe für seelisch behinderte junge Menschen als Aufgabe der Jugendhilfe“ des Bayerischen Landesjugendamtes, vom 6. bis 8. Dezember 1995 in Nürnberg. (Im Druck.)

Harnach-Beck, Viola. Psychosoziale Diagnostik bei Hilfe zur Erziehung. Zur Informationsgewinnung des Jugendamtes als Grundlage für die Gestaltung des Hilfeplans. In: ZfJ 1995 (11), 484 - 491.

Harnach-Beck, Viola. Psychosoziale Diagnostik in der Jugendhilfe. Grundlagen und Methoden für Hilfeplan, Bericht und Stellungnahme. 1995.

Hasenritter, Karl-Heinrich und Lübbert, Heinz Dieter. Qualifikationsanforderungen im gehobenen Verwaltungsdienst der Gemeinde: Sachbearbeiter im Sozialamt. Bd. 1 - 3.

Hasenritter, Karl-Heinrich und Müller, Jochen. Computergestützte Sachbearbeitung im Sozialamt. Dialogsystem PROSOZ. 1986.

Hauck, Karl. Sozialgesetzbuch. SGB I. Allgemeiner Teil. Kommentar. Stand: 1995.

Hauck, Karl. Sozialgesetzbuch. SGB VIII. Kinder- und Jugendhilfe. Kommentar. Stand: 1995.

Hauck, Karl. Sozialgesetzbuch. SGB X 1,2. Verwaltungsverfahren und Schutz der Sozialdaten. Kommentar. Stand: 1995.

Hauck, Karl. Sozialgesetzbuch. SGB X 3. Zusammenarbeit der Leistungsträger und ihre Beziehungen zu Dritten. Kommentar. Stand: 1995.

Heiner, Maja. Methodisches Handeln als Auswahl und Verteilung von Sozialleistungen. In: ArchSozArb 1982 (2), S. 116 - 143.

Henning, Friedrich-Wilhelm. Das vorindustrielle Deutschland 800 bis 1800. 3. Auflage 1977.

Herberger, Maximilian und Simon, Dieter. Wissenschaftstheorie für Juristen. Logik, Semiotik, Erfahrungswissen. 1980.

Hesse, Konrad. Grundzüge des Verfassungsrechts der Bundesrepublik Deutschland. 19. Auflage 1993.

Hinte, Wolfgang. Neue Steuerung: alte Falle oder neue Chance für sozialarbeiterische Fachlichkeit? In: TuP 1995 (4), 143 - 151.

Hofacker, Sigurd. Soziale Gruppenarbeit. In: Gernert, Wolfgang. (Hrsg.) Freie und öffentliche Jugendhilfe. Einführung in das Kinder- und Jugendhilfegesetz (KJHG). 1990. S. 85 - 88.

Hohm, Karl-Heinz. Grundrechtsträgerschaft und „Grundrechtsmündigkeit" Minderjähriger am Beispiel öffentlicher Heimerziehung. In: NJW 1986 (50), 3107 - 3115.

Hollenstein, E.. Wirkungsanalysen in der ambulanten Erziehungshilfe. Eine Evaluationsstudie in der Erziehungsbeistandschaft. In: NP 1993 (4), 346 - 360.

Huber, Bertold. Ausländerrechtsreform und Grundgesetz. In: InfAuslR 1990 (2), 41ff.

Hümmerich, Klaus. Der Austausch personenbezogener Daten zwischen öffentlicher Verwaltung und freien Trägern. In: Deutscher Verein für öffentliche und private Fürsorge. (Hrsg.). Datenschutz im sozialen Bereich. 1981, 120 - 139.

Hundsalz, Andreas. Die Erziehungsberatung. 1995.

Jans, Karl-Wilhelm; Happe, Günter; Saurbier, Helmut. Jugendwohlfahrtsgesetz. Kommentar. Stand: 1988.

Jans, Karl-Wilhelm; Happe, Günter; Saurbier, Helmut. Kinder- und Jugendhilferecht. Kommentar. 3. Auflage. Stand: 1995. (Abk.: KJHG)

Jeand' Heur, Bernd. Verfassungsrechtliche Schutzgebote zum Wohl des Kindes und staatliche Interventionspflichten aus der Garantienorm des Art. 6 Abs. 2 Satz 2 GG. 1993.

Jopt, Uwe-Jörg. Staatliches Wächteramt und Kindeswohl. Zum unseligen Verhältnis zwischen Sorgerecht und Umgangsrecht. In: ZfJ 1990 (4), 285-294.

Juli, Peter. Zur Diskussion gestellt: Veränderung von Tagesgruppenarbeit im Sinne sozialpädagogischer Gruppenarbeit. In: ZfJ 1992 (7-8), 372 - 375.

Jütte, Robert. Abbild und soziale Wirklichkeit des Bettler- und Gaunertums zu Beginn der Neuzeit. Sozial-, mentalitäts- und sprachgeschichtliche Studien zum Liber Vagatorum (1510). 1988.

Kaltenborn, Karl-Franz. Entscheidungskriterien im Rahmen der Sachverständigenbegutachtung zur Frage der elterlichen Sorge nach Ehescheidung. Eine Analyse kinder- und jugendpsychiatrischer und psychologischer Gutachten. In: ZfJ 1989 (2), 60-69.

Kasakos, Gerda. Familienfürsorge zwischen Beratung und Zwang. 1980.

Kaufmann, Ferdinand. Das Jugendamt: Helfer für die Betroffenen oder Helfer für das Gericht? Aspekte der Anwendung des § 17 KJHG (Partnerschafts-, Trennungs- und Scheidungsberatung). In: ZfJ 1991 (1), 18 - 22.

Kaufmann, Ferdinand. Die Jugendhilfe im Spannungsfeld zwischen Strafverfolgung und Erziehungshilfe. Rechtsfragen im Zusammenhang mit Straftaten, an denen Minderjährige als Täter oder Opfer beteiligt sind. In: ZfJ 1990 (1), 1-10.

Ketelsen, Jörg Volker. Gleichbehandlung für EG-Staatsangehörige beim Recht auf informationelle Selbstbestimmung? In: NDV 1991 (5), 153 - 157.

KGSt-Bericht 3/1993, Organisation der Jugendhilfe: Ziele, Aufgaben und Tätigkeiten des Jugendamtes.

KGSt-Bericht 12/1991, Dezentrale Ressourcenverantwortung: Überlegungen zu einem neuen Steuerungsmodell.

KGSt-Bericht 9/1994, Outputorientierte Steuerung der Jugendhilfe, S. 15ff.

Kiehl, Walter H.. Das Erste KJHG-Änderungsgesetz: Verbesserungen und Verschlimmbesserungen. In: ZfJ 1993 (5), 226 - 231, 231.

Kiehl, Walter H.. Die Rechtsstellung Minderjähriger und Sorgeberechtigter im neuen Kinder- und Jugendhilfegesetz. In: ZRP 1990 (3), 94 - 99.

Klinger, Roland und Kunkel, Peter-Christian. Sozialdatenschutz in der Praxis. Fälle und Lösungen. 1990.

Klug, Ulrich. Juristische Logik. 4. Auflage 1982.

Knopp, Anton, Fichtner, Otto u.a.. (Hrsg.). Bundessozialhilfegesetz. Kommentar. 7. Auflage 1992.

Koch, Hans-Joachim und Rüßmann, Helmut. Juristische Begründungslehre. 1982.

Kommunale Gemeinschaftsstelle für Verwaltungsvereinfachfung (KGSt). Organisation des Jugendamtes: Allgemeiner Sozialdienst. Bericht Nr. 6/1975.

Konopka, Gisela. Soziale Gruppenarbeit: ein helfender Prozeß. 6. Auflage 1978.

Kopp, Ferdinand O. Verwaltungsverfahrensgesetz. Kommentar. 5. Auflage 1991.

Kreft, Dieter und Ingrid Mielenz. Wörterbuch Soziale Arbeit. 4. Auflage 1996.

Kreikebohm, Ralf. Die Einrichtungsbegriffe im Bundessozialhilfegesetz. In: RsDE 1989 (6), 1 - 44.

Krieger, Wolfgang. Der Allgemeine Sozialdienst. Rechtliche und fachliche Grundlagen für die Praxis des ASD. 1994.

Kriele, Martin. Theorie der Rechtsgewinnung, entwickelt am Problem der Verfassungsinterpretation. 1967.

Kropholler, Jan. Übereinstimmender Elternvorschlag und Sorgerecht. In: NJW 1984 (6), 271 - 276.

Krug, Heinz; Grüner, Hans; Dalichau, Gerhard. Kinder- und Jugendhilfe. Sozialgesetzbuch. Achtes Buch. (SGB VIII). Kommentar. Stand: 1995.

Kühnel, Rainer u.a.. Dienstrecht für die soziale Arbeit. Rechtsprobleme im Berufsalltag der Sozialarbeiter und Sozialpädagogen. 1985.

Kunkel, Peter-Christian. Der Datenschutz in der Jugendhilfe nach der Reparatur-Novelle - Zurück in die Werkstatt! In: ZfJ 1993 (6), 274 - 281.

Kunkel, Peter-Christian. Die Familiengerichtshilfe des Jugendamtes. Mitwirkung ohne Wirkung? In: FamRZ 1993 (5), 505 - 508.

Kunkel, Peter-Christian. Ist der Hilfeplan ein Instrument des Eingriffs in die Autonomie freier Träger? In: NDV 1995 (11), 456 - 457.

Kunkel, Peter-Christian. Leistungsverpflichtungen und Rechtsansprüche im Kinder- und Jugendhilfegesetz, insbesondere die Hilfe zur Erziehung. In: ZfJ 1991 (3), 145 - 164.

Kunkel, Peter-Christian. Die zusätzlichen Regelungen des Sozialdatenschutzes im Kinder- und Jugendhilfegesetz (SGB VIII). In: ZfJ 1991 (2), 111 - 114.

Kunkel, Peter-Christian. Sanktionen bei Verletzung des Sozialdatenschutzes. In: ZfSH/SGB 1990 (7), 337-345.

Kunkel, Peter-Christian. Sozialdatenschutz und Mitteilungspflichten nach dem neuen Ausländergesetz. In: ZfSH/SGB 1991 (2), 57 - 65 und (3), 113 - 123.

Lakies, Thomas. Zur Frage, ob das KJHG/SGB VIII Auswirkungen auf die Rechtsstellung der Pflegefamilie hat. Zugleich eine Erwiderung auf Wagner (FuR 1994, 219ff.). In: FuR 1995 (2), 114 - 118.

Lakies, Thomas. Tagespflege und Vollzeitpflege im Kinder- und Jugendhilfegesetz (KJHG). In: ZfJ 1990 (10), 545-554.
Landesbeauftragte für den Datenschutz in Baden - Württemberg. 10. Tätigkeitsbericht. 1989.
Landeswohlfahrtsverband Baden. Die Abfassung von Entwicklungsberichten. Eine Arbeitshilfe. 1974.
Landeswohlfahrtsverband Baden. Arbeitsgruppe des Regionalen Hilfeverbunds in der Region II zum Themenkomplex „Entscheidungsfindung, Diagnostik, Früherkennung“. 1987. S. 44 - 58.
Landeswohlfahrtsverband Baden. Arbeitshilfe für eine planvolle Hilfegestaltung nach dem KJHG. 1993.
Larenz, Karl. Methodenlehre der Rechtswissenschaft. (Studienausgabe). 5. Auflage 1983.
Lasse, Ulrich. Erziehungsberatung als Hilfe zur Erziehung. In: ZfJ 1993 (5), 245-248.
Lau, Thomas und Wolff, Stephan. Bündnis wider Willen. Sozialarbeiter und ihre Akten. In: NP 1981 (3), 199-214.
Lempp, Reinhart. Die seelische Behinderung bei Kindern und Jugendlichen als Aufgabe der Jugendhilfe. 2. Auflage 1994.
Lempp, Reinhart. Die Bindungen des Kindes und ihre Bedeutung für das Wohl des Kindes gemäß § 1671 BGB. In: FamRZ 1984 (8), 741-744.
Lenz, Gisela. Die Rechtsbeziehungen zwischen Einrichtungen der freigemeinnützigen und kirchlichen Wohlfahrtspflege und den Trägern der Sozialhilfe im Bereich der Altenheime unter besonderer Berücksichtigung der Stellung der Sozialhilfeberechtigten. In: ZfSH/SGB 1986 (4), 162 - 166 und (5), 203 - 209.
LPK-BSHG. Bundessozialhilfegesetz. Lehr- und Praxiskommentar. 4. Auflage 1994.
Luhmann, Niklas. Theorie der Verwaltungswissenschaft. 1966.
Maas, Udo. Anmerkungen zu dem Beitrag von Kunkel in NDV 11/1995. In: NDV 1996 (1), 28 - 29.
Maas, Udo. Auswirkungen des Ersten Gesetzes zur Änderung des Achten Buches Sozialgesetzbuch (KJHG) auf die Arbeit der Jugendgerichtshilfe. In: ZfJ 1994 (2), 68 - 71.
Maas, Udo. Die Auswirkungen des Gesetzes zur Neuregelung des Ausländerrechts auf den Datenschutz in der sozialen Arbeit. In: NDV 1990 (12), 417 - 420.
Maas, Udo. Datenschutz in der sozialen Arbeit. Eine Arbeitshilfe. Hrsg. vom Landeswohlfahrtsverband Baden - Landesjugendamt. 3. Auflage. 1989.
Maas, Udo. Erziehungsberatung und Hilfe zur Erziehung. In: ZfJ 1995 (9), 387 - 391.
Maas, Udo. Zur Geheimhaltungspflicht der Familienhelfer. In: NDV 1986 (9), 359 - 361.
Maas, Udo. Zur Gewährung der Hilfe zum Lebensunterhalt als Darlehen nach § 15 b BSHG. In: ZfSH/SGB 1983 (11), 439 - 440.
Maas, Udo. Grundlinien eines konflikttheoretischen Ansatzes sozialer Arbeit. In: Maas, Udo. (Hrsg.). Sozialarbeit und Sozialverwaltung. 1985, 118-130.
Maas, Udo. Leistungen der Jugendhilfe als Sozialleistungen. In: NDV 1993 (12), 465 - 472.

Maas, Udo. Probleme der Konkretisierung der Hilfe zur Erziehung als jugendhilferechtlicher Individualleistung. In: RsDE 1994 (25), 1 - 22.
Maas, Udo. Die Regelungen zum Schutz personenbezogener Daten im Kinder- und Jugendhilfegesetz (KJHG). In: NDV 1990 (7), 215 - 219.
Maas, Udo. Verwaltungsakt und Rechtssatz. Zur Systematik rechtswidriger Verwaltungsakte im deutschen und französischen Recht. 1970.
Maas, Udo. Verwaltungsverfahren und soziale Arbeit. In: Maas, Udo. (Hrsg.) Sozialarbeit und Sozialverwaltung. 1985, 66-81.
Maier, Hans-Anton. Kein Moratorium. Tagesgruppen stellen für viele Jugendliche eine Hilfe zum Selbständigwerden dar. In: BldW 1993 (3), 132 - 134.
Manssen, Gerrit. Der Begriff „Verwaltungsakt mit Dauerwirkung" im SGB X. In: ZfSH/SGB 1991 (5), 255 - 238.
Maunz, Theodor u.a.. Grundgesetz. Kommentar. Stand 1994.
Menne, Klaus. Die Arbeitsbedingungen für Erziehungsberatungsstellen nach dem KJHG - Probleme der Umsetzung. In: Forum Jugendhilfe 1992 (1/2), 21-25.
Menne, Klaus. Aktuelle Probleme von Beratungsstellen, Ein Überblick, in ZfJ 11/1994, 470 - 477.
Merchel, Joachim und Schrapper, Christian. Hilfeplanung gemäß ¤ 36 KJHG als fachliche und organisatorische Herausforderung an das Jugendamt. In: NDV 1995 (4), 151 - 156.
Merchel, Joachim und Schrapper, Christian. Hilfeplanung im Kontext der Organisationsgestaltung im Jugendamt. In: Hilfeplanung und Betroffenenbeteiligung. 1994. 79 - 94.
Merchel, Joachim. Von der psychosozialen Diagnose zur Hilfeplanung. Aspekte eines Perspektivenwechsels in der Erziehungshilfe. In: Hilfeplanung und Betroffenenbeteiligung. 1994. 44 - 63.
Merchel, Joachim. Hilfeplanung als Aushandlung des Hilfebedarfs. Die fachlichen Orientierungen in den Empfehlungen des Deutschen Vereins zur Hilfeplanung nach dem Kinder- und Jugendhilfegesetz sind eine brauchbare Anregung für die Praxis. In: BldW 1995 (5), 110 - 114.
Merchel, Joachim. Sozialverwaltung oder Wohlfahrtsverband als „kundenorientiertes Unternehmen": ein tragfähiges, zukunftsorientiertes Leitbild? In: NP 1995 (4), 325 - 340.
Meyer-Klöpper, Karin. Ressourcen erkennen und nutzbar machen. Die sozialpädagogische Familienhilfe ist insbesondere für mehrfach belastete Familien sinnvoll. Das größte Problem ist die Wohnungsnot. In: BlDW 1994 (11/12), 227 - 229.
Mikuszeit, Helga und Rummel, Carsten. Hilfen zur Familienpflege. In: Deutscher Verein für öffentliche und private Fürsorge. (Hrsg.). Familie - Pflegefamilie - Heim. Überlegungen für situationsgerechte Hilfen zur Erziehung. 1986, 97 - 127.
Molitor, Wolfram. Das Recht auf Akteneinsicht bei Sozialverwaltung und Justiz. In: Deutscher Verein für öffentliche und private Fürsorge. (Hrsg.). Datenschutz im sozialen Bereich. 1981. 246 - 267.
Mörsberger, Thomas und Dembowski, Barbara. Hinweise zu einer verfassungskonformen Auslegung der Mitteilungspflichten nach dem neuen Ausländergesetz. In: NDV 1991 (5), 157 - 160.

Mörsberger, Thomas. Die Datenschutzbestimmungen des KJHG. Folgerungen für die Aufgabenstellung des Jugendamtes im familiengerichtlichen Verfahren. In: Wiesner, Reinhard und Zarbock, Walter H. (Hrsg.). Das neue Kinder- und Jugendhilfegesetz (KJHG) und seine Umsetzung in die Praxis. 1991. 343 - 370.

Mörsberger, Thomas. Perspektive „Neues Jugendamt“. Zur Bedeutung der Datenschutzbestimmungen im neuen Kinder- und Jugendhilfegesetz. In: ZfJ 1990 (6), 365-372.

Mörsberger, Thomas. Verschwiegenheitspflicht und Datenschutz. Ein Leitfaden für die Praxis der sozialen Arbeit. 1985.

Mrozynski, Peter. Kinder- und Jugendhilfegesetz (SGB VIII). Textausgabe mit Erläuterungen. 2. Auflage 1994.

Mrozynski, Peter. Verwaltungsverfahrensrechtliche Besonderheiten der Sozialhilfe. In: ZfS 1986 (10), 298 - 307.

Müller, Burkhard. Fachlichkeit und Controlling in der Jugendhilfe. In: Sozialmagazin 1995 (7/8), 18 - 29.

Müller, Burkhard. Fachlichkeit und neue Steuerungsmodelle. In: Social management 1995 (9/10), 19 - 24.

Müller-Alten, Lutz. Familiengerichtshilfe und Datenschutz. In: ZfJ 1991 (9), 454 - 459.

Müller-Alten, Lutz. Die Parameter der Sorgerechtsregelung bei Scheidung. In: ZfJ 1989 (10), 443 - 448.

Münchmeier, Richard. Das Ende der Erziehung? Zum veränderten Erziehungsverständnis in der Jugendhilfe. In: Deutscher Verein für öffentliche und private Fürsorge. (Hrsg.). Der 8. Jugendbericht. Konsequenzen für die Praxis der Jugendhilfe. Ergebnisse einer Fachtagung des Deutschen Vereins und der AGJ. 1991, 79 - 93.

Münder, Johannes u.a.. Frankfurter Lehr- und Praxiskommentar zum KJHG. 2. Auflage 1993.

Münder, Johannes. Ansprüche auf Leistungen im Jugendhilferecht. In: ZfJ 1991 (6), 285 - 292.

Münder, Johannes. Szenenahe Übernachtungsangebote und Elternbenachrichtigung. Rechtsgutachten zu dem von der Freien und Hansestadt Hamburg geplanten Beratungs- und Unterstützungsangebot für minderjährige, drogenabhängige, weibliche Prostituierte. Behörde für Schule, Jugend und Berufsbildung Hamburg. 1992.

Münder, Johannes. Das Verhältnis Minderjähriger - Eltern - Jugendhilfe. In: ZfJ 1990 (9), 488 - 493.

Münder, Johannes. Die Verhältnisse zwischen Sozialhilfeberechtigten, Sozialhilfeträgern und freien Trägern. In: ZfSH/SGB 1988 (5), 225-240.

Münder, Johannes. Verrechtlichungs- und Entregelungstendenzen im Familienrecht. In: RdJB 1984 (3), 199-216.

Münder, Johannes. Das Wunsch- und Wahlrecht der Leistungsberechtigten in der Jugendhilfe. Realität oder Phrase? Anmerkungen zum Beschluß des OVG Hamburg vom 24. Oktober 1994. OVG Bs IV/144/94. In: NDV 1995 (7), 275 - 278.

Neises, Gerd. Christian Jasper Klumker. Schriften zur Jugendhilfe und Fürsorge. 1968.

Neumann, Volker. Freiheitsgefährdungen im kooperativen Sozialstaat. Rechtsgrundlagen und Rechtsreformen der Finanzierung der freien Wohlfahrtspflege. 1992.
Neumann, Volker. Subventionen oder Leistungsentgelte? Drei Anmerkungen zum Leistungserbringungsrecht des SGB VIII. In: RsdE 1996 (31), 42 - 60.
Neumann, Volker. Zum Dreiecksverhältnis im Jugendwohlfahrtsrecht. In: RsDE (2), 45 - 60.
Nicolay, Joachim. Wege zu konstruktiver Zusammenarbeit. Motivation und Motivierung in der sozialpädagogischen Familienhilfe. In: NP 1993 (6), 539 - 548.
Nielsen, Heidi. Sozialpädagogische Familienhilfe. In: Kreft, Dieter und Lukas, Helmut. Perspektivenwandel der Jugendhilfe. Band 2. 1990, 233 - 246.
Nielsen, Heidi; Nielsen, Karl; Müller, Wolfgang C.. Sozialpädagogische Familienhilfe. Probleme, Prozesse und Langzeitwirkungen. 1986.
Nierhaus, Michael. Beweismaß und Beweislast. Untersuchungsgrundsatz und Beteiligtenmitwirkung im Verwaltungsprozeß. 1989.
Oberloskamp, Helga. Die rechtliche Stellung von Kindern und Jugendlichen nach dem Regierungsentwurf eines Gesetzes zur Neuordnung des Kinder- und Jugendhilferechts. In: ZfJ 1990 (3), 260-269.
Oberloskamp, Helga. Die Zusammenarbeit von Vormundschafts-/Familiengericht und Jugendamt. In: FamRZ 1992 (11), 1241 - 1249.
Oelkers, Harald. Die Rechtsprechung zur elterlichen Sorge. Eine Übersicht über die letzten fünf Jahre. In: FamRZ 1995 (18), 1097 - 1111.
Oliva, Hans; Oppl, Hubert; Schmid, Rudolf. Rolle und Stellenwert der freien Wohlfahrtspflege. In: TuP 1991 (5), 162 - 174.
Ollmann, Rainer. Fachkompetenz und Beurteilungsspielraum. In: ZfJ 1995 (2), 45 - 50.
Onderka, Klaus und Schade, Hans. Der Hausbesuch. Rechtliche Grenzen für Sozialamtskontrolle. In: Sozial Extra. 1985 (9), 16-23.
Onderka, Klaus und Schade, Hans. Gilt die Schweigepflicht der Sozialarbeiter/Sozialpädagogen auch innerhalb der Behörde? Ein Beitrag zum § 203 StGB. In: Deutscher Verein für öffentliche und private Fürsorge. (Hrsg.). Datenschutz im sozialen Bereich. 1981. 172 - 196.
Orthband, Eberhard. Der Deutsche Verein in der Geschichte der deutschen Fürsorge. 1880 - 1980. 1980.
Orthbandt, Eberhard. Tarife, Richtsätze, Regelsätze. Dokumentarischer Bericht über eine hundertjährige Problemdiskussion. 1986.
Ortmann, Friedrich. Öffentliche Verwaltung und Sozialarbeit. Lehrbuch zu Strukturen, bürokratischer Aufgabenbewältigung und sozialpädagogischem Handeln der Sozialverwaltung. 1994.
Ostendorf, Heribert. Jugendgerichtsgesetz. Kommentar. 2. Auflage 1991.
Ostendorf, Heribert. Jugendgerichtshilfe in der Rolle der „Doppelagentin“ - Chance oder programmiertes Versagen? In: ZfJ 1991 (1), 9 - 12.
Otten, Dieter. Die Welt der Industrie. Entstehung und Entwicklung der modernen Industriegesellschaften. Bd. 1. Aufstieg und Expansion. 1986.
Palandt, Otto. Bürgerliches Gesetzbuch. Kommentar. 54. Auflage 1995.
Papenheim, Heinz-Gert und Baltes, Joachim. Verwaltungsrecht für die soziale Praxis. 12. Auflage 1995.

Pawlowski, Hans-Martin. Einführung in die juristische Methodenlehre. Ein Studienbuch zu den Grundlagenfächern Rechtsphilosophie und Rechtstheorie. 1986.

Petermann, Franz und Schmidt, Martin. (Hrsg.). Der Hilfeplan nach § 36 KJHG. Eine empirische Studie über Vorgehen und Kriterien seiner Erstellung. 1995.

Petersen, Käthe. Die Regelsätze nach dem BSHG. Ihre Bedeutung, Bemessung und Festsetzung. 1972.

Pitschas, Rainer. Die Jugendverwaltung im marktwirtschaftlichen Wettbewerb? Balanceprobleme zwischen Rechtmäßigkeit, Wirtschaftlichkeit und Fachlichkeit. In: DÖV 1994 (23), 973 - 986.

Pressel, Ingeborg. Modellprojekt Familienhilfe in Kassel. 1981.

Presting, Günter. Ärzte in Teams von Erziehungsberatungsstellen. In: Presting. (Hrsg.). Erziehungs- und Familienberatung. Untersuchung zu Entwicklung, Inanspruchnahme und Perspektiven. 1991. S. 93 - 124.

Presting, Günter. Zur Geschichte institutioneller Erziehungsberatung nach dem Zweiten Weltkrieg. Entwicklung struktureller Bedingungen und Arbeitsweisen. In: Presting. (Hrsg.). Erziehungs- und Familienberatung. Untersuchung zu Entwicklung, Inanspruchnahme und Perspektiven. 1991. S. 9 - 47.

Preußer, Norbert. Not macht erfinderisch. Überlebensstrategien der Armenbevölkerung in Deutschland seit 1807. 1989.

Proksch, Roland. Alternative Streitentscheidung im Scheidungsfolgenrecht. Überlegungen zur Übertragung US-amerikanischer Vermittlungsinterventionen während und nach der Scheidung in das Recht der Familiengerichtshilfe. In: ArchSozArb 1989 (2), 71 - 111.

Proksch, Roland. Beratung. In: Kreft, Dieter und Roland Proksch. (Hrsg.) Das neue Kinder - und Jugendhilfegesetz. Einführung und Materialien. 1990. 75 - 92.

Quambusch, Erwin. § 102 BSHG. Die vergessene Norm. In: ZfSH/SGB 1989 (8), 402-416.

Rempe, Bernadette. Erfahrungsbericht über „Soziale Gruppenarbeit“ der Jugendgerichtshilfe Düsseldorf. In: ZfJ 1995 (8), 366 - 370.

Riethmüller, Barbara. Hilfen zur Verhinderung von Obdachlosigkeit nach § 15 a BSHG. Probleme und Möglichkeiten. In: ZfSH/SGB 1991 (2), 72 - 76.

Rinken, Alfred. Das Öffentliche als verfassungstheoretisches Problem dargestellt am Rechtsstatus der Wohlfahrtsverbände. 1971.

Rittstieg, Helmut. Das Ausländergesetz 90 als Einwanderergesetz. In: InfAuslR 1990 (7/8), 221 - 224.

Roscher, Falk. Die „interne“ Nachrangregelung des § 72 Abs. 1 Satz 2 BSHG. In: Gefährdetenhilfe 1984 (2), 26 - 29.

Rummel, Carsten. Bescheidenheit statt Eigenständigkeit. In: ZfJ 1990 (4), 294 - 298.

Sachße, Christoph und Tennstedt, Florian. Geschichte der Armenfürsorge in Deutschland. Bd. 1. Vom Spätmittelalter bis zum 1. Weltkrieg. 1980.

Salgo, Ludwig. Pflegekindschaft und Staatsintervention. 1987.

Salgo, Ludwig. Die Regelung der Familienpflege im KJHG. In: Wiesner, Reinhard und Zarbock, Walter H.. Das neue Kinder- und Jugendhilfegesetz (KJHG) und seine Umsetzung in die Praxis. 1991, 115 - 150.

Schäfer, Dieter und Plaschke, Jürgen. Sozialpolitik und Sozialarbeit zwischen solidarischer Selbsthilfe und etatistischer Staatsfürsorge. In: Mühlfeld, Claus u.a.. Sozialpolitik und Zukunft sozialer Arbeit. 1984. S. 46 - 73.
Schallhöfer, Petra. Frauen als Sozialhilfeempfängerinnen. In: Gerhard, Ute u.a.. (Hrsg.) Auf Kosten der Frauen. Frauenrechte im Sozialstaat. 1988. S. 231 - 277.
Schellhorn, Walter. Das Bundessozialhifegesetz. Kommentar. 14. Auflage 1993.
Schellhorn, Walter. Einführung eines neuen Bedarfsbemessungssystems für die Regelsätze in der Sozialhilfe. In: NDV 1990 (1), 14 - 16.
Schellhorn, Walter und Wienand, Manfred. Das Kinder- und Jugendhilfegesetz (KJHG). Kommentar. 1991.
Scherer, Wolfgang und Stock, Lothar. (Hrsg.) 10 Jahre Sozialhilfebewegung. Schluß mit dem Geschwätz, erhöht die Regelsätz! 1988.
Scherpner, Hans. Theorie der Fürsorge. 2. Auflage 1974.
Schindler, Helmut. Auswirkungen des KJHG auf Erziehungsberatungsstellen in freier Trägerschaft. In: Jugendwohl 1993 (3), 118 - 132.
Schlink, Bernhard. Datenschutz und Amtshilfe. In: NVwZ, 1986 (4), 249 - 256.
Schlink, Bernhard. Jugendgerichtshilfe zwischen Jugend- und Gerichtshilfe. Verfassungsrechtliche Bemerkungen zu § 38 JGG. In: NDV 1991 (6), 186 - 189.
Schmidt, Norbert. Erziehungs- und Familienberatung in den neunziger Jahren. In: ZfF, 1990 (7), S. 145 - 147.
Schmitt, Jochem. Die Rechtsbeziehungen zwischen Sozialhilfeträgern und den Trägern von Alten- und Pflegeheimen. In: ZfSH/SGB 1985 (4), 157 - 165.
Schnabel, Reinhard. Pflegekindschaft, Pflegeerlaubnis. In: Gernert, Wolfgang. (Hrsg.) Freie und öffentliche Jugendhilfe. Einführung in das Kinder- und Jugendhilfegesetz (KJHG). 1990, S. 138 - 147.
Schnapka, Markus. Kinder und Jugendliche im Ausländerrecht. Eine nicht ganz wertfreie Darstellung der Rechtsposition Minderjähriger ohne deutschen Paß im Gesetz zur Neuregelung des Ausländergesetzes. In: ZfJ 1990 (7-8), 413-417.
Schneider, Egon. Beweis und Beweiswürdigung unter besonderer Berücksichtigung des Zivilprozesses. 4. Auflage 1987.
Schneider, Heinz. Die öffentliche Jugendhilfe zwischen Eingriff und Leistung. 1964.
Schneider, Ulrich. Armut unter Arbeitslosen. In: BldW 1989 (11/12), 292 - 300.
Schönke, Adolf und Schröder, Horst. Strafgesetzbuch. Kommentar. 24. Auflage 1991.
Schrapper, Christian. Intensive sozialpädagogische Einzelbetreuung. In: Gernert, Wolfgang. (Hrsg.). Freie und öffentliche Jugendhilfe. Einführung in das Kinder- und Jugendhilfegesetz (KJHG). 1990, 106 - 111.
Schrapper, Christian. Konzepte und Zuständigkeiten sozialpädagogischer Entscheidungen im Jugendamt. In: Ders. u.a.. Welche Hilfe ist die richtige. Historische und empirische Studien zur Gestaltung sozialpädagogischer Entscheidungen im Jugendamt. 1987. S. 5 - 56.
Schrapper, Christian. Vom Plan zur Planung. Über den Zusammenhang von Hilfeplanung im Einzelfall und Sozialplanung im Gemeinwesen. Fortschritt

im Verfahren als Innovation des Kinder- und Jugendhilfegesetzes. In: BldW 1995 (5), 106 - 109.
Schroeder-Printzen, Günther u.a. Sozialgesetzbuch. Verwaltungsverfahren, SGB X. Kommentar. 2. Auflage 1990.
Schulte, Bernd und Trenk-Hinterberger, Peter. Sozialhilfe. Eine Einführung. 2. Auflage 1986.
Schwenkel-Omar, Ilse. Die Jugendgerichtshilfe zwischen Jugendhilfe und Justiz. Einige Anmerkungen zum neuen Kinder- und Jugendhilfegesetz. In: ZfJ, 1990 (9), 493 - 495.
Seifert, Karl-Heinz und Hömig, Dieter (Hrsg.). Grundgesetz für die Bundesrepublik Deutschland. Kommentar. 4. Auflage 1991.
Siedhoff, Eckhardt. Probleme im Spannungsfeld zwischen Elternrecht und Kindeswohl im Rahmen des § 1632 IV BGB. In: NJW 1994 (10), 616 - 622.
Sieveking, Klaus. Staatliche Kontrolle von EG-Bürgern. In: InfAuslR 1991 (2), 37 - 39.
Sieveking, Klaus. Neuauflage des Gesetzentwurfs zur Neuregelung des Ausländerrechts. Ausländerpolitik zwischen Integration und Ausgrenzung. In: InfAuslR 1989 (11/12), 328 - 331.
Simitis, Spiros u.a.. Kommentar zum Bundesdatenschutzgesetz. 4. Auflage 1992. Stand 1994.
Simitis, Spiros. Die informationelle Selbstbestimmung. Grundbedingung einer verfassungskonformen Informationsordnung. In: NJW, 1984 (8), 398 - 405.
Simons, Thomas. Verfahren und verfahrensäquivalente Rechtsformen im Sozialrecht. 1985.
Sirp, Wilhelm. Bericht, Gutachten und Urteil. Eine Einführung in die Rechtspraxis. 31. Auflage 1989.
Slupik, Vera. Bücher zum Thema Verrechtlichung. In: RdJB 1984 (3), 238-244.
Späth, Karl. Der sozialpädagogische Auftrag der Tagesgruppe. In: SozPäd 1990 (6), 261-272.
Spitznagel, Albert. Kommunikationspsychologische Forschungsergebnisse zur Produktion und Rezeption von Gutachtentexten. In: Hartmann, Hans A. und Haubl, Rolf. (Hrsg.). Psychologische Begutachtung. Problembereiche und Praxisfelder. 1984. S. 127 - 159.
Stahlmann, Günther. Die Sozialhiferegelsätze zwischen Rechtsdogmatik und administrativer Sozialpolitik. In: ZfSH/SGB 1988 (8), 401 - 418 und (9), 449 - 469.
Stahlmann, Günther. Der Strafrechtscharakter der Sozialhilferegelsätze und andere rechtswissenschaftliche Beiträge zur Sozialarbeit. 1980.
Statistisches Bundesamt (Hrsg.). Datenreport 1994. Zahlen und Fakten über die Bundesrepublik Deutschland. 1994.
Staub-Bernasconi, Silvia. Zur Zukunft sozialer Arbeit. In: NDV 1989 (4), 127 - 137.
Steding, Christian. Das Rechtsverhältnis zwischen Pflegefamilie und Jugendamt. In: ZfJ 1993 (12), 576 - 579.
Steiner, Udo. Öffentliche Verwaltung durch Private. Allgemeine Lehren. 1975.
Steinmüller, Wilhelm. Datenschutz als Teilaspekt gesellschaftlicher Informationskontrolle. In: Löchner, Gerhard und Steinmüller, Wilhelm. Datenschutz und Datensicherung. Vorträge auf der Tagung vom 26. und 27. 10. 74 in Schlangenbad. 1975. S. 35 - 95.

Steinmüller, Wilhelm u.a. Grundfragen des Datenschutzes. Gutachten im Auftrag des Bundesministeriums des Innern. 1972. BTDrs. VI/3826.

Stelkens, Paul; Bonk, Heinz-Joachim; Sachs, Michael. Verwaltungsverfahrensgesetz. Kommentar. 4 Auflage 1993.

Stephan, Heinz. Tagesgruppen in Hannover - eine familienergänzende Erziehungshilfe. In: ZfF 1992 (1), 5 - 7.

Struck, Norbert. Erziehungsberatungsstellen in der Diskussion. In: ZfJ 1994 (2), 71 - 74.

Sturm, Chrys von. Sozialpädagogische Entscheidungsfreiräume und rechtliche Tatbestandsbindung. In: ZfJ 1986 (11), 483 - 495.

Sturm, Chrys von. Weisungsgebundenheit und sozialpädagogische Entscheidungsfreiräume nach dem Jugendhilferecht. In: ZfSH/SGB 1989 (4 und 5), 169 - 178 und 238 - 252.

Tegethoff, Hans Georg. Schlankheitskur für die Jugendhilfe. Rationalisierung nach dem Modell der Kommunalen Gemeinschaftsstelle für Verwaltungsvereinfachung (KGSt). In: NP 1995 (2), 132 - 150.

Thust, Wiltraud und Trenk-Hinterberger, Peter. Recht der Behinderten. 2. Auflage 1989.

Trenczek, Thomas und Mörsberger, Thomas. Jugendgerichtshilfe. Quo Vadis? In: ZfJ 1990 (10), 563-566.

Tschoepe, Armin. Neues Bedarfsbemessungssystem für die Regelsätze in der Sozialhilfe nach § 22 BSHG. In: NDV 1987 (12), 433-442.

Verein für Kommunalwissenschaften e. V.. (Hrsg.). Die Eingliederung seelisch behinderter Kinder und Jugendlicher- eine Aufgabe der Jugendämter. Dokumentation der Fachtagung am 30./31. 03. 1995.

Viehweg, Theodor. Topik und Jurisprudenz. 3. Auflage 1965.

Vogel, Martin Rudolf. Die kommunale Apparatur der öffentlichen Hilfe. 1966.

Wagner, Baldur. Zukunft der Sozialhilfe. In: NDV 1996 (2), 37 - 41.

Wahrheit, Günther. Obdach. In: Müller, Wolfgang C.. (Hrsg.). Einführung in die soziale Arbeit. 1985. S. 191 - 219.

Wendt, Wolf Rainer. Hilfe nach Plan. Fortschritte im Verfahren: Case Management. Unterstützungsmanagement als angemessene Methode sozialer Arbeit in der Bürgergesellschaft und Marktwirtschaft. In: BldW 1995 (5), 101 - 105.

Wendt, Wolf Rainer. Das Konzept der Lebenslage. Seine Bedeutung für die Praxis der Sozialarbeit. In: BldW 1988 (4), 79-83.

Wenzel, Gerd und Leibfried, Stephan. Armut und Sozialhilferecht. 1986.

Werner, Heinz Hermann. Erziehungshilfe nach dem SGB VIII/KJHG im Spannungsfeld von Recht und Fachlichkeit. In: NDV 1995 (9), 367 - 372.

Werner, Heinz Hermann. Tagespflege: nicht Pflegestelle, sondern Tagesbetreuung. In: ZfJ 1994 (5), 205 - 206.

Wiesner, Reinhard. Änderungen im Kinder- und Jugendhilferecht. In: FamRZ 1993 (5), 497 - 505, 500 und 501.

Wiesner, Reinhard. Wie sieht das KJHG die Stellung der Erziehungsberatung in freier Trägerschaft insbesondere im Verhältnis zum Jugendamt? In: Jugendwohl 1993 (3), 108 - 118.

Wiesner, Reinhard. Pflegekindschaft und Jugendhilferecht. In: ZfJ 1989 (3), 101-106.

Wiesner, Reinhard u.a.. SGB VIII. Kinder und Jugendhilfe. 1995.

Wolff, Hans J. und Bachof, Otto. Verwaltungsrecht I. Ein Studienbuch. 9. Auflage 1974.

Wolff, Hans J.; Bachof, Otto; Stober, Rolf. Verwaltungsrecht II. Ein Studienbuch. 5. Auflage 1987.

Wolff, Stephan und Bonß, Wolfgang. Die Verwaltung sozialer Probleme. Arbeitsbedingungen und Organisationsstrategien der Sozialverwaltung. In: Wolff u.a.. Arbeitssituationen in der öffentlichen Verwaltung. 1979, 61-114.

Zacher, Hans F. Elternrecht. In: Isensee und Kirchhof. (Hrsg.). Handbuch des Staatsrechts. Band VI. Freiheitsrechte. S. 265 - 328.

Zacher, Hans F.. Verrechtlichung im Bereich des Sozialrechts. In: Kübler, Friedrich. (Hrsg.). Verrechtlichung von Wirtschaft, Arbeit und sozialer Solidarität. Vergleichende Analysen. 1984, 11 - 72.

Zacher, Hans F. Sozialrecht und soziale Marktwirtschaft, in: ders., Abhandlungen zum Sozialrecht, 1993, S. 166 - 208.

Abkürzungen

(alltägliche Abkürzungen sind nicht berücksichtigt)

a.a.O.	am angegebenen Ort
a.F.	alte Fassung
AdVermG	Adoptionsvermittlungsgesetz
ÄndGKJHG	Gesetz zur Änderung des Achten Buches Sozialgesetzbuch
ArchSozArb	Archiv für Wissenschaft und Praxis der sozialen Arbeit
ASD	Allgemeiner Sozialdienst
AuslG	Ausländergesetz
BAG	Bundesarbeitsgericht
BAGLJÄ	Bundesarbeitsgemeinschaft der Landesjugendämter
BDSG	Bundesdatenschutzgesetz
BGB	Bürgerliches Gesetzbuch
BGH	Bundesgerichtshof
BGBL.	Bundesgesetzblatt
BldW	Blätter der Wohlfahrtspflege
BRDrS.	Bundesratsdrucksache
BSHG	Bundessozialhilfegesetz
BTDrs.	Bundestagsdrucksache
BVerfG	Bundesverfassungsgericht
BVerfGE	Entscheidungen des Bundesverfassungsgerichts. Amtliche Sammlung
BVerwG	Bundesverwaltungsgericht
BVerwGE	Entscheidungen des Bundesverwaltungsgerichts. Amtliche Sammlung
BVwVfG	Bundesverwaltungsverfahrensgesetz
Deutscher Verein	Deutscher Verein für öffentliche und private Fürsorge
DVJJ	Deutsche Vereinigung für Jugendgerichte und Jugendgerichtshilfen e. V.
EG	Europäische Gemeinschaft
EGBGB	Einführungsgesetz zum Bürgerlichen Gesetzbuch
EzA	Entscheidungssammlung zum Arbeitsrecht, hrsg. von Eugen Stahlhacke
FamRZ	Zeitschrift für das gesamte Familienrecht

FE	Fürsorgeerziehung
FEH	Freiwillige Erziehungshilfe
FEVS	Fürsorgerechtliche Entscheidungen der Verwaltungs- und Sozialgerichte
FGG	Gesetz über die Angelegenheiten der freiwilligen Gerichtsbarkeit
GG	Grundgesetz
h.M.	herrschende Meinung
i.S.d.	im Sinne des/der
i.V.m.	in Verbindung mit
InfAuslR	Informationsbrief Ausländerrecht
info also	Informationen zum Arbeitslosen- und Sozialhilferecht
IPR	Internationales Privatrecht
JGG	Jugendgerichtsgesetz
JGH	Jugendgerichtshilfe
JWG	Jugendwohlfahrtsgesetz
KGSt	Kommunale Gemeinschaftsstelle für Verwaltungsvereinfachung
KJHG	Kinder- und Jugendhilfegesetz
LDSG	Landesdatenschutzgesetz
LG	Landgericht
LPK - BSHG	(siehe Literatur!)
NDV	Nachrichtendienst des Deutschen Vereins für öffentliche und private Fürsorge
NJW	Neue Juristische Wochenschrift
NP	Neue Praxis
NVwZ	Neue Zeitschrift für Verwaltungsrecht
NW	Nordrhein-Westfalen
OLG	Oberlandesgericht
OVG	Oberverwaltungsgericht
RdJB	Recht der Jugend und des Bildungswesens
Reg. E. Begr.	Begründung zum Regierungsentwurf
Rg. E.	Regierungsentwurf
Rn.	Randnummer
Rösgen	Rösgen, Hans. Rechtsprechung des Bundesverwaltungsgerichts in Sozialhilfesachen, hrsg. vom Deutschen Verein. 1973.

Rotter	Rotter, Hubertus. Rechtsprechung des Bundesverwaltungsgerichts in Sozialhilfesachen IV, hrsg. vom Deutschen Verein. 1985.
RsdE	Beiträge zum Recht der sozialen Dienste und Einrichtungen
RSVO	Regelsatzverordnung
SGB	Sozialgesetzbuch
SGBÄndG	Gesetz zur Änderung des Sozialgesetzbuchs
SM	Sozialmagazin
Sozial Extra	Sozial Extra
SozPäd	Sozialpädagogik
StGB	Strafgesetzbuch
StPO	Strafprozeßordnung
TuP	Theorie und Praxis der sozialen Arbeit
VG	Verwaltungsgericht
VGH	Verwaltungsgerichtshof
VwGO	Verwaltungsgerichtsordnung
ZfF	Zeitschrift für das Fürsorgewesen
ZfJ	Zentralblatt für Jugendrecht
ZfS	Zentralblatt für Sozialversicherung, Sozialhilfe und Versorgung
ZfSH/SGB	Zeitschrift für Sozialhilfe und Sozialgesetzbuch
ZPO	Zivilprozeßordnung
ZRP	Zeitschrift für Rechtspolitik (Beilage der NJW)

Sachverzeichnis